Côte d'Azur

Häfen und Ankerplätze, Landausflüge

Port Services de Corbière –
Port Services de la Lave
An der Mündung des
Marseille-Rhône-Kanaltunnels

Côte d'Azur

Häfen und Ankerplätze, Landausflüge

DSV-Verlag
Busse Seewald

Zur Handhabung dieses Buches

Dieses Buch behandelt die französische Mittelmeerküste zwischen Cap Couronne westlich Marseille und Menton nahe der italienischen Grenze.
Östlich von Cassis wird sie auch die blaue Küste – Côte d'Azur – genannt.
Das Buch beschreibt von Westen nach Osten, aufgegliedert in sieben Bereiche, die Küstenlandschaften mit ihren Häfen, Ankerplätzen, Landvorsprüngen, Buchten und Inseln. Wichtige Seezeichen finden ebenfalls Erwähnung. Für einige sehenswerte Ortschaften werden Landausflüge beschrieben.

Der Einstieg:
Ein dem Buch vorangestellter allgemeiner Teil informiert über Einreisebestimmungen, französische Vorschriften im Bereich Schiffahrt und Sicherheit, über Wind und Wetter, Naturschutz, Häfen und Versorgung.

Die Gebiete:
Hier werden Küstenformationen, Buchten, Inseln, Häfen, Ankerplätze und Kaps detailliert in übersichtlichen, geografisch zusammenhängenden, Bereichen beschrieben. Jedem Gebiet wird eine Übersicht in Text, Bild und Grafik vorangestellt, die in das Gebiet einführt.
Nahezu jeder Hafen wird in der Beschreibung durch Hafenpläne und Luftfotos vervollständigt.

Findehilfen:
Ein alphabetisches Ortsregister dient dem schnellen Zugriff der Namen, ein in Beschreibungsrichtung erstelltes Gebiets- und Namenregister dient dem schnellen Überblick.
Ein nach Gebieten sortiertes Verzeichnis der wichtigsten Leuchtfeuer vervollständigt dieses Werk.

Impressum

Côte d'Azur –
Häfen und Ankerplätze, Landausfüge
ISBN 3-88412-273-8
1. Auflage 1998
© DSV-Verlag GmbH, Hamburg

Alle Rechte der Nachnutzung, Speicherung sowie der Verbreitung sind vorbehalten.

Herausgeber: Peter Krampe
Bearbeitung: Ulrich Schultz
Redaktion: Jochen Meyer
Layout & Titel, Kartengrafik: machart, Hamburg
Lithografie: Reproform, Hamburg
Druck: Busse-Druck, Herford
Printed in Germany

Bildnachweis:
Luftaufnahmen Prof. Jochen Blume;
alle anderen Fotos Ulrich Schultz.

Der Verlag dankt Prof. Jochen Blume, der durch seine hervorragenden Luftaufnahmen die Einmaligkeit dieses Werkes unterstreicht.

Vorwort

Urlaub an Frankreichs Mittelmeerküste! Wer verbindet da nicht die Vorstellung von Sonne, blauem Meer, herrlichen Sandstränden mit gutem Essen und Trinken – kurz: mit einem Leben wie Gott in Frankreich?

Vor hundert Jahren haben reiche Engländer begonnen, den Winter an der französischen Mittelmeerküste im milden Klima zu verbringen, um dem heimatlichen, unwirtlichen, naßkalten Wetter der Jahreszeit auszuweichen. Heute zieht es viele Nordeuropäer selbst im Sommer an die französische Mittelmeerküste, weil ein Urlaub in heimatlichen Gefilden nur selten ausreichend Sonne verspricht.
Auch bei Wassersportlern ist die französische Mittelmeerküste zwischen Cap Couronne und Menton zum beliebten Urlaubsziel geworden. Die Küste bietet ungewöhnlich viele, kleine verträumte, aber auch große, weitläufige Häfen. Zahlreiche Ankerbuchten in abwechslungsreicher Landschaft laden zum Verweilen ein. Die Küste erfüllt alle Wünsche der Wasserwanderer, die von Hafen zu Hafen, von Bucht zu Bucht ziehen und die vorgelagerten Inseln besuchen. Aber auch Blauwasserfreunde kommen zu ihren ersehnten Zielen auf tiefblauem, mitunter aber auch stürmischem Meer, was gute Seemannschaft erfordert.

Wer mit dem eigenen Boot anreist, gehört zu den wenigen Urlaubern mit viel Zeit. Das gilt ebenso für den Weg „außen rum" wie für die schleusenreiche Anreise durch die Flüsse und Kanäle Frankreichs. Glücklich können sich die Eigner von Yachten schätzen, die bereits in französischen Häfen eine Heimat gefunden haben und zum Urlauben nur anreisen müssen. Die meisten Wassersportler chartern ihre Traumyacht oder buchen eine Koje.
Allen Sportboot-Enthusiasten mit großer oder kleiner Segel- oder Motoryacht soll dieses Buch helfen, die Besonderheiten dieses herrlichen Segelreviers näherzubringen, Land und Leute kennenzulernen, in den Orten gute Einkaufsmöglichkeiten und die notwendigen Serviceleistungen für das Boot zu finden, einen Landgang zu lohnenden Zielen zu organisieren, die gute französische Küche zu genießen oder sich einfach mal ordentlich zu amüsieren.

Natürlich gelten in Frankreich, wie überall, Bestimmungen, die auch den Wassersport betreffen. Über die wichtigsten Regeln gibt dieses Buch ebenfalls Auskunft.

Bearbeiter und Verlag

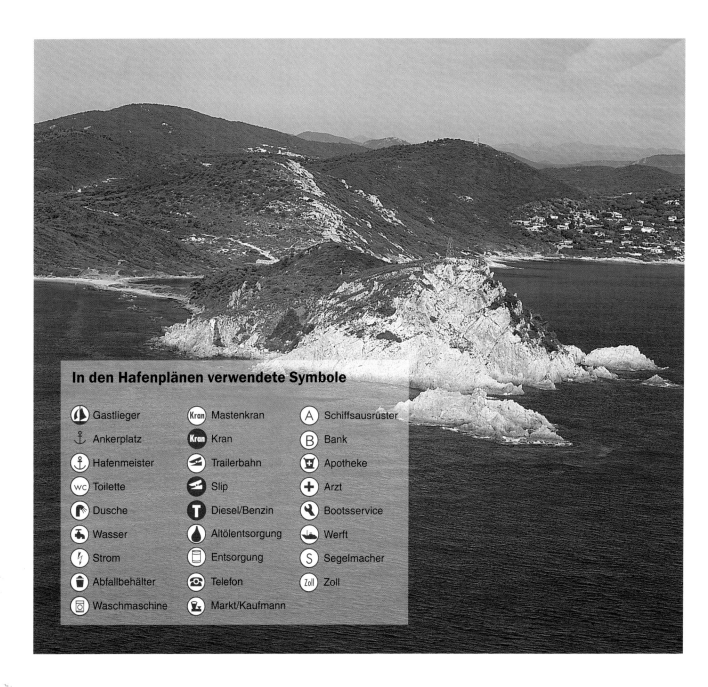

In den Hafenplänen verwendete Symbole

Gastlieger	Mastenkran	Schiffsausrüster
Ankerplatz	Kran	Bank
Hafenmeister	Trailerbahn	Apotheke
Toilette	Slip	Arzt
Dusche	Diesel/Benzin	Bootsservice
Wasser	Altölentsorgung	Werft
Strom	Entsorgung	Segelmacher
Abfallbehälter	Telefon	Zoll
Waschmaschine	Markt/Kaufmann	

Inhalt

Gebietsübersicht

ÉTANG DE BERRE

F R A N K R E

CAP COURONNE

CAP MEJEAN

Îles de Frioul

Pt. d'Endoume

Marseille

I.

Île de Planier

CAP CROISETTE

Île Maire

Cassis

Île Riou

Pt. Castel-Vieil

La Ciotat

CAP DE L'AIGLE

II.

Bandol

Pt. de la Cride

Île des Embiez

Toulon

C. CÉPET

CAP SICIÉ

Hyères

Mir

CAP DE CARQUEIRANNE

C. L'ES

POINTE DE L'ESCAMPOBARIOU

Île de Porquerol

III.

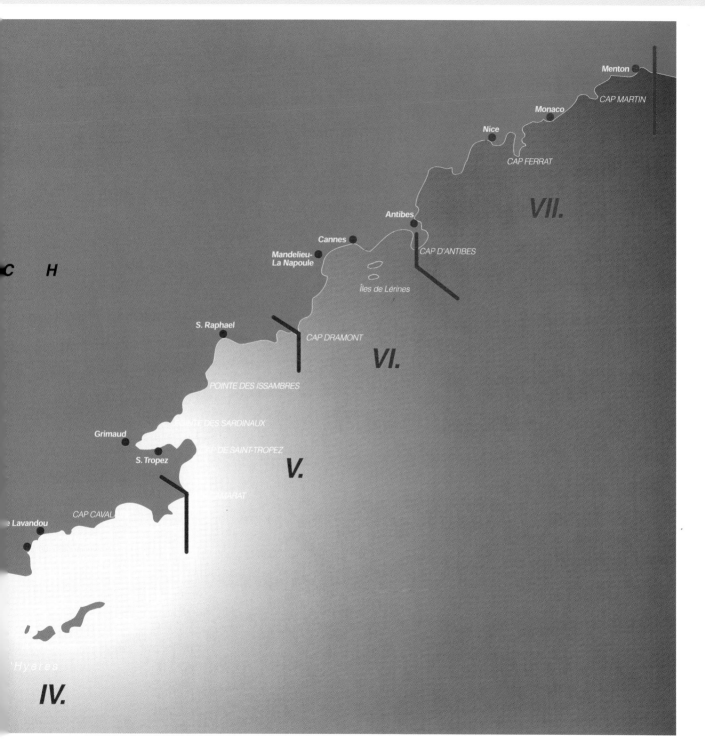

Menton

CAP MARTIN

Monaco

Nice

CAP FERRAT

VII.

Antibes

Cannes

CAP D'ANTIBES

**Mandelieu-
La Napoule**

Îles de Lérines

C H

S. Raphael

CAP DRAMONT

VI.

POINTE DES ISSAMBRES

POINTE DES SARDINAUX

Grimaud

CAP DE SAINT-TROPEZ

S. Tropez

V.

CAMARAT

e Lavandou

CAP CAVAL

'Hyeres

IV.

Seekarten

Amtliche Seekarten
Für die Côte d'Azur gibt es amtliche französische (SHOM), britische (Admiralty, hier nicht aufgeführt) und deutsche (BSH) Seekarten.

Amtliche französische Seekarten werden in zwei unterschiedlichen Ausführungen geliefert:
Als Sportbootkarten – eine Carte spéciale „P" ist durch ein P hinter der Kartennummer gekennzeichnet – wer-

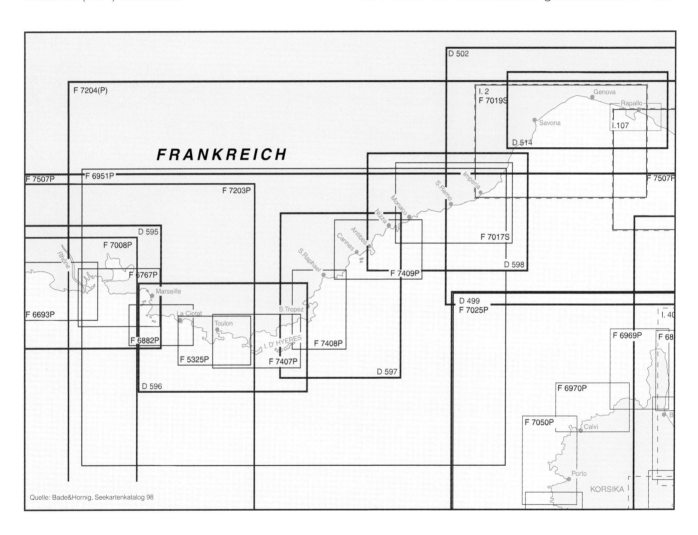

den sie auf besonderes, wasserabweisendes Papier gedruckt und gefaltet (einige sind auf der Rückseite mit Hafenplänen und Luftfotos versehen), und als Standardkarten werden sie auf normalem Kartenpapier gedruckt und nicht gefaltet. Wie alle amtlichen Karten werden die Standardkarten vor dem Verkauf üblicherweise durch Korrekturen auf dem neuesten Stand gehalten, was bei den Sportbootkarten nicht der Fall ist.

Für Sportboot-Kapitäne eignen sich besonders die französischen EC-Karten CG 500 – CG 505 im handlichen Maßstab 1:50.000, die mit Landschaftsreliefs versehen sind und alle wichtigen Informationen für die Navigation sowie Hafenpläne enthalten.

Das Seekartenverzeichnis finden Sie im Anhang auf Seite 290.

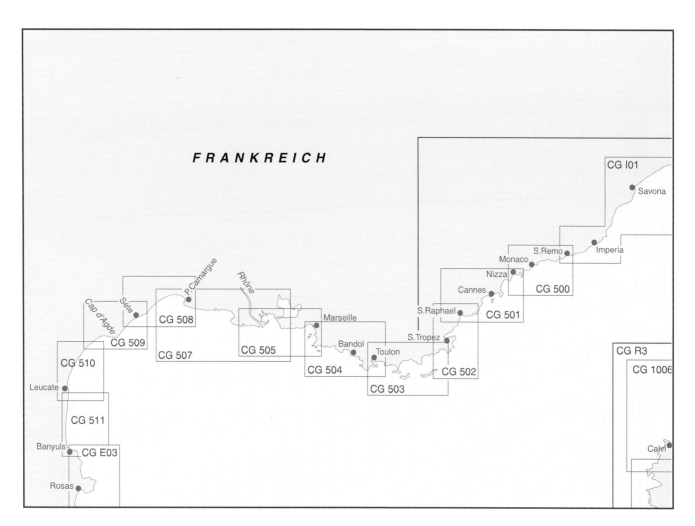

Einführung

Einreise-Dokumente
Einreisedokumente nach Frankreich für Bürger aus den EU-Ländern sind ein gültiger Personalausweis oder ein gültiger Reisepaß. Kinder bis 16 Jahre benötigen einen Kinderausweis, falls sie nicht in den Dokumenten der Eltern eingetragen sind bzw. nicht mit diesen reisen.

Einreise über See
Alle Schiffe, die in die französischen Hoheitsgewässer unter der Flagge eines Nicht-EU-Staates einreisen, müssen dazu einen Port of Entry anlaufen (am Tag ist die gelbe Flagge „Q", nachts „rotes über einem weißen Licht" innerhalb des Hafenbereichs zu zeigen). In den Häfen Port-Vendres, Sète, Marseille, Toulon und Nice kann auch über UKW (Call to Radiocommunication Maritimes) die Erlaubnis zum Freien Verkehr (Libre Practice) angemeldet werden. Das betreffende Schiff wird am Tag der Einreise von einem Vertreter der Autorité Sanitaire besucht, der die Unbedenklichkeit des Freien Verkehrs feststellt oder entsprechende Maßnahmen einleitet. Nach sechsmonatiger Aufenthaltsdauer (mit oder ohne Unterbrechung und ausschließlich privater Nutzung) müssen fremde Schiffe ausklarieren, sonst müssen sie unter Zollverschluß gegeben oder offiziell eingeführt und verzollt werden.
Schiffe, die unter der Flagge eines EU-Staates einreisen, benötigen offizielle Schiffspapiere ihres Landes (s.u.).

Einreise über Land
Die Einreise über Land (Trailer, Binnenwasserstraße) erfordert ein Triptik und die Ausreise (Ausfuhr) vor Ablauf von 6 Monaten, sonst muß das Boot in Frankreich versteuert bzw. verzollt werden. Für einen Trailer wird die Eintragung auf der grünen Versicherungskarte empfohlen.

Schiffspapiere
In EU-Ländern gelten die in Deutschland üblichen Schiffspapiere. Das sind der Internationale Bootsschein für Wassersportfahrzeuge, das Flaggenzertifikat oder das Schiffszertifikat. Außerdem muß nachgewiesen werden können, daß die Mehrwertsteuer entrichtet wurde.
Gegenwärtig wird beim Anlaufen französischer Seehäfen der Internationale Bootsschein nicht anerkannt, man benötigt das Flaggenzertifikat des Bundesamtes für Seeschiffahrt und Hydrografie.
Wer in Frankreich mit einem Charterboot unterwegs ist, sollte die vom Vercharterer übergebenen Papiere sorgfältig prüfen und nachfragen, ob vom Eigner alle Zahlungsverpflichtungen gegenüber der Finanzverwaltung beglichen sind. Zollbehörden kommen in den großen Häfen an Bord und prüfen die Papiere genau. Charterkunden dürfen erst weiterfahren, wenn sie die offenen Posten beglichen haben.
Für Sportboote über 15 m Länge ist in Deutschland der Eintrag ins Schiffsregister des zuständigen Amtsgerichts vorgeschrieben, wenn der Eigentümer Deutscher mit Wohnsitz im Geltungsbereich des Grundgesetzes ist. Diese Schiffe erhalten ein Schiffszertifikat.
Für Sportboote unter 15 m Länge kann in Deutschland das Flaggenzertifikat gültig für 6 Jahre vom BSH auf Antrag ausgestellt werden (BSH: Bundesamt für Seeschiffahrt und Hydrografie, Bernhard-Nocht-Straße 78, 20359 Hamburg, Tel. 040-31 39).

Haftpflicht-Versicherung
Eine Haftpflichtversicherung wird in Frankreich für Sportboote nicht gefordert, ist jedoch anzuraten.

Befähigungsnachweise
In den EU-Ländern gilt, daß, wenn das entsprechende Heimatland amtliche Nachweise fordert, entsprechende Zertifikate auch für Sportbootführer aus EU-Ländern gefordert werden.
In Frankreich werden seit 1993 folgende Befähigungsnachweise vorgeschrieben:
La carte mer, le permis mer côtier und le permis mer hauturier.
Die ersten beiden werden nach bestandenem theoretischen und praktischen Test durch Prüfer, die von der Administration des Affaires Maritimes ernannt sind, ausgestellt.
Demnach ist für den französischen Mittelmeerbereich mindestens der amtliche *Sportbootführerschein See*

erforderlich, der in Frankreich auch anerkannt wird. Charterfirmen verlangen schon lange aus versicherungstechnischen Gründen von deutschen Charterern den BR/BK-Schein oder den Sportseeschifferschein. Die Affaires Maritimes werden für Sportschiffer-Belange durch das Bureau de la Navigation de Plaisance, 3 Place Fontenay, 75700 Paris SP 07 – Tel. 01 44 49 80 00 vertreten, in Marseille durch das Centre de Sécurité Provence Côte d'Azur, 23 Rue des Phocéens, 13236 Marseille Cedex 02, Tel. 04 91 39 69 26.

Territorialgewässer, Anschlußzone, ausschließliche Wirtschaftszone

Frankreich beansprucht an seinen Küsten ein Territorialgewässer mit einer Breite von 12 sm, an die sich eine Anschlußzone von weiteren 12 sm und eine Wirtschaftszone bis zu 200 sm anschließen.

Zollvorschriften

Seit der Einführung des Europäischen Binnenmarktes bestehen grundsätzlich für generell zur Einfuhr zugelassene Waren keine Mengen- und Wertbegrenzungen mehr, wenn sie aus anderen Mitgliedsstaaten mitgebracht werden. Bei Sportbooten ist der französische Zoll nach EU-Richtlinien gehalten, zu überprüfen, ob das betreffende Schiff ordnungsgemäß versteuert wurde. Daher ist es notwendig, die Rechnung über den Bootskauf mit der ausgewiesenen Mehrwertsteuer oder einen ähnlichen Nachweis mitzuführen. Das gilt auch für Charteryachten aus Frankreich, bei denen der Zoll prüfen kann, ob die jeweilige Steuer entrichtet wurde. Französische Zollbehörden können Schiffe in den Küstengewässern einschließlich der Anschlußzone überprüfen. Bei der Einreise über See muß einklariert werden, wenn aus einem Drittland eingereist wird.

Französische Schiffahrtsvorschriften

Wie alle Schiffahrtsnationen hat auch Frankreich die Kollisionsverhütungsregeln (KVR) in vollem Umfang für die in ihrem Bereich registrierten bzw. beheimateten Wasserfahrzeuge für anwendbar erklärt. Außerhalb der französischen Hoheitsgewässer gelten die KVR uneingeschränkt, innerhalb gelten sie in Verbindung mit ergänzenden nationalen Vorschriften. Französische Kriegsschiffe genießen Sonderrechte. In militärischen Schutzgebieten können zusätzliche Vorschriften erlassen werden. Verschiedene Gebiete sind unter Naturschutz gestellt, in denen entsprechende Regeln eingehalten werden müssen. Bei Verstößen drohen empfindliche Strafen.

Crew-Wechsel

Auf Yachten unter ausländischer Flagge ist in Frankreich seit Juni 1981 jeder Crew-Wechsel untersagt. Zwar dürfen einzelne Mitglieder einer Crew in französischen Häfen ihr Schiff verlassen und „normal" ausreisen, aber außer Familienangehörigen des Eigners dürfen keine zusätzlichen Crew-Mitglieder an Bord kommen und mitreisen.

Betonnung

Entspricht dem System „A" der IALA, daneben sind gelbe Tonnen zur Markierung von Bade-, Surf- und Schutzbereichen (Nationalpark) in Benutzung.

Französische Sicherheitsvorschriften

Für französische Wassersportfahrzeuge zwischen 2,5 und 24 m Länge der Kategorien A, B, C und D, die in Frankreich registriert sind, gelten seit dem 16. 7. 1996 gesetzliche Bestimmungen über die Fahrbereiche 1 – 6 und die zugehörigen Mindestausrüstungen. Deutsche Yachten sind an diese Fahrbereiche nicht gebunden. Für sie gelten hinsichtlich der Ausrüstungsvorschriften die Sicherheitsbestimmungen des Heimatlandes.

Funkverkehr

In Frankreich gelten ähnliche Vorschriften für den Funkverkehr wie in Deutschland. Sowohl französische als auch ausländische Schiffe dürfen weder in französischen Häfen noch auf französischen Ankerplätzen Funkgeräte betreiben.

Signalpistolen

Wer eine Signalpistole an Bord mitführt, muß auch eine Waffenbesitzkarte vorweisen können.

Deutsche Auslandsvertretungen

Es ist das Recht eines jeden Bundesbürgers, die Dienste der deutschen Auslandsvertretungen in Anspruch zu nehmen, die als Bundesbehörden verpflichtet sind, jedem Bundesbürger im Rahmen ihrer rechtlichen Möglichkeit Rat und Beistand zu gewähren.

Deutsches Generalkonsulat
338 Avenue de Prado,
F-13295 Marseille Cedex 8,
Tel. 04 91 16 15 20, 04 91 77 60 90,
Fax 04 91 16 75 28, 04 91 77 34 24

Feiertage in Frankreich
1. Januar, 17. April, 1. Mai, 8. Mai, 25. Mai, 5. Juni, 14. Juli, 15. August, 28. Oktober, 25. u. 26. Dezember

Zeitzone
Die gesetzliche Zeit in Frankreich bestimmt sich aus UT+1 h; die Sommerzeit von April bis September ist UT+2 h.

Sicherheit
Küstenwachen – Sicherheit auf See – Seenot-Rettung – C.R.O.S.S. und S.N.S.M.
Frankreich besitzt zwei Seenotrettungsdienste, die reibungslos zusammenarbeiten. Das Centre Régional Opérationnel de Surveillance et de Sauvetage du Mediterranean und die Société National de Sauvetage en Mer.
Die Stationen der Küstenwache und die Signalstationen (Semaphores) an der Mittelmeerküste werden von der französischen Marine betrieben.
Neben militärischen Aufgaben geben sie Sturmwarnungen heraus und zeigen Sturmsignale, verbreiten sie dringende Sicherheitsnachrichten für die Schiffahrt, veranlassen sie bei Seenotfällen in Zusammenarbeit mit C.R.O.S.S. MED und S.N.S.M. geeignete Hilfs- und Rettungsmaßnahmen.
Sie leiten die Rettungsmannschaften der C.R.O.S.S. MED und der S.N.S.M. mit Hilfe ihrer Funk- und Radarstationen zu ihren Einsatzorten.
Die Küstenwachen sind ständig besetzt, während die Signalstationen nur am Tag arbeiten.
Die Kommunikation geschieht über VHF Kanal 16 und die Frequenz 2182 kHz, in besonderen Fällen auch über Lichtsignale nach dem internationalen Signalcode, beide Frequenzbereiche werden ständig überwacht. Die Küstenwache betreut auch die Sportschifffahrt.
Beide Rettungsdienste besitzen keine Hubschrauber, die werden bei Bedarf von der Marine bzw. der Luftwaffe angefordert.

Die Zentrale der C.R.O.S.S. – La Garde ist über Tel. 04 94 61 71 10, Fax 04 94 27 11 49 und Telex CROMDA 430 024 F erreichbar.

Die Rettungswachen der C.R.O.S.S. MED sind auf die folgenden Häfen verteilt:

Küstenwachen und Signalstationen (Sémaphores) von Cap Couronne bis zur Frontière Italienne

Anruf auf VHF Kanal 16

Couronne	24h/24h	04 42 80 70 67
Pomegues	06h/18h	04 91 59 00 20
Bec de l'Aigle	06h/18h	04 42 08 42 08
Cépet	24h/24h	04 94 63 97 22
Porquerolles	06h/18h	04 94 58 30 15
Camarat	06h/18h	04 94 79 80 28
Dramont	06h/18h	04 94 82 00 08
La Garoupe	06h/18h	04 93 61 32 77
Cap Ferrat	24h/24h	04 93 76 04 06
C.R.O.S.S. MED Zentrale	24h/24h	04 94 61 71 10

Klima Wind und Strom
Das Mittelmeer besitzt ein besonderes Klima, weil es von den Landmassen Europas im Westen und Norden, Afrikas im Süden und Asiens im Osten eingeschlossen ist und häufig direkt an hohe Gebirge grenzt.

Von West nach Ost nimmt der kontinentale Einfluß auf das Klima zu – was sich in steigenden tages- und jahreszeitlichen Temperaturschwankungen und zunehmender Trockenheit zeigt –, während sich von Osten nach Westen der Einfluß der See verstärkt – was zu geringeren Temperaturunterschieden im Tages- und Jahresverlauf und zu häufigeren Niederschlägen (insbesondere im Einflußbereich der Westwindzone) führt. Im Sommer, wenn nur der Südrand der Westwindzone

Couronne
Sémaphore
der Küstenwache

scher Eigenschaften können sich im Winter innerhalb hochreichender Kaltluft über dem warmen Wasser neue Zyklone bilden, die das Wetter im Mittelmeer nachhaltig bestimmen. Dazu gehören Zyklone aus dem Golf von Genua, aus dem Tyrrhenischen Meer und aus der nördlichen und mittleren Adria.

Auch über der Sahara entstehen in ähnlicher Weise Zyklone, die auf bestimmten Zugbahnen ins Mittelmeer wandern können.

Das Wetter im westlichen Mittelmeer

Einerseits kann sich im Mittelmeer das Wetter sehr schnell ändern, innerhalb einer Stunde kann sich die Windstärke von einer leichten Seebrise zum Sturm entwickeln, andererseits kann es in einem Bereich stürmen, während im nächsten oder übernächsten „gemütliche" Winde von 3 Bft. herrschen.
Mistral und Schirokko bzw. Marin sind Winde, die Sturmstärke erreichen können. Sie bilden sich im Zusammenhang mit Großwetterlagen. Eine Wetterlage, die stürmischen Schirokko bis nach Frankreich bringt, ergibt sich selten. Dagegen tritt Mistral auf der Rückseite von Tiefdruckgebieten auf, die nach Italien oder zur Adria ziehen, wenn sich gleichzeitig ein Hoch über der Biskaya, Spanien oder Frankreich befindet. Je höher die Druckgegensätze sind, um so heftiger und weiter dringt der Mistral nach Süden vor. Am heftigsten weht der Mistral im Golfe de Lion, seine Stärke nimmt nach Osten hin allmählich ab. Selbst wenn der Mistral im Rhônedelta in Sturmstärke bläst, spürt man in Menton nur noch wenig davon. Mistral bläst angeblich 3, 6 oder 9 Tage lang. Er wird meist durch zigarrenförmige Wolken angekündigt, denen später ein klarer, blauer Himmel folgt.
Vor dem Massif des Maures und auch im Bereich des Massif de l'Estérel kommt es bei Schönwetterlagen zu einer besonderen Winderscheinung, dem Ponant, einem typischen Seewind. Dieser Südost-Wind brist vormittags auf, verdoppelt seine Stärke am frühen Nachmittag und schläft über Nacht wieder ein. Da er direkt auf die Küste zu weht, kann er vor Hafeneingängen unangenehmen Schwell verursachen.
Im Bereich Cap Couronne bis Menton an der italienischen Grenze können an verschiedenen Orten zur

das Klima beeinflußt, bestimmen vorwiegend Hochdruckzonen ruhiges und freundliches, meist trockenes und warmes Wetter. Im Winter verursacht die nach Süden gewanderte Westwindzone einen Wechsel zwischen Hoch- und Tiefdruckgebieten, die starke Bewölkung, Niederschläge und Wind, häufig auch Sturm mit sich bringen.

Oft schwenken Tiefausläufer, vom Atlantik kommend, über die Biskaya und Spanien hinweg, nicht so häufig ziehen Tiefdruckgebiete über Südfrankreich, Südspanien oder durch die Straße von Gibraltar ins Mittelmeer. Im Schutz hoher Gebirge oder besonderer geographi-

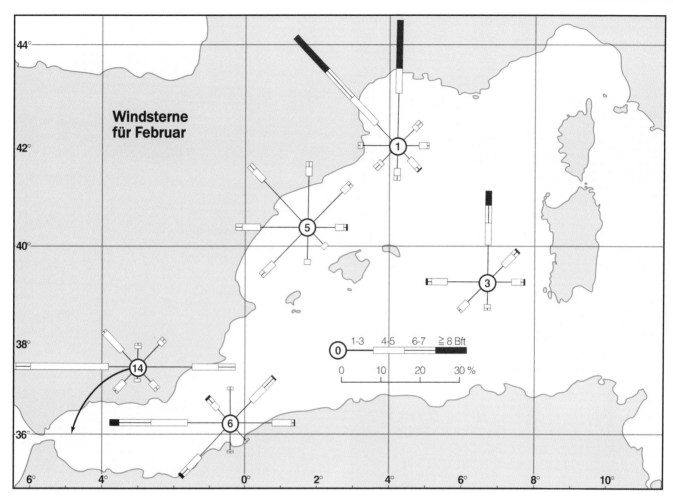

Windsterne für Februar

gleichen Zeit zum Teil völlig unterschiedliche Wetterverhältnisse angetroffen werden. Das hängt mit den geographischen Gegebenheiten zusammen.

Es ist üblich, zwischen den Windverhältnissen westlich und östlich von Toulon zu unterscheiden.

Westlich von Toulon herrschen vornehmlich NW-Winde (Mistral), auch die meisten Stürme kommen aus dieser Richtung. Sommerwinde (Marin) von 4 – 6 Bft. aus S – SE können vor der Küste eine unruhige See erzeugen, sie flauen aber meist gegen Abend ab.

Stürme aus südlichen Richtungen kommen fast nur im Winter vor und können das Einlaufen in viele der nach Süden ungeschützten Häfen unmöglich machen.

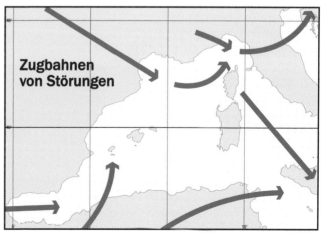

Zugbahnen von Störungen

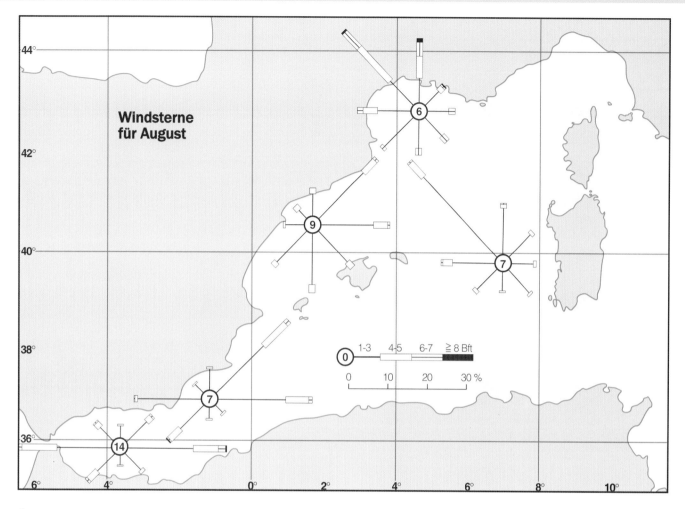

Windsterne für August

Östlich von Toulon sind die Auswirkungen vom Mistral kaum noch zu spüren. W – NW-Winde wehen im Sommer selten mit mehr als 4 – 5 Bft. Tagsüber herrschen hier meist schwache bis mittlere südliche bis südöstliche Seewinde (Ponant) vor, die zum Abend hin einschlafen. Im Osten von Toulon gibt es wesentlich mehr Flauten als im Westen.

Winde aus Ost bringen schlechtes Wetter mit Regen und Wind, behauptet der Hafenmeister von Menton; da ist etwas Wahres dran.

Wetterberichte für das westliche Mittelmeer

Bei dem für plötzliche Änderungen bekannten Mittelmeerwetter sind Kenntnisse der möglichen Entwicklungen nicht nur für größere Törns wichtig. Es gibt viele Möglichkeiten, sich zu informieren.

Zu Hause kann man sich über Bildschirmtext und im Internet bereits vor Törnantritt über das Wetter im Zielgebiet informieren. Der Deutsche Seewetterdienst Hamburg bietet unter

http://www.dwd.de/forecasts/texte/seewett-mm.html

Vorhersagen über das Mittelmeerwetter für die nächsten 12 Stunden und Aussichten für weitere 12 Stunden an. Seewetterberichte und Windvorhersagen für das Mittelmeer lassen sich auch über T-Online aus speziellen Abschnitten der Seiten 444406# Seewetter- und Wassersportberichte entnehmen.

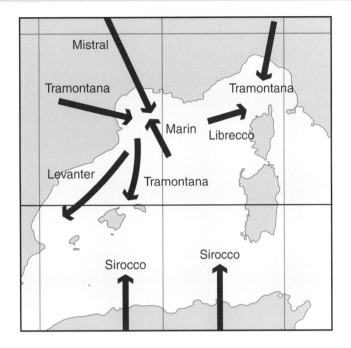

AOL (America OnLine) bietet ebenfalls Wetterinformationen unter dem Stichwort „Wassersportwetter" an, die das Wetter im Mittelmeer behandeln.

Auch über Telefax lassen sich entsprechende Informationen abrufen. An der französischen Mittelmeerküste hängt in jedem größeren Hafen schon morgens der Wetterbericht für die nächsten fünf Tage an der Capitainerie aus. Immer häufiger ist auch über Videotext auf einem Fernsehschirm das aktuelle und zu erwartende Wetter zu erfahren.

Wer gut die französische Sprache beherrscht, kann auch die Telefonansage nutzen: **08 01 68 08-xx**, mit **xx** als der Nummer des Départments, in dem man sich befindet (siehe Grafik rechts).

Schließlich kann man aus örtlichen Tageszeitungen die jeweilige Wetterlage aus den abgedruckten Wetterkarten unschwer ablesen.

Seewetterberichte in englischer Sprache erhält man durch die Telefonansage 08 01 63 70 12 34, wenn man nach dem Verbindungsaufbau noch die Ziffer 2 wählt.

Auf See sind im Rundfunk auf Mittelwelle meist im Anschluß an die Nachrichten nur allgemeine Wetterbe-

richte in den verschiedenen Sprachen zu empfangen. Auf Kurzwelle übertragen die British Broadcast Corporation (BBC), der Deutschlandfunk (DLF), der Österreichische Rundfunk (ORF) und lokale Sender ihre Wetterberichte für das Mittelmeer fast jedes Jahr zu etwas anderen Zeiten. Zum Empfang der Wetterberichte, Vorhersagen und Sturmwarnungen der örtlichen Marinestationen wird ein mit der SSB-Technik ausgerüsteter, leistungsfähiger Kurzwellenempfänger benötigt. Erschwerend kommt hinzu, daß die örtlichen Stationen meist nur in der Landessprache senden.

Dieses Problem kann man meistern, indem der Wetterbericht – auf Kassette aufgenommen – Schritt für Schritt mit Hilfe der Wettervokabeln entziffert wird.

British Broadcast Corporation (BBC) sendet auf den Frequenzen 12095, 9410, 7325 und 6195 kHz. Wegen der Abhängigkeit des Kurzwellenempfangs vom Ort, von der Zeit und von der Sonnfleckentätigkeit muß man ausprobieren, auf welcher Frequenz und zu welcher Zeit BBC am besten zu hören ist.

Die Deutsche Welle (DW) sendet auf den Frequenzen 6075 und 9545 kHz
• montags bis freitags im Rahmen des Reisejournals zwischen 17.55 und 18.00 GZ,

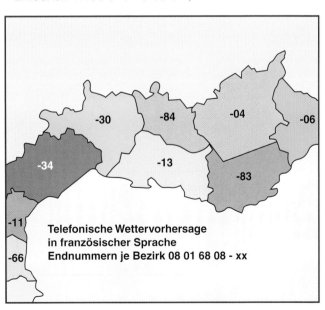

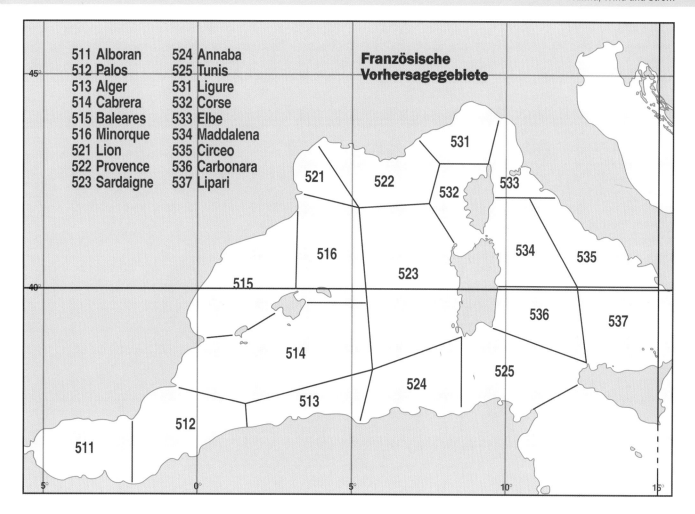

Französische Vorhersagegebiete

511 Alboran	524 Annaba
512 Palos	525 Tunis
513 Alger	531 Ligure
514 Cabrera	532 Corse
515 Baleares	533 Elbe
516 Minorque	534 Maddalena
521 Lion	535 Circeo
522 Provence	536 Carbonara
523 Sardaigne	537 Lipari

• samstags in der Sendung Doppelpaß zwischen 17.55 GZ und 18.00 GZ und

• sonntags im Abendjournal zwischen 19.55 GZ und 20.00 GZ.

Wetterberichte mit Wetterlage von 9.00 und 12.00 UTC, Vorhersagen für die Gebiete: Kanarische Inseln, Alboran/Gibraltar, Palos, Balearen, Westlich Korsika-Sardinien, Golfe du Lion, Ligurisches Meer, Tyrrhenisches Meer, Adria, Ionisches Meer, Aegaeis und Biskaya sowie Stationsmeldungen. Zur Niederschrift kann man den Vordruck der Bordwetterkarte Nr. 11 benutzen.

Der Österreichische Rundfunk (ORF) sendet auf den Frequenzen 6155, 13730, 15410 und 21490 kHz

• montags bis samstags um 05.30 GZ,

• sonntags und feiertags gegen 17.10 GZ,

• zusätzlich auf 6155 und 13750 kHz täglich um 10.10 GZ.

Wetterberichte mit Wetterlage, Vorhersagen und Stationsmeldungen. Zur Niederschrift kann man einen der o.g. Vordrucke benutzen, es gibt aber auch einen speziellen Vordruck.

Monaco sendet in englischer und französischer Sprache Sturmwarnungen auf VHF Kanal 20 und auf 4363 kHz jede h+3m von 07.00 – 23.00 GZ, Wetternachrichten für die Bereiche 514-523 und 531-534 auf VHF Kanal 20 und auf 4363 kHz um 09.03, 14.03 und 19.15 GZ, 511-516, 521-525 und 531-537 auf 8743 kHz um 07.15 und 18.39 GZ und Warnungen für die Schiffahrt auf VHF Kanal 20 um 08.03 und 20.03 GZ.

Französische Vorhersagegebiete

511 Alboran, 512 Palos, 513 Alger, 514 Cabrera, 515 Baleares, 516 Minorque, 521 Lion, 522 Provence, 523 Sardaigne, 524 Annaba, 525 Tunis 531 Ligure, 532 Corse, 533 Elba, 534 Madalena, 535 Cicero, 536 Carbonara und 537 Lipari.

Der französische Sender Saint Lys sendet auf 4328 kHz Sturmwarnungen alle gradzahligen h+30 m nach Eingang und Sturmwarnungen, Wetterlage und 24 h Vorhersagen um 07.50 und 19.50 GZ für das westliche Mittelmeer (französisch-deutsche Wettervokabeln finden Sie im Anhang S. 277).

C.R.O.S.S. La Garde, Grasse, Marseille und Bulletins Méteo Spéciaux Marine senden ihren Méteo Méditerranée, der Sturmwarnungen, Wetterlagen, Wetterentwicklung und Vorhersagen enthält, überwiegend mit der o.a. Gebietseinteilung auf VHF Kanal 9, den man am besten ständig einschaltet.

Wer über ein Wetterfax- oder NAVTEX-Gerät verfügt, hat kaum Probleme, Wetterberichte zu bekommen, es sei denn, die Gebrauchsanweisung ist verlegt.

Seit kurzem ist es möglich, NAVTEX-Nachrichten mit einem empfindlichen Weltempfänger auf 518 kHz zu empfangen und über den Soundkarten-Anschluß, der mittlerweile in jedem Notebook eingebaut ist, mit einem Programm zu entschlüsseln.

Törnberatung

Der Deutsche Seewetterdienst Hamburg
Tel. 0 40 / 31 90 88 11
Fax 0 40 / 31 90 88 03
eMail routing@dwd.d400.de
erstellt auf rechtzeitige Anforderung gegen Gebühren individuelle, aktuelle Törnberatungen von 3 – 5 Tagen für Sportschiffer auch für das Mittelmeer.

Eine Beratung sollte mindestens 1 – 2 Tage vor Törnbeginn angemeldet werden und kann auf Wunsch telefonisch, per eMail, per Fax auch ins Ausland oder per Telex oder Fax über Inmarsat A, B, C oder M an eine anzugebende Adresse übermittelt werden.

Die Vorhersage erstreckt sich auf den gewünschten Zeitraum, die Trefferquote nimmt natürlich von den ersten 24 Stunden bis zum letzten Tag etwas ab, dürfte aber den übrigen Quellen in nichts nachstehen.

Online-Dienst SEEWIS

Das Seewetterinformationssystem ist ein speziell für metereologisch interessierte Nutzer entwickeltes Programmsystem zur flächenmäßigen Darstellung von synoptischen Bodenbeobachtungen und Vorhersagen. Es umfaßt auch das Mittelmeer. Es ermöglicht mit den Lizenzprogrammen TERMINATE und SEEWIS den Abruf ausgewählter, aktueller Daten für die Darstellung von Wetterkarten und Vorhersagen auf einem PC bzw. einem Notebook. SEEWIS kann stationär, d.h. am Telefonnetz als auch mobil, d.h. über eine Handy-Notebook-Kombination benutzt werden.

Nähere Einzelheiten können beim Deutschen Seewetterdienst Hamburg erfragt werden.

Mistralregeln

Wenn der Mistral weht, sind tagsüber schnelle Änderungen der Windstärke selten. Im Sommer kann dieser Wind zwischen 16 und 18 Uhr schon mal trotz klarem Himmel bis auf 8 Bft. zunehmen. Daher sollte sich jeder vor dem Auslaufen anhand seiner Seekarten oder anderer Unterlagen genau vergewissern, in welchen mistralgeschützten Hafen oder in welche mistralgeschützte Bucht er sich im Notfall zurückziehen kann. Dabei ist immer zu beachten, daß bei Mistral das Einlaufen in gewisse Häfen ein Boot schwer belastet und ein schwerer Unfall nicht auszuschließen ist.

Einheimische Seeleute behaupten: Mistral, der letzte Nacht aufgekommen ist, bläst nur heute.

Mistral, der tagsüber aufkommt, bläst drei, sechs oder neun Tage lang.

Näheres ist über den Deutschen Seewetterdienst Hamburg, Tel. 0 40 / 31 90 88 52, zu erfahren. Über den Deutschen Seewetterdienst Hamburg oder den Fachhandel, auch vom Österreichischen Wetterdienst, können Bordwetterkarten angefordert werden.

Strömungen

Im Mittelmeer gibt es praktisch keine Gezeiten, abgesehen von geringen Strömungen in der Straße von Messina, die ihren Rhythmus aus der Bewegung von Sonne, Mond und Erde ableiten. Der Einfluß des Atlan-

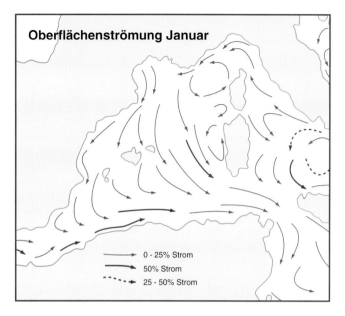

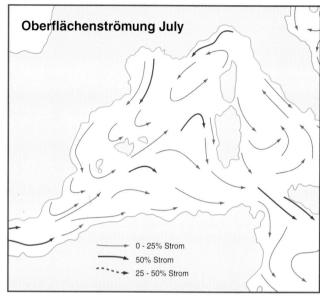

tiks bei Gibraltar dehnt sich nicht weit ins Mittelmeer aus. Im wesentlichen strömt hier Wasser in das Mittelmeer ein, weil der Zufluß durch die Flüsse den Verlust durch die Verdunstung nicht ausgleicht. In den übrigen Gebieten werden die geringen – auch für die Yachtnavigation meist unerheblichen (unter 1 kn) – Strömungen allein durch den Wind hervorgerufen.

Naturschutz
Das Mittelmeer leidet, wie alle Gewässer, unter der starken Belastung durch den Menschen. Daher sind auch die Sportbootfahrer aufgerufen, zur Sauberhaltung des Meeres beizutragen.

Dazu gehören u. a.
- das Sammeln von Abfällen aller Art und deren Entsorgung in den dafür vorgesehenen Behältern in den Häfen,
- Vorkehrungen beim Tanken, daß kein Kraftstoff in die See gelangt,
- Entsorgung von altem Maschinenöl im Hafen (alle Tankstellen müssen Altöl entgegennehmen),
- die Benutzung von Ölflies in der Bilge, um das Öl im Wasser der Bilge zu binden und
- die Vorschriften beim Ankern in Naturschutzgebieten peinlich zu beachten.

Begrenzung eines Schutzgebietes

Die Algenpest Taxifolia
Für die französische Mittelmeerküste und darüber hinaus gilt es, das in den letzten Jahren zunehmende Wuchern der Alge Taxifolia einzudämmen. Alle Sportschiffer sind aufgefordert, beim Ankern diese Gefahr zu berücksichtigen. Das Ankergeschirr muß nach jedem Ankermanöver sorgfältig gereinigt werden, damit ein

weiteres Verschleppen der Algen, die sich bereits an vielen Stellen eingenistet haben, verhindert wird.

Angeln und Unterwasserjagd

Der Fischbestand im Mittelmeer ist durch Überfischung und durch die Fischerei mit kleinmaschigen Netzen stark zurückgegangen, daher existieren auch für das Angeln von Bord und für die Unterwasserjagd an manchen Stellen Einschränkungen und Verbote, die empfindliche Strafen bei Zuwiderhandlungen nach sich ziehen können.

Die Unterwasserjagd darf nicht von Personen unter 16 Jahren, nicht mit Tauchgeräten, Lampen oder Gaspistolen und nicht im Abstand von weniger als 150 m von Fischern oder Fischereifahrzeugen ausgeführt werden. Tauchsportler dürfen zum eigenen Schutz ihren Tauchbereich mit einem schwimmenden, blau-weißen Wimpel „Alpha" – dem internationalen Zeichen für den Tauchsport – anzeigen. Das Tauchen darf nicht nach Sonnenuntergang fortgesetzt werden.

Hafenservice, Liegeplätze

Viele Yachthäfen sind in der Saison oft überfüllt, daher ist anzuraten, bereits in der Mittagszeit über UKW oder Telefon einen Liegeplatz reservieren zu lassen. Fast alle Häfen sind auf UKW Kanal 9 zu erreichen.

Festmachen

In den meisten französischen Häfen und Marinas wird römisch-katholisch mit Hilfe von Mooringleinen an den Kais oder Stegen festgemacht. Seltener sind Mooringbojen ausgelegt, an denen eine eigene Leine über Bug oder Heck festgemacht wird, während die anderen Leinen am Kai vertäut werden. Erlaubt es das Wetter, wird mit dem Bug zum Kai festgemacht, andersherum kann jeder Vorbeigehende ins Allerheiligste schauen. In fast allen Häfen ist die Benutzung des Ankers untersagt.

Stromanschluß

Wer seinen Kühlschrank auch im Hafen betreiben oder unbedingt die Batterien aufladen muß, sollte Vorsorge treffen. Paßt der vorhandene Adapter zur Stromversorgung am Kai? Kaum eine Capitainerie hält Adapter für

ihre Anschlüsse parat. Auf der eigenen Yacht hat sich sicher eine ausreichende Auswahl der verschiedenen Adapter angesammelt, doch eine Charteryacht zeigt bereits in den ersten angelaufenen Häfen bei dieser Gelegenheit ihren Ausrüstungstand. Es ist daher ratsam, bereits beim Einchecken darauf zu achten, daß verschiedene Adapter zur Verfügung stehen. Einerseits sind Adapter sehr teuer und belasten die Bordkasse, andererseits sind sie nicht überall erhältlich.

Wasseranschlüsse

Auch für die Wasseranschlüsse benötigt man evtl. unterschiedliche Kupplungen. Gibt es da ein Problem, läßt sich das meist über Nachbarschaftshilfe lösen. Ein Lichtblick: Wasseradapter sind erschwinglich, deren falsche Montage sorgt lediglich für Heiterkeit bei der hoffentlich erfrischenden Dusche. Auch hier zahlt sich eine entsprechende Vorsorge aus.

Duschen und Toiletten

Bis auf wenige Ausnahmen sind alle Sanitäreinrichtungen sauber und gepflegt. Nicht in allen Häfen sind Duschen und Toiletten tagsüber und nachts frei zugänglich. In großen, häufig auch teuren Häfen erhalten die Mitglieder einer Crew Schlüssel oder Chipkarten für die Sanitäreinrichtungen, wenn die Liegegebühr für ihre Yacht bezahlt wird. Selten wird eine Einrichtung bewacht und für die jeweilige Benutzung Gebühr gefordert, wie im Vieux Port de Menton, wo selbst das Händewaschen 10 Ffr kostet. In vielen Yachthäfen werden in der Capitainerie Metallchips für die Duschen verkauft, im allgemeinen kostet ein Duschgang 10 Ffr. Die „silberne Sanitärzitrone" gewann der Hafen Port Vauban, dort gibt es in der aufwendig gestalteten Capitainerie für Damen und Herren nur je eine kombinierte WC-Dusche. Die nächste Toilette ist mehr als 500 m entfernt!

Automatenwäscherei

Nur in großen Häfen sind Waschsalons direkt im Hafen anzutreffen, doch ist häufig in näherer Umgebung eine Münzwäscherei zu finden. Es ist angebracht, Waschpulver mitzubringen, da selten Personal bei den Waschmaschinen zu finden ist oder ein Automat Waschpulver spendet. Für die Automaten ist immer ein

Vorrat an Münzen notwendig. Manchmal steht auch ein Wäschetrockner zur Verfügung.

Tanken

In den großen Häfen sind regelmäßig Tankstellen geöffnet, manchmal sogar auch nachts, oder die Zapfsäulen sind für Kreditkarten eingerichtet. In den normalen Öffnungszeiten sollten die Tankstellen auch Altöl zurücknehmen, sofern kein besonderer Altölbehälter im Hafen aufgestellt ist.

Daß beim Tanken von Kraftstoff besondere Vorsichtsmaßnahmen zu treffen sind, sollte hier noch einmal in Erinnerung gerufen werden.

Chartern

Kojencharter ist die schnellste und einfachste Methode, eine Seereise zu buchen. Dafür sind sicher einige Kompromisse zu schließen bei den Fragen: Wie setzt sich die Crew zusammen, welcher Einfluß bleibt zur Mitbestimmung der Reiseroute, wie wird die Verpflegung organisiert, etc.?

Wer für den Sommerurlaub eine Yacht chartern möchte, kann das alles weitgehend selbst bestimmen, aber er sollte spätestens im Januar auf der Bootsmesse in Düsseldorf bei einem der vielen Anbieter sein Traumboot buchen. Die meisten deutschen Charterfirmen vermitteln Verträge zu ihren ortsansässigen Kollegen, aber auch französische Firmen sind auf den verschiedenen Messen vertreten. Meist gewähren Vercharterer bei einem frühen Abschluß erhebliche Rabatte. Man sollte jedoch nicht nur auf den Preis schauen, sondern auch auf die Ausstattung und das Alter der angebotenen Yacht, ganz intensiv ist auch das Kleingedruckte zu studieren. Kurz nach dem Vertragsabschluß wird in den meisten Fällen etwa ein Drittel der Chartergebühr fällig, vier Wochen vor Reisebeginn der Rest, bei Übergabe eine Kaution für schuldhaft verursachte Schäden. Die Höhe der Kaution und die Selbstbeteiligung im Schadensfall sollte im Chartervertrag festgelegt sein. Die meisten Verträge verlangen übrigens, daß nach dem ersten Drittel der Charterzeit die Rückreise angetreten wird.

Es wird eine Reiserücktrittsversicherung empfohlen, die im Falle eines begründeten Rücktritts eines Crew-mitgliedes dessen Kosten und sogar das Platzen eines Törns vergütet, wenn der Skipper ausfällt.

Nagelneue und alte Charteryachten können unterschiedliche Probleme bereiten: Bei neuen Schiffen treten in der ersten Zeit schon mal Fabrikationsmängel zutage, bei den mehr als vier Jahre im Charterdienst stehenden die ersten gravierenden Verschleißerscheinungen. Allerdings treten in der Regel kaum solche Mängel auf, die einen Abbruch der Seereise erzwingen. Doch fast alle auftretenden Mängel kosten Zeit – Urlaubszeit, auf die sich alle Törnteilnehmer gefreut haben.

Das läßt sich weitgehend vermeiden, wenn bei der Übergabe jeder Skipper zusammen mit einem Crewmitglied nicht nur anhand der üblichen Checkliste mitzählt, sondern auch prüft, was er bekommt. Ist die Übergabeliste unterschrieben, sind übernommene Mängel schwer nachzuweisen. Daher ist anzuraten, sich beim Prüfen anhand der Checkliste Zeit zu nehmen. Jeder sollte fragen, wie unterwegs ein Mangel zu beheben ist und wer unverschuldete Schäden bezahlt, die beim Checkin nicht zutage traten.

- Bei neuen Schiffen ist mehr Augenmerk auf die Funktion der Einrichtungen und auf feste Verbindungen zu legen: Sind die Verschraubungen – Rigg, Schläuche usw. – noch fest? Funktionieren GPS, Radar, Log, Radio, Windmesser, Autopilot und Sprechfunk?
- Bei älteren Booten ist zu prüfen, wie vollständig sind Werkzeugkiste und Ersatzteilvorrat, funktionieren Beleuchtung, Lichter, elektronische Geräte? Wie alt sind die Signalraketen und -körper? Ist das Schlauchboot dicht? Arbeitet die Ankerwinsch einwandfrei? Sind Bug, Heckkorb, Seezaun und Außenhaut unbeschädigt? Hatte die Vorgängercrew eine Grundberührung? Wie gut sind Fallen und Segel in Schuß? Wieviel Wasser steht in der Bilge? Ist die Toilette funktionstüchtig?

Essen und Trinken
Versorgung

In den meisten Yachthäfen und Marinas gibt es wenig Möglichkeiten für den Großeinkauf von Lebensmitteln und Getränken. Nur in einigen großen Marinas ist ein Supermarkt mit preiswerten Angeboten vorhanden.

Gute Einkaufsbedingungen mit Supermärkten und vielen kleinen Geschäften bieten die in Hafennähe liegenden Orte oder Städte.

In Frankreich gibt es keine gesetzlich vorgeschriebenen Ladenöffnungszeiten. Zwischen 8.00 und 9.00 h wird geöffnet. Größere Geschäfte, Supermärkte und Kaufhäuser schließen meist gegen 19.00 h. Kleinere Läden haben meist länger geöffnet, einige bis spät in die Nacht. Fast alle Geschäfte schließen über Mittag von 1 – 3 h und werden zwischen 15.00 und 17.00 h wieder geöffnet. Einige Läden verkaufen auch am Sonntagvormittag, dafür kann man montags auch schon mal vor verschlossenen Türen stehen.

Die Qualität der Lebensmittel, vor allem von frischem Obst (Fruits) und Gemüse (Légume), ist ausgezeichnet, das Preis-Leistungs-Verhältnis ist gut. Fleisch (Viande) wird meist ohne Knochen (Ossements) und Fett (Gras) abgewogen, ist von hervorragender Qualität, aber verhältnismäßig teuer. Angeboten werden Lamm (Agneau), Hammel (Mouton), Rind (Boeuf), Kalb (Veau), Schwein (Porc), Pferd (Cheval), Wild (Gibier) und Geflügel (Volaille). Käse (Fromage) ist in riesiger Auswahl relativ preiswert. Frischen Fisch (Poisson) und Meeresfrüchte (Fruits de Mer) kauft man am besten auf dem Fischmarkt direkt am Hafen. In fast allen Orten wird regelmäßig oder mindestens einmal wöchentlich Markt abgehalten, der nicht nur gute Auswahlmöglichkeiten bietet, sondern mit seiner mediterranen Vielfalt auch besonderes Vergnügen bereitet. Obst- und Gemüsekonserven gibt es preiswert und in guter Qualität, Fleischkonserven ebenfalls, aber nur wenige in gewohnter Geschmacksrichtung.

Das gilt auch für Kaffee, der in Frankreich meist anders geröstet wird. Französisches Bier kann mit deutschem kaum verglichen werden, es ähnelt im Geschmack mehr dem englischen Lager-Bier. Spirituosen sind ebenso teuer wie in Deutschland, in der Auswahl der Sorten ähnlich, anders als bei uns fehlt in kaum einem Spirituosenregal der Pastice.

Wenn an Bord in der Pantry auch nach deutschen Rezepten gekocht werden soll, empfiehlt es sich, entsprechende Fleischkonserven mitzubringen.

Bei der Anreise mit dem Auto sollte überlegt werden, ob auch die Biervorräte für den Törn mitgeführt werden können. Nur vereinzelt wird in den Häfen ein Service angeboten, der die Lebensmittel und Getränke direkt an Bord bringt.

In den beliebten Ankerbuchten, der Anse des Canebiers bei Saint-Tropez und in der Baie d'Alicastre auf Porquerolles, bringen in der Hauptsaison morgens Bäcker mit kleinen Motorbooten frische Baguettes und Croissants direkt an Bord. In der Baie d'Alicastre gibt es im Sommer sogar mittags und abends frische Pizza und Pasta vom Pizza-Boot.

Restaurants

Das Besondere an den französischen Restaurants ist, daß sie sich mit ihrer Speisekarte nicht an ausländische Urlauber angepaßt haben. Abgesehen von einigen italienischen, wenigen griechischen oder gar chinesischen Gaststätten ist in Frankreich die französische Küche vorherrschend. Die meisten Restaurants decken ihre Tische zum Abend.

Häufig werden Menüs mit Alternativen bei den einzelnen Gängen angeboten, preiswerter als bei Einzelbestellungen der gleichen Auswahl. Die Speisekarten erlauben aber meist auch beliebige Zusammenstellungen, die man gemütlich bei einem Aperitif aussucht.

Zu einem Menü gehören in der Regel eine Vorspeise (Hors d'Oeuvre), das Hauptgericht (Plat Principal) und eine Nachspeise (Dessert).

Schon bei den Vorspeisen gibt es eine große Vielfalt: Salate (Salades) in unterschiedlichster Zubereitung, Pasteten (Patés) oder Suppen (Soupes), zu allem wird frisches Stangenweißbrot (Baguette) gereicht.

Bei den Hauptgerichten wird gegrilltes (grillé) oder gebratenes (rôti) Fleisch (Viande) nach Wunsch bien cuit, à point oder saignant serviert; Rind (Boeuf), Kalb (Veau) oder Lamm (Agneau) kommen dazu in Frage.

Braten (Rôti), Geflügel (Volaille) oder Wild (Gibier) werden in vielen Varianten zubereitet, häufig in Weinsaucen mit Kräutern der Provinz (Herbes de Provence) und Knoblauch (Ail) gewürzt, dabei trägt Olivenöl häufig zum besonderen Geschmack bei. Kartoffeln werden kaum als Salzkartoffeln, häufiger als Pommes au Gratin oder als Pommes Frites angeboten.

Die Gemüse-Beilagen (Légumes) sind ebenfalls variantenreich.

Auch bei den Nachspeisen ist die Qual der Wahl groß, denn selbst bei den festen Menüangeboten stehen

Baie d'Alicastre,
Cap des Mèdes

fast immer mehrere Möglichkeiten zur Auswahl: Obst (Fruits), Eis (Glace), Kuchen (Gâteau) oder Käse (Fromage) nach Wahl, schließlich darf ein Kaffee (Café noir) oder Espresso nicht fehlen.

Je nach Hauptgericht kann ein guter und preiswerter „Vin de Table" extra bestellt werden: blanc, rosé oder rouge. Französisches Bier entspricht nicht ganz deutschem Geschmack, allenfalls kommt ein „Heinecken" in Betracht.

Französisch zu speisen ist ein besonderes, zeitaufwendiges Vergnügen. Zeit sollte jedoch, zumindest im Urlaub, keine Rolle spielen.

Fruits de Mer

Die französische Küche, insbesondere die des Mittelmeers, ist ohne die Früchte des Meeres undenkbar. Außer Fischen zählen Tintenfische, Muscheln und Krebse dazu. Das große Angebot auf Märkten und in Restaurants läßt sich etwa folgendermaßen zusammenfassen:

Zu den Speisefischen gehören Bar (Seebarsch), Congre (Meeraal), Daurade (Goldbrasse, Seebrasse), Espardon (Schwertfisch), Germon (weißer Thunfisch), Girelle, Grondin (Knurrhahn), Lotte (Seeteufel), Loup (Wolfsbarsch, hervorragender Speisefisch), Marque-

reau (Makrele), Merlan (Merlan), Mérou (Zackenbarsch), Mulet Commun (Meeräsche), Mulet (Barbe), MurËne (Muräne), Raie (Rochen), Rascasse Rouge, Rouget de Roche (Rotbarbe), Sardine (Sardine), Sole (Seezunge), St Pierre (Heringskönig) und Thon Rouge (Thunfisch).

Tintenfische sind Poulpe (Octopus, Krake), Calamar (Calamaris) und Encornet (Tintenfisch).

Zu den Krebsen gehören Crevettes Grise (graue Garnelen), Crevettes Rouge (rote Garnelen), Langoustes (Hummer, Langusten), Langustines (Krebse), Homard (Hummer) und Grande Cigale.

Zu den „eßbaren" Muscheln zählen Coquilles St Jaques (Jakobsmuscheln), Huîtres (Austern) und Moules (Miesmuscheln).

Bon Appetit

Huîtres werden eisgekühlt, mit Zitrone beträufelt geschlürft, dazu gibt es Baguette. Coquilles St Jaques und Moules werden meist gekocht mit unterschiedlichen Zutaten, manchmal auch in einer Suppe serviert, Krebse kommen gegrillt, gekocht oder gebraten auf den Tisch zusammen mit Aioli – einer äußerst würzigen Mayonnaise –, die auch bei einigen Fischgerichten gereicht wird. Tintenfisch wird gekocht, gebraten, gegrillt, fritiert oder als Salat angeboten. Kochen, Braten, Grillen und Fritieren sind die Zubereitungsarten von Fisch, doch die Besonderheiten sind die Beilagen und Saucen. Eine besonders zu empfehlende Spezialität ist die Bouillabaisse, eine Fischsuppe, in der Drachenkopf, Knurrhahn und Seeaal neben beliebigen anderen kleinen Fischen und Schalentieren nicht fehlen dürfen. Meist reicht ein Urlaub nicht aus, um alles auszuprobieren.

Französische Weine des Mittelmeers

Wer an Frankreichs Mittelmeerküste einen Törn mit einer Yacht unternimmt, ist vielleicht schon ein Freund der französischen Küche und französischer Weine, er kann es zumindest schnell werden. Im Restaurant oder an Bord wird eine Mahlzeit nicht nur durch das Glas Wein abgerundet, Wein gibt auch als „Gewürz" vielen Gerichten erst den besonderen Geschmack. Daher darf eine „Weinkarte" für die Pantry in südfranzösischen Gefilden nicht fehlen. Eine Fahrt entlang der

Côte d'Azur bietet reichlich Gelegenheit, die jeweiligen Weine der Region kennenzulernen.

Bis ins 20. Jh. hat sich die Geschichte des französischen Weins in mehreren Etappen entwickelt. Die Tradition des Weinanbaus wurzelt in Südfrankreich: Schon 600 v. Chr. brachten die Phokäer Weinreben aus Griechenland mit, um sie in ihrer Kolonie Marseille anzubauen. Der damals hergestellte Wein war ein Rosé. Später haben die Römer den Weinanbau durch neue Traubensorten ergänzt, die Anbaugebiete erweitert, die Herstellung und Lagerung verbessert. Es hat lange gedauert, bis sich der Weinanbau weitere Bereiche, wie Vallée du Rhône, eroberte. Im Mittelalter hatten Klöster und Abteien erheblichen Anteil an der Weiterentwicklung und Ausbreitung des Weinanbaus in der Provence. Abteien wie Saint-Victor in Marseille, Silvacane im Bereich Luberon, Thoronet in der Var, Lerins bei Cannes waren damals mächtige Wirschaftsbetriebe, die Weinwirtschaft hat zu ihrem Aufschwung wesentlich beigetragen. Am Ende des 14. Jh. haben sich die großen Familien der Noblesse prachtvolle Wohnsitze in den Weinanbaugebieten geschaffen. Unberührt von den politischen Ereignissen des 18. Jh. stand der Weinanbau in voller Blüte, als plötzlich im 19. Jh. der Parasit Phylloxéra Vastatrix ganze Plantagen vernichtete. Seit dem Anfang des 20. Jh. brachte die zunehmende Massenproduktion eine Qualitätsminderung und damit erhebliche Umsatzeinbußen mit sich, was

1907 per Gesetz zur Einführung von strengen Kontrollen führte. Die Schaffung von Syndikaten in den 30er Jahren hatte die Kontrolle der Qualität und die Förderung ihrer Produkte zum Ziel. Diese Ansprüche der Branche führten zur Bildung von Qualitätsmerkmalen. Im Dekret von 1935 wurden die strengen Regeln schließlich festgeschrieben. Französische Weine werden danach in vier Qualitätsstufen eingeteilt:

Appellation d'Origine Côntrôlée (A.O.C.) bedeutet das höchste Gütezeichen,

Vins délimités de Qualité Supérieure (V.D.Q.S.) ist die zweithöchste Qualitätsstufe, es folgen Vins de Pays und Vins de Table.

Für den Bedarf an Bord sind Land- und Tafelweine besonders geeignet, weil sich die Weine der oberen Qualitätsklassen auf einer Yacht wegen der ständigen Bewegung überhaupt nicht entfalten können. Der Einkauf dieser preiswerten, offenen Weine – direkt in Plastikkanister aus den Fässern der Weinkellereien abgefüllt – ist sehr zu empfehlen. In verschiedenen Hafenbeschreibungen wird auf Weinhandlungen hingewiesen, die gut zu erreichen sind und Weine vom Faß führen.

In vielen französischen Haushalten und Restaurants stammen die in Karaffen servierten offenen, herzhaften Weine aus den gleichen Quellen.

Gourmets unter den Seefahrern können die Qualitätsweine bestimmter Lagen und Jahrgänge im gehobenen Restaurant zum entsprechenden Menü genießen.

I. Cap Couronne bis Cap Croisette

Seekarten F CG 505, F 6739, 6767, 6882, 6951, D 437, 595, 596

Von Cap Couronne verläuft die Küstenlinie zunächst in EW-Richtung, um später in großem Bogen nach S zu schwenken. Mitten in der riesigen Bucht, deren Scheitel bei den Ports de l'Estaque liegt und die im S bei Cap Croisette endet, liegen die Îles du Frioul, deren weißliche Kalkfelsen schon von weitem sichtbar sind, die Île d'If und einige weitere, aber kleinere und unbewohnte Inseln. Ganz weit draußen liegt das Eiland der

Île de Planier, auf dem der riesige Leuchtturm, le Phare de Planier, den Seefahrern den Weg weist.

Bei Cap Couronne ist das Hinterland noch flach wie das Rhônetal, die Küste steigt nach E jedoch schnell an, das Land fällt zur See steil ab. Die Erosion durch Regen- und Seewasser hat in dem kalkhaltigem Boden viele Buchten, sogenannte Calanques, ausgewaschen, die zum Teil von hohen Kalkfelsen einge-

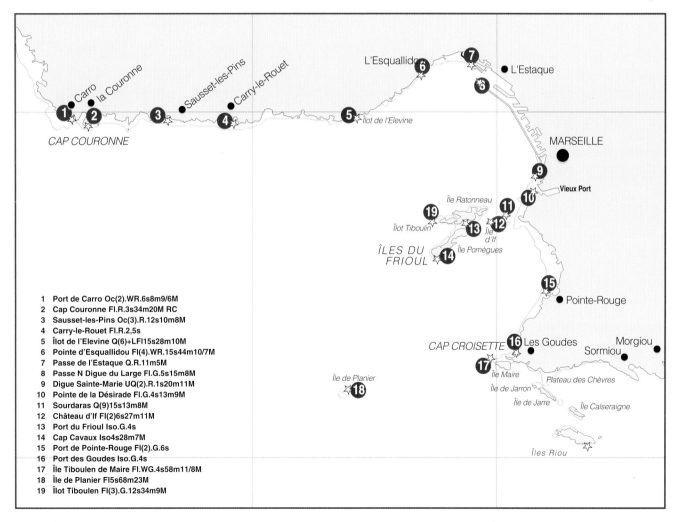

```
 1  Port de Carro Oc(2).WR.6s8m9/6M
 2  Cap Couronne Fl.R.3s34m20M RC
 3  Sausset-les-Pins Oc(3).R.12s10m8M
 4  Carry-le-Rouet Fl.R.2,5s
 5  Îlot de l'Elevine Q(6)+LFl15s28m10M
 6  Pointe d'Esquallidou Fl(4).WR.15s44m10/7M
 7  Passe de l'Estaque Q.R.11m5M
 8  Passe N Digue du Large Fl.G.5s15m8M
 9  Digue Sainte-Marie UQ(2).R.1s20m11M
10  Pointe de la Désirade Fl.G.4s13m9M
11  Sourdaras Q(9)15s13m8M
12  Château d'If Fl(2)6s27m11M
13  Port du Frioul Iso.G.4s
14  Cap Cavaux Iso4s28m7M
15  Port de Pointe-Rouge Fl(2).G.6s
16  Port des Goudes Iso.G.4s
17  Île Tiboulen de Maire Fl.WG.4s58m11/8M
18  Île de Planier Fl5s68m23M
19  Îlot Tiboulen Fl(3).G.12s34m9M
```

schlossen sind und oft als Häfen genutzt werden. Straßen und Ortschaften finden kaum Platz in den Schluchten und schmalen Einschnitten. Nur die Eisenbahntrasse durchbricht die Steilhänge mit Tunneln, überbrückt Täler und Schluchten über rote, gemauerte Viadukte oder schmiegt sich an die Abhänge. Sie ist ein sehenswertes, altes Bauwerk an diesem zerklüfteten Küstenabschnitt, der sich bis kurz vor die riesigen Hafenanlagen von Marseille hinzieht.

Fast in Vergessenheit geraten ist der heute verschüttete, 4 sm lange, unterirdische Kanaltunnel Souterrain de Rove, der den Güterverkehr auf Lastkähnen zwischen Etang de Berre und den Hafenanlagen von Marseille bis zum Anfang dieses Jahrhunderts ermöglichte. Hinter der ehemaligen Mündung des Kanaltunnels bei Port de la Lave, gleich westlich vom Port de la Corbière, beginnen riesige Hafenanlagen, die sich über die Ports de l'Estaque bis Marseille hinziehen. Sie liegen geschützt hinter insgesamt 7 sm langen Steinmolen, welche die Rade de Marseille nach NW abschließen und im Avant Port Joliette enden.

Auch hinter Marseille bis zum Cap Croisette erheben sich hohe Kalkberge hinter der hier nach S verlaufenden Küste. Der Vieux Port de Marseille ist eine ehemalige natürliche Calanque, die schon in vorgeschichtlicher Zeit als Hafen diente.

In diesem besonders reizvollen Bereich mit seinen zum Teil steilen Ufern, tief eingeschnittenen Buchten und kahlen Inseln bläst im Durchschnitt an 145 Tagen im Jahr der Mistral, besonders häufig in der Zeit vom Herbst bis zum Frühjahr. Alle Häfen sind daher gegen die hier vorherrschenden Winde gut geschützt, obwohl die Ansteuerung manchmal durch den Seegang gefährlich und daher unmöglich wird.

Normalerweise weht der Mistral aus NW mit 8 – 10 Bft., manchmal auch bis 12 Bft., doch im Sommer sind Mistralstürme selten. Trotzdem muß man sich zwischen Cap Couronne und Cap Croisette auch schon mal mit 7 Bft. auseinandersetzen, obwohl der Mistral hier in der Hauptsaison nur bis 5 und 6 Bft. auffrischt. Sehr unangenehm können Mistralböen auf der Rade de Marseille werden.

Häufiger dagegen weht hier ab dem späten Vormittag der Marin mit 3 – 4 Bft., ein S – SE-Wind, der schon mal bis 6 Bft. auffrischt und nachts abflaut. Der auflandige Wind baut eine unangenehme Dünung an der meist steilen Felsenküste auf, was auch das Ankern in manchen, sonst gut gegen Mistral geschützten Buchten zur Qual werden läßt.

Marseilles riesige Hafenanlagen sind jedoch bestens gegen alle Winde durch Steinmolen geschützt, die Hafeneinfahrten an den Enden liegen günstig. Auch der Vieux Port de Marseille ist gegen alle Winde abgeschirmt. Der natürliche Schutz durch die vorgelagerten Îles de Frioul gegen Winde aus SW wird für die Einfahrt zum Avant Port Joliette vor den Winden aus S zusätzlich durch den Digue de Catalans ergänzt.

Die weithin sichtbare Kirche Notre Dame de la Garde, ein Wallfahrtsort der Seefahrer, zeugt im Innern von den vielen Unbillen, denen Seefahrer hier ausgesetzt waren und heute noch sind.

Achtung: Marseille gehört zu Frankreichs größten Handelshäfen und hat einen regen Schiffsverkehr. Die Berufsschiffahrt genießt in der Nähe der Zufahrten und im Hafenbereich von Marseille absoluten Vorrang vor Sportbooten.

Die Häfen und Buchten zwischen Cap Couronne und den Ports de l'Estaque sowie die vielen Ankerplätze um die Îles du Frioul zählen im Sommer zu beliebten Ausflugszielen für die Sportboote, die in diesem Bereich beheimatet sind. Gastliegeplätze können daher an den Wochenenden knapp werden.

Wichtige Leuchtfeuer:

Cap Couronne	43° 19,6' N I 005° 03,3' E Fl.R.3s 34m20M RC
Îlot de l'Elevine	43° 19,8' N I 005° 14,2' E Q(6) + LFl.15s 28m10M
Point Esquallidou	43° 21,0' N I 005° 16,7' E Fl(4).WR.15s 44m10/7M
Digue de Saumaty	43° 21,0' N I 005° 18,8' E UQ(2).1s 20m14M
Digue Saint Marie	43° 17,8' N I 005° 21,2' E UQ(2).R.1s 20m11M
Chateau d'If	43° 16,8' N I 005° 19,7' E Fl(2).6s 27m11M
Île de Planier	43° 12,0' N I 005° 13,9' E Fl.5s 68m23M

Îlot Tiboulen-de-Maire   43° 12,8' N I 005° 19,6' E
Fl.WG.4s 58m11/8M

Wer aus W Cap Couronne ansteuert, findet ca. 1 sm westlich davon zwei befeuerte W-Kardinaltonnen etwa 0,5 sm der Küste vorgelagert. Das sind

Sèche d'Arnette Q(9). 15s
43° 19,8' N I 005° 01,5' E
Sèche de Carro VQ(9).R. 10s
43° 19,4' N I 005° 01,8' E

Sie bezeichnen Untiefen von 2,5 m, die seeseitig passiert werden sollten. Von hier aus laufen wir in ENE-Richtung in unser zu beschreibendes Seegebiet nach

Port de Carro
43° 20,0' N I 005° 02,6' E

Port de Carro ist ein kleiner, gegen alle Winde gut geschützter Fischer- und Sportboothafen direkt westlich des Cap Couronne. Der Hafen bietet bei einer Wassertiefe von 1 – 3 m einige Gastplätze für Yachten bis zu 12 m.

Ansteuerung:

Von NW und W kommend ist es ratsam, sich gut von den beiden W-Untiefentonnen Arnette (Q(9)15s) und Carro (VQ(9).R. 10s) freizuhalten. Bei Tag und Nacht wird der 31 m hohe, weiße, oben rote Leuchtturm auf Cap Couronne (Fl.R. 3s 20M) angesteuert, der ca. 500 m östlich der Hafeneinfahrt steht. Sobald das 4 m hohe, weiß-rote Sektorenfeuer (Oc(2).RWR. 6s 6/9M) an der E-Mole des Hafens in Sicht kommt, erfolgt die Ansteuerung im weißen Sektor des Feuers bzw. auf einem NNW-Kurs. Die ca. 50 m breite Hafeneinfahrt öffnet sich nach E. Eine Untiefe im NW vor dem Eingang zur Bucht befindet sich im roten Sektor des Hafenfeuers und ist durch eine weiße, viereckige Bake auf dem Pointe de Carro markiert.

Hafengebote: Gastlieger machen am Kai hinter der Mole fest, um sich vom Hafenmeister einen Platz zuweisen zu lassen. Sein Büro befindet sich an der Straße neben dem Eingang zum Winterlager.
Hafenmeister: M. Meret, Tel. 04 42 80 76 28, in der

Port de Carro

Saison von 7-12 und von 14-19 h, in der Vorsaison von 8 – 12 und von 14 – 17 h.

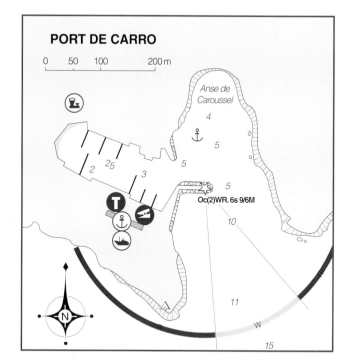

Wetterinformationen: Während der Saison täglich neuer Météo an der Capitainerie.
Tel. Ansage 08 36 68 08 08 und 08 36 68 08 13.

Hafenservice:

Von den ca. 200 Liegeplätzen sind etwa 20 für Gastlieger vorgesehen. Im Hafen liegen überwiegend Fischerboote. Die Liegeplätze an den Stegen sind mit Mooringleinen, Wasser- und Stromanschlüssen (220/380 V) ausgestattet. Am Kai gibt es nur vereinzelt Wasser und Strom. WCs und Duschen sowie ein Kartentelefon sind vorhanden, ebenso eine Tankstelle, der Schiffsausrüster Le Marin, eine Motorenwerkstatt, ein 6-t-Kran und ein Slip für 40 t.

Versorgung:

Kleinere Einkäufe lassen sich in Hafennähe erledigen, direkt im Hafen wird vormittags frisch gefangener Fisch angeboten.
Restaurants: In Hafennähe gibt es einige kleine Restaurants und Bars.

Landgang:

Ein Bummel zum Pointe Carro und durch den Ort verschafft die nötige Bewegung. Ein kleiner Strand schließt den Hafen zum Ort ab.

Ankern:

In der Anse de Caroussel vor dem Hafen kann auf 4 – 6 m tiefem sandigen, grasbewachsenen Grund, in der Anse de Verdon – etwa 500 m östlich vom Port de Carro entfernt – unterhalb des Semaphore in einer

Anse de Verdon

Bucht auf 4 – 10 m tiefem sandigen Grund gegen Mistral geschützt geankert werden.

Auf dem Weg nach E passieren wir

Cap Couronne 43° 19,6' N | 005° 03,3' E

Auf dem felsigen, flachen Cap steht ein 34 m hoher, runder, weiß-roter Leuchtturm (Fl.R.3s34m20M).

Cap Couronne

Vom Cap Couronne laufen wir nach E, halten uns etwa 0,5 sm südlich der Küste, um an der Untiefe und dem Eiland Île Aragnon vorbeizukommen und gelangen nach

Port de Sausset-les-Pins
43° 20,0' N | 005° 06,5' E

Port de Sausset-les-Pins ist ein kleiner 1,8 – 3 m tiefer, gegen alle Winde gut geschützter Hafen, der von Fischer- und Sportbooten belegt ist. Es gibt etwa 16 Gastplätze für Yachten bis 14 m. Sausset-les-Pins gehört zu den beliebten Ferienorten an der Côte Bleue, in dem viele Marseiller ihren Sommersitz haben, und verfügt über alle zugehörigen Annehmlichkeiten.

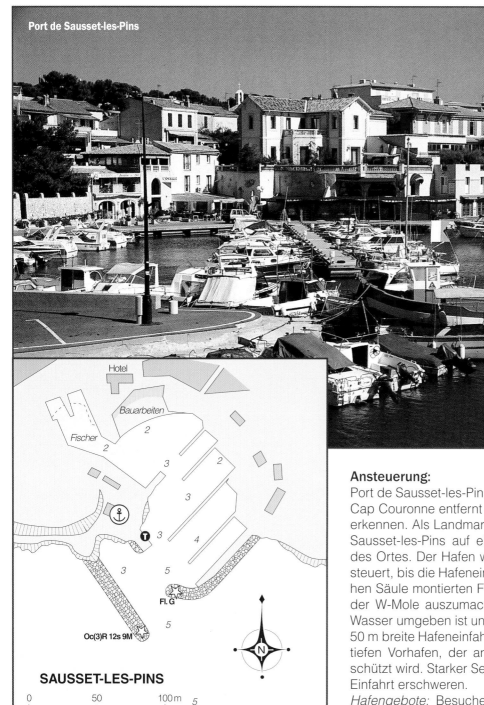

Port de Sausset-les-Pins

Hotel

Bauarbeiten

Fischer

2

2

2

2

3

3

3

4

3

5

3

5

T

Fl. G

Oc(3)R 12s 9M

5

N

SAUSSET-LES-PINS

0   50   100m   5

Ansteuerung:

Port de Sausset-les-Pins liegt etwa 2,5 sm westlich von Cap Couronne entfernt und ist von weitem schlecht zu erkennen. Als Landmarke dient tagsüber das Château Sausset-les-Pins auf einem bewaldeten Hügel im W des Ortes. Der Hafen wird auf nördlichem Kurs angesteuert, bis die Hafeneinfahrt mit dem auf einer 7 m hohen Säule montierten Feuer (Oc(3).R.12s10m12M) auf der W-Mole auszumachen ist, die allseits von tiefem Wasser umgeben ist und sich nach SE öffnet. Die etwa 50 m breite Hafeneinfahrt führt in einen kleinen, 3 – 5 m tiefen Vorhafen, der an Stb. durch seine E-Mole geschützt wird. Starker Seegang aus SE bis SW kann die Einfahrt erschweren.

Hafengebote: Besucher machen am Kai neben der Tankstelle – gleich hinter dem Vorhafen an Bb. – fest

31

und lassen sich vom Hafenmeister einen Liegeplatz zuweisen. Die Geschwindigkeit im Hafen ist auf 3 kn beschränkt.

Hafenmeister: M. Savoye, M. Quiriconi
Tel. 04 42 48 55 01, Fax 04 42 45 27 07 (Bürgermeisterei), VHF Kanal 9 und 16.
Dienstzeiten von 8 – 12 und von 14 – 19 h,
in der Vorsaison von 8 – 12 und von 14 – 17.30 h.
Wetterinformationen: Täglich neuer Météo an der Capitainerie.

Hafenservice:

Der Hafen verfügt über 500 Liegeplätze, von denen etwa 16 für Schiffe bis 14 m Länge zur Verfügung stehen. Die Liegeplätze an Beton-Stegen mit 1,8 – 3 m Wassertiefe sind mit Wasser, Strom (220 V 2,5 kW) und Mooringleinen ausgestattet. WCs und Duschen sowie Kartentelefone stehen zur Verfügung. Die Tankstelle wird von der Capitainerie betreut. Ein kleines Winterlager mit einem 16-t-Travellift, zwei Slips, eine Tankstelle und eine kleine Reparaturwerkstatt befinden sich in der Nähe der Capitainerie. Einen unbewachten Parkplatz gibt es auf einem Plateau oberhalb der Capitainerie.

Versorgung:

Der beliebte Ferienort bietet viele Einkaufsmöglichkeiten, Banken und eine Post. Lebensmittel und Getränke können hafennah in großer Auswahl eingekauft werden. Es gibt Zugverbindungen nach Marseille und Martigues. Rund um den Hafen laden mehrere Restaurants und Bars zum Verweilen ein.

Landgang:

Ein Bummel durch den Ort und entlang der Küstenpromenade ist zu empfehlen.

Vorbei an vielen kleinen Buchten mit Kurs E erreichen wir die Ansteuerung von

Carry-le-Rouet 43° 19,7' N | 005° 09,2' E

Port de Carry-le-Rouet

Der Ort Carry-le-Rouet und sein Yachthafen liegen in einer Calanque, von hohen Felsen umgeben. Der Hafen ist erst auszumachen, wenn man etwa südlich von ihm steht. Die Wassertiefe im Hafen beträgt 3 m. Es stehen etwa 20 Gastplätze für Yachten bis 15 m zur Verfügung. Der Hafen ist gut gegen Winde aus W bis NE geschützt. Carry-le-Rouet gehört zu den beliebten Badeorten an der Côte Bleue und verfügt über alle üblichen Einrichtungen.

Ansteuerung:

Mit einem Kurs von 250° steuert man Carry-le-Rouet an und hält auf ein 15stöckiges Appartementhaus zu, das bei klarem Wetter noch aus 5 sm Entfernung auszumachen ist. An Stb. schützt ein befeuerter Felsvorsprung (Fl.R. 2,5s 3M), le Pain de Sucre, die Einfahrt zur Bucht. An Bb. warnt eine ebenfalls befeuerte Boje (Fl.G. 2,5s) vor dem Felsen l'Estéo. Die 60 m breite Hafeneinfahrt, die sich nach SW öffnet, ist durch zwei Molen geschützt, von denen die Digue E befeuert ist (VQ.G. 0,6s). Starker S-Wind kann die Einfahrt erschweren (Schwell).

Achtung: Östlich des Hafens liegt ein mit gelben, befeuerten Tonnen (Fl.Y. 4s) gekennzeichnetes Gebiet, in dem Ankern und Fischen verboten ist.

Hafengebote: Am Stb.-Kai (Quai Est) kann vorläufig festgemacht werden, um sich vom Hafenmeister einen Liegeplatz anweisen zu lassen.

Hafenmeister: Mr. Djibelian, Tel. 04 42 45 25 13, Fax 04 42 44 99 33, VHF Kanal 9.

Dienstzeiten: in der Saison von 6 – 12 h und von 14 – 19.30 h,

in der Vorsaison von 8 – 12 und von 14 – 18 h.

Wetterinformationen: Täglich neuer Météo an der Capitainerie

Hafenservice:

Der Hafen verfügt über 510 Plätze, von denen etwa 20 für Gäste zur Verfügung stehen. Alle Liegeplätze sind mit Wasser und Strom (220 V 1,5 kW) sowie Mooringleinen ausgestattet. Es stehen WCs und Duschen, ein Kartentelefon und Parkplätze im Hafenbereich zur Verfügung, ebenso eine Tankstelle, ein Schiffsausrüster und ein 9-t-Kran nebst einer kleinen Werft für gängige Reparaturen.

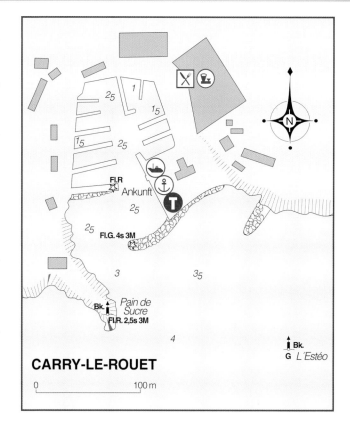

CARRY-LE-ROUET

Versorgung:

Im nahen Ort lassen sich alle Einkäufe gut erledigen. Es gibt Banken und eine Post.

Restaurants und Bars bieten rund um den Hafen und im Ort ihre Dienste an.

Zum 1 sm östlich gelegenen kleinen Hafen lohnt sich nur ein Abstecher mit flachgehenden Booten oder zum Ankern vor dem Hafen von

Port du Rouet 43° 20,0' N | 005° 12,0' E

Der winzige Port du Rouet liegt etwa 1 sm östlich vom Hafen Carry-le-Rouet entfernt im NW einer Bucht und kann nur von kleinen Booten mit einem Tiefgang von unter 1 m angelaufen werden. Er wird durch zwei unbefeuerte Steinmolen gebildet und ist im Sommer von lokalen Yachten belegt. Der Hafen ist am besten mit dem Dingi erreichbar.

Ansteuerung:

Die Ankerbucht und der kleine Hafen werden aus S angesteuert, wobei die Untiefen und Riffs im E der Bucht zu beachten sind.

Versorgung:

Getränke und Lebensmittel können im Ort gekauft werden.

Restaurants: Rouet ist ein beliebter Badeort. Im Sommer sind die vielen Restaurants und Bars gern besuchte Ausflugsziele.

Ankern:

Bei gutem Wetter kann vor dem Hafen auf 4 – 10 m Sandgrund gut geankert werden.

Weiter mit Kurs E erreichen wir nach 1 sm

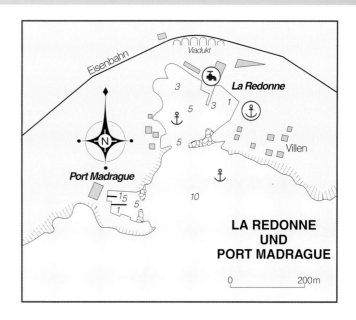

Port de la Redonne 43° 20,0' N | 005° 12,0' E

Der gegen Mistral gut geschützte reizvolle kleine Hafen von La Redonne bietet nur wenige Liegeplätze, welche vornehmlich durch Fischerboote oder heimische Yachten belegt sind. Die Wassertiefe nimmt von 5 m in der Hafeneinfahrt bis auf 2 m ab. Liegeplätze mit ausreichend Wassertiefe sind praktisch nur für Yachten unter 10 m und entsprechend geringem Tiefgang zu bekommen.

Der ebenfalls gegen den Mistral geschützte Hafen Madrague-de-Gignac ist noch kleiner und weist zum Ufer hin noch geringere Wassertiefen (1 m) auf.

Ansteuerung:

Der Ort liegt etwa 2 sm östlich von Carry-le-Rouet in einer bewaldeten Schlucht, über die sich im Hintergrund ein weithin sichtbarer Viadukt erhebt. Beide Hafeneinfahrten sind nicht befeuert und bei Tag problemlos durch allseits tiefes Wasser zu erreichen. Bei süd- bis östlichen Winden steht vor beiden Hafeneinfahrten Schwell, der das Einlaufen erschwert.

Hafenservice: Mit etwas Glück finden Sie am Kai einen freien Platz für die Nacht. Festgemacht wird über Bug- oder Heck. Es gibt nur wenige Wasser- und Stromanschlüsse. Der kleine Kran steht Gastliegern nicht zur Verfügung.

Versorgung:

Im Ort gibt es nur sehr eingeschränkte Einkaufsmöglichkeiten. In der Saison öffnen einige Restaurants und Bars.

Ankern:

Vor dem Hafen auf 4 – 10 m Tiefe ist Ankern bei ruhigem Wetter möglich.

Nach einem weiteren Katzensprung in Richtung E erreichen wir

Port de Méjean 43° 19,9' N | 005° 13,1' E

Der gegen Mistral geschützte, kleine Hafen bietet nur wenige Plätze, die vornehmlich von Fischern und ortsansässigen Yachten belegt werden. Die Wassertiefe nimmt von 4 m im Hafeneingang auf weniger als 2 m ab. Nur Yachten unter 10 m Länge haben die Möglichkeit, einen Gastplatz mit ausreichender Wassertiefe zu bekommen.

Ansteuerung:

Der Hafen liegt etwa 1 sm östlich vom La Redonne entfernt, geschützt hinter zwei unbefeuerten Wellenbrechern in einer natürlichen Bucht. Als Ansteuerung kann

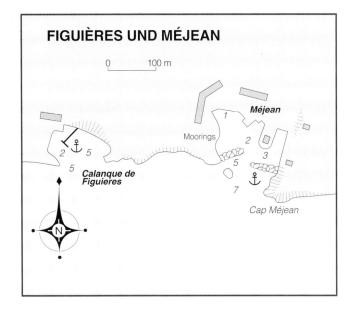

FIGUIÈRES UND MÉJEAN

0   100 m

Méjean

Moorings

Calanque de
Figuieres

Cap Méjean

N

der weithin sichtbare Eisenbahnviadukt hinter dem kleinen Ort dienen. Das Einlaufen aus S durch die sich nach SW öffnende, etwa 40 m breite Hafeneinfahrt kann bei S-Winden sehr schwierig, wenn nicht unmöglich, werden. Die See steht dann direkt auf die Einfahrt und erzeugt starken Schwell. *Achtung:* Gut freihalten von dem ausgedehnten Riff in der E-Seite der Bucht, von dem nur einige Felsbrocken sichtbar sind!

Hafenservice:
Mit etwas Glück findet sich am Kai oder Steg ein Gastplatz für die Nacht, an dem über Bug oder Heck festgemacht wird. Bei gutem Wetter kann vor dem Hafen auf 2 – 4 m, mit einer Leine zur Mole, geankert werden.

Versorgung:
Im Ort gibt es nur beschränkte Einkaufsmöglichkeiten. Restaurants: Im Sommer öffnen einige empfehlenswerte Fischrestaurants und Bars in der Nähe des Kais und im Ort, der sich rund um den Hafen in die Berge schmiegt.

Ankern:
Ein paar hundert Meter weiter westlich kann in der Calanque de Figuières über 2 – 5 m tiefem, sandigem Grund geankert werden.

Wir verlassen Port de Méjean, fahren um das gleichnamige Cap nach E, um nach 0,75 sm

Île de l'Elevine 43° 19,8' N | 005° 14,2' E

mit seiner befeuerten Bake (Q(6) + LFl.15s28m10M) zu passieren und laufen dann mit ENE-Kurs nach

Port de Niolon 43° 20,2' N | 005° 15,1' E

Der gegen Mistral geschützte, kleine, überaus reizvolle Hafen bietet nur wenige Liegeplätze, die vornehmlich von einheimischen Fischerbooten und Yachten belegt sind. Im Sommer ist der Hafen meist überfüllt. Die Wassertiefe von 3 m in der Hafeneinfahrt nimmt auf weniger als 2 m ab. Nur kleine Yachten haben die Möglichkeit, einen Gastplatz mit ausreichender Wassertiefe zu bekommen.

Ansteuerung:
Der Hafen liegt etwa 2 sm nordöstlich von der Île de l'Elevine entfernt, geschützt hinter zwei unbefeuerten Wellenbrechern in einer natürlichen Bucht. Als An-

Port de Niolon

steuerung können zwei weithin sichtbare Eisenbahn-viadukte über nahe Schluchten auf beiden Seiten der kleinen Ortschaft dienen. Das Einlaufen aus SE in die schmale Bucht kann bei S-Winden sehr schwierig, wenn nicht unmöglich werden, da die See dann direkt in die Einfahrt steht und kräftigen Schwell erzeugt.

Hafenservice:
Mit etwas Glück findet sich ein Mooringplatz für die Nacht im Hafen. Bei gutem Wetter kann auch vor dem Hafen auf 2 – 4 m Wassertiefe und einer Leine zur Mole geankert werden.

Versorgung:
Ist im Ort nur sehr eingeschränkt möglich. Im Sommer öffnen einige Restaurants.

Ist die Crew gut versorgt, bietet die folgende kleine An-kerbucht 200 m nordöstlich eine gute Alternative zum Hafenleben:

Port de la Vesse 43° 20,5' N | 005° 15,8' E

Port de la Vesse ist eine kleine, reizvolle Ankerbucht am Ende einer Schlucht, die von einem weithin sicht-baren Eisenbahnviadukt überspannt wird. Bei gutem Wetter kann vor dem Hafen auf 4 – 8 m Sandgrund ge-ankert werden.

Ansteuerung:
Die Ankerbucht steuert man aus SW an und achtet auf die Untiefen und Riffs im W der Bucht.

Langsam nähern wir uns jetzt mit NE-Kurs der nördli-chen Peripherie Marseilles – falls wir nicht nach S in Richtung Îles du Frioul ablaufen –

Port de Corbière 43° 21,3' N | 005° 17,5' E

Die Hafenanlagen des Port de Corbière in unmittelba-rer Nähe der Port Services de Corbière sind gegen westliche, nördliche und östliche Winde geschützt. Der Hafen ist stark versandet und die Hafeneinfahrt ist nicht befeuert. Es gibt keine Einrichtungen für Yachten, obwohl einige einheimische Sportboote ihren Liege-platz dort haben.

Weiter westlich in Sichtweite davon liegt

Port Services de Corbière / Port Services de la Lave 43° 21,4' N | 005° 18,0' E

An der Mündung des Marseille-Rhône-Kanaltunnels, der jetzt gesperrt und versandet ist, haben der Port Services de Corbière mit etwa 20 Gastplätzen (Boots-

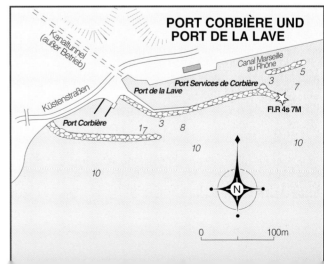

Port Services de Corbière

Port de la Lave mit dem Eingang zum verschütteten Souterrain de Rove

längen bis 25 m) und der Port Services de Lave mit 6 Gastplätzen (Bootslänge bis 13 m) ihren Standort an den sehr gut gegen alle Winde durch eine Mole zur See geschützten, ehemaligen Kaianlagen gefunden. Beide Sporthäfen sind wenig attraktiv, aber durch hohe Zäune gesichert und nachts bewacht.

Ansteuerung:

Die Einfahrt zu den Port Services ist von weitem schwer auszumachen. Sie liegt etwa dort, wo die gut zu erkennende Straße aus den felsigen Bergen auf das Niveau der Kaianlagen herunterkommt. Die Ansteuerung erfolgt auf einem N-Kurs auf die nach SE offene, etwa 100 m breite, in der Mitte 4 m tiefe Einfahrt Passe de la Lave zwischen den sich überlappenden Schutzmolen des Canal de Marseille au Rhône, von denen die äußere befeuert ist (Fl.R.4s4M). Die Ansteuerung ist bei jedem Wetter möglich. Starker Seegang aus S erschwert die Einfahrt.

Hafengebote: Es gelten die üblichen Geschwindigkeitsbeschränkungen auf 3 kn. Außerdem ist das Festmachen an der Mole zur See und in den weiter östlichen, nicht bewirtschafteten, Bereichen untersagt. Der Corbières Port Service liegt am Kai gleich westlich gegenüber der Einfahrt. Der Port Services de la Lave liegt direkt vor dem Ausgang des Kanaltunnels. Gäste melden sich beim Hafenmeister und lassen sich einen Platz zuweisen.

Hafenmeister des Port Service de Corbière: M. Gensollen, M. Rossi, Tel. 04 91 03 85 83, Fax 04 91 09 23 51, Dienstzeiten von 8 –19 h.

Hafenmeister des Port Service de la Lave: M. Menguy, Tel. 04 91 46 53 40, Fax 04 91 46 13 29, Dienstzeiten von 8 –12 und von 14 – 18 h, VHF Kanal 9.

Wetterinformationen: Der tägliche Météo ist an der jeweiligen Capitainerie zu erfragen.

Hafenservice:

Der Port Services de Corbière verfügt über 130 Liegeplätze, davon stehen 20 Plätze für Gastyachten bis 25 m zur Verfügung. Festgemacht wird an Mooringleinen. Wasser und Strom (220 V) stehen überall zur Verfügung, Waschautomat, WC und Dusche befinden sich in einem Gebäude etwa in der Mitte der Anlage. Nicht weit davon steht ein Kartentelefon. Ein 20-t-Kran und

eine Werft stehen ebenfalls zur Verfügung. Für Kraftstoff muß bei der Capitainerie nachgefragt werden.

Der Port Services de la Lave verfügt über 106 Liegeplätze, davon stehen 6 Plätze für Gastyachten bis 14 m zur Verfügung. Festgemacht wird an Mooringleinen. Wasser- und Stromanschlüsse (220 V) sind vorhanden, ebenso WC und Dusche. Über eine Slipanlage lassen sich Schiffe bis zu 200 t aus dem Wasser ziehen.

Landgang:

Ein Spaziergang auf der Straße den Berg hinauf wird mit einer herrlichen Aussicht auf die Hafenanlagen von Marseille belohnt. Dabei überquert man die Mündung des in den Fels gehauenen Canal de Marseille au Rhône.

Ports de l'Estaque / Port-Abri
43° 21,5' N | 005° 19,0' E

Die Ports de l'Estaque werden von mehreren Clubs bewirtschaftet, es gibt dort 1500 Liegeplätze:

Die Hafenanlagen direkt am Ort l'Estaque im N der Baie de Marseille beherbergen im gut windgeschützten Bereich Nord den Club Société Nautique de l'Estaque und den Club Les Pescadous de l'Estaque (keine Gastplätze) und im ebenfalls gut windgeschützten Bereich Süd den Club Lou Sard, den Club Cercle de l'Aviron de Marseille (keine Gastplätze) sowie den Club Société Nautique de l'Estaque – Maurepiane (S.N.E.M) mit etwa 50 Gastplätzen.

Ansteuerung:

Zum Club Société Nautique de l'Estaque – Maurepiane (S.N.E.M): Die Einfahrt zu den Ports de l'Estaque ist von weitem schwer auszumachen. Sie liegt am nordwestlichen Ende der Hafenanlagen von Marseille für die Berufsschiffahrt. Die Passe des Chalutiers und die drei zugehörigen Feuer (VQ(2), Fl.(3).R.12s5M und Fl.G.4s) läßt man an Stb.

Starker Seegang aus S kann die Ansteuerung erschweren.

Auf einem NO-Kurs wird die Einfahrt Passe Plaisance (Passe du Phare de l'Estaque) mit dem befeuerten Molenkopf (Q.R.6M) angesteuert. Das Feuer ist auf einer weiß-roten, 8 m hohen Säule montiert. Nach Umrundung des Molenkopfes nach Bb. erfolgt die Einfahrt in die sich nach SE öffnende etwa 80 m breite, in der Mitte 4 m tiefe Passe Plaisance. Sofort danach wird der innere Molenkopf, gekennzeichnet durch eine grüne Bake, nach Stb. umrundet. Man befindet sich jetzt im ehemaligen Canal de Marseille au Rhône. Auf diesem neuen SE-Kurs bleibt eine weitere, mitten im Fahrwasser liegende, befeuerte Mole (Q(9)15s) an Stb. liegen. Die Einfahrt des Yachthafens liegt an Bb. und ist mit roten und grünen Baken markiert.

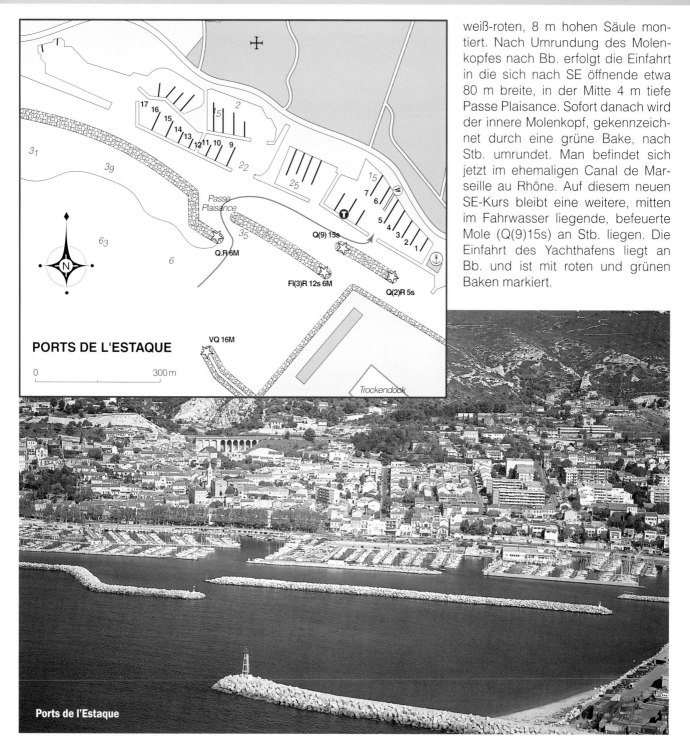

PORTS DE L'ESTAQUE

Ports de l'Estaque

Hafengebote: Yachten müssen die oben beschriebene Einfahrt Passe du Phare de l'Estaque benutzen. Es gelten die üblichen Geschwindigkeitsbeschränkungen auf 3 kn. Am Ankunftssteg direkt gegenüber der Einfahrt kann vorläufig festgemacht werden. Im Sekretariat des S.N.E.M. werden die Liegeplätze zugewiesen.

Sekretariat S.N.E.M., Tel. 04 91 46 01 40, Fax. 04 91 46 12 22, Dienstzeiten von 9 –12 und von 14 – 18 h, VHF Kanal 9 und 12.
Wetterinformationen: Täglich neuer Météo am Aushang des Sekretariats.

Hafenservice:
Die Liegeplätze sind mit Mooringleinen ausgestattet, Wasser und Strom (220 V) steht an allen Plätzen zur Verfügung. Sanitäreinrichtungen und Kartentelefon sowie eine Tankstelle finden sich am Kai.
In der Nähe gibt es mehrere Werften, Yachtausrüster, Segelmacher und Reparaturwerkstätten sowie feste und mobile Kräne.

Versorgung:
In l'Estaque finden sich genügend Einkaufsmöglichkeiten sowie Bank und Post. Restaurants, Snacks und Bars laden im Ort und entlang der Küstenstraße zum Verweilen ein.

Landgang:
In den Bars und Bistros gegenüber dem Hafen knüpft man schnell Kontakte – eine willkommene Gelegenheit sein Französisch aufzupolieren!

Will man den Trubel Marseilles so richtig aus erster Hand und mit kurzen Wegen in die Altstadt genießen, sind ein bis zwei Tage Vieux Port de Marseille unbedingt einzuplanen.

Vieux Port de Marseille
43° 17,8' N | 005° 22,0' E

Der gegen alle Winde sehr gut geschützte Vieux Port liegt mitten in der Marseiller Altstadt und ist für Fischer, Yachten und Ausflugsboote vorgesehen. Von den 3.200 Liegeplätzen an den Kais und Pontons sind 40

für Gastlieger reserviert (Bootslänge bis 100 m, 5 m Tiefgang) und werden durch die Capitainerie Municipale und die privaten Clubs Centre Nautique du Lacidon (CNL) und Société Nautique de Marseille (SNM) vergeben.

Ansteuerung:
Der Vieux Port liegt im E des Golfe de Marseille am südlichen Ende eines riesigen Wellenbrechers, der den Handelshafen schützt. Die etwa 40 m breite Hafeneinfahrt zum Avant-Port Joliette öffnet sich nach SW. Sie wird
* im NW an Bb. durch die befeuerte Mole Digue Saint Marie – einen dreifüßigen Turm, unten weiß, oben rot abgeschirmt. (VQ(2).R.1s20m13M)
* im SW an Stb. durch einen 15 m hohen, unten weißen, oben grünen, befeuerten Turm (Fl.G. 4s 10M) am Pointe de la Désirade gekennzeichnet.

Bei der Ansteuerung aus W, also aus dem nördlichen Teil der Baie von Marseille, sind an Stb. voraus von weitem die Îles de Frioul und das Häusermeer vom Marseille auszumachen. Später kommen die gut 7 sm langen Schutzmauern der Hafenanlagen von Marseille in Sicht, die sich von den Port Services de l'Estaque bis zum Avant-Port Joliette erstrecken. Bis die Hafeneinfahrt zum Avant Port Joliette klar zu erkennen ist,

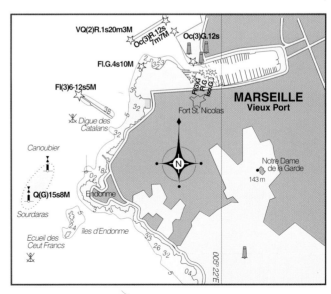

Marseille – Vieux Port

wird auf die hoch über der Stadt sichtbare Kirche Notre Dame de la Garde mit der goldenen Muttergottesfigur zugehalten.

Nachts navigiert man mit Hilfe des weit sichtbaren

- Feuers auf dem Digue de Saumaty (VQ(2)20m14M), das an Bb. bleibt, und dem
- Feuer auf dem Digue Saint Marie (VQ(2).R. 1s 20m 13M), der nördlichen Schutzmole des Avant-Port Joliette, auf das man zuhält, um es, an Stb. lassend, zu umrunden.

Bei der Ansteuerung von S, aus dem südlichen Teil der Baie de Marseille, sind von weitem die Îles de Frioul, die Île d'If und die Stadt Marseille mit der Kirche Notre Dame de la Garde bereits zu erkennen, wenn die Île de Maire im S passiert wurde. Später sind östlich der Île d'If zwei gemauerte W-Kardinalzeichen, Sourdaras (Q(9)15s13m8M) und Canoubier zu beachten, die eine größere Untiefe anzeigen. Nordwestlich von dieser Un-

tiefe schützt der über 500 m lange, befeuerte Wellenbrecher Digue de Catalans den Eingang zum Avant-Port Joliette vor Schwell aus SW. Auf der SW-Spitze dieses Wellenbrechers steht ein weißer, oben grüner, 9 m hoher Gittermast (Fl(3).G.12s7m5M). Die Hafeneinfahrt zum Avant-Port Joliette ist nun klar erkennbar. Nachts navigiert man nach dem Feuer auf der Île d'If (Fl(2). 6s 27m11M) und dem Feuer Sourdaras (Q(9) 15s 13m 8M), das an Stb. bleibt. Danach auf das Feuer auf dem Digue de Catalans (Fl(3).G. 12s 7m 6M) zuhalten, das ebenfalls an Stb. bleibt.

Anschließend auf die Feuer des Avant-Port Joliette – Digue Saint Marie (VQ(2).R. 1s 20m13M) und Pointe de la Désirade (Fl.G. 4s 13m10M) zusteuern.

Aus dem Avant-Port Joliette biegt man nach SE in den Vieux Port de Marseille ein. Nachts leitet an Stb. ein Feuer auf einem 7 m hohen, roten Mast (Iso.G.4s), an Bb. ein Feuer auf einem 6 m hohen, grün-weißen Mast (Q.R).

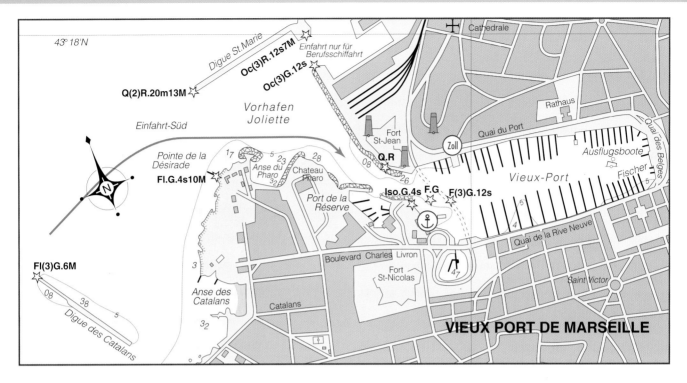

43° 18'N

Digue St.Marie

Oc(3)R.12s7M

Einfahrt nur für
Berufsschiffahrt

Oc(3)G.12s

Q(2)R.20m13M

*Vorhafen
Joliette*

Einfahrt-Süd

Cathedrale

Rathaus

Fort
St-Jean

Zoll

Q.R

Quai du Port

Ausflugsboote

Pointe de la
Désirade

Fl.G.4s10M

Anse du
Pharo

Chateau
Pharo

08

26

Iso.G.4s F.G

F(3)G.12s

Vieux-Port

Fischer

Quai des Belges

Port de la
Réserve

Fl(3)G.6M

Digue des Catalans

*Anse des
Catalans*

Catalans

Boulevard Charles Livron

Fort
St-Nicolas

47

Quai de la Rive Neuve

Saint Victor

VIEUX PORT DE MARSEILLE

Im Hafen – direkt hinter der Passage zwischen den Forts Saint-Jean an Stb. und Saint-Nicolas an Bb. – liegen zwei grün befeuerte, schwarz-grüne, 5 m hohe Dalben an Stb., die auf den Straßentunnel unter dem Hafenbecken hinweisen (Fl.G) und (Fl(3)G.12s).

Der Hafen kann bei jedem Wetter angelaufen werden und bietet Schutz vor allen Winden. Starker Mistral kann die Ausfahrt aus dem Hafen erschweren.

Hafengebote: Der Handelshafen, der vom Avant-Port nach NE abzweigt, ist für Yachten gesperrt. Die Geschwindigkeit im Hafenbereich beträgt 3 kn, das Ankern im Hafen ist nicht erlaubt. Vor dem Hafen und im Avant-Port Joliette fordert die starke Berufsschiffahrt erhöhte Aufmerksamkeit, sie besitzt Wegerecht vor Sportbooten!

Hafenmeister: Tel. 04 91 33 25 44, Fax 04 91 55 56 64, VHF Kanal 9, Dienstzeiten von 24/24 h.

Wetterinformationen: Täglich neuer Météo an der Capitainerie, VHF Marseille Kanal 24/26.

Hafenservice:

Für einen Liegeplatz melden sich Besucher bei der Capitainerie Municipale an Stb. direkt unterhalb des Forts Saint-Nicolas am Hafeneingang oder, etwas weiter im Hafen, bei den schwimmenden Clubhäusern (CNL oder SNM) an.

Wasser und Strom (220 V) stehen an den Pontons zur Verfügung, Sanitäreinrichtungen gibt es bei den Clubs bzw. bei der Capitainerie Municipale. Die Liegeplätze der Clubs sind komfortabler, aber auch wesentlich teurer.

Ganz großen Yachten ist der Quai d'Honneur gegenüber dem Hotel de Ville vorbehalten. Diese Liegeplätze sollten über VHF Kanal 9 angefragt werden.

Gegenüber der Capitainerie Municipale befinden sich Tankstelle und Zoll.

Marseille – Quai des Belges

Im Hafenbereich gibt es zahlreiche Yachtausrüster und Reparaturwerkstätten für alle Arbeiten an Yachten. Mehrere Kräne (bis 150 t im Handelshafen) und Slips sind vorhanden, aber nur wenige Stellplätze an Land. Slips für große Yachten befinden sich in der Anse du Pharo im Avant-Port Joliette.

Versorgung:

- Stadtteil Catalans: Diverse Geschäfte gibt es in der Avenue Pasteur, die, von den Liegeplätzen der Capitainerie Municipale aus, über den Boulevard Charles Livron bergauf in ca. 10 Minuten zu Fuß zu erreichen sind.
- Stadtteil Saint-Victor: Dem Quai de Rive Neuve stadteinwärts folgend, ist dieser Stadtteil über die Treppen der Rue Robert in etwa 15 Minuten zu erreichen. Auf dem Boulevard de la Corderie findet man die gesuchten Geschäfte.
- La Canebière: Die Hauptstraße, die vom Quai des Belges nach NE abzweigt, ist in gut 25 Minuten zu Fuß zu erreichen. Dort gibt es auch Banken, Geldautomaten und die Post.

- Quai des Belges: Hier findet täglich vormittags ein Fischmarkt statt.
- Altstadt: Es lohnt sich, einen der Weinkeller zu besuchen, um (nicht nur) den Bordbedarf an guten Tischweinen zu decken.
- Vieux Port: Besonders zu empfehlen sind die Restaurants in Hafennähe mit ihren Fischspezialitäten. Eines der bekanntesten und exklusivsten ist die Brasserie New York am Quai des Belges.

Landgang:

Für Seefahrer ist ein Besuch der Kirche Notre Dame de la Garde mit ihren Votivbildern und Mosaiken, Figuren und Devotionalien, die sich alle auf die Seefahrt beziehen, Pflicht. Man erreicht die Kirche auf dem Berg entweder zu Fuß über unzählige Treppen (Rue Robert – Rue d'Endoume – Place J. Etienne – Rue des Lices – Rue Chaix – Rue Vauvenhagen und die Treppen am Monte de l'Oratoire) oder mit der Buslinie 60, deren Haltestelle in der Nähe des Quai des Belges am Place J. Ballard liegt.

Eine wunderbare Aussicht auf die Stadt, den Hafen

Altarraum von Notre Dame de la Garde

das seit dem 18. Jh. vom Boulevard Charles Livron durchschnitten wird. Nicht weit davon steht die Abteikirche Saint Victor, deren Basilika wohl eins der ältesten religiösen Bauwerke von Marseille sein dürfte. Ein Stückchen weiter, am Quai de Rive Neuve, liegt das Théatre de la Crié. Nicht weit vom Eingang zur Hauptgeschäftsstraße La Canebière befindet sich das mächtige Gebäude der Bourse. Am Quai du Port, auf der N-Seite des Hafenbeckens, ist das aus den rosa Steinen des Steinbruchs von Couronne Anfang des 16. Jahrhunderts errichtete Rathaus – das Hotel de Ville – zu bewundern. Die dahinterliegende Altstadt wurde im letzten Krieg von der deutschen Wehrmacht zum großen Teil zerstört. Direkt im Bereich des Handelshafens ist die schon von See her durch ihre runden Kuppeln auffallende alte Kathedrale Sainte-Marie-Majeure zu besichtigen. Ein paar Straßen weiter – in der Rue de la Charité – steht die berühmte Vieille Charité, ein ehemaliges Armenhaus aus dem 17. Jahrhundert, das heute als Kulturzentrum viele Ausstellungen organisiert.

Vom Quai des Belges aus verkehren mehrmals am Tag Ausflugsboote zum Chateau d'If, zu den Îles du Frioul und zu den Calanques.

Marseille bietet eine Fülle weiterer Sehenswürdigkeiten. Im Office du Tourisme, am Eingang zur Hauptgeschäftsstraße La Canebière, kann man sich informieren und den Veranstaltungskalender von Marseille besorgen. Hilfreich sind auch die kleinen Stadtführer, die an jedem Kiosk erhältlich sind.

An dieser Stelle bietet es sich an, die Marseille vorgelagerten Inseln mit der Yacht aufzusuchen, bzw. sich einen Überblick über das Seegebiet zu verschaffen:

Îles du Frioul (Port) 43° 16,8' N | 05° 18,6' E

Zu den Îles du Frioul zählen: Île Pomègues, Île du Ratonneau und Îlot Tiboulen.

und das Meer mit den Inseln ist die Belohnung für die Mühe. Ein Bummel über die Prachtstraße La Canebière und zurück durch die verwinkelten Gassen auf der rechten Seite darf ebenfalls nicht fehlen.

Sehenswürdigkeiten:
Gleich auf der N-Seite des Hafeneingangs wurde zur Verteidigung der Stadt im 13. Jahrhundert die wehrhafte Festung Saint-Jean errichtet, im 15. Jahrhundert erweitert durch dic Tour du Roi René. Gegenüber, auf der Seite der Capitainerie, wurde an der Stelle der Kapelle Saint-Nicolas im Jahr 1660 ein riesiges Fort errichtet,

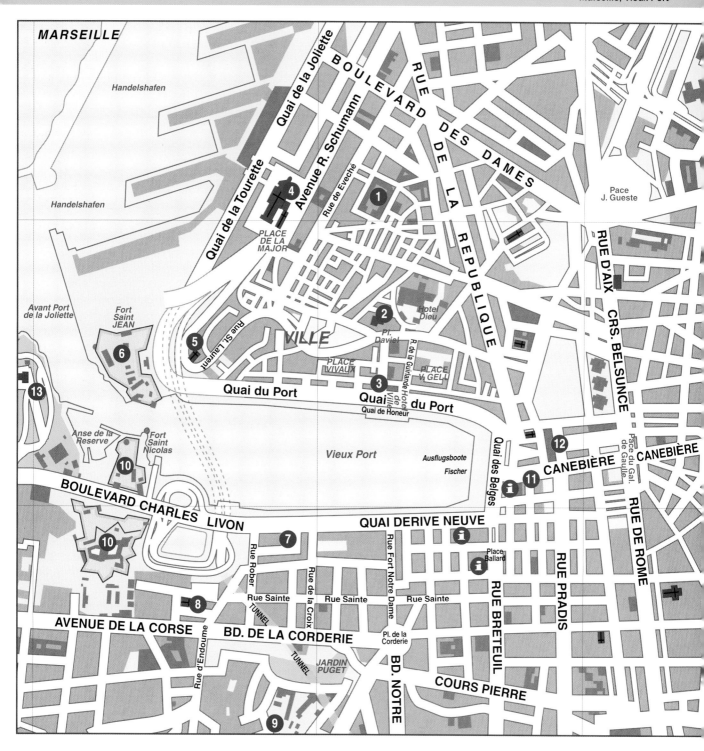

MARSEILLE

Handelshafen

Handelshafen

Avant Port
de la Joliette

Fort
Saint
JEAN

Anse de la
Reserve

Fort
Saint
Nicolas

Quai de la Joliette

Quai de la Tourette

Avenue R. Schumann

Rue de Eveche

PLACE
DE LA
MAJOR

Rue St. Laurent

VILLE

PLACE
VIVAUX

Pl.
Daviel

Hotel
Dieu

R. de la Guillande Hotel
de
Ville

PLACE
V. GELU

Quai du Port

Quai du Port

Quai de Honeur

Vieux Port

Ausflugsboote

Fischer

Quai des Belges

BOULEVARD DE LA REPUBLIQUE

RUE DES DAMES

RUE D'AIX

CRS. BELSUNCE

Pace
J. Gueste

CANEBIÈRE

CANEBIÈRE

BOULEVARD CHARLES LIVON

QUAI DERIVE NEUVE

Pace du Gal.
de Gaulle

AVENUE DE LA CORSE

Rue Rober

Rue de la Croix

TUNNEL

Rue d'Endoume

TUNNEL

BD. DE LA CORDERIE

Rue Sainte

Rue Sainte

Rue Fort Notre Dame

Rue Sainte

Pl. de la
Corderie

JARDIN
PUGET

BD. NOTRE

COURS PIERRE

RUE BRETEUIL

RUE PRADIS

Place
Ballard

RUE DE ROME

① ② ③ ④ ⑤ ⑥ ⑦ ⑧ ⑨ ⑩ ⑩ ⑪ ⑫ ⑬

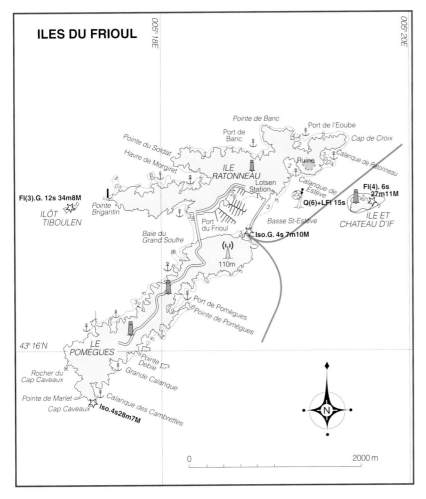

ILES DU FRIOUL

005°18E

005°20E

Pointe de Banc

Port de Banc

Port de l'Eoube

Pointe du Soldat

Cap de Croix

Havre de Morgiret

Calanque de Ratonneau

ILE RATONNEAU

Ruine

Lotsen Station

Calanque de Estéve

Fl(3).G. 12s 34m8M

Fl(4). 6s 27m11M

ÎLOT TIBOULEN

Pointe Brigantin

Q(6)+LFl 15s

Basse St-Estève

ILE ET CHATEAU D'IF

Port du Frioul

Iso.G. 4s 7m10M

Baie du Grand Soufre

110m

Port de Pomègues

Pointe de Pomègues

43°16'N

LE POMÈGUES

Pointe Debie

Rocher du Cap Caveaux

Grande Calanque

Pointe de Marlet

Calanque des Cambrettes

Cap Caveaux   Iso.4s28m7M

N

0   2000 m

Im S der Île Pomègues ist das befeuerte Cap Caveaux (Iso. 4s 28m7M) nachts weithin sichtbar.

Auch im W der Île Ratonneau zeigt ein grünes, weit sichtbares Blitz-Feuer auf der Îlot Tiboulen (Fl(3).G.12s 34m 9M) nachts den Seefahrern den Weg.

Die Passage zwischen der Îlot Tiboulen und dem Pointe Brigantin der Île Ratonneau sowie die Passage bei der Île d'If können auch bei bewegter See unbesorgt passiert werden.

Alle übrigen Durchfahrten zwischen vorgelagerten Felsen und den Inseln sollten jedoch auch bei ruhiger See gemieden werden.

Ankerplätze der Île Ratonneau:

Die große Baie du Grand Soufre liegt zwischen den Inseln Île Ratonneau und Île Pomègues. Im W-Teil der Bucht ist ein hoher Steindamm aufgeschüttet, der die beiden Inseln verbindet, den Hafen Port du Frioul nach W schützt und die Bucht gegen E-Winde abschirmt. Das Ankern ist dort möglich, die Bucht ist jedoch nicht sehr reizvoll.

Lediglich im N der Bucht öffnet sich eine weitere kleine und besser geeignete 3 – 10 m tiefe Ankerbucht.

Die kahlen, felsigen Inseln Île Ratonneau und Île Pomégues liegen in Sichtweite im SW von Marseille und sind durch einen Steindamm verbunden, der den Hafen Port du Frioul nach W abschließt.

Bei gutem Wetter oder mäßigen Winden laden viele Buchten rund um die Inseln zum Ankern ein. Bei starken Winden bietet der Hafen Port du Frioul sicheren Schutz.

Ansteuerung:

Nordöstlich der Hafeneinfahrt des Port du Frioul (Stb.-Hafenfeuer Iso.G. 4s 7m4M) warnt eine befeuerte S-Kardinaltonne (Q(6) + Lfl. 15s) vor dem Riff Basse de Saint-Estève.

Havre de Morgiret

Île de Pomègues

Cap Caveaux

Côte Bleue

Îlot Tiboulin

Port Pomègues

Havre de Morgiret dürfte die reizvollste Ankerbucht der Insel sein, tief in die kahlen Felsen eingeschnitten mit vielen kleinen Nebenbuchten und einigen schützenden Felseninselchen. In der sich nach W öffnenden Bucht kann, gegen mäßige E- und S-Winde geschützt, auf 3 – 9 m Sand/Gras-Grund geankert werden. An den Kiesstrand im Innern der Bucht schließt sich ein leicht ansteigendes, steiniges Plateau an, das von einer Felsenwand mit einem schmalen Durchbruch zum Hafenbereich von Frioul abgeschlossen wird.

Port de Banc, eine weitere, sich nach N öffnende, felsige Ankerbucht mit 3 – 7 m Tiefe, geschützt gegen mäßige S-Winde, liegt im N der Insel.

Port de l'Eoube liegt im N der Insel, ist von steilen Felsen eingeschlossen und öffnet sich nach NW. Ankern ist auf 3 – 7 m Tiefe möglich, geschützt gegen mäßige S-Winde.

Die Calanque de Ratonneau liegt im NE der Insel und öffnet sich nach E. In der felsigen Bucht kann, gegen mäßige N-Winde geschützt, auf 3 – 6 m geankert werden.

Calanque de Saint-Estève ist eine nach SE offene, schmale, von steilen Felsen eingeschlossene Bucht im W der Insel. Die Ruinen einer ehemaligen Quarantäne-Station liegen oberhalb der nördlichen Felsen. Ankern auf 3 – 6 m Tiefe, geschützt gegen mäßige N-Winde.

Ankerplätze der Île Pomègues:
Im Port de Pomègues, im SW vom Port du Frioul, kann auf 4 – 8 m sandigem, teils grasbewachsenem Grund gut geankert werden. Die Bucht ist bestens gegen N- und W-Winde geschützt, sehr lästig ist der Lärm der Pumpen eines Fischzuchtbetriebs im Innern der Bucht. Nachts stört außerdem die grelle Beleuchtung dieser Anlage.

Die Grande Calanque an der SE-Küste liegt ca. 0,3 sm vom Cap Caveaux entfernt, öffnet sich nach SE und ermöglicht das Ankern auf 4 – 9 m Wassertiefe, geschützt gegen mäßige N- und W-Winde.

An ihrer NW-Flanke bietet bei gutem Wetter die langgestreckte Île Pomègues eine Reihe von Ankermöglichkeiten. Die vielen Über- und Unterwasserfelsen müssen dabei aufmerksam beachtet werden!

Landgang und Historisches:
Auf beiden Inseln lädt ein befestigter Weg, der auch über den Steindamm führt, zur Erkundung ein.
Im Jahre 1720 schleppten Seeleute aus Syrien die Pest

ein, die über 100.000 Tote forderte. In der Folge wurden für Schiffe aus dem Orient Quarantänestationen eingerichtet. Auch auf der Île Ratonneau wurde seit 1850 für lange Zeit ein Quarantäne-Hospital betrieben, dessen Ruine noch heute zu besichtigen ist. Auch ein altes Fort befindet sich auf der Insel. Heute dienen die Inseln als Ausflugsziel vieler Einheimischer und Touristen, die, hauptsächlich vom Vieux Port de Marseille aus, mit Ausflugsbooten die Inseln besuchen.

Zwischen den Inseln liegt in glasklarem Wasser der schöne Naturhafen

Port du Frioul 43° 16,7' N | 005° 18,5' E

Port du Frioul liegt zwischen der Île Ratonneau und der Île Pomègues im Golfe de Marseille. Der Hafen dient der Marine, den Lotsenfahrzeugen und Fähren, aber auch Ausflugsbooten und Yachten. Er ist trotzdem ruhig und nicht überlaufen. Durch das klare, saubere Wasser sieht man vom Kai bis auf den Grund.

Durch einen Schutzwall im W zwischen den Inseln und einer Steinmole im E wurde ein gegen alle Winde geschützter Hafen geschaffen, von dessen 1500 Liegeplätzen 150 für Gäste reserviert sind. Die Tiefe im Hafeneingang beträgt etwa 8 m, nimmt bis auf 10 m in der Nähe der Capitainerie zu und sinkt im nördlichen Teil bis auf 2,5 m ab. Der Hafen ist öffentlich und wird von Marseille verwaltet.

Ansteuerung:

Der Hafeneingang ist ca. 90 m breit und öffnet sich nach SE. Auf der 400 m langen W-Mole brennt nachts ein Feuer auf einem 5 m hohen Stahlgerüst, unten weiß, oben grün (Iso.G.4s7m4M). Bei der Ansteuerung zwischen der Île Ratonneau und der Île d'If hindurch ist das Riff Basse Saint Estéve, das etwa 700 m im NE der Hafeneinfahrt liegt, zu beachten. Das Riff ist durch eine befeuerte S-Kardinaltonne (Q(6)+LFl.15s) gekennzeichnet.

Aus allen anderen Richtungen und bei jedem Wetter ist die Ansteuerung unproblematisch, obwohl bei östlichen Winden starker Schwell vor der Einfahrt stehen kann.

Hafengebote: Im und vor dem Hafen ist das Ankern wegen der zum Festland führenden Unterwasserkabel verboten. Die Geschwindigkeit ist wie üblich begrenzt.

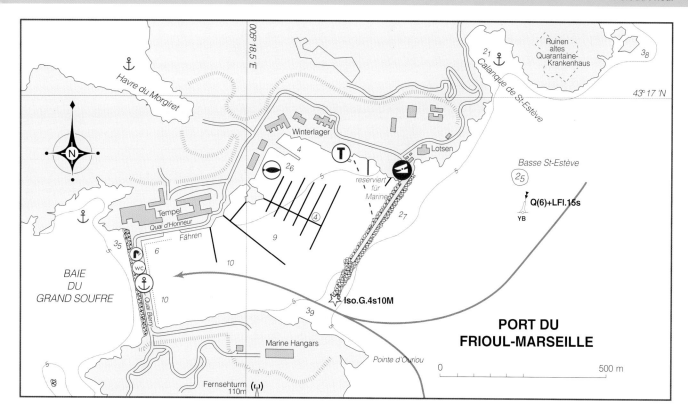

Map labels:

Havre du Morgiret
005° 18,5' E
Calanque de St-Estève
Ruinen altes Quarantaine-Krankenhaus
21
38
43° 17 'N
Winterlager
4
T
Lotsen
Basse St-Estève
26
25
reserviert für Marine
Q(6)+LFl.15s
YB
Tempel
Quai d'Honneur
Fähren
27
(4)
9
35
6
10
BAIE DU GRAND SOUFRE
WC
10
39
Iso.G.4s10M
Marine Hangars
Pointe d'Ouriou

PORT DU FRIOUL-MARSEILLE

0   500 m

Fernsehturm 110m

Hafenmeister: René Canale Tel. 04 91 59 01 82, Fax 04 91 59 04 79, VHF Kanal 9/16 und 16. Dienstzeiten von 7.15 – 19.30 h, in der Nachsaison von 7.15 – 19 h.
Wetterinformationen: Täglich neuer Météo an der Capitainerie, VHF Marseille Kanal 24/26.

Hafenservice:

An der Capitainerie auf dem Quai Berry, der Verbindungsmole im W zwischen beiden Inseln, kann vorläufig festgemacht werden. Alle Anleger sind mit Wasser und Strom (220 V, 2 kW) sowie Mooringleinen oder Bojen ausgestattet.
Es gibt über den Hafen verteilt mehrere öffentliche Sanitärblöcke. Duschen gibt es in der Nähe der Capitainerie auf dem Quai Berry. Eine Tankstelle befindet sich im Bereich der technischen Zone und dem Winterlager im NW des Hafens (Tel. 04 91 59 01 44). Dort gibt es auch einen Schiffsausrüster, eine kleine Werft, einen 33-t-Bootslift und einen beweglichen 22-t-Kran.

Versorgung:

Oberhalb der Promenade, hinter der ersten Häuserzeile, gibt es einige Läden mit beschränktem Angebot.
Restaurants: Am Quai d'Honneur befinden sich viele Restaurants, Eisdielen und Bars.

Landgang:

Die einst bewaldeten Inseln sind, aller Wiederaufforstung zum Trotz, nahezu kahl. Ein kleiner Strand ist in der Calanque Morgiret im NW auf der Île Ratonneau erreichbar. Ein Inselexpreß bietet Rundfahrten an. Über beide Inseln und den Quai Berry führt ein befestigter Weg, der sich für einen Ausflug gut eignet.
Die Ruinen eines Quarantäne-Hospitals sind im N der Île Ratonneau zu besichtigen.

Digue des Catalans 43° 17,5' N | 005° 20,8' E

Der Digue des Catalans ist ein etwa 500 m langer, befeuerter Stein- und Betonwall, der die südliche Einfahrt zu den Häfen von Marseille vor Seegang aus südlichen Richtungen schützt. Er ist nicht mit dem Land verbunden und dient gleichzeitig als Ansteuerungsmarke.

Ansteuerung:

An der W-Spitze ist der Digue des Catalans befeuert (Fl(3).G.12s7m6M). Bei der Ansteuerung vom Vieux Port de Marseille aus südlichen Richtungen bleibt er an Stb.

Île d'If 43° 18,6' N | 005° 19,7' E

Die felsige Île d'If liegt in unmittelbarer Nähe der Île Ratonneau. Nachts ist die angestrahlte Festung weithin sichtbar.

Touristik:

In der Saison starten täglich aus dem Vieux Port de Marseille vom Quai des Belges viele Ausflugsboote, die am kleinen Kai im NO der Île d'If anlegen.

Sehenswürdigkeit:

Das Château d'If, welches im Jahre 1524 zum Schutz von Marseille als Befestigungsanlage errichtet wurde. Die Stadt wurde in der folgenden Zeit jedoch nie von See her angegriffen. Seit dem 17. Jahrhundert diente das Château d'If daher als Staatsgefängnis.

Heute können Touristen die alten Kerker besichtigen und auch einen herrlichen Ausblick auf Marseille und die Îles du Frioul genießen.

Île d'If mit Chateau d'If

Tourelle Sourdaras und Tourelle Canoubier
43° 17,0' N | 005° 20,3' E

Beide W-Kardinalzeichen bezeichnen eine Untiefe. Der Tourelle Soudaras ist befeuert (Q(9)15s 13m9M). Beide Seezeichen sind gemauerte, runde, 19 m hohe Steintürme. Man läßt sie bei der Einsteuerung zum Vieux Port de Marseille an Stb.

Îles d'Endoume 43° 16,7' N | 005° 20,7' E

Vor dem Pointe d'Endoume liegen zwei felsige Inseln, von denen die kleinere, die Île des Cent Francs, von einem alten, wehrhaften Gebäude mit einem weißen

Îles d'Endoume

Steinkreuz fast vollständig eingenommen wird. Beide Inseln sind nicht befeuert.

Île de Planier 42° 12' N | 005° 13,9' E

Die unbewohnte, felsige Île du Planier trägt einen automatisch betriebenen, 66 m hohen, weißen, weit sichtbaren Leuchtturm (Fl.5s66m23 M), den Phare du Planier, der neben einem auffälligen, flachen Gebäude steht. Der flache Bau ist nach S mit großen Öffnungen versehen. Die Insel bietet keinerlei Schutz.

Ansteuerung:

In S und SE der Insel nimmt die Wassertiefe bedrohlich ab, in SW ist ein ausgedehntes Steinfeld besonders zu beachten.

Île de Planier

Landgang:

Ein Anlanden ist nur bei ruhiger See von S her mit einem Beiboot möglich. Das imposante, alte Gebäude wird nicht mehr genutzt.

Wer den Vieux Port de Marseille nach S in Richtung Cap Croisette verläßt, muß den Digue des Catalans seeseitig Richtung S, die gemauerten Baken (W-Kardinal) in E oder W passieren. Liegen die Îles d'Endoume an Bb. querab, gelangen wir mit SE-Kurs nach

Port du Prado 43° 16,1' N | 005° 22,1' E

Der kleine Hafen wird ausschließlich von Sportvereinen genutzt. Es gibt praktisch keine Liegeplätze für Gäste.

Ansteuerung:
Der Hafen liegt etwa 1,5 sm südöstlich vom Pointe d'Endoume und ebensoweit nördlich vom Port de la Pointe-Rouge, nach W durch einen Wellenbrecher geschützt, der eine nach S offene, ca. 30 m breite Hafeneinfahrt aufweist; sie ist erst aus der Nähe zu erkennen. Auf der W-Mole brennt nachts ein Feuer auf einem 6 m hohen, weiß-roten Metallmast (Fl(2)R.6s). Bei Mistral ist die Einsteuerung erschwert, weil eine hohe See vor der Hafeneinfahrt steht.

Immer noch in der südlichen Peripherie Marseilles erreichen wir nach 1 sm auf S-Kurs

Port de la Pointe-Rouge 43° 14,0' N | 005° 21,2' E

Der Hafen ist öffentlich, er verfügt über 1200 Liegeplätze für Yachten bis 12 m, von denen 12 für Besucher zur Verfügung stehen. Der Hafen ist gegen alle Winde gut geschützt. Die Wassertiefe nimmt von 7 m im Hafeneingang auf 5 bis 2,5 m ab.

Ansteuerung:
Der Hafen liegt ca. 3,5 sm südlich vom Vieux Port de Marseille und ca. 4 sm vom Cap Croisette entfernt, geschützt hinter einer langen W-Mole.

Port du Prado

Notre Dame de la Garde

Port de la Pointe-Rouge

Bei der Ansteuerung aus N bis NW helfen ein Funkturm im bergigen Hinterland und ein weißes Appartementgebäude auf einem Hügel als Landmarken. Die ca. 50 m breite Hafeneinfahrt, allseitig von tiefem Wasser umgeben, ist nur aus der Nähe zu erkennen und öffnet sich nach NNE. Das Feuer der W-Mole auf einem 7 m hohen, weiß-grünen Turm hat die Kennung (Fl(2).G. 6s 3M).

Mistral erschwert die Einsteuerung, weil dann eine hohe See in der Hafeneinfahrt steht. Vor dem Hafen befindet sich eine stark benutzte Surf-Zone.

Hafengebote: Die Geschwindigkeit im Hafen ist auf 3 kn beschränkt.

Hafenmeister: L. Clement ,Tel. 04 91 73 13 21, VHF Kanal 9, Dienstzeiten durchgehend 24 h.

Wetterinformationen: Täglich neuer Météo an der Capitainerie.

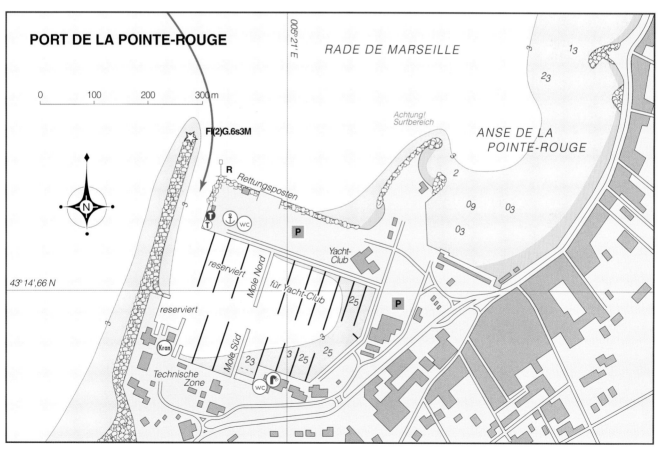

PORT DE LA POINTE-ROUGE

005° 21' E

RADE DE MARSEILLE

Fl(2)G.6s3M

ANSE DE LA POINTE-ROUGE

Achtung!
Surfbereich

R   Rettungsposten

reserviert

Mole Nord

für Yacht-Club

Yacht-Club

reserviert

Mole Süd

Kran

Technische Zone

43° 14',66 N

0   100   200   300 m

Hafenservice:

Gäste machen an der Tankstelle im Hafeneingang fest und lassen sich von der Capitainerie einen Platz zuweisen. Nach Möglichkeit sollte ein Liegeplatz über VHF vorbestellt werden. Mooringleinen, Wasser und Strom (220 V, 3 kW) stehen überall zur Verfügung, WCs und Duschen befinden sich bei der Capitainerie und beim Yachtclub in der Nähe der S-Mole. Mehrere Kartentelefone sind über den Hafen verteilt.

Die Tankstelle liefert von 7 – 18 h Benzin und Diesel und nimmt auch Altöl entgegen (in der Nachsaison von 9 – 12.30 h). Gasflaschen (Camping Gas) gibt es beim Schiffsausrüster im südlichen Hafenbereich, wo sich auch Reparaturwerkstätten für Motoren, Mechanik, Elektrik, Elektronik, Holz, GFK und Segel sowie eine Werft befinden. Ein 30-t-Bootslift, zwei 1,5-t-Kräne, Slip und Winterlager stehen ebenfalls zur Verfügung. Auch große Parkplätze findet man im Hafenbereich.

Versorgung:

Gegenüber dem Hafenzugang, nach dem Überqueren der belebten Küstenstraße, finden sich viele kleine Geschäfte mit vielseitigem Angebot. Hier halten auch die Busse von und nach Marseille. Ein paar Schritte weiter in Richtung Marseille befinden sich Bank und Post.

Restaurants: In der Nähe des Hafens bieten mehrere Restaurants ihre Dienste an, zu empfehlen sind dort die Fischspezialitäten.

Landgang:

Ein Bummel durch die zwischen Küstenstraße und hohen Bergen eingezwängte Stadt ist nicht sehr aufregend, dagegen ist ein Spaziergang der Küstenstraße entlang sehr schön. Ein Strand ist in der Nähe.

Sport: Nördlich des Hafens ist ein Surfgebiet ausgewiesen, das sich großer Beliebtheit erfreut. Ein Surfclub nebst Surfschule, eine Segel- und Motorbootschule sind im Hafengelände ansässig.

Der vorletzte Hafen vor Erreichen des Cap Croisette hat den Vorteil der beschaulichen Ruhe, wenn ein Liegeplatz frei ist…

Port de la Madrague de Montredon
43° 14,0' N | 005° 21,3' E

Der kleine Hafen ist vornehmlich von Fischerbooten und kleinen einheimischen Yachten besetzt, auch Fährboote laufen ihn an. Die Wassertiefe nimmt von 5 m im Hafeneingang auf 3 bis 1 m ab. Nur kleinere Yachten haben die Möglichkeit, einen Gastplatz für eine Nacht zu bekommen.

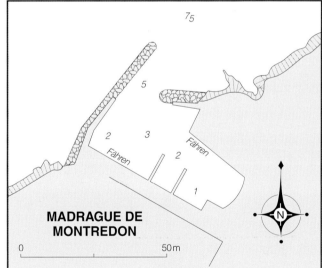

MADRAGUE DE MONTREDON

0   50 m

Steganlage des Port Madrague de Montredon

Ansteuerung:

Der Hafen liegt etwa 2 sm südlich vom Port de la Pointe-Rouge und 2,5 sm nordnordöstlich vom Cap Croisette entfernt, geschützt hinter einem Wellenbrecher im W, auf dem nachts ein Feuer auf einem 4 m hohen, weißen, oben grünen Metallmast brennt (Fl(3).G. 12s).

Ein Schornstein im Hinterland erleichtert die Ansteuerung aus NW in die sich nach NNE öffnende, weniger als 10 m breite Hafeneinfahrt, die bei Mistral schwer passierbar ist.

Hafenservice:
Gastplätze gibt es nur für kleine Yachten, eine Wasserzapfstelle befindet sich am Kai im Hafen zwischen Bergen von Fischernetzen, ein WC ist vorhanden, es gibt keine Duschen.

Versorgung:
Einige Geschäfte sind vorhanden. Ebenso befinden sich einige kleine, intime französische Restaurants im Ort, die vornehmlich Fischgerichte anbieten.

Landgang:
Ein Bummel durch den kleinen, verwinkelten Ort ist sehr reizvoll, man gehört zu den wenigen ausländischen Touristen, die sich hierher verirren und hat eine schöne Aussicht auf Marseille und die Inseln.

Langsam werden die Berge höher, die Küste schroffer, wenn wir uns in Sichtweite des Cap Croisette dem letzten Hafen des beschriebenen Gebietes nähern:

Port des Goudes 43° 13' N | 005° 20,8' E

Der Hafen bietet 120 Liegeplätze, die aber vornehmlich von einheimischen Fischern und ortsansässigen Yachten belegt werden. Im Vorhafen legen Fähren an. Die Wassertiefe nimmt von 6 m im Hafeneingang auf zum Teil weniger als 1,5 m ab. Nur Yachten unter 10 m Länge haben die Möglichkeit, einen Gastplatz mit ausreichender Wassertiefe zu bekommen.

Ansteuerung:
Der Hafen liegt etwa 1 sm nordöstlich vom Cap Croisette entfernt, geschützt hinter zwei Wellenbrechern im NW. Auf der W-Mole brennt nachts auf einem weiß-grünen, 5 m hohen Metallmast ein Feuer (Iso.G.4s4M). Das Einlaufen aus NNW durch die sich nach N öffnende, knapp 20 m breite Hafeneinfahrt kann bei Mistral

Port des Goudes

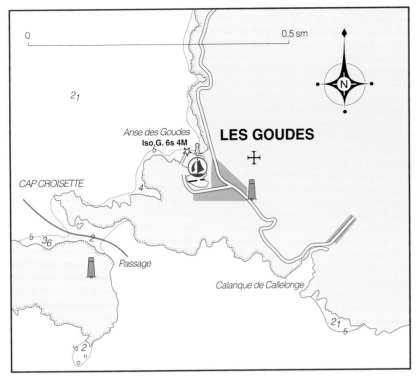

Hafenservice:

Auf der Stb.-Seite im Vor- und Innenhafen wird stets Platz für Fähren freigehalten. Mit etwas Glück findet sich im Innenhafen am Kai oder Steg ein Gastplatz für die Nacht, an dem über Bug oder Heck festgemacht wird. Am Kai gibt es Wasser und WC. Ein 1,5-t-Kran steht zur Verfügung. Bei gutem Wetter kann auch im Vorhafen auf 2 – 4 m geankert werden.

Versorgung:

Es gibt nur wenige Geschäfte im Ort, der sich rund um den Hafen in die Berge schmiegt.
Restaurants: Am Hafen und im Ort gibt es Restaurants mit empfehlenswerten Fischgerichten sowie einige Bars.

Landgang:

Ein Bummel durch den Ort und seine verwinkelten, malerischen Gassen ist reizvoll.

sehr schwierig werden. Die See steht dann direkt auf die Einfahrt und erzeugt kräftigen Schwell im Vorhafen. Von See aus sind die Molen erst spät auszumachen. Dagegen heben sich die weißen Häuser der Ortschaft mit ihren roten Dächern schon von weitem von der kargen Felslandschaft ab.

Direkt an Bb. hinter der Hafeneinfahrt tummeln sich in der Saison viele Sonnenhungrige an einem kleinen Strand. Ein Spaziergang auf der etwas staubigen Straße durch die karge Felslandschaft in Richtung Calanque de Callelongue ist wegen der herrlichen Aussicht empfehlenswert.

II. Cap Croisette bis Cap Sicié
Seekarten F CG 504, F 5325, 6610, 6612, 6767, 6882, 6951, D 483, 595, 596

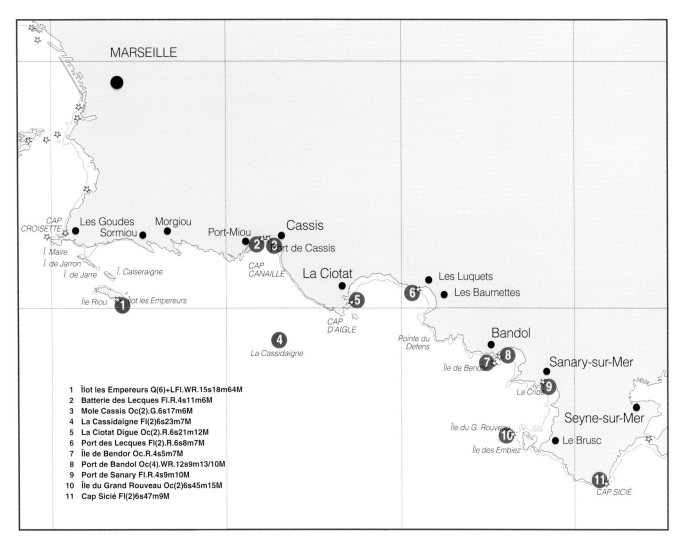

MARSEILLE

CAP CROISETTE
Les Goudes
Sormiou
Morgiou
Port-Miou
Cassis
Port de Cassis
Î. Maire
Î. de Jarron
Î. de Jarre
Î. Calseraigne
CAP CANAILLE
La Ciotat
Les Luquets
Les Baumettes
Île Riou
Îlot les Empereurs
CAP D'AIGLE
La Cassidaigne
Pointe du Defens
Bandol
Île de Bendor
Sanary-sur-Mer
La Cride
Seyne-sur-Mer
Île du G. Rouveau
Le Brusc
Île des Embiez
CAP SICIÉ

1 Îlot les Empereurs Q(6)+LFl.WR.15s18m64M
2 Batterie des Lecques Fl.R.4s11m6M
3 Mole Cassis Oc(2).G.6s17m6M
4 La Cassidaigne Fl(2)6s23m7M
5 La Ciotat Digue Oc(2).R.6s21m12M
6 Port des Lecques Fl(2).R.6s8m7M
7 Île de Bendor Oc.R.4s5m7M
8 Port de Bandol Oc(4).WR.12s9m13/10M
9 Port de Sanary Fl.R.4s9m10M
10 Île du Grand Rouveau Oc(2)6s45m15M
11 Cap Sicié Fl(2)6s47m9M

Vom Cap Croisette bis Cassis besteht die von W nach E verlaufende Küste aus steil abfallenden, meist kahlen, weißen Kalkfelsen, unterbrochen von herrlichen, tief in die Berge eingeschnittenen Calanques. Den Kalkfelsen schließen sich von kurz hinter Cassis bis La Ciotat südwestlich verlaufende, gelblich-braune Sand-

steinfelsen an, die sich am Cap Canaille bis zu 362 m steil auftürmen und am Cap d'Aigle dunkelbraune, bizarre Formen annehmen.
Hinter La Ciotat treten die Berge zurück, in der großen Baie de La Ciotat wechseln Sand- und Kiesstrände mit nicht mehr sehr steilen Ufern ab, die Küste wird zuneh-

Cap Croisette mit Île Tiboulin und Île Maire

Montague de Marseilleveyre

Les Goudes

Port de Madrague

Anse des Goudes

Cap Croisette

Île Maire

Île Tiboulin

Bec de l'Aigle

mend grüner. Es folgt eine in südöstlicher Richtung verlaufende, stark gegliederte, bergige Küste, die einige herrliche Ankerbuchten aufweist, die aber auch wegen einiger Unterwasserfelsen wachsame Navigation erfordern. Wenige Meilen vor Bandol schwenkt die Küstenlinie nach E. Zwischen der Île de Bendor und dem Pointe de la Cride liegt die geschützte, nach S offene Baie de Bandol. Die Baie de Sanary und die Rade de Brusc bilden anschließend mit den Îles des Embiez eine nach W offene, große, zum Teil flache Bucht. Hinter den Îles des Embiez rücken die lebhaft grünen Ber-

Cap de l'Aigle

Cap Canaille

ge wieder bis zur Küste vor, die von hier aus in südöstlicher Richtung ansteigt. Sie bildet am Cap Sicié eine imposante Steilküste.

Unterhalb der steilen Ufer und in den tief eingeschnittenen Calanques von Cap Croisette bis La Ciotat wird der Einfluß des Mistrals durch die Berge teilweise abgeschirmt. Daher kann in den meisten Calanques geankert werden, wobei ein zweiter Anker mehr Sicherheit verspricht. Weiter draußen bläst der Mistral genauso heftig wie in der Baie de Marseille. In der Baie de La

Ciotat sind die Fallböen des Mistrals noch gefürchtet, aber insgesamt nimmt seine Kraft nach Osten hin deutlich immer mehr ab.

Ab dem späten Vormittag kann der Marin wehen, ein S – SE-Wind mit 3 – 4 Bft., der schon mal bis 6 Bft. auffrischt, nachts jedoch abflaut. Der auflandige Wind kann eine unangenehme Dünung an den steilen Felsküsten aufbauen, was das Ankern in manchen, sonst vor dem Mistral geschützten, Buchten zur Qual werden läßt.

Der felsige, bewaldete Küstenabschnitt zwischen La Madrague und Bandol weist einige sehr schöne Ankerbuchten auf, die abhängig von Seegang und Windrichtung genutzt werden können. Auch in der Baie de Bandol und in der Baie de Sanary gibt es gegen E-Winde geschützte, sehr beliebte Ankerplätze.

Wichtige Leuchtfeuer:

La Ciotat Digue	43° 10,3, N I 005° 37,0, E Oc(2).R.6s 21m12M
Mole Bérouard	43° 10,4, N I 005° 36,7, E Iso.G.4s 15m11M
Bandol Jetée sud	43° 08,0, N I 005° 45,4, E Oc(4).WR.12s 9m13/10M
Sanary-sur-Mer	43° 06,9, N I 005° 48,1, E Fl.R.4s 9m10M
Île du Grand Rouveau	43° 04,9, N I 005° 46,1, E Oc(2)6s 45m15M

Die weit vor diesem Küstenabschnitt vorbeilaufenden Yachten und großen Schiffe orientieren sich vornehmlich nachts am Leuchtfeuer des

Tourelle La Cassidaigne

Tourelle La Cassidaigne
43° 08,7' N | 005° 32,8' E

Der Tourelle La Cassidaigne ist ein befeuertes Kardinalzeichen für Einzelgefahren, das ein Riff mit einem 24 m hohen, gemauerten Turm markiert (Fl(2). 6s 24m 7M), welches 4 sm südlich von Cassis und 2,5 sm westsüdwestlich von Cap d'Aigle entfernt im tiefen Wasser liegt. Er ist in sicherem Abstand zu umfahren.

Bei starkem Seegang ist der Weg aus der Baie de Marseille in das neue Gebiet in sicherem Abstand außen um die felsigen Îles de Tiboulin und Maire anzuraten. Bei ruhigem Wetter können Sportboote mit einem Tiefgang bis 2,5 m aus der Baie de Marseille kommend die Passage zwischen Cap Croisette und der Île de Maire benutzen.

Die erste Calanque hinter der Passage ist die

Calanque de Callelongue
43° 12,7' N | 005° 21,2' E

In diese flache und schmale Bucht können Sportboote bis 1,5 m Tiefgang einlaufen und an einem Kai, der keine Wasser- und Stromanschlüsse besitzt, festmachen. Im hinteren Teil der Calanque gibt es eine Reihe von

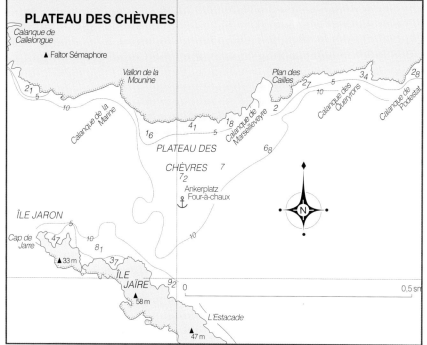

PLATEAU DES CHÈVRES

des Chèvres, 1,5 sm von der Passage entfernt, möglich, etwas von See her geschützt durch die Île Jaron und Île Jaire. Doch nach weiteren 2,5 sm in westlicher Richtung öffnet sich die wunderschöne

Calanque de Sormiou
43° 12,5' N | 005° 25,5' E

Die Calanque de Sormiou ist eine herrliche, mistralgeschützte Ankerbucht mit feinem Sandstrand und glasklarem Wasser. Es gibt einen winzigen Hafen für flachgehende Boote und einige Ferienbungalows. Geankert wird bei 6 – 12 m Wassertiefe auf gut haltendem Sand/Gras-Grund.

Ansteuerung:
Die von hohen Felsen umgebene, breite, tief in die Felsen eingeschnittene Bucht kann bei Tag direkt angelaufen werden. Es gibt keine Hindernisse und keine Befeuerung.
Achtung: Das Ankern ist in einer Uferzone innerhalb von 300 m vom Strand untersagt – kenntlich gemacht durch gelbe Bojen.

Restaurants, die im Sommer aufmachen. Zum Ankern ist die Calanque nicht breit genug.

Yachten mit mehr Tiefgang können in der nächsten, nicht weit entfernten Bucht ankern.

Calanque de Marseilleveyre
43° 12,6' N | 005° 23,1' E

Die Calanque de Marseilleveyre ist eine kleine, flache, mistralgeschützte Ankerbucht an den Ausläufern der hohen Marseilleveyre Berge mit feinem Sandstrand. Sie liegt am E-Rand des Plateau des Chèvres – auch Four à Chaux genannt –, einem für gutes Wetter geeigneten, großen Ankerplatz. Im Sommer öffnet dort ein kleines, einfaches Restaurant.

Ansteuerung:
Auf gut haltendem Sand/Gras-Grund kann bei einer Wassertiefe von 3 – 8 m geankert werden, wobei die Felsen am Rand der Bucht zu beachten sind. Bei ganz ruhigem Wetter ist auch das Ankern auf dem Plateau

Calanque de Sormiou

Calanque de Sormiou

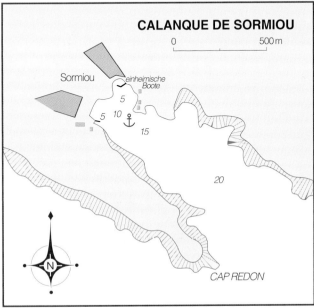

CALANQUE DE SORMIOU

0   500 m

Sormiou

einheimische
Boote

5

5   10

15

20

N

CAP REDON

Landgang:

Es gibt mehrere kleine Restaurants für hervorragende Fischspezialitäten.

Der Zugang von Land über eine halsbrecherische Serpentinenstraße ist im Sommer wegen Brandgefahr für den allgemeinen Verkehr gesperrt. Das Gelände gilt als Privatgrundstück, es werden Parkgebühren verlangt.

Eine herrliche Aussicht ist der Lohn für eine Wanderung auf der Zufahrtsstraße zum Paß hinauf: Auf der einen Seite die grün bewaldete Bucht mit ihrem klaren Wasser zwischen den gewaltigen Felsen, auf der anderen Seite das Häusermeer von Marseille mit der darüber wachenden Kirche Notre Dame de La Garde.

Sehenswürdigkeiten:

Zwischen Sormiou und Morgiou wurde kürzlich eine Höhle mit Unterwasserzugang durch einheimische Taucher entdeckt, die z. Zt. erforscht wird. Es wurden prähistorische Höhlenzeichnungen ähnlich denen in Lasceaux gefunden. Um ungestört wissenschaftliche Untersuchungen durchführen zu können und um die Höhle im gegenwärtigen Zustand zu erhalten, wurde der Zutritt untersagt und ein Tauchverbot in der Umgebung erlassen.

Schon nach 1 sm in westlicher Richtung öffnet sich eine weitere, wunderschöne Bucht, die

Calanque de Morgiou
43° 12,5' N | 005° 27' E

Die Calanque de Morgiou ist wie die Calanque de Sormiou eine herrliche, mistralgeschützte, aber etwas schmalere Ankerbucht mit glasklarem Wasser, Ferienbungalows und einem kleinen Hafen für flachgehende Boote.

Calanque de Morgiou

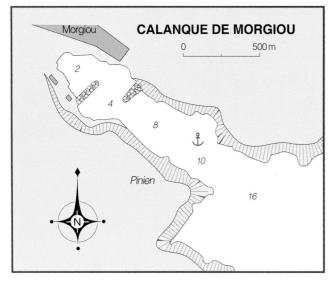

CALANQUE DE MORGIOU

Morgiou

0   500 m

2

4

8

⚓

10

Pinien

16

N

Calanque de Morgiou

Man ankert auf 6 – 12 m gut haltendem Sand/Gras-Grund.

Ansteuerung:

Die von hohen Felsen umgebene, tief in die Felsen eingeschnittene, nach SE offene Bucht kann bei Tag direkt angelaufen werden, nachts ist sie nicht befeuert. Sie ist frei von Hindernissen.

Gebote: Das Ankern ist in einer Zone innerhalb von 300 m von der Hafenmole untersagt – kenntlich gemacht durch gelbe Bojen.

Landgang:

Es gibt mehrere kleine Restaurants, eins davon mit einer Terrasse direkt am Hafen, sie bieten vor allem verschiedene Fischspezialitäten.

Im Sommer ist das halsbrecherische Serpentinensträßchen wegen Brandgefahr für den allgemeinen Verkehr gesperrt.

Im Hafen liegen hauptsächlich Fischerboote und einheimische Yachten, es gibt keine Gastplätze. Es gibt eine Reihe von Ferienhäusern, die zum Teil direkt in die Felsen gebaut sind.

2,5 sm westlich von der Calanque de Morgiou entlang den steilen Kalkfelsen liegt die

Calanque d'En-Vau 43° 12,0' N | 005° 30,3' E

Die Calanque d'En-Vau ist eine herrliche, mistralgeschützte Ankerbucht mit glasklarem Wasser. Man ankert auf 6 – 16 m gut haltendem Sand/Gras-Grund. Zusätzlich kann man eine Leine an Ringen festmachen, die an verschiedenen Stellen an den Felsen befestigt sind.

Ansteuerung:

Die Calanque d'En-Vau liegt etwa 1,5 sm SW von Cassis hinter dem Felsvorsprung Pointe Cacau, sie ist von weitem nicht auszumachen, man kann sich nur an den ständig ein- und auslaufenden Ausflugsbooten orientieren. Die von hohen Felsen umgebene, tief in die Felsen eingeschnittene, nach SE offene Bucht kann bei Tag direkt angelaufen werden, nachts ist sie nicht befeuert. Sie ist frei von Hindernissen.

Calanque d'En-Vau

Calanque d'En-Vau, Ankerplatz, Strand und Felsschornstein

Gebote: Das Ankern ist in der Uferzone am Ende der Bucht untersagt – kenntlich gemacht durch gelbe Bojen.

Landgang:

Am Ende der Calanque liegt ein kleiner Strand, von hier führt ein längerer, zum Teil steiler, verschlungener Fußweg nach Cassis. Rauchen und offenes Feuer an Land sind wegen der damit verbundenen Brandgefahr untersagt.

Die Bucht mit den sie begrenzenden steilen, weißen Kalkfelsen und ihrem glasklaren Wasser ist eine Sehenswürdigkeit an sich. Die Idylle wird durch die Ausflugsboote leider etwas gestört.

Die in nordwestlicher Richtung verlaufende Calanque d'En-Vau liegt direkt neben der nordöstlich verlaufenden

Calanque de Port-Pin
43° 12,0' N | 005° 30,3' E

Die Calanque de Port-Pin ist eine herrliche, mistralgeschützte Ankerbucht mit glasklarem Wasser. Man ankert auf 6 – 18 m gut haltendem Sand/Gras-Grund.

Ansteuerung:
Die Calanque de Port-Pin liegt etwa 1,5 sm SW-lich von Cassis hinter dem Felsvorsprung Pointe Cacau, sie ist von weitem nicht auszumachen, man kann sich nur an den ständig ein- und auslaufenden Ausflugsbooten orientieren. Die von hohen Felsen umgebene,

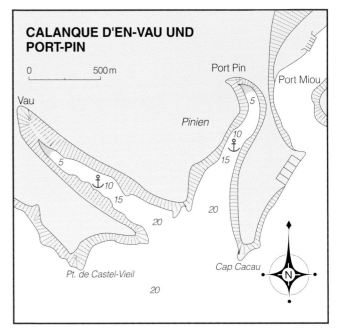

CALANQUE D'EN-VAU UND PORT-PIN

0   500 m

Vau

Port Pin

Port Miou

Pinien

Pt. de Castel-Vieil

Cap Cacau

N

Calanque de Port-Pin

Calanque de Port-Miou

Port-Miou

Keine halbe Seemeile in nordöstlicher Richtung von diesen beiden Calanques entfernt öffnet sich der Eingang zum

Port-Miou 43° 12,3' N | 005° 32,0' E

In diesem beliebten Hafen – einem ehemaligen Steinbruch – ist auch im Sommer ein freier Ankerplatz im vorderen Teil der Calanque zu finden. Da die Anker im stark bewachsenen Grund nicht gut halten, sollte ein zweiter Anker ausgebracht und mit einer Heckleine an einem der im Fels angebrachten Ringe festgemacht werden. Man liegt gegen alle Winde geschützt, nur bei

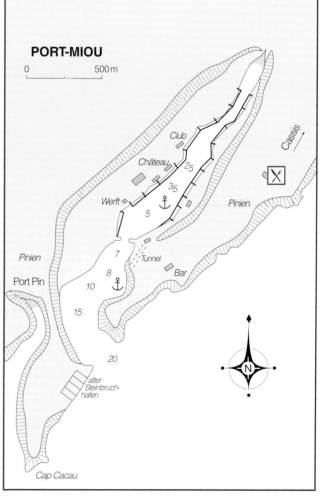

tief in die Felsen eingeschnittene, nach SW offene Bucht kann bei Tag direkt angelaufen werden, nachts ist sie nicht befeuert. Sie ist frei von Hindernissen.
Das Ankern ist in der Uferzone am Ende der Bucht untersagt – kenntlich gemacht durch gelbe Bojen.

Landgang:
Vom Ende der Bucht führt ein Fußweg durch einen Pinienwald nach Cassis. Rauchen und offenes Feuer sind wegen der damit verbundenen Brandgefahr untersagt. Auch hier wird die Idylle durch die Ausflugsboote etwas gestört.

Calanque de Port-Miou

östlichen Winden durch eine leichte Dünung und den Schwell der Ausflugsboote gestört.

Ansteuerung:

Den nach S offenen Eingang zur Calanque Port-Miou kann man nur schwer ausmachen. Erst in unmittelbarer Nähe erkennt man auf der Stb.-Seite der 20 m tiefen und 200 m breiten Einfahrt den alten Steinbruchhafen, der jetzt unter Schutz steht. Im Sommer kann man sich an den vielen ein- und auslaufenden Ausflugsbooten orientieren. Es gibt keine Untiefen in der Einfahrt. Der unbefeuerte Hafen sollte nur tagsüber angelaufen werden. Die Wassertiefe nimmt im äußeren Teil bis auf 7 m, weiter im Innern an den Stegen bis auf 2 m ab. Die

Calanque ist ungefähr 0,6 sm lang. Starke Winde aus SE erschweren die Einfahrt, doch sowie man ein Stückchen weiter in der Calanque „um die Ecke biegt", hat man ruhiges Wasser.

Eine Höchstgeschwindigkeit von 3 kn sollte eingehalten werden.

Hafenservice:

Der Hafen verfügt über ca. 500 Liegeplätze, die von ortsansässigen Yachten genutzt werden. Mit etwas Glück findet sich in der Saison am NW-Ufer beim Yachting Club des Calanques oder am SE-Ufer beim Club Nautique de Port-Miou ein Liegeplatz an einem der Stege, die mit Mooringleinen, Stromanschlüssen und einigen Wasseranschlüssen ausgestattet sind. Man wende sich dazu an die entsprechenden Clubbüros. Es gibt nur sehr begrenzte Versorgungsmöglichkeiten. Einkäufe und Reparaturen können in Cassis erledigt werden.

Restaurants: Auf dem mit Pinien bewachsenen Plateau im S über dem Hafen befinden sich eine Bar und ein großes Restaurant.

Landgang:
Der Fußweg nach Cassis dauert etwa eine halbe Stunde. Bei Dunkelheit sollte wegen der holprigen Wege eine Taschenlampe mitgeführt werden.
Tagsüber kann man sich auf den glatten Steinen der Felsplateaus am Cap Cable mit vielen anderen Sonnenhungrigen eine nahtlose Bräune zulegen.

Sehenswürdigkeiten:
Port-Miou ist ein ehemaliger Steinbruch. Der von hier stammende weiße Kalksandstein wurde in viele Länder des Mittelmeerraums exportiert und sogar beim Bau

des Suez-Kanals eingesetzt. Viele Gebäude Marseilles und anderer französischer Städte wurden mit diesen Steinen erbaut. Man kann heute noch die unter Schutz stehenden Steinschütten und Kaianlagen bewundern.

1 sm nordöstlich von Port-Miou liegt

Port de Cassis 43° 12,8' N | 005° 32,0' E

Port de Cassis ist ein sehr reizvoller Fischer- und Yachthafen im Norden einer tiefen, von Felsen eingeschlossenen Bucht. Der Hafen bietet guten Schutz gegen Mistral und NE-Winde, ist jedoch in der Saison stets überfüllt, so daß es schwer ist, einen der etwa 20 Gastplätze zu ergattern. Die Tiefe nimmt von 5 m im Eingang auf 2,5 – 2 m an den Kais ab, die maximale Bootsgröße beträgt 18 m.

Ansteuerung:
Der Hafen und seine Einfahrt sind von weitem schwer auszumachen. Als Ansteuerung dient anfangs der gut

Port de Cassis

Port de Cassis

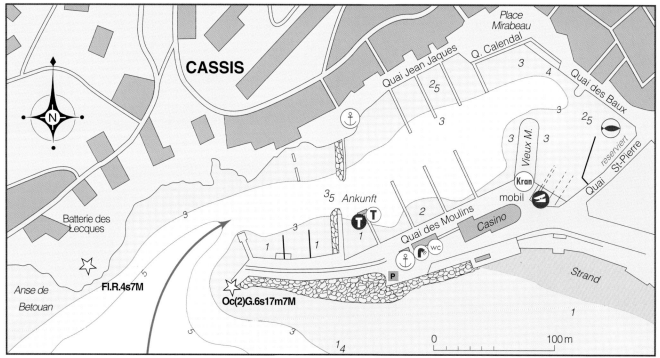

zu erkennende Ort, bis der Leuchtturm (Oc(2).G. 6s 17m 7M) auf der Mole am Hafeneingang deutlich hervortritt. Nachts hilft zusätzlich das Feuer der Batterie des Lecques (Fl.R. 4s 7M), das westlich des Leuchtturms auf den Klippen steht.

Die Hafeneinfahrt öffnet sich nach SW und ist ca. 90 m breit. Man halte sich in der Mitte vom Fahrwasser, weil an seiner Stb.-Seite Unterwasserbarrieren für eine Verminderung des Schwells im Hafen sorgen.

Nach dem Passieren von zwei weiteren Molen kann auf der Bb.-Seite an der Tankstelle festgemacht werden, um sich vom Clubpersonal einen Liegeplatz zuweisen zu lassen.

Bei starken SE- und SW-Winden ist die Einfahrt schwierig bis unmöglich. Dann kann Port-Miou, 1 sm weiter südwestlich, angelaufen werden, dessen Einfahrt nur bei S-Winden schwer passierbar ist.

Die Geschwindigkeit im Hafen ist auf 3 kn beschränkt.
Hafenmeister: M. Coquet, Tel. 04 42 01 03 73, Fax. 04 42 01 05 96, VHF Kanal 9.
Cercle Nautique de Cassis: 04 42 01 79 04.
Wetterinformationen: Die Wettervorhersage für die nächsten 5 Tage im Aushang des Büros Cercle Nautique de Cassis wird täglich erneuert.

Hafenservice:

Der Club Cercle Nautique de Cassis am Quai des Moulins an Stb. bietet in der Saison Gastliegeplätze an den Stegen, die mit Mooringleinen, Wasser- und Stromanschlüssen ausgestattet sind. Es gibt ein Clubhaus mit Bar und Restaurant, WCs und Duschen, eine von 9 – 19 h besetzte Tankstelle sowie Parkplätze zum Be- und Entladen von Yachten. Im Hafen befinden sich mehrere Yachtausrüster, einige kleine Werkstätten für Reparaturen sowie ein 6-t-Kran und ein 30-t-Slip, aber nur wenige Stellplätze an Land.

Versorgung:

Alle Lebensmittel und Getränke gibt es in großer Auswahl. Die örtlichen Weinkeller bieten preiswerte, weiße Tischweine, die gut zu Fischgerichten passen.
Restaurants und Cafés sind am Hafen und über den Ort verteilt.
Bank und Post findet man ganz in der Nähe des Hafens im Ort.

Landgang:

Cassis hat trotz des zunehmenden Tourismus seinen Charme behalten. Durch den Ortskern mit seinen verwinkelten Gassen führt ein Fußweg zu den Ruinen des Castel Vieil auf dem schroffen Felsen über dem Ort, ein anderer zum Cap Canaille hinauf. Einmal mit einem Leihwagen über die Rue des Crètes auf der Route Nationale 559 nach Ciotat und zurück ist ein außergewöhnliches Erlebnis, ein Abstecher zum Sémaphore bietet eine unvergeßliche Aussicht. Ein Bummel durch die reizvolle Stadt kann mit einem Besuch der vielen um den Hafen und in der Stadt ansässigen Restaurants beschlossen werden.

Vom Hafen aus verkehren Ausflugsboote zu den Calanques, die auch mit dem Bus vom Casino Muncipal aus zu erreichen sind.

Ein herrlicher Kies-Strand – Plage de la Grande Mer – liegt hinter der Promenade A. Briand am Hafen. In einer nahen Bucht am Plage du Bestoulan im Westen des Ortes herrscht im Sommer ebenfalls reges Treiben im und am klaren Wasser. Ein Stückchen weiter schließen sich die Roches Plates an, bizarre Felsterrassen eines ehemaligen Steinbruchs, auf denen sich viele Urlauber ihre Ganzkörperbräune holen.

Ankern:

Im Osten von Cassis hinter dem Pointe Lombards gibt es sehr schöne Ankerplätze in zwei nebeneinander liegenden Buchten. Geankert wird bei 5 – 10 m Wassertiefe auf sandigem, grasbewachsenem Grund.

Etwa 5 sm südöstlich der Baie de Cassis, hinter den Sandsteinfelsen vom Cap Canaille, liegt die durch See- und Regenwasser ausgewaschene

Calanque de Figuerolles
43° 10,0' N | 005° 35,8' E

Die Calanque de Figuerolles ist eine herrliche, gegen E-Winde geschützte, schmale Ankerbucht. Geankert wird bei 3 – 13 m Wassertiefe über Sand/Gras-Grund.

Ansteuerung:

Die Calanque de Figuerolles liegt etwa 0,5 sm nordwestlich vom Cap d'Aigle und 4 sm südöstlich von

Calanque de Figuerolles

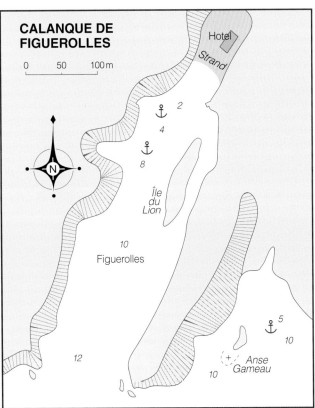

CALANQUE DE FIGUEROLLES

0   50   100 m

N

Hotel
Strand

Île
du
Lion

Figuerolles

Anse
Gameau

Cassis. Sie ist von weitem nicht auszumachen. Zur Orientierung dient die einige Kabellängen weiter westlich auf den Felsen liegende. kleine Kapelle Notre Dame de la Garde. Die tief in die hohen Sandsteinfelsen eingeschnittene, nach SW offene, schmale Bucht kann bei Tag direkt angelaufen werden. Sie ist, abgesehen von einem riesigen, runden Felsblock an Stb., frei von Hindernissen, jedoch unbefeuert. Bei längerem Aufenthalt sollten zusätzliche Landleinen ausgebracht werden, um das Schwojen zu verhindern. Mit etwas Glück findet man dazu einen freien, in den Felsen verankerten Ring.

Das Ankern ist in der Uferzone am Ende der Bucht untersagt – kenntlich gemacht durch gelbe Bojen.

Landgang:
Am Ende der Bucht gibt es einen kleinen Strand, wo im Sommer ein kleines Restaurant geöffnet hat. Von hier führt ein Fußweg nach La Ciotat.

Sehenswürdigkeiten:
Die Bucht mit ihren steilen, roten Sandsteinfelsen und ihrem glasklaren Wasser ist sehenswert. Wie auch andernorts wird die Abgeschiedenheit durch die Ausflugsboote beeinträchtigt.

Eine halbe Meile von hier in südöstlicher Richtung umrunden wir das bizarre Cap d'Aigle auf userm Weg zum

Vieux Port de La Ciotat
43° 10,5' N | 005° 36,6' E

Der Vieux Port de La Ciotat liegt in unmittelbarer Nähe einer stillgelegten Werft, was aber den Reiz des alten Fischerhafens nicht stört, in dem auch Yachten willkommen sind. Er bietet Schutz gegen alle Winde. Die Wassertiefe im Hafen bewegt sich zwischen 6 und 4 m.

La Ciotat: *1* Vieux Port und Marina mit *2* Bassin Bérouard und *3* Bassin des Capucins sowie dem *4* Port des Capucins

Es gibt einige Gastplätze am alten Werftkai unter den Kränen an Bb. im hinteren Teil des Hafens und an den Stegen auf der Nordseite in der Nähe des alten Hotel de Ville – dem ehemaligen Rathaus, heute Museum – direkt hinter dem Hafeneingang an Stb.

Ansteuerung:

Tagsüber bei gutem Wetter führt der Kurs zwischen der Île Verte und dem Cap d'Aigle hindurch. Nachdem die Untiefe am Kardinalzeichen Canonnier du Sud passiert ist, wird an den Werftanlagen vorbei die nach Osten geöffnete, ca. 60 m breite, 5 m tiefe Hafeneinfahrt vom Vieux Port de La Ciotat angesteuert.

Nachts, bei schlechter Sicht und bei starkem Seegang wird die Île Verte umrundet und der Vieux Port de La Ciotat aus Osten erreicht. Dabei helfen die weit sichtbaren Feuer auf den Werftanlagen (Oc(2). R.6s 21m 13M) und (Fl.R.4s18m8M). Schließlich kann auf das Feuer am Hafeneingang (Iso.G. 4s15m 12M) zugehalten werden.

Im Hafen gilt die übliche Geschwindigkeitsbegrenzung auf 3 kn.

Hafenmeister: M. Duchemin, Tel. 04 42 08 62 90, Fax 04 42 71 46 01, VHF Kanal 9.

Dienstzeiten von 8 – 17 h.

Wetterinformationen: Täglich neuer Météo an den Büros der Capitainerie.

Hafenservice:

Gleich hinter dem Hafeneingang an Stb. liegt die Capitainerie, die die Liegeplätze zuweist. Ein weiteres Hafenbüro befindet sich gegenüber auf der Bb.-Seite am alten Kai der Werft. Festgemacht wird an Mooringleinen, am Kai gibt es Wasser und Strom, Duschen und WCs sind nicht weit. Zu den Kartentelefonen am Quai de Gaulle bzw. am Quai Ganteaume sind es nur ein paar Schritte.

Zum Tanken und für Reparaturen muß das Bassin Bérouard des Yachthafens, einen Steinwurf nördlich vom Hafeneingang des Vieux Port entfernt, aufgesucht werden. Ein 10-t-Kran steht zur Verfügung.

Versorgung:

Einkaufsmöglichkeiten für Lebensmittel und Getränke sind in großer Auswahl rund um den Hafen vorhanden.

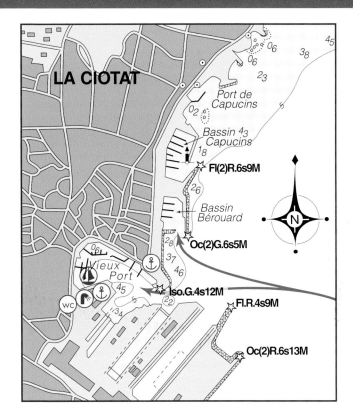

Banken und eine Post gibt es nahebei im Ort. In einer kleinen Weinkellerei nicht weit vom alten Hafen an der Avenue Maréchal Galliéni (Marchelli et Fils, Tel. 04 42 08 56 58) kann man Wein vom Faß kaufen. An manchen Tagen verwandelt sich der Quai de Gaulle in einen riesigen Wochenmarkt. Dort gibt es auch frisch gefangenen Fisch.

Restaurants, Cafés und Bars sind rund um den alten Hafen verteilt.

In zum Teil urwüchsigen Restaurants kann man sich an leckeren Fischgerichten laben. Einige öffentliche Gebäude und die Kirche am Hafen werden nachts angestrahlt, und an warmen Sommerabenden wird vor den Lokalen unter freiem Himmel bei Musik bis nach Mitternacht gefeiert.

Landgang:

Seit der Stillegung der Werft versuchen die Stadtväter, den Tourismus anzukurbeln.

Vom Vieux Port aus starten mehrmals täglich Ausflugs-

Calanque Saint-Pierre auf der Île Verte

boote zur Île Verte, von der es eine herrliche Aussicht auf die Baie de La Ciotat und das Cap d'Aigle gibt. Hinter den Yachthäfen im Norden beginnt eine schier endlose Meile mit Sandstrand und Palmen – Clos-les-Plages –, wo eine Reihe von Attraktionen auf unternehmungslustige Urlauber wartet. Südwestlich der Werft führt die Avenue des Calanques zur Anse du Grand-Mugel mit seinem Kiesstrand, weiter zur Anse du Sec. Eine Abzweigung führt zur herrlichen Calanque de Figuerolles.

Sehenswürdigkeiten:

Das alte Rathaus am Hafeneingang wurde in ein Museum umgewandelt. Nicht weit davon ist die Notre-Dame-du-Port, eine Kirche aus dem 17. Jahrhundert, mit ihrem barocken Portal zu bewundern. La Ciotat besitzt eine herrlich verwinkelte Altstadt.

Kultur:

Im Bahnhof von La Ciotat wurde der erste Film von den Gebrüdern Lumière gedreht: „Ankunft eines Zuges...". Die Stadt versucht, an dieses denkwürdige Ereignis anzuknüpfen und bietet entsprechende Veranstaltungen und Ausstellungen. Der Ort wird jetzt auch La Ville des Lumières genannt, und man preist das l'Eden Théatre, heute zugleich Ausstellungs- und Konzertsaal, als das älteste Kino der Welt.

Ankern:

Bei gutem Wetter kann sowohl im Norden als auch im Süden in den Buchten der Île Verte geankert werden, einer dicht bewaldeten kleinen Insel. In der nördlichen, nach Süden offenen Calanque Saint-Pierre wird der Anleger mit dem kleinen Restaurant dahinter von Ausflugsbooten angelaufen. Man liegt in 4 – 12 m tiefem, glasklarem Wasser auf sandigem, grasbewachsenem Grund, muß aber auf den felsigen Grund in Ufernähe achten.

Achtung: Zwei Einschränkungen gelten für die Baie de La Ciotat: Im östlichen Teil der Bucht herrscht Anker- und Fischereiverbot und in der Mitte der Bucht ist eine Fläche für die Wasserung von Löschflugzeugen reserviert. Beide Bereiche sind durch gelbe Bojen gekennzeichnet.

Einen Steinwurf nördlich vom Hafeneingang zum Vieux Port de La Ciotat liegt die moderne Marina

La Ciotat, Bassin Bérouard
43° 10,6' N | 005° 36,6' E
& Bassin des Capucins
43° 10,7' N | 005° 36,9' E

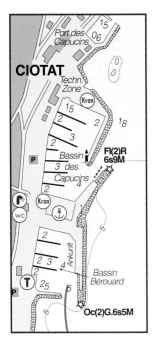

Die gegen alle Winde geschützte und bei jedem Wetter erreichbare Marina von La Ciotat besteht aus zwei getrennten Hafenbecken, dem Bassin Bérouard und dem Bassin des Capucins.

Nur im Bassin Bérouard stehen etwa 25 Gastplätze zur Verfügung. Yachten bis 25 m machen am Molenkai auf 8 – 5 m tiefem Wasser fest, an den Stegen sind es nur noch 2 – 3 m. Der Yachthafen bietet alle notwendigen Einrichtungen.

Ansteuerung:

Tagsüber bei gutem Wetter führt der Kurs zwischen der Île Verte und dem Cap d'Aigle hindurch. Nachdem die Untiefe am Kardinalzeichen Canonnier du Sud passiert ist, steuert man an den Werftanlagen und dem Vieux Port de La Ciotat vorbei in die nach Süden geöffnete, ca. 50 m breite und 5 m tiefe Hafeneinfahrt vom Bassin Bérouard.

Nachts, bei schlechter Sicht und bei starkem Seegang umrundet man besser die Île Verte und nähert sich aus Osten dem Yachthafen. Dabei helfen in der Nacht die weit sichtbaren Feuer auf der Werftanlage (Oc(2).R. 6s 21m 13M), auf der Werftmole (Fl.R.4s 18m 8M) und am Hafeneingang zum Vieux Port (Iso.G. 4s 15m 12M), auf das mit W-Kurs zugehalten wird, bis das Feuer auf der Werftmole an Bb. querab ist. Dann wird auf einem nordwestlichen Kurs das Feuer auf der Ostmole des Yachthafens (Oc(2).G. 6s 5M) angesteuert.

Hafengebote: In einem Bereich innerhalb von 300 m bis zum Hafen gilt eine Geschwindigkeitsbegrenzung auf 5 kn, im Hafen von 3 kn. Das Ankern vor dem Hafen, geschützt gegen W-Winde auf 3 – 5 m Wassertiefe, ist gestattet, solange die Zufahrt nicht blockiert wird.

Achtung: Zwei Einschränkungen gelten für die Baie de La Ciotat: Im östlichen Teil der Bucht herrscht Anker- und Fischereiverbot, und in der Mitte der Bucht ist eine Fläche für die Wasserung von Löschflugzeugen reserviert. Beide Bereiche sind durch gelbe Bojen gekennzeichnet.

Hafenmeister: Bureau du Port de Plaisance R. Cloarec, Tel. 04 42 08 62 90, Fax. 04 42 71 46 01, VHF Kanal 9.
Dienstzeiten in der Saison von 7 – 20 h,
in der Vorsaison 8 – 12.30 und von 15 – 19.30 h.
Wetterinformationen: Täglich neuer Météo an der Capitainerie.

Hafenservice:

Die Liegeplätze werden vom Hafenbüro zugewiesen. Die 640 Plätze am Kai und an den Stegen sind mit Wasser, Strom und Mooringleinen ausgestattet. Im Hafenbereich sind alle Einrichtungen vorhanden: WCs und Duschen, Kartentelefone, Yachtausrüster, Werkstätten, eine Werft, ein 10-t-Kran, ein 36-t-Travellift und Winterlager. DieTankstelle (Tel. 04 42 08 34 92) öffnet von 8 – 18 h. Eine Münzwäscherei ist nicht weit entfernt. Bank, Post, Versorgung, Information, Landgang, Sehenswürdigkeiten und Kultur: wie für den Vieux Port de La Ciotat beschrieben.

Restaurants findet man am Vieux Port oder nimmt den Weg zur Strandpromenade.

Für flachgehende Boote ist nördlich der Marina eventuell noch ein Platz zu finden im

Port des Capucins 43° 10,9' N | 005° 36,9' E

Der kleine, private Yachthafen ist am Eingang 2 m, im Hafen 0,6 – 1,5 m tief. Er ist bei Mistral geschützt, bietet aber nur wenige Einrichtungen für Yachten.

Ansteuerung:

Der Hafen liegt etwa 150 m östlich vom Bassin Capucins, der Marina von Ciotat. Der Hafeneingang ist unbefeuert, ca. 20 m breit und öffnet sich nach NE.

Hafenservice:
Der kleine Hafen verfügt über etwa 80 private Liege-plätze für kleine Boote.

Etwa 1 sm nordöstlich vom Bassin Bérouard liegt der ebenfalls nur für flachgehende Boote geeignete

Port Saint-Jean 43° 11,2' N | 005° 37,7' E

Der kleine Schutzhafen ist am Eingang 2 m, im Hafen zum Teil weniger als 1 m tief. Der Hafen ist bei Mistral einigermaßen geschützt, bietet aber kaum Einrichtun-gen für Yachten.

Ansteuerung:
Der Hafen liegt am Pointe des Moulins, die ca. 20 m breite Hafeneinfahrt ist unbefeuert, öffnet sich nach W.

Hafenservice:
Der kleine Hafen verfügt über 50 Liegeplätze für kleine Boote und über einen 6-t-Kran. Er beherbergt zwei Sportvereine.

Achtung: Zwei Einschränkungen gelten für die Baie de La Ciotat: Im östlichen Teil der Bucht herrscht Anker- und Fischereiverbot und in der Mitte der Bucht ist eine Fläche für die Wasserung von Löschflugzeugen reser-viert.
Beide Bereiche sind durch gelbe Bojen gekennzeich-net.

Im Westteil der Baie de La Ciotat öffnet sich hinter dem Cap Saint-Louis die Baie des Lecques.
Auf der Nordseite dieser Bucht befindet sich der gut geschützte

Port des Saint-Cyr-sur-les-Lecques 43° 10,8' N | 005° 41,0' E

Port des Saint-Cyr-sur-Mer-les-Lecques

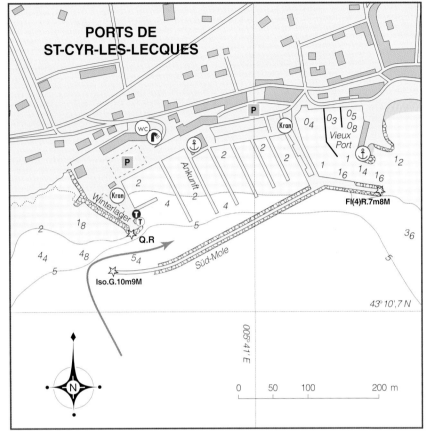

PORTS DE ST-CYR-LES-LECQUES

Hafenmeister: M. S. Terrier, M. C. Menager, M. R. Bartczak,
Tel. 04 94 26 21 98,
Fax 04 94 88 71 92, VHF Kanal 9.
Dienstzeiten von 7 – 20.30 h, Bewachung des Hafens von 20.30 – 7 h.
Wetterinformationen: Täglich neuer Météo an der Capitainerie, Starkwindwarnungen am Mast auf der Capitainerie.

Hafenservice:

Der Hafen verfügt über etwa 430 Plätze für Yachten bis zu 15 m und 2,5 m Tiefgang. Gastplätze werden nur vergeben, wenn einheimische Yachten den Hafen verlassen haben. Festgemacht wird an Mooringleinen. Alle Plätze verfügen über Wasser und Strom (220 V, 2,2 kW). WCs und Duschen sowie zwei Kartentelefone befinden sich unweit der Capitainerie. Hinter der Tankstelle am Hafeneingang (Tel. 04 94 26 31 von 8.30 – 21 h, in der Vorsaison von 9 –12 und von 13.30 – 17.30 h) befinden sich das Winterlager mit Kränen für 10 und 15 t, eine kleine Werft und ein Yachtausrüster. Die meisten Reparaturen an Motoren, Segeln, Elektrik, Elektronik und Mechanik können im Hafen ausgeführt werden. Die Parkplätze im Hafenbereich sind nicht bewacht.

Der **Nouveau Port** mit 3 – 6 m Wassertiefe bietet Yachten guten Schutz gegen alle Winde und viele Einrichtungen für Sportboote. Im alten Hafen liegen Fischer- und kleine einheimische Boote.

Ansteuerung:

Der Hafen liegt im N der Baie des Lecques, die sich im E hinter dem Cap Saint-Louis an die Baie de La Ciotat anschließt. Von weitem ist der Hafen kaum auszumachen. Die nachts befeuerte (Iso.G.4s9M und Q.R), etwa 50 m breite Hafeneinfahrt öffnet sich nach W und ist nur bei starken SW-Winden schwierig zu passieren.
Hafengebote: Die Geschwindigkeit im Hafen ist auf 3 kn beschränkt. Gäste machen an einem der ersten Stege fest und lassen sich vom Hafenmeister einen Platz zuweisen. Für zwei Stunden kann kostenlos festgemacht werden.

Versorgung:

Einkaufsmöglichkeiten, Banken und eine Post sowie zahlreiche Restaurants befinden sich im Ort.

Landgang:

Bei einem Bummel durch den hübschen Ort zum langgezogenen Sandstrand laden viele Restaurants, Bars und Cafés zum Verweilen ein.

Schenswürdigkeiten:

Im Musée de Tauroentum, das auf den Grundmauern einer römischen Villa errichtet wurde, können prächtige Mosaike und lokale Werkzeugfunde der Griechen und Römer bewundert werden.

Vieux Port de Saint-Cyr-les-Lecques

Im kleineren, öffentlichen Vieux Port auf der Ostseite können nur flachgehende Boote bis 8 m Länge festmachen, weil die Wassertiefe von 1,6 m in der Einfahrt auf teilweise unter 1 m im Hafen abnimmt. Die im Winter versandende Einfahrt wird im Frühjahr ausgebaggert.

Ansteuerung:

Der ca. 30 m breite Hafeneingang öffnet sich nach E, die Schutzmole ist befeuert (Fl(2).R.6m7M). Bei starken S-Winden ist die Einfahrt durch brechende Seen schwierig.

Hafengebote: Gäste melden sich beim Hafenmeister und lassen sich einen Liegeplatz zuweisen.
Hafenmeister: M. A. Matheron, Tel. 04 94 26 44 49, VHF Kanal 16 und 9, Dienstzeiten von 9 – 17 h.
Wetterinformationen: Täglich neuer Météo an der Capitainerie.

Hafenservice:

Der Service für die gut 190 Liegeplätze ist auf einige Wasseranschlüsse, zwei WCs, einen 2-t-Kran und ein kleines Winterlager beschränkt. Festgemacht wird an Mooringleinen.

Ebenfalls in der Baie des Lecques, jedoch im südlichen Teil, finden wir

Port de la Madrague des Lecques 43° 10,0' N | 005° 41,6' E

Port de la Madrague des Lecques

Der kleine, kommunale Yachthafen bietet 30 Gastplätze für Boote bis 9 m. Die Wassertiefe nimmt von 2 m im Hafeneingang auf 1,5 an den Stegen und auf teilweise weniger als 1 m an der Pier ab. Der Hafen ist außer bei Mistral gut geschützt, aber häufig überfüllt und bietet nur wenige Einrichtungen für Yachten.

Ansteuerung:
Der Hafen liegt in der SE-Ecke der Baie des Lecques und wird auf einem Kurs von 150° angesteuert. Es sollte auf die Mitte der nach NNE offenen, ca. 30 m breiten Einfahrt zugehalten werden. Das Fahrwasser ist undeutlich gekennzeichnet, vor beiden Molen ist das Wasser extrem flach, auf der Nordseite felsig. Man vermeide daher, sich durch Wind oder Schwell zu nahe an die Molen drücken zu lassen. Die Südmole ist befeuert (Fl(4).G.15s8m4M). Bei starken WNW-Winden ist die Einfahrt unpassierbar.
Hafengebote: Die Geschwindigkeit im Hafen ist auf 3 kn begrenzt, Gäste machen am Ankunftskai fest und lassen sich vom Hafenmeister einen Liegeplatz zuweisen.
Hafenmeister: M. F. Farrugia, Tel. 04 94 26 39 81, VHF Kanal 9.
Dienstzeiten von 8 – 12 h und von 14 – 17.30 h, außer dienstags.
Wetterinformationen: Täglich neuer Météo an der Capitainerie.

Hafenservice:
Der kleine Hafen verfügt über 420 Liegeplätze für Boote bis 9 m, von denen 30 für Gäste freigehalten werden. Festgemacht wird an Mooringleinen, Wasser und Strom sind an den Stegen und an der Pier vorhanden. WCs und Duschen gibt es bei der Capitainerie. Im Hafenbereich gibt es ein Kartentelefon, ein kleines Winterlager mit einem 3-t-Kran, einen Slip und einige Handwerker für kleine Reparaturen.

Versorgung:
Lebensmittel und Getränke gibt es im Ort, Banken und eine Post im nahen Seebad Saint-Cyr-sur-Mer, das sich mit seinem langen Strand an der Bucht entlangzieht. Dort befinden sich auch Restaurants und Bars in großer Auswahl.

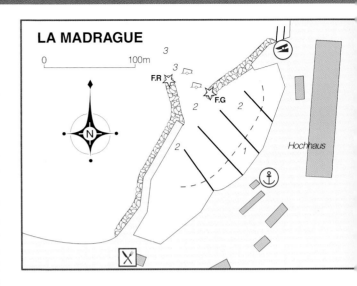

Landgang:
Dem Hafen schließt sich im W ein kleiner Strand an, dahinter lädt das hübsche Seebad Saint-Cyr-sur-Mer zu einem Bummel ein.

Ankerplätze:
in der Baie des Leques: In der Nähe des Port de la Madrague kann vor E-Winden geschützt auf sandigem, grasbewachsenen Grund auf 3 – 15 m gut geankert werden. Ein besonders schöner Platz liegt zwischen dem Hafen und dem Pointe Grenier vor einem verfallenen Anleger.

Wir verlassen die Baie des Lecques und gehen hinter Pointe Grenier auf SE-Kurs an der Küste entlang bis zum Pointe du Défens. Von dort erreichen wir auf Ostkurs nach knapp 1 sm die schwierig zu bewerkstelligende Einfahrt zur

Calanque du Port d'Alon
43° 08,3' N | 005° 42,6' E

Die kleine, herrliche Bucht, seewärts durch Wellenbrecher auf jeder Seite geschützt, liegt 0,8 sm östlich vom Pointe du Défens und erlaubt ruhiges Liegen bei Mistral und nördlichen Winden. Geankert wird zwischen lokalen Booten auf 5 – 10 m tiefem, sandigem, grasbewachsenem Grund in einer felsigen, bewaldeten Um-

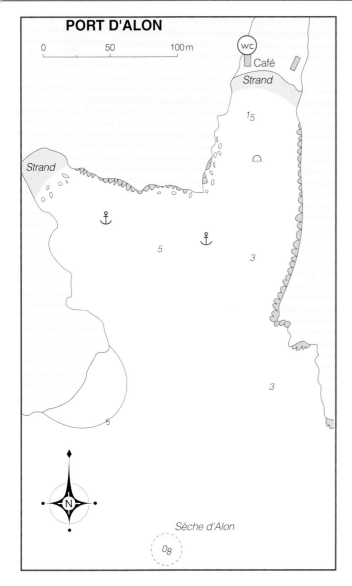

PORT D'ALON

0   50   100 m

Strand

Café

Strand

1,5

⚓

⚓

Strand

5

3

3

N

Sèche d'Alon

0,8

Baie de la Moutte 43° 08,9' N | 005° 43,1' E

Die Bucht 1,5 sm östlich vom Pointe du Défens ist gut gegen Mistral und östliche Winde geschützt. Geankert wird auf 2 – 10 m tiefem, sandigem, gut haltendem Grund in einer felsigen, bewaldeten Umgebung. Im östlichen, belebteren Teil der Bucht gibt es einen Sandstrand.

Von dieser Bucht aus in Richtung Bandol führt der Weg nach SE zum Pointe des Engraviers und kurz darauf zur Île Rousse 200 – 300 m vor der Küste. Nördlich von dieser Insel liegt

Port des Engraviers oder Port d'Athena
43° 08,2' N | 005° 43,9' E

Der kleine private Hafen mit Wassertiefen zwischen 1 – 2 m wird auf der Seeseite von einem 85 m langen Deich geschützt. Ein Gastliegeplatz findet sich nur mit viel Glück.

Ansteuerung:
Der kleine, gut windgeschützte Hafen liegt im NE der Île Rousse.
Aus E oder S kommend, läßt man die Insel an Bb. und steuert direkt auf den ca. 25 m breiten, 3 m tiefen Ha-

Île Rousse

Port des Engraviers und Île Rousse

gebung mit zwei kleinen Sandstränden und einigen Villen. Im Sommer öffnet hier ein Restaurant mit Bar.

Ansteuerung:
Bei der Einsteuerung ist das Riff Sèche d'Alon mit 0,6 m Wassertiefe auf der Westseite vor dem Eingang der Bucht zu beachten.

Ein Stückchen weiter östlich öffnet sich die

feneingang zu, der sich nach SE öffnet und nicht befeuert ist. Er sollte daher nur tagsüber angelaufen werden. Unmittelbar hinter dem Hafen liegt ein hoher, langgestreckter Wohnblock, der aus S und E die Ansteuerung erleichtert.

Aus W kommend kann bei gutem Wetter unter sorgfältiger Navigation wegen der Riffs auf beiden Seiten auch die etwa 2 m tiefe Passage zwischen Festland und Insel genutzt werden.

Hafenservice:
Der kleine Hafen verfügt an den Liegeplätzen über Strom- und Wasseranschlüsse. Außer WCs und Duschen gibt es keine weiteren Einrichtungen.

Ankern:
Bei ruhigem Wetter ankern häufig Yachten und Fischer zum Angeln im untiefen Bereich zwischen der Insel und dem Festland.

Von Westen kommend müssen Yachten mit mehr als 1,5 m Tiefgang die Île de Bendor außen runden, um in die Baie de Bandol zu gelangen, das Seezeichen La Fourmigue sollte an Bb. bleiben. Im NE der Insel befindet sich der im flachen Wasser nicht leicht anzusteuernde

Port de Bendor 43° 07,7' N | 005° 45,1' E

Der kleine Hafen auf der Île de Bendor gehört zusammen mit der Insel zum Besitz des Pastis-Herstellers Paul Ricard. Der Hafen dient hauptsächlich dem Fährverkehr, bietet aber etwa 20 Gastyachten bis 13 m und 2,5 m Tiefgang für jeweils 24 Stunden einen Liegeplatz.

Ansteuerung:
Der kleine, gut windgeschützte Hafen liegt an der SE-Spitze der Île de Bendor. Die ca. 25 m breite, sich nach NE öffnende Hafeneinfahrt ist auf beiden Molen befeuert (Fl(2).V.6s) und (Oc.R.4s7M).

Der Zugang von Westen ist mit 0,9 m Tiefe nur von flachgehenden Booten zu befahren. Tiefer gehende

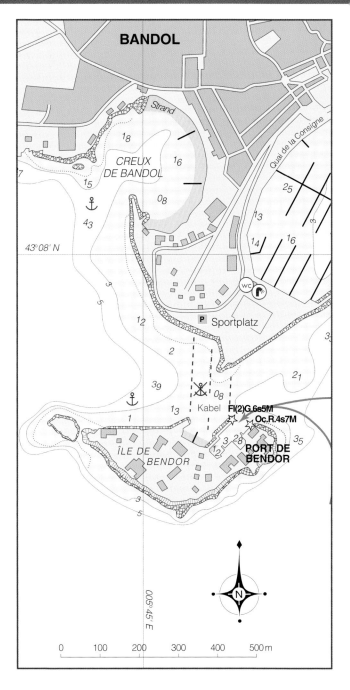

Yachten sollten den Hafen von Osten her, und nur tagsüber mit eingeschaltetem Echolot anlaufen, denn die Zufahrt ist nicht betonnt.

Hafenservice:

Am W-Kai kann vorläufig festgemacht werden. Der kleine Hafen verfügt an den Liegeplätzen über Strom- und Wasseranschlüsse. WCs und Duschen sind in der Nähe.

Hafengebote: Im Hafen gilt die übliche Geschwindigkeitsbegrenzung auf 3 kn.

Hafenmeister: Tel. 04 94 29 44 34.

Tagsüber herrscht reger Fährverkehr und bringt erhebliche Unruhe mit sich.

Touristik:

Die Insel wird jährlich von etwa 400.000 Gästen besucht. Hotels, Restaurants und Strandcafés sind dementsprechend in großer Anzahl vorhanden.

Kunstgewerbegeschäfte, eine Galerie und ein Kongreßzentrum für Tagungen, Konzerte und Tanzveranstaltungen sorgen für Abwechslung. Gebadet wird im Swimmingpool oder am Sandstrand, auf den Klippen wird Sonne getankt. Sehenswert ist die Wein- und Spirituosenausstellung.

Der Club Nautique de Bendor (Tel. 04 94 29 52 91) verfügt über ein Clubhaus und veranstaltet Segelkurse, auch ein Tauchclub (Tel. 04 94 29 55 12) ist auf der Insel zu Hause.

Île de Bendor, La Fourmigue, Bandol

Ankern:

Das Ankern ist nur innerhalb der engsten Stelle auf einer Breite von etwa 100 m zwischen Insel und Festland wegen der dort verlaufenden Unterwasserkabel verboten. Bei ruhigem Wetter ist der Ankerplatz westlich davon sehr beliebt. Geankert wird auf 4 – 8 m sandigem, grasbewachsenem Grund.

Wer sich beim Seezeichen La Fourmigue entschließt, nicht in den Port de Bendor einzulaufen, steuert auf N-Kurs direkt in den

Port de Bandol 43° 08,0' N | 005° 45,5' E

Port de Bandol, Hafenpromenade

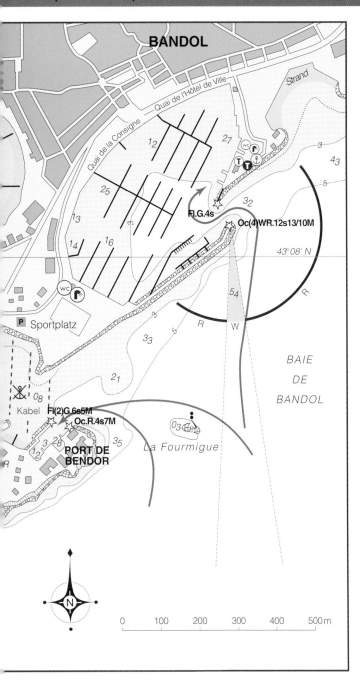

zu verlieren. Durch zwei Molen begrenzt bietet er Schutz gegen alle Winde. Es gibt 110 Gastplätze für Yachten bis 30 m. Im Frühjahr 1997 wurden im NE des Hafens neue Schwimmstege eingerichtet, an denen Gäste festmachen können. Der Hafen verfügt über alle Einrichtungen für Yachten. Die Wassertiefe im Hafen beträgt 3,5 – 1,5 m.

Ansteuerung:

Port de Bandol liegt im Westen der Baie de Bandol und kann ohne Schwierigkeiten angesteuert werden, obwohl die Hafenmolen und die Einfahrt erst aus der Nähe zu erkennen sind.

Aus Westen kommend, helfen die Île de Bendor und das Einzelgefahrenzeichen La Fourmigue, ein runder, gemauerter Turm auf einem felsigen Riff, beim Ansteuern; beide bleiben an Bb. Die Passage zwischen der Île de Bendor und dem Festland kann nur von flachgehenden Booten genutzt werden.

Von Süden kommend lassen sich die Appartementsiedlungen oberhalb von Bandol als Ansteuerungshilfen nutzen.

Beim Passieren der 40 m breiten, sich nach NE öffnenden Einfahrt, ist es bei starken Winden aus S bis SW angebracht, die Geschwindigkeit zu reduzieren und sich gut von den beiden befeuerten Molenköpfen frei zu halten (Fl.G.4s6M) und (Oc(4).WR.12s13/10M). Der weiße Sektor dieses Feuers (351° – 003°) bezeichnet die sichere Ansteuerung zwischen den Kardinalzeichen La Cride und La Fourmigue.

Hafengebote: Im Hafen ist die Geschwindigkeit auf 3 kn begrenzt. Gäste melden sich bei der Capitainerie auf der Ostmole an, um sich einen Liegeplatz zuweisen zu lassen.

Hafenmeister: M. Fraise, Tel. 04 94 29 42 64, Fax 04 94 29 93 20, VHF Kanal 9, Dienstzeiten: täglich 24Std.

Wetterinformationen: Täglich neuer Météo an der Capitainerie.

Hafenservice:

Der Hafen hat 1350 Liegeplätze, von denen 110 für Gäste zur Verfügung stehen.

Festgemacht wird an Mooringleinen, manchmal auch längsseits. Jeder Liegeplatz verfügt über Wasser und Strom (220/380 V). Sanitäreinrichtungen gibt es um

In sehr schöner Umgebung liegt der Port de Bandol, ein alter Fischerhafen, der zu einem großen Yachthafen ausgebaut wurde, ohne seinen mediterranen Charme

den Hafen verteilt im SW, NE und am Quai de la Consigne. Leider ist der Weg zu den Toiletten recht lang (ca. 600 m). Treibstoff bekommt man neben der Capitainerie rund um die Uhr. Es gibt Yachtausrüster, eine Werft, einen mobilen 10-t-Kran und eine 30-t-Hebeeinrichtung. Kartentelefone befinden sich auf der Hafenpromenade. Im NE des Hafen gibt es ein Winterlager. Dort können alle Reparaturen ausgeführt werden.

Versorgung:

In den Straßen hinter der Promenade finden sich viele Einkaufsmöglichkeiten, Banken und die Post. An Wochentagen wird auf dem Kirchplatz ein Markt abgehalten, auf dem es frisches Gemüse, Fleisch, Käse und Fisch gibt. Einmal pro Woche findet an der Uferpromenade ein großer Verkaufsmarkt statt. Weinprobierstuben befinden sich an den Allées Viviens. Beim Einkauf größerer Weinmengen sollte man sich jedoch zu den preiswerteren Weinkellern im Ort durchfragen. Die Rotweine von Bandol zählen zu den besten der ganzen Küste. An der Hafenpromenade befinden sich zahlreiche Restaurants, Bars und Bistros.

Landgang:

Bandol bietet mit seiner belebten, von Palmen gesäumten Uferpromenade und seinen Boule-Plätzen das typische Bild einer französischen Mittelmeerstadt. In der Bucht Creux de Bandol gibt es einen herrlichen, vielbesuchten Sandstrand, den Plage de Rénecros. Die Sandstrände Plage Centrale und Plage du Casino liegen im Osten des Hafens.

Sehenswürdigkeiten:

Sehenswert sind die Kirche St-François-de-Sales nahe der Uferstraße und einige Belle-Epoque-Villen. Im Casino kann man versuchen, die Bordkasse etwas aufzufüllen. Mehrmals täglich fahren Ausflugsboote zur Île de Bendor, die dem Pastis-König Paul Ricard gehört.

Kultur / Sport:

Im Sommer finden zahlreiche kulturelle und sportliche Veranstaltungen statt, über die das Office du Tourisme direkt an der Hafenpromenade informiert.

Der Club Société Nautique de Bandol (Tel. 04 94 29 42 26) nimmt großen Einfluß auf den Wassersport im Bereich Bandol, veranstaltet Regatten und bildet Schüler in verschiedenen Wassersportdisziplinen aus. In dem großen, architektonisch interessanten Clubhaus im NE des Hafens befinden sich neben den Clubräumen eine Bar und ein Schnellrestaurant.

Vom Port de Bandol führt zunächst der Kurs nach S zum Pointe de La Cride, der in sicherem Abstand außerhalb des Seezeichens La Cride gerundet wird. Auf E-Kurs geht es dann am Pointe du Bau Rouge vorbei in die Baie de Sanary zum Hafeneingang von

Port de Sanary-sur-Mer
43° 06,9' N | 005° 48,1' E

Der öffentliche Naturhafen Port de Sanary-sur-Mer liegt im N der Baie de Sanary und bietet guten Schutz gegen alle Winde für etwa 20 Gastlieger. Nur im Winter bei SE-Winden ist der Hafen äußerst unruhig. Er liegt mitten in einem malerischen Ort und verfügt über viele Einrichtungen für Yachten. Der Hafen ist an einigen Stellen weniger als 2,5 m tief. Er wird von Fischern, Ausflugsbooten und Yachten benutzt.

Port de Sanary-sur-Mer

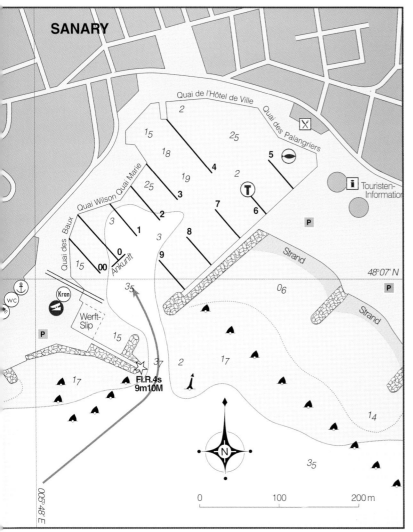

SANARY

Quai de l'Hôtel de Ville

Quai des Palangriers

Quai Wilson Quai Marie

Quai des Baux

15 18 19 25 15

2 25 4 2 3 7 2 5 6 8 3 1 3 2 9 3 00 0

15 Ankunft

35

Werft-Slip 15 37 2 17 35

Kran

wc

P

T

i Touristen-Information

P 48°07'N

Strand 06 Strand

P

14 35

Fl.R.4s 9m10M

17 17

005°48'E

N

0   100   200 m

Ansteuerung:

Von W kommend wird tagsüber der Pointe de la Cride mit dem gemauerten W-Kardinalzeichen in sicherem Abstand passiert. Auch die rötlich-braune Landzunge Pointe de Bau Rouge bleibt an Bb. Der Kurs wird beibehalten, bis Sanary schließlich auf Nordkurs angesteuert wird. Dabei wird auf den Kirchturm des nun gut sichtbaren Ortes zugehalten.

Erst in der Nähe kann auf der Hafenmole ein weißer, oben rot gekennzeichneter, befeuerter Turm ausgemacht werden (Fl.R. 4s 9m10M). Kurz vor der Einfahrt

fällt eine grüne Tonne auf, die unbedingt an Stb. liegenbleiben muß, weil die Wassertiefe dahinter abrupt abnimmt.

Von E kommend sollte tagsüber

- bei ruhiger See, und wenn die Karte D 483 zur Hand ist, die Passage zwischen der Île des Embiez und der Île de Grand Rouveau genutzt werden. Auf einem Kurs von 22° wird auf das N-Kardinalzeichen La Casserlane zugehalten. Dabei wird die kleine Felseninsel La Cauvelle im Abstand von ca. 100 m an Stb., und der Felsen La Clappasude im Abstand von ca. 180 m an Bb. liegen gelassen. Bis die Riffs an Bb. klar achtertaus liegen, muß ständig nach Untiefen Ausschau gehalten werden.

- bei Seegang das Riff Sèches des Magnons – kenntlich an der Ruine eines runden, steinernen, ehemaligen W-Kardinalzeichens – im Westen der Île du Grand-Rouveau in weitem Abstand gerundet werden. Nach einer weiteren halben Meile auf S-Kurs kann auf einem NE-Kurs Sanary angesteuert werden, wobei die Rochers des Magnons an Stb. liegen gelassen werden.

In der Nähe der Hafeneinfahrt fährt man wie oben beschrieben weiter.

Nachts ist die Einfahrt schwer zu finden, weit draußen in der Bucht liegt eine unbefeuerte gelbe Tonne. Aus den beiden oben beschriebenen Richtungen kommend helfen Kreuzpeilungen auf das Sektoren-Feuer von Bandol (Oc(4).RWR. 12s 10M), das Feuer auf der Île du Grand-Rouveau (Oc(2). 6s 15M), das schwache Sektoren-Feuer von Le Brusc (Oc(3).RWR. 12s) und das Hafenfeuer von Sanary (Fl.R).

Eine große Hilfe ist die Verwendung von Loran C bzw. GPS mit Wegepunktnavigation. Gute Seeleute verlassen sich jedoch nicht allein auf die Bordelektronik, sondern nutzen jede sich bietende Möglichkeit zur Standortbestimmung.

Hafengebote: Im Hafen ist die Geschwindigkeit auf 3 kn begrenzt. Gäste machen am Ankunftssteg fest

und lassen sich einen Platz vom Hafenmeister zuweisen. Bis zu 6 Stunden kann gebührenfrei festgemacht werden.
Hafenmeister: M. P. Vienot, M. D. Bernard,
Tel. 04 94 72 20 95, Fax 04 94 88 12 04, VHF Kanal 9.
Dienstzeiten von 8 – 12 h und von 14 – 19 h,
in der Vorsaison von 8 – 12 h und von 14 – 18 h.
Wetterinformationen: Täglich neuer Météo an der Capitainerie.

Hafenservice:

Der Hafen bietet 650 Plätze für Boote bis 20 m Länge an den Kais und den Stegen mit Wasser, Strom (220 V, 2,2 kW) und Mooringleinen. WCs und Duschen sind neben der Capitainerie eingerichtet, Kartentelefone über den Hafen verteilt. Die Tankstelle am Steg 6 (Tel. 04 94 74 20 95) ist in der Saison von 8.30 – 11.30 h und von 14.30 – 18.30 h besetzt. Ein 7-t-Kran und ein 100-t-Slip gehören zu einer Werft im Hafen, in deren Nähe auch das Winterlager liegt. Im Ort gibt es eine Münzwäscherei, einen Angelausrüster, mehrere Yachtausrüster und Werkstätten. Es können fast alle Reparaturen ausgeführt werden.

Versorgung:

Sanary bietet alle Einkaufsmöglichkeiten. Restaurants, Bistros und Cafés sind rund um den Hafen verteilt.

Landgang:

Sanary, früher gleichzeitig Marktflecken und Fischerdorf, ist heute ein beliebter Urlaubsort, der mit seinen verwinkelten Gassen zum Bummeln einlädt. Der Ort hat trotz seines regen Tourismus seinen Charme behalten. Ein Rundgang durch die Straßen um den palmengesäumten Hafen führt an vielen Sehenswürdigkeiten aus alter und neuer Zeit vorbei. Ausflugsboote verkehren mehrmals täglich zur Île des Embiez.

Sehenswürdigkeiten:

Von den zahlreichen Sehenswürdigkeiten sei der Tour Roman erwähnt, der um 1300 den Ort wehrhaft machte, das ehrwürdige Hotel de Ville und daneben die auf geschichtlicher Stätte 1568 errichtete, später mehrfach ergänzte Stiftskirche Saint-Pierre. Bis heute werden die Reliquien des Saint-Nazaire dort aufbewahrt, der dem

Ort bis zur Revolution seinen Namen gab. Auch neuere Bauten, wie die nach der Sprengung durch die deutsche Wehrmacht wiederaufgebaute Villa der Familie Mann, sind zu besichtigen.

Kultur:

Sanary war vor und am Anfang des zweiten Weltkrieges Zufuchtsort verfolgter deutscher Intellektueller. Viele Schriftsteller konnten hier ihr Schaffen fortsetzen, bis durch das Petin-Regime die Internierung drohte, denen sich einige durch die Flucht in die USA entziehen konnten. Thomas Mann und seine Familie, Lion Feuchtwanger, Ernst Bloch, Arthur Koestler, Franz Werfel, Alma Mahler und viele andere fanden hier eine Zeitlang Zuflucht.

Sport:

In Sanary sind der Club Groupement Nautique des Plaisanciers de Sanary und ein Tauchzentrum Centre de Plongée ansässig.

Ankern:

Bei gutem Wetter ist das Ankern auf der Rade de Sanary möglich. Dabei sind die gelben Bojen zu beachten, die den Badebereich kennzeichnen.

Eine gute Seemeile nördlich von Sanary-sur-Mer ist der Pointe Nègre zu passieren. Ein paar hundert Meter dahinter öffnet sich die Hafeneinfahrt von

Port de la Coudoulière / Six-Fours-les-Plages
43° 05,8' N | 005° 48,7' E

Der Port de la Coudoulière ist ein kleiner, meist mit örtlichen Booten belegter, ehemaliger Fabrikhafen, der Gastyachten kaum Plätze anbietet. Er ist sehr gut gegen die hier vorherrschenden Winde geschützt. Die Wasserticfe nimmt von 2,5 m in der Einfahrt auf 2 – 1 m im Hafenbecken ab.

Ansteuerung:

Der Hafen liegt etwa 0,5 sm SE des Pointe Nègre und ist von weitem schwer auszumachen. Auf E-Kurs wird die nach S gerichtete Schutzmole angesteuert, mit

Port de la Coudoulière

sicherem Abstand umrundet und die nach S geöffnete 40 m breite Hafeneinfahrt passiert. Die W-Mole ist befeuert (Fl(3).R. 12s 9m 6M). Die Wassertiefe am Kai beträgt knapp 1 m. Es gibt keine Stege. Die Einfahrt ist bei jedem Wetter einfach, außer bei starken Winden aus NW.

Hafengebote: Gäste suchen sich eine freie Mooringboje und fahren mit dem Beiboot zum Hafenmeister, um sich anzumelden. Boote mit wenig Tiefgang können am Kai oder am Pier hinter der W-Mole anlegen.
Hafenmeister: M. Comes Claude, Tel. 04 94 34 80 34, VHF Kanal 9.
Dienstzeiten: in der Vorsaison von 8.00 – 12.00 h und von 13.30 – 17.00 h, außer dienstags und samstags vormittags und sonntags. In der Saison von 9.00 – 12.00 h und von 14.00 – 17.00 h täglich.

Wetterinformationen: Täglich neuer Météo an der Capitainerie.

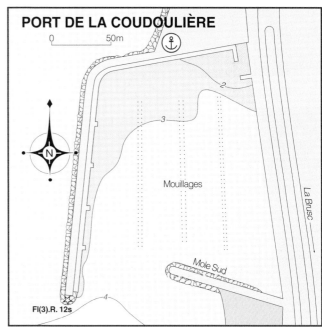

Hafenservice:

Der Hafen verfügt über etwa 450 Plätze für Boote bis 8,60 m an Mooringbojen und am Ostkai; am Pier hinter der W-Mole für flachgehende Boote. Wasser und Strom (220 Volt, 2 kW) sind am Kai vorhanden, Sanitäreinrichtungen (behindertengerecht) befinden sich in der Capitainerie. Im Hafengelände gibt es ein Kartentelefon. Ein mobiler 6,5-t-Kran und ein kleines Winterlager stehen zur Verfügung. Kleine Reparaturen können hier durchgeführt werden.

Versorgung:

Im etwas entfernten Ort kann das Notwendigste eingekauft werden. Im Sommer öffnet ein Imbiß in der Nähe des Hafens.

Ankern:

In der Bucht vor dem Hafen kann auf sandigem, mit Gras bewachsenem Grund geschützt gegen östliche Winde auf 3 – 6 m Wassertiefe geankert werden.

Nur flachgehende Boote finden Platz im nahen

Port du Brusc 43° 04,6' N | 005° 48,2' E

Der Anleger dieses von einer Mole geschützten kleinen, flachen Yacht- und Fährhafens ist ausschließlich den Ausflugsbooten und Fähren zur Île des Embiez vorbehalten. Im Hafeneingang beträgt die Wassertiefe noch 2 m, nimmt aber dahinter schnell auf 1,5 – 0,5 m ab. Viele einheimische Boote liegen an Mooringtonnen hinter einem vorgelagertem Wellenbrecher, die meisten im Hafen an Mooringleinen. Der Hafen selbst ist überfüllt, es gibt keine Gastplätze.

Ansteuerung:

Die Ansteuerung auf einem Kurs von 161° auf den roten Turm des Hafenfeuers zu ist selbst bei ruhigem Wasser wegen der Untiefen und der schmalen, nur dürftig gekennzeichneten Fahrrinne schwierig. Obwohl nachts auf dem Wellenbrecher (Iso.G. 4s 6M) und auf

Port de la Coudoulière

Rade de Brusc

Îles des Embiez

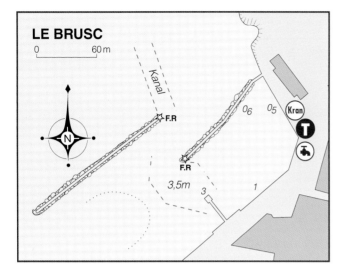

LE BRUSC

0   60 m

der Hafenmole (Oc(3).RW.12s9m/M) Feuer brennen, bleibt die Einfahrt für Ortsfremde, selbst wenn sie sich im weißen Sektor (156°–166°) des Hafenfeuers halten, gefährlich. Der Hafen ist bei Mistral sehr unruhig.
Hafengebote: Im Hafen darf nicht geankert werden.
Hafenmeister: Am Quai Saint-Pierre,
Tel. 04 94 34 03 96, Dienstzeiten von 9 – 12 h.

Hafenservice:
Der Hafen ist mit etwa 650 einheimischen Booten voll belegt. Öffentliche WCs und Duschen befinden sich am Pier. Außer einer Tankstelle, einigen Stroman- schlüssen und Zapfstellen für Wasser und einem klei- nen Kran für flachgehende Boote gibt es kaum Einrich- tungen und Reparaturmöglichkeiten.

Versorgung:
Restaurants und Bars öffnen in Le Brusc fast nur im Sommer. Im Restaurant Saint-Pierre Marcel (Tel. 04 94 34 02 52) kann man unter freiem Himmel hervorragen- de Fischgerichte und Meeresfrüchte genießen.
Geschäfte für Lebensmittel und Getränke befinden sich in Le Brusc.

Ankern:
Das Ankern auf der gegen südliche bis östliche Winde geschützten Rade du Brusc ist möglich, die Wassertie- fe nimmt zum Ufer hin jedoch abrupt auf 1 – 0,5 m ab.

Nicht ganz einfach ist die Ansteuerung des

Port des Embiez 43° 94,8' N | 005° 47,0' E

Der Port des Embiez ist ein gegen alle Winde gut ge- schützter, privater Yachthafen mit den Hafenbecken Port Saint-Pierre im W und Port des Jeunes im E. Die Insel gehört teilweise dem Pastis-Hersteller Paul Ri- card. Im Port Saint-Pierre, der einige Einrichtungen für Yachten bietet, werden 25 Gastplätze bereitgehalten. Der Hafen ist bis auf wenige Stellen über 2 m tief und kann Boote bis 35 m Länge aufnehmen. Wegen der vielen Inseln, Felsen und Riffe in seiner Umgebung ist der Hafen mit besonderer Vorsicht anzusteuern, bei starkem Mistral wird die Einfahrt sehr schwierig.

Ansteuerung:
Von W kommend wird tagsüber der Pointe de la Cride mit dem gemauertem W-Kardinalzeichen in sicherem Abstand gerundet, dann Kurs auf das N-Kardinalzei- chen La Casserlane genommen. Der viereckige, weiße Turm auf der Île du Grand-Rouveau bildet eine weit sichtbare Ansteuerungshilfe.
Nach dem Passieren von La Casserlane wird auf das nächste Einzelgefahrenzeichen, den gemauerten Turm Le Petit Canoguir im SE der Île des Embiez, zugehal- ten, bis in das mit Tonnen gekennzeichnete Fahrwas- ser der Hafenzufahrt eingebogen werden kann. Der Tonnenstrich an Bb. ist besonders zu beachten, außer- halb nimmt die Wassertiefe abrupt ab. Die Einfahrt zum Becken Saint-Pierre öffnet sich nach W und ist 43 m breit. Im Sommer ist der rege Fährverkehr zu beach- ten.

Von E kommend sollte tagsüber
* bei ruhiger See, und wenn die Karte D 483 zur Hand ist, die Passage zwischen der Île des Embiez und der Île de Grand Rouveau befahren werden. Auf ei- nem Kurs von 20 – 22° wird das N-Kardinalzeichen La Casserlane angesteuert. Dabei wird die kleine Felseninsel La Cauvelle im Abstand von ca. 100 m an Stb., und der Felsen La Clappasude im Abstand von ca. 180 m an Bb. liegen gelassen. Bis die Riffs an Bb. klar achteraus liegen, muß ständig nach Un- tiefen Ausschau gehalten werden.

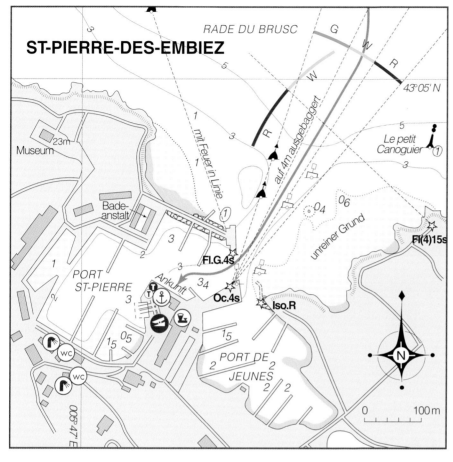

ST-PIERRE-DES-EMBIEZ

RADE DU BRUSC

43°05' N

Museum

23m

Bade-
anstalt

PORT
ST-PIERRE

Ankunft

Fl.G.4s

Oc.4s

Iso.R

PORT DE
JEUNES

WC

WC

Le petit
Canoguier

Fl(4)15s

unreiner Grund

mit Feuer in Line

auf 4m ausgebaggert

0   100 m

N

• bei Seegang das Riff Sèches des Magnons – kenntlich an der Ruine eines steinernen, ehemaligen W-Kardinalzeichens – im Westen der Île du Grand-Rouveau in weitem Abstand gerundet werden. Nach einer weiteren Seemeile kann auf S-Kurs das gemauerte N-Kardinalzeichen La Casserlane angesteuert werden.

Nachts bietet das weit sichtbare Feuer der Île du Grand-Rouveau (Oc(2). 6s 45m 15M) eine gute Orientierung.

Von W kommend läßt man nachts dieses Feuer etwa 1 sm an Stb., läuft auf E-Kurs weiter, bis man in den weißen Sektor des Feuers (Fl(4).RWR. 15s) auf dem Pointe du Canoubié gelangt und darauf zuhält (s. Abb. S. 92).

Im weißen Sektor des Feuers auf der Môle des Cargos (Oc.WRG. 4s9/7M) steuert man dann in den Hafen, wobei das Molenfeuer (Fl.G. 4s) vom Port Saint Pierre und das Molenfeuer (Iso.R) vom Port des Jeunes die Einfahrten zu den beiden Hafenbecken kennzeichnen.

Von E kommend sollte nachts das Feuer auf der Île du Grand-Rouveau im Mindestabstand von 1 sm umrundet werden. Dann wird E-Kurs gesteuert, bis im weißen Sektor des Feuers (Fl(4).RWR.15s) auf den Pointe du Canoubié zugehalten werden kann.
Die oben beschriebene, klassische Navigation läßt sich trefflich

La Casserlane

Passage

Île des Embiez

Île du Grand Roveau

La Cauvelle

Sèche de Magnons

La Casserlane

Île du Grand Roveau

La Cauvelle

E-Ansteuerung

und Getränke in guter Auswahl. Auf der Insel gibt es ein Wechselbüro und eine Postnebenstelle. Restaurants aller Preisklassen sind im Hafenbereich verteilt.

Landgang:

Im Sommer kann mit dem Inselbähnchen eine Rundfahrt unternommen oder mit einem Aquascope die Unterwasserwelt beobachten werden.
Die Insel verführt zu Wanderungen durch eine herrliche Landschaft, die zum Teil unter Naturschutz steht.
Ein kleiner Sandstrand vor dem Hafen lädt zum Sonnen und Baden ein.

Sehenswürdigkeiten:

Die Ricard-Stiftung für Ozeanographie im N der Insel, ihr sind ein Museum und ein Aquarium angeschlossen.

Ankern:

Bei gutem Wetter ankern viele Yachten im klaren, 4 – 10 m tiefem Wasser nördlich der Île de Grand Roveau auf sandigem, grasbewachsenen, gut haltendem Grund.
Aber auch die Rade des Embiez ist im Sommer beliebter Ankerplatz vieler Motor- und Segelboote.

durch eine Wegepunktnavigation mit Loran C bzw. GPS unterstützen. Gute Seeleute verlassen sich jedoch nicht allein auf die Bordelektronik, sondern nutzen jede sich bietende Möglichkeit zur Standortbestimmung.
Hafengebote: Die üblichen Bestimmungen. Auf der Insel sind weder Hunde noch Katzen erlaubt.
Hafenmeister: M. J. Mouton, M. Lohrmann,
Tel. 04 94 34 07 51, Fax 04 94 74 92 96, VHF Kanal 9.
Dienstzeiten täglich 24 Std. Wetterinformationen: Täglicher Météo an der Capitainerie.

Hafenservice:

Der Hafen verfügt über 650 Liegeplätze für Boote bis 35 m Länge, die, an Stegen oder am Kai, mit Mooringleinen, Wasser- und Stromanschlüssen ausgestattet sind. Mehrere Sanitäreinrichtungen, Kartentelefone und eine Automatenwäscherei sind im Hafenbereich zu finden. Die Tankstelle neben der Capitainerie ist während der Saison von 8 – 19.30 h geöffnet. Es gibt ein Winterlager mit einem 30-t-Mobilkran, mehrere Slips, einen Yachtausrüster und einige Werkstätten, mit deren Hilfe die meisten Reparaturen ausgeführt werden können.

Versorgung:

Ein Supermarkt im Gebäude zwischen den beiden Hafenbecken, der über Mittag schließt, führt Lebensmittel

Port Saint-Pierre

III. Cap Sicié bis Pointe Escampobariou

Seekarten F CG 504, CG 503, F 5325, 6767, 6882, 7091, 7407, D 304, 483, 595, 596

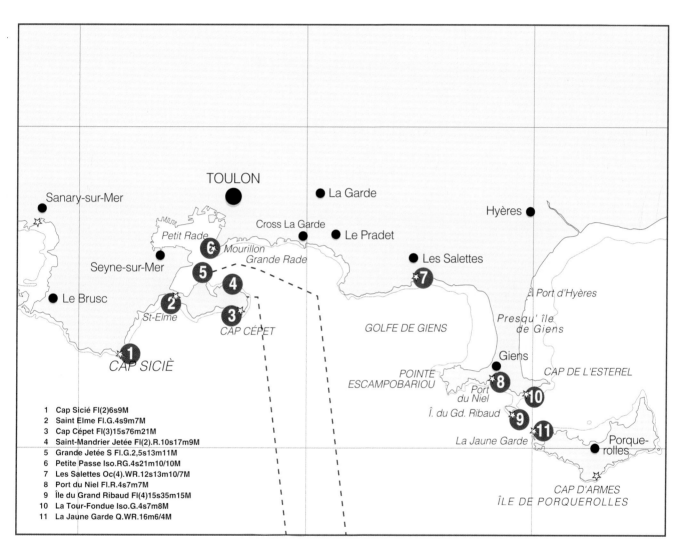

1 Cap Sicié Fl(2)6s9M
2 Saint Elme Fl.G.4s9m7M
3 Cap Cépet Fl(3)15s76m21M
4 Saint-Mandrier Jetée Fl(2).R.10s17m9M
5 Grande Jetée S Fl.G.2,5s13m11M
6 Petite Passe Iso.RG.4s21m10/10M
7 Les Salettes Oc(4).WR.12s13m10/7M
8 Port du Niel Fl.R.4s7m7M
9 Île du Grand Ribaud Fl(4)15s35m15M
10 La Tour-Fondue Iso.G.4s7m8M
11 La Jaune Garde Q.WR.16m6/4M

Den hohen, felsigen Bergen des weit sichtbaren Cap Sicié mit den vorgelagerten Rochers des Deux Frères im SE schließt sich die Baie des Sablettes an. Die dahinterliegende, dicht bewaldete Presqu'île Saint Mandrier wird im Osten durch das Cap Cépet begrenzt. Beim Runden des Caps müssen große, zum Teil unbe-

leuchtete, Mooringtonnen beachtet werden. Durch die lange Steinmole Grande Jetée wird die Petite Rade de Toulon – ein weitgehend militärisches Gebiet – gegen Seegang aus E geschützt. Es gibt zwei Zufahrten zur Petite Rade, die schmale, 4 m tiefe Passage de Pipady im Norden und die breite, bei jedem Wetter passierba-

Cap Sicié

Les Deux-Frères

re Grande Passe im Süden. Östlich vom Port Saint-Louis de Mourillon wurde die Küste künstlich umgestaltet und die Strände Plages Artificielles du Lido et de la Source geschaffen, angeschwemmte und durch Buhnen geschützte Erholungsgebiete für die Bevölkerung von Toulon. Weiter im Osten wird die Grande Rade de Toulon vom Cap Carqueiranne abgeschlossen. Etwa in der Mitte der Grande Rade liegt, dicht beim Cap Brun, das auffällige Fort du Cap Brun, Sitz der Seepräfektur in diesem unzugänglichen militärischen Sperrgebiet. Etwas weiter östlich zeugt ein Funkmast von den Aktivitäten der C.R.O.S.S. La Garde, die hier ihren Sitz hat. In der Nähe ist das Ankern wegen einer mit gelben Bojen gekennzeichneten Abwasserleitung verboten.

Hinter dem Cap de Carqueiranne folgt eine Steilküste mit vielen vorgelagerten, zum Teil unter der Wasseroberfläche liegenden Felsbrocken. Noch weiter östlich

schließt sich der von der Presqu'île Giens eingerahmte Golfe de Giens an, der an seiner Ostküste nur geringe Wassertiefen aufweist. Der Pointe Escampobariou ist der südwestliche bewaldete, bergige Ausläufer der Presqu'île Giens.

In der Grande Rade de Toulon ist ein Verkehrstrennungsgebiet ausgewiesen, und in der Petite Rade de Toulon müssen die militärischen Sperrgebiete beachtet werden. Außerdem muß in der Grande Rade in der heißen Jahreszeit mit Löschflugzeugen gerechnet werden. Schließlich müssen viele örtliche Beschränkungen beachtet werden: Ankern, Fischen und Tauchen sind häufig untersagt.

Der vorherrschende Wind im Sommer ist hier eine auflandige Seebrise, die vormittags einsetzt, später auf 3 bis 4 Bft. auffrischt und zum Abend wieder einschläft. Der Mistral kann aus NW – W stürmisch blasen, er-

Cap Cépet, im Hintergrund Toulon mit der Petite und Grande Rade

Petite Rade
Toulon
Grande Rade
Presqu'île Saint-Mandrier

reicht aber nicht die Windstärken, die zur gleichen Zeit im Golfe du Lion herrschen. Stürme aus nordöstlichen und südlichen Richtungen sind selten, wobei starke, länger anhaltende Winde aus südlichen Richtungen

schweren Seegang aufbauen, der das Einlaufen in manche Häfen erschwert oder sogar unmöglich macht. Frische Winde können in der Petite Passe merkliche Strömung verursachen.

Wichtige Leuchtfeuer:

Cap Sicié	43° 02,9' N I 005° 51,6' E Fl(2). 6s 47m10M
Cap Cépet	43° 04,2' N I 005° 56,8' E Fl(3). 15s 76m21M
Grande Jetée Sud	43° 05,4' N I 005° 55,5' E Fl.G. 2,5s 13m11M
Petite Passe	43° 06,1' N I 005° 55,6' E Iso.RG. 4s 21m10/10M
Les Salettes	43° 05,2' N - 006° 04,8' E Oc(4).WR. 12s 13m10/7M

Cap Sicié mit dem Phare

Unter der Voraussetzung, daß das Boot wenig Tiefgang hat, läuft man von Cap Sicié kommend auf NE-Kurs in die Anse de Sablettes ein zum

Port de Saint-Elme / Les Sablettes
43° 04,5' N | 005° 54,0' E

Saint-Elme ist ein winziger Hafen für flachgehende Boote bis 7 m Länge. Er ist von Fischerbooten und lokalen Yachten belegt und bietet nur drei Gastplätze. Eine Nordmole und eine 100 m lange Westmole bilden mit einer Südmole zwei Becken, getrennt durch eine breite Landzunge. Die Wassertiefe im nördlichen Hafenbecken nimmt von 2 m im Hafeneingang auf weniger als 1 m am Kai ab. Bei Mistral kann die Nordmole den Schwell nicht ganz abhalten.

Ansteuerung:
Saint Elme liegt im NE der Anse des Sablettes, die Zufahrt ist erst aus der Nähe zu erkennen. Sie ist durch gelbe Bojen markiert, die gleichzeitig den Badebereich anzeigen. Auf der Westmole brennt nachts ein Feuer auf einem Gittermast (Fl.G. 4s 9m 7M).
Hafengebote: Besucher machen am Quai Pierre fest und lassen sich einen Liegeplatz zuweisen.
Hafenmeister: M. Curruti, Tel. 04 09 87 68 82,
VHF Kanal 9.

Hafenservice:
Der Hafen im Nordbecken bietet 110 Liegeplätze. Wasser, Strom, 2 WCs und ein Kartentelefon stehen am Kai zur Verfügung. Es gibt eine Reihe von Mooringplätzen, einen 5-t-Kran und ein Winterlager. Dort können

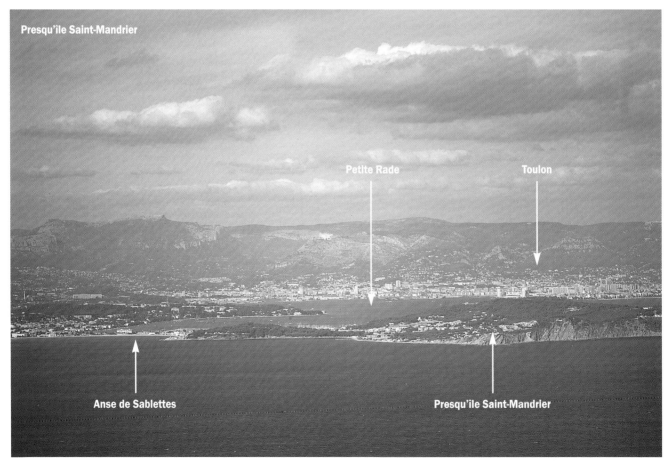

Presqu'île Saint-Mandrier

Petite Rade

Toulon

Anse de Sablettes

Presqu'île Saint-Mandrier

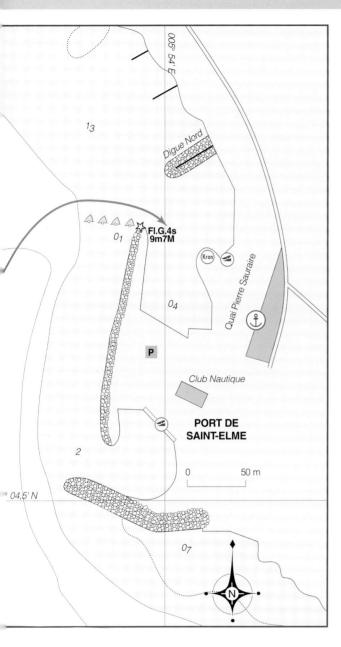

nen in Hafennähe und natürlich im Ort einige Restaurants.

Landgang:

Ein Bummel durch den Ort und zum Strand bietet sich an.

Sport: Societé Nautique de Saint-Elme hat ein Clubhaus, das das ganze Jahr über geöffnet ist.

Ankern:

Bei ruhigem Wetter ist das Ankern in der **Anse des Sablettes** auf sandigem, grasbewachsenem Grund möglich. In der kleinen Bucht unterhalb der Batterie de la Verne ist das Ankern verboten.

Ungefähr 1,2 sm entfernt liegt die gut gegen Mistral geschützte **Calanque de Fabregas**, die sich ebenfalls zum Ankern anbietet. Die Ankerplätze liegen außerhalb einer Zufahrt für Wasserskiboote, die tagsüber durch ihre Aktivitäten Schwell mit sich bringen.

In der Bucht gibt es einen kleinen Anleger, der das Anlegen mit dem Beiboot zum Besuch des Restaurants erleichtert.

Yachten über 10 m laufen von Cap Sicié kommend auf ENE-Kurs direkt auf Cap Cépet zu, das in ausreichendem Abstand wegen eines Sperrgebietes gerundet wird.

Unter entsprechender Umsicht wird in das durch befeuerte Tonnen gekennzeichnete Fahrwasser des Verkehrstrennungsgebietes in Richtung auf die Grande Passe eingesteuert, die zu jeder Zeit und bei jedem Wetter sicher erreicht werden kann.

Auch in der Petite Rade de Toulon ist das Fahrwasser betonnt und führt in nördlicher Richtung zur

Darse Vieille de Toulon
43° 07,0' N | 005° 55,8' E
Darse Nord du Mourillon de Toulon
43° 06,9' N | 005° 55,9' E

Toulon ist Frankreichs zweitgrößter Marinestützpunkt, daher sind einige Bereiche der Petite Rade de Toulon als militärisches Gebiet gekennzeichnet und für den zivilen Verkehr gesperrt. Die frei zugänglichen Gebiete

kleine Reparaturen ausgeführt werden. Ein breiter Slip am Winterlager führt ins flache Südbecken.

Versorgung:

Ganz ordentliche Einkaufsmöglichkeiten, Banken und eine Post befinden sich im nahen Ort. Im Sommer öff-

sind aber gut betonnt, die Zufahrt zum Anleger für Sportboote im Herzen der Stadt – in der Darse Vieille – ist tags wie nachts einfach zu finden. Dieses Hafenbecken für Yachten, Fischer- und Ausflugsboote ist fast überall mehr als 5 m tief und gegen alle Winde gut geschützt. Es bietet etwa 60 Gastplätze mit allen Einrichtungen für Yachten bis 40 m Länge. Das Hafenbecken Darse Nord du Mourillon wird am Quai Fournel und am Quai de la Corse von großen Fähren angelaufen und beherbergt, außerdem Fischerboote, Boote von Tauchclubs und einheimische Yachten. Dort haben auch die Société de Régates und die Société Méditerranée Plaisance ihren Sitz und ihre Clubhäuser. Hier

gibt es nur wenige Gastplätze. Am Quai Minerve zwischen beiden Hafenbecken werden die Autofähren be- und entladen.

Ansteuerung:

Von See kommend stehen zwei Zufahrten durch die Grande Rade de Toulon zur Wahl: die Grande Passe im Süden (43° 05,4' N I 005° 55,5' E) und die Petite Passe im Norden (43° 06,1' N I 005° 55,6' E).

- Zur Grande Passe führt ein Verkehrstrennungsgebiet, das mit einer grünen Tonne (Fl(2).G.6s) für die Einfahrt, mit einer roten Tonne (Fl.R) für die Ausfahrt und mit einer gelben Tonne (Fl(3).Y.12s) für die Trennung beider Fahrwasser gekennzeichnet ist. Nachts hält man auf das südliche Feuer der Grande Jetée (Fl.G.2,5s13m11M 186° – 165°) zu, das im sicheren Abstand gerundet werden sollte, um dann auf die grüne, befeuerte Fahrwassertonne BA (Fl.G.4s) mit einem Kurs von 340° zuzusteuern. Nach dem Runden dieser Tonne geht es mit einem Kurs von 22° auf die nachts befeuerte Hafeneinfahrt der Darse Vieille (Q.G und Q.R) zu und an der Einfahrt zur Darse Nord du Mourillon (Iso.G.4s) und (Oc(2).R.6s) vorbei. Tagsüber können die Hochhäuser an der Darse Vieille als Ansteuerungsmarke dienen.

- Die Petite Passe – auch Passe de Pipady genannt – wird im sicheren Abstand von der Küste auf einem Kurs von 270° angelaufen, was nachts durch den grünen Sektor des Feuers unterstützt wird (Iso.RG. 4s 21m 10M 266°-G-275°-R-294°-G-145°). Nach dem Passieren der Durchfahrt sind Gefahrentonnen zu beachten, die westlich bis südwestlich ca. 250 m hinter der Passage liegen. Sie markieren die Banc de l'Âne. Ein westlicher Kurs von 285° muß hinter der Passage noch solange eingehalten werden, bis die befeuerte W-Kardinaltonne (VQ(9)10s) dieser Untiefe im Norden klar querab liegt, erst dann kann auf die nachts befeuerte Hafeneinfahrt der Darse Vieille (Q.G und Q.R) mit einem Kurs von 15° zugehalten werden. Tagsüber können die dicht gedrängten Hochhäuser an der Darse Vieille als Ansteuerungsmarke dienen. Bei starken SE-Winden steht unangenehmer Schwell in die Durchfahrt. Auch die durch Wind verursachte Strömung muß beachtet werden. Unter diesen Umständen und auch nachts ist die Passe Grande vorzuziehen.

Hafengebote: Die Geschwindigkeit in den Hafenbecken ist auf 4 kn begrenzt. Festgemacht wird zunächst an Stb. hinter der Einfahrt in der Nähe der

Tankstelle am Quai du Petit Rang. Sehr große Yachten machen am Quai d'Honneur fest. Der gesamte Westteil der Darse Vieille ist dem Club de la Marine Nationale vorbehalten.

Sowohl auf der Petite Rade als auch auf der Grande Rade genießt die Marine grundsätzlich Wegerecht. Auf der Petite Rade müssen Segler der Marine *und* der Berufsschiffahrt ausweichen.

Hafenmeister: C. Curdy und P. Rolland, Tel. 04 94 42 27 65, Fax 04 94 22 80 81, VHF Kanal 9. Dienstzeiten von 8 – 13 und von 14 – 19 h, in der Vorsaison von 8 – 12 und von 14-18 h, sonntags geschlossen. Wetterinformationen: Täglich neuer Météo an der Capitainerie oder über VHF Toulon Kanal 24 und 26.

Hafenservice:

Der Hafen bietet 1300 Yachten bis 40 m Länge Platz mit allen Einrichtungen. Man liegt an Mooringleinen und hat an allen Plätzen Wasser und Strom (220, 380 V). Abfallbehälter, Sanitäreinrichtungen mit Duschen und WCs sowie ein Kartentelefon sind am Kai neben der Capitainerie zu finden. Die Tankstelle (Tel. 04 94 03 43 15) öffnet von 8 – 20 h, in der Vorsaison von 9 – 12 und von 14 – 18 h. Ein kleines Winterlager mit 10-t-Kran, Schiffsausrüster und Reparaturmöglichkeiten für Motoren und Segel befinden sich in der Nähe. Am Quai Stalingrad gibt es weitere Schiffsausrüster und Reparaturwerkstätten. In der Darse Nord du Mourillon gibt es einen großen Travellift, einen Angel- und einen Tauchausrüster.

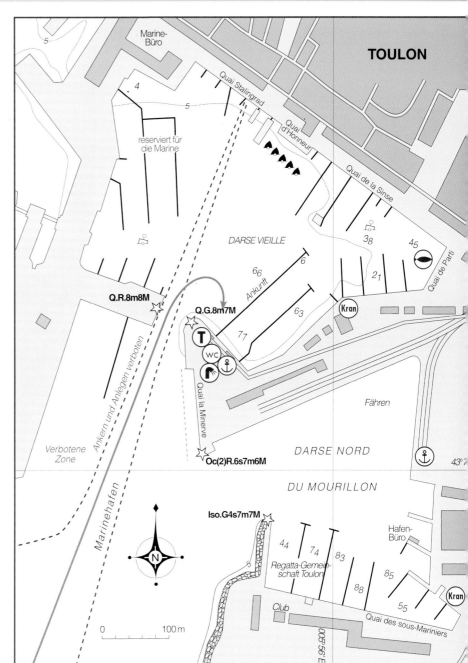

Versorgung:

Toulon bietet in Geschäften, Supermärkten und auf dem Marché du Cours Lafayette – dem wohl größten

Toulon, Fischer-, Yacht- und Fährhafen

Marché du Cours Lafayette

Wochenmarkt der Region (am Vormittag) – alle Einkaufsmöglichkeiten in unmittelbarer Nähe des Hafens. Am Quai de Parti wird am frühen Morgen frisch gefangener Fisch verkauft. Auch Banken und eine Post findet man in der Stadt. Restaurants, Cafés und Boutiquen laden überall am Quai Stalingrad zum Bummeln und Verweilen ein.

Landgang:

Toulon hatte wegen seiner geschützten Lage schon früh eine große Bedeutung als Kriegshafen. Zur Römerzeit war der Ort Telo Martius auch durch seine Schneckenzucht bekannt, die den Farbstoff Purpur lieferte, der den Königen vorbehalten war. Im 17. und 18. Jahrhundert war Toulon königlicher Galeerenhafen. Napoleon errang hier seinen ersten militärischen Sieg

gegen die Engländer. Toulon war Flottenstützpunkt der französischen Marine und hat im 2. Weltkrieg große Zerstörungen der Altstadt hinnehmen müssen, so daß heute nur wenige alte Bauwerke das Gesicht der Stadt prägen. Inzwischen hat Toulon große Bedeutung als Fähr- und Handelshafen gewonnen.

Von den Gastliegeplätzen im Darse Vieille führt der Weg zum Stadt- und Einkaufsbummel über den Quai Stalingrad mit seinen Restaurants, Cafés und Geschäften zur Fußgängerzone der Rue d'Alger, von dort zur Opéra am Place Victor Hugo, wo Straßencafés zum Verweilen einladen. Vormittags sollte unbedingt Zeit für einen ausgedehnten Spaziergang über den Cours Lafayette eingeplant werden, einen farbenfrohen Marché Provencal mit verschwenderischem Angebot an

Toulon Stadtplan
1. Quai Stalingrad
2. Rue d'Alger
3. Opéra, Place Victor Hugot
4. Cours Lafayette
5. Cathédrale Sainte-Marie
6. Église St-Louis
7. Musée Naval
8. Hôtel de Ville

südländischen Früchten, Gemüsen und Meerestieren. Die Auswahl an Olivensorten ist unübertroffen. Der Marktbummel läßt sich gut mit einem Besuch der Cathédrale Sainte-Marie, deren Gründung aus dem 11. Jahrhundert stammt, verbinden.

Auch ein Besuch der Église St-Louis im klassizistischen Baustil des späten 18. Jahrhunderts ist empfehlenswert.

Den Freunden von Schiffahrtsmuseen bietet das Musée Naval, dessen Eingang von einem großen, von Säulen gestützten, prächtigen Tor gebildet wird, alte Schiffsmodelle und Galionsfiguren.

Touristik:

Vom Quai Stalingrad fahren regelmäßig Ausflugsboote zu den Îles d'Hyères, nach La Seyne-sur-Mer, Les Sablettes und St-Mandrier-sur-Mer.

Vom Anleger der großen Fähren im Darse Mourillon gibt es regelmäßige Verbindungen nach Korsika und Sardinien.

Sehenswürdigkeiten:

Vom Gipfel des 550 m hohen Mont Faron bietet sich eine unvergeßliche Aussicht auf Tou-

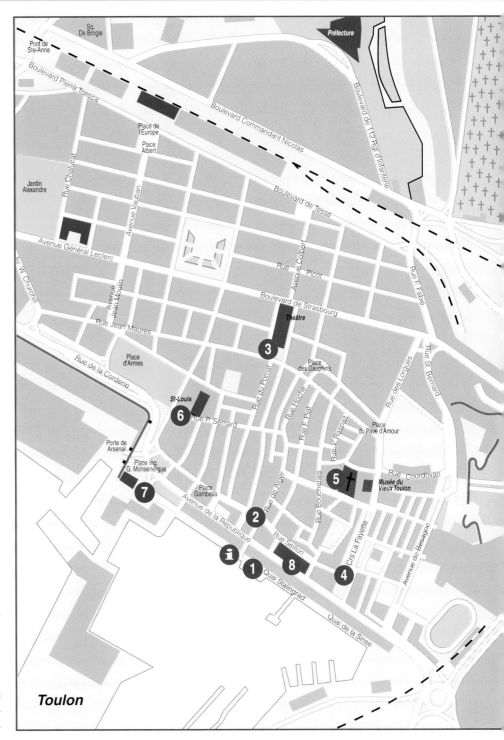

Toulon

Place Victor Hugo, Opéra

lon, die Petite und Grande Rade, die Presqu'île Saint-Mandrier, Bandol und das Cap Sicié . Mit dem Bus fährt man zum Boulevard Admiral de Vence, von wo aus eine Drahtseilbahn (an allen Tagen, außer montags, von 9 – 12 und von 14 –17 h) zum Mont Faron pendelt.

Sport:
Centre Muncipal de Voile 04 93 36 30 00
et Activités Nautiques
Fédération Varoise des Sociétés Nautiques
04 94 94 71 04
Société des Régates de Toulon 04 94 41 35 78
Société Nautique de Toulon 04 94 42 20 37
Yacht Club de Toulon 04 94 46 63 18

Im betonnten Fahrwasser wird die Petite Rade auf W-Kurs durchquert zum

Port Nautic und Port NavySurf
43° 06,8' N | 005° 53,3' E

Port Nautic und Port NavySurf sind trockene Häfen (Port à Sec), wenn der Beiname wörtlich übersetzt wird. Beides sind private Werfthäfen mit Winterlager für Sportboote im NW der Petite Rade de Toulon.

Ansteuerung:
Von der Grande Passe führt der Kurs mit 342° auf die grüne Fahrwassertonne BA (Fl.G.4s) auf der Höhe der Petite Passe zu. Der Kurs wird noch 0,35 sm beibehalten, danach wird auf Westkurs die E-Untiefentonne LS1 (Q(3)10s) angesteuert. Von dort auf N-Kurs zu den gelben Tonnen und an ihnen entlang, bis die Pontons von Port Nautic bzw. NavySurf zu sehen sind.

Hafenbüro von Port Nautic: M. Serrilet, Tel. 04 94 30 10 85, Fax 04 94 30 27 71, VHF Kanal 9.
Dienstzeiten von 8 – 12 h und von 14 – 19 h, in der von Vorsaison 9 – 12 und von 14 – 18 h.
Hafenbüro von Port NavySurf: M. Anguelidis,
Tel. 04 94 30 84 08, Fax 04 94 30 84 30.
Beide Winterlager liegen nebeneinander im Stadtteil Brégallion nicht weit von der Ortschaft La Seyne-sur-Mer an der Rue de Brégallion.

Hafenservice:
Der Hafen von Port Nautic hat 200 Liegeplätze für Boote bis 16 m am Kai und zusätzliche 30 Plätze an einem Ponton. Die Wassertiefe im Vorhafen beträgt 4 m, im Hafenbecken 2,5 m. Wasser und Strom stehen am Kai zur Verfügung, Sanitäreinrichtungen mit WCs und Duschen sind auf dem Gelände. Für das Winterlager gibt es 300 Plätze. Ein 60-t-Kran und ein beweglicher 20-t-Kran werden für den Bootstransport eingesetzt. Neben allgemeinen Reparaturen wird Osmosebehandlung ausgeführt.
Der Hafen von Port NavySurf hat an einem Betonkai und an einem Ponton 65 Liegeplätze, davon sind 5 für Gäste reserviert. Alle Plätze verfügen über Wasser und Strom, WCs und Duschen sind vorhanden. An Land

gibt es 150 Stellplätze für Boote bis 27 m. Zwei Kräne für 10 und 25 t stehen bereit, Boote bis 100 t können geslipt werden. Einen Schiffsausrüster gibt es auf dem Hafengelände.

Von dem nach W durch die Petite Rade verlaufenden Fahrwasser führt ein Abzweig in WSW-Richtung zum

Port de La Seyne-sur-Mer
43° 06,2' N | 005° 53,0' E

Im äußersten Westen der Petite Rade de Toulon liegt der Hafen von La Seyne, gut gegen alle Winde geschützt, mitten in der Stadt. Für Sportboote bis 11 m stehen 320 Liegeplätze zur Verfügung, Fischer und Ausflugsboote beleben das Hafenbild. Es gibt nur wenige Gastplätze. Die Wassertiefe beträgt in weiten Bereichen über 4 m und nimmt am Landende der beiden großen Stege auf 2,5 bis 1,5 m ab. Am Quai Hoche trifft man auf 3 m Wassertiefe.

Ansteuerung:
Von der Grande Passe führt der Kurs mit 342° zur grünen Fahrwassertonne BA (Fl.G.4s). Der Kurs wird noch 0,35 sm beibehalten, bevor auf Westkurs die E-Untiefentonne LS1 (Q(3)10s) angesteuert wird. Von dort geht es auf 248° an der grünen Tonne LS3 (Q.G) vorbei zur Hafeneinfahrt, die am Tage durch die auf der Südmole hochgezogene Klappbrücke weithin sichtbar ist. Nachts leitet ein Feuer auf der Nordmole (Fl.G. 4s 6m 10M). Die Hafeneinfahrt öffnet sich nach NE und ist 32 m breit.
Hafengebote: Die Geschwindigkeit im Hafen ist auf 3 kn beschränkt. Am Quai de la Marine kann vorläufig festgemacht werden.
Hafenmeister: M. Bartholoméi Réne, C. Ladevese, Tel. 04 94 87 95 34, Fax 04 94 22 80 81, VHF Kanal 9. Dienstzeiten in der Saison von 8 – 12 und von 14 – 18 h, in der Vorsaison von 8 – 12 h außer Mo, Do und So. Wetterinformationen: Täglich neuer Météo an der Capitainerie.

Hafenservice:
An den Liegeplätzen mit Mooringleinen gibt es Wasser- und Stromanschlüsse (220 V). Duschen und WCs

Port de La Seyne-sur-Mer:
Hafeneinfahrt, Klappbrücke

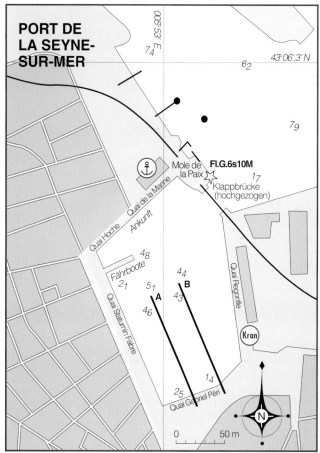

befinden sich beim Club Nautique Seynois am Quai Regonfle. Eine kleine Werft mit einem 5,5-t-Kran führt Reparaturen aus und bietet einige Winterlagerplätze. Im Hafenbereich gibt es keine Tankstelle.

Festmachen für drei Stunden im Hafen bleibt gebührenfrei.

Versorgung:
Umfangreiche Einkaufsmöglichkeiten sowie Banken und eine Post sind im Ort vorhanden. In Hafennähe gibt es einen Waschsalon.

Direkt am Hafen und im Ort gibt es diverse Restaurants.

Landgang:
Ein Ausflug der Küstenstraße entlang führt zum 2,5 km entfernten Fort Balaguir. In seinen 4 m starken Mauern ist heute ein Schiffahrtsmuseum untergebracht. Napoleon hatte dieses Fort als Artilleriehauptmann von den Engländern zurückerobert und damit den ersten Schritt zur späteren Herrschaft über Frankreich getan. Von den Burgzinnen hat man einen herrlichen Rundblick über die Petite Rade.

Auf halbem Weg zwischen dem Port de La Seyne zur Grande Passe liegt an Stb. der Werfthafen

Quo Vadis Yachting 43° 06,3' N | 005° 54,5' E

Quo Vadis Yachting, Hafen und Werkhallen

Ein privater Yachthafen in der Petite Rade de Toulon, etwa 500 m NW vom Pointe de l'Eguilette entfernt. Der Hafen bietet Schutz gegen Winde aus Westen, Süden und Osten, ist jedoch dem Schwell nördlicher Winde ausgesetzt. Er bietet Gastplätze für Boote bis 20 m Länge und 2,5 m Tiefgang.

Ansteuerung:
Von der Grande Passe führt der Kurs mit 342° zur grünen Fahrwassertonne BA (Fl.G. 4s). Der Kurs wird noch 0,35 sm beibehalten, dann Westkurs gesteuert, bis die großen Werfthallen mit der Aufschrift Quo Vadis Yachting in Sicht kommen. Nachts ist die Ansteuerung nicht zu empfehlen.

Hafenservice:
Der Hafen bietet nur kurzfristig Gastplätze mit Wasser und Strom (220 V). Er dient dem Verkehr zu den Werkstätten für fast alle Reparaturen und zum Winterlager mit Travellifts, Kränen sowie Schiffsausrüstern.
Büro: Tel. 04 94 41 32 84, 04 94 94 43 32,
Fax 04 94 46 31 82.
Dienstzeiten von 8 – 12 h und von 14 – 19 h.

Südwestlich von der Grande Passe in der Baie du Lazaret befindet sich

Port du Pin-Rolland 43° 04,8' N | 005° 54,5' E

Port du Pin-Rolland ist ein privater Yachthafen im SE der Baie du Lazaret nahe der engsten Stelle der Presqu'île Saint-Mandrier. Der Hafen bietet Schutz gegen Winde aus Westen, Süden und Osten, ist jedoch dem Schwell nördlicher Winde ausgesetzt. Er bietet ca. 50 Gastplätze bis max. 20 m Länge und 3 m Tiefgang.

Ansteuerung:
Durch die Grande Passe wird der W-Kurs beibehalten, bis der Pointe de la Piastre fast querab ist. Auf einem Kurs von 242° geht es, mit einem Mindestabstand von 100 m, an der Ölpier entlang und durch das mit einer roten und grünen Tonne (Fl(3).G.12s) markierte Fahrwasser zum Hafen. Tagsüber bieten die großen Werfthallen auf dem Hafengelände eine gute Orientierung, nachts ist die Ansteuerung schwierig.

Port du Pin-Rolland, Hafeneinfahrt

Achtung: Außerhalb des 2,5 – 3 m tiefen Fahrwassers nimmt die Tiefe rasch ab.

Hafenbüro: Tel. 04 94 94 61 24, Fax 04 94 06 13 27, VHF Kanal 9.

Dienstzeiten von 8 – 12.30 h und von 13.30 – 18.30 h.

Wetterinformation: Täglich neuer Météo im Aushang.

Hafenservice:

Der Hafen bietet 350 Liegeplätze mit Wasser, Strom (220 V, 0,5 kW) und Mooringleinen an den Stegen. WCs und Duschen sowie ein Kartentelefon befinden sich beim Hafenbüro. Es gibt ein großes Winterlager mit Travelliften für 30 t, 80 t und 320 t, einen 8-t-Kran und einen Schiffsausrüster. Direkt neben dem Hafen steht eine große Werft für Reparaturen zur Verfügung. Die Tankstelle ist in Saint-Mandrier (Tel. 04 09 63 98 45).

Versorgung:

Zum Besuch von Bank und Post und zur Versorgung mit Lebensmitteln und Getränken muß der Ort Les Sablettes aufgesucht werden.

Ankern:

Das Ankern ist in der Baie de Lazaret untersagt.

Von See kommend liegt kurz vor der Grande Passe der Eingang zum

Port de Saint-Mandrier-sur-Mer
43° 5,0' N | 005° 55,5' E

Port Saint-Mandrier ist ein Yacht- und Fischerhafen in einer natürlichen, langen und schmalen Bucht, die auch Creux-Saint-George genannt wird. Der Hafen wird durch zwei Steinmolen in Ost-West-Richtung gebildet. Die 40 m breite, 4 m tiefe Einfahrt öffnet sich nach Norden. Es gibt ca. 20 Gastplätze für Boote bis 20 m Länge und 3 m Tiefgang.

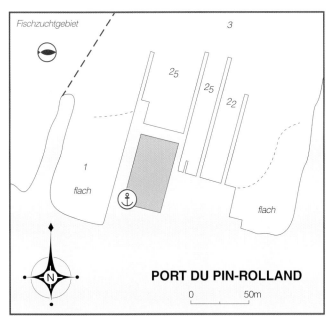

Fischzuchtgebiet

3

2,5

2,5

2,2

1

flach

flach

PORT DU PIN-ROLLAND

0   50m

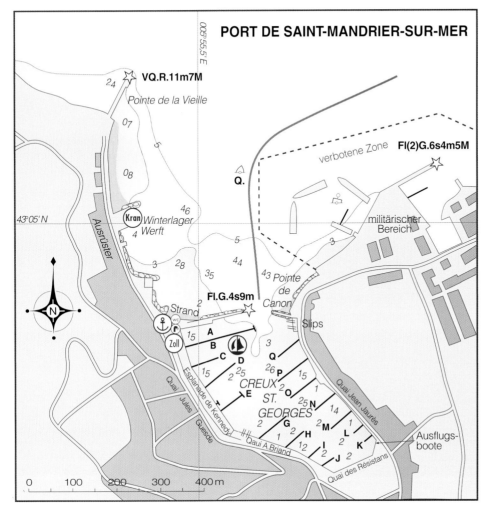

PORT DE SAINT-MANDRIER-SUR-MER

Hafengebote: Man macht gleich rechts am (ersten) Steg B fest und läßt sich vom Hafenmeister einen Platz zuweisen. Der Steg Q auf der gegenüberliegenden Seite ist Ausflugsbooten vorbehalten, der Kopf des Steges E den Fähren von und nach Toulon. Beide dürfen nicht von Gastyachten benutzt werden. Die Geschwindigkeit im Hafen ist auf 3 kn beschränkt.

Im Bereich der Grande und der Petite Rade haben Marinefahrzeuge grundsätzlich Wegerecht vor Sportfahrzeugen unter 19 m Länge!

Hafenmeister: F. Gaborit, D. Azema, Tel. 04 94 63 97 39, Fax 04 94 63 59 74, VHF Kanal 9. Dienstzeiten täglich von 8 – 12 und von 13 – 20 h, in der Vorsaison an Werktagen von 8 – 12 und von 14 – 18 h, samstags von 9 – 11 h, sonntags geschlossen.

Wetterinformationen: Täglich neuer Météo an der Capitainerie.

Frische NW- bis NE-Winde erzeugen im Hafen unangenehmen Schwell.

Ansteuerung:

Von der Grande Passe ist zunächst auf den Pointe de la Vieille (Q.R.11m7M) zuzusteuern, um die beiden unbeleuchteten Festmachertonnen in sicherem Abstand zu umrunden. Erst wenn das Feuer auf der Hafenmole (Fl.G.4s9m5M) 159° peilt, wird direkt darauf zugehalten und die Molenköpfe im Abstand von mindestens 10 m passiert. *Achtung:* Besonders nachts erschweren zwei unbeleuchtete Mooringtonnen in der Zufahrt und Untiefen dicht an den Molenköpfen die Einfahrt.

Hafenservice:

Der Hafen bietet 600 Liegeplätze mit Mooringleinen an Beton- und Schwimmstegen. Wasser und Strom (220 V, 1 oder 2 kW) gibt es an allen Plätzen, WCs und Duschen befinden sich in der Nähe der Capitainerie. Auf dem Hafengelände gibt es mehrere Kartentelefone. Die Tankstelle (Tel. 04 94 63 98 45, von 7 – 12 h und 14 – 18 h, samstags und sonntags am Vormittag geöffnet) liegt zwischen den Stegen D und E an der Esplanade Kennedy. In der Rue Peri gibt es eine Münzwäscherei. Von den örtlichen Werften sei die Werft A.C.M.S. nördlich der W-Mole genannt, die über ein Winterlager und einen 8-t-Kran verfügt und Reparaturen ausführt.

Port de Saint-Mandrier-sur-Mer

Hafen bildet eine 150 m lange, befeuerte Steinmole (Oc(2).G.6s10m7M), die am Fort Saint-Louis beginnt und nach SW verläuft. Die 60 m lange Gegenmole verläuft von W nach E. Es gibt keine Gastplätze.

Ansteuerung:
Die 2 m tiefe Einfahrt öffnet sich nach SW und ist ca. 35 m breit. Als Ansteuerungsmarke dient tagsüber das Fort Saint-Louis, nachts das Feuer auf der Mole.
Hafenmeister: Tel. 04 94 42 27 65.
Wetterinformationen: Tel. Ansage 08 36 68 08 08 und 08 36 68 08 83.

Hafenservice:
An den Kais gibt es einige Wasser- und Stromanschlüsse, WCs findet man im Clubhaus der Union Maritime. Viele Boote liegen mitten im Hafen an Mooringbojen, denn es gibt keine Stege. An den Molen ist das Wasser ca. 1,5 m tief, am Landkai, der von einem breiten Slip unterbrochen wird, nur noch 1 m.

Sehenswürdigkeiten:
Das aus dem 17. Jh. stammende Fort Saint-Louis ist einen Besuch wert, von den Burgzinnen bietet sich ein herrlicher Ausblick auf das Meer. Etwa 1,5 km weiter westlich zeugt der zur Verteidigung von Louis XII. Anfang des 16. Jh. errichtete Tour Royale mit seinen 7 m dicken Mauern von der strategischen Bedeutung der Presqu'ile de Mourillon.

Im Südteil der Baie de Garonne liegt der winzige Hafen

Versorgung:
In Hafennähe sind alle Einkaufsmöglichkeiten vorhanden. Bank und Post finden sich im Ort. Zahlreiche Restaurants, Bars und Cafés laden zum Verweilen ein.

Landgang:
Eine herrliche Aussicht auf Toulon, das Cap Sicié und die Îles d'Hyères ist der Lohn für einen etwas beschwerlichen Anstieg. Er führt die Zufahrtsstraße des Hafens bis zum Ortseingang hinauf und über einen steilen Zugang zu dem kleinen Friedhof im Südwesten des Ortes.

Ankern:
Bei gutem Wetter kann vor dem Hafeneingang auf der Westseite auf 3 – 5 m Sand/Grasgrund geankert werden. An allen übrigen Stellen besteht Ankerverbot.

Noch in der Grande Rade de Toulon, nahe bei der Passe Pipady, findet man den

Petit Port Saint-Louis-du-Mourillon, Toulon
43° 06,4' N | 005° 56,3' E

Port Saint-Louis-du-Mourillon ist ein kleiner, gegen Mistral geschützter Fischer- und Sportboothafen mit ca. 320 Liegeplätzen, der nördlich der Rade des Vignettes und 0,5 sm nordöstlich der Petite Passe des Grande Jetée liegt. Die Wassertiefe beträgt 1,5 – 1,0 m. Den

Port des Oursinières
43° 05,2' N | 006° 01,2' E

Port des Oursinières ist ein kleiner Hafen mit 230 Liegeplätzen für lokale Sport- und Fischerboote. Hinter der unbefeuerten Westmole beträgt die Wassertiefe am Kai 1,3 m, in den drei Hafenbecken nur 0,6 m. Die 4 m tiefe Hafenzufahrt ist nicht gekennzeichnet. Es gibt kaum Gastplätze.

Ansteuerung:
Der Hafen hinter der Steinmole ist erst aus der Nähe zu erkennen.

Achtung: Bei Winden aus W-NW ist der Zugang starkem Schwell ausgesetzt.

Hafenservice:
An den Kais und Stegen mit Mooringleinen gibt es Wasser und Strom. Das Hafenbüro, ein Slip, ein 2-t-Kran und ein Winterlager befinden sich auf einem Platz vor den Hafenbecken.

Versorgung:
Geschäfte, Restaurants und Bars sind in der Nähe.

Ankern:
Bei gutem Wetter kann man im N des Hafens in der Anse de Garonne auf 3 – 10 m sandigem Grund ankern und den Hafen mit dem Beiboot anlaufen.

Im Norden vom Golfe de Giens, etwa 6 sm östlich vom Cap Cépet, findet man den kleinen Hafen

Port des Salettes-Carqueiranne
43° 05,3' N | 006° 04,7' E

Port des Salettes ist ein gut gegen Mistral, aber weniger gut gegen östliche Winde geschützter, kleiner Sport- und Fischerhafen mit 20 Gastplätzen für Boote bis 9,5 m Länge. Die Wassertiefe beträgt am Hafeneingang 1,6 m, an den Schwimmstegen 2 – 0,5 m, zu den Ufern hin abnehmend.

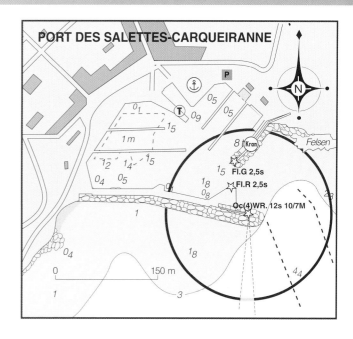

Port des Salettes-Carqueiranne

Ansteuerung:
Tagsüber kann auf S-Kurs zwischen den Felsen Les Fourmigues und der Île de la Ratonnière durchgefahren werden, wobei der Mont Pradis zur Orientierung dient, bis die betonnte Hafeneinfahrt auszumachen ist. Nachts wird der sichere Kurs zwischen den Inseln hindurch und in das Fahrwasser zum Hafen durch den weißen Sektor des Feuers (Oc(4).WR.12s13m10/7M) auf der Hafenmole markiert. Von Westen kommend führt ein E-Kurs im sicheren Abstand von der Küste entlang, bis der Mont Pradis querab liegt bzw. der Sektor des Feuers auf der Hafenmole Weiß zeigt.

Der Hafen liegt in einer kleinen Bucht, deren Ränder felsige Untiefen aufweisen. Das betonnte Fahrwasser zum Hafen sollte unbedingt eingehalten werden. Die Hafeneinfahrt ist befeuert (Fl.R und Fl.G). Nachts nur im weißen Sektor des Molenfeuers navigieren! Bei starken S-Winden wird die Einfahrt zum Hafen unmöglich.

Hafengebote: Gleich hinter dem Hafeneingang auf der Bb.-Seite kann man festmachen und sich einen Platz vom Hafenbüro zuweisen lassen.

Hafenmeister: J. Lantrua, M. Julien, Tel. 04 94 58 56 25, Fax , VHF Kanal 9.

Dienstzeiten von 9 – 12 h und von 14 – 18 h, in der Vorsaison von 9 – 12 h und von 14 – 17 h.

Wetterinformationen: Täglich neuer Météo an der Capitainerie.

Hafenservice:

Der Hafen bietet 360 Liegeplätze. An den Kais und Stegen mit Mooringleinen gibt es Wasser- und Stromanschlüsse (220 V, 3 kW). WCs, Duschen und Abfallbehälter befinden sich beim Hafenbüro. Auf einer Mole in der Nähe gibt es eine Tankstelle (Tel. 04 94 12 94 94) sowie ein Kartentelefon. Ein Slip, zwei Kräne (ein fester für 12 t und ein beweglicher), ein Winterlager, Mechaniker, Elektrotechniker, eine Segelmacherei und ein Schiffsausrüster stehen zur Verfügung.

Versorgung:

Der Weg zu Bank, Post und den Geschäften im Ort ist nicht sehr weit.

Landgang:

Der Besuch von Restaurants, Cafés oder Bars ist mit einem Bummel durch den Ort verbunden, denn in unmittelbarer Nähe des Hafens ist nichts zu finden.

Ankern:

Das Ankern in der Anse des Salettes ist erlaubt, wegen des unreinen Grundes aber sicher kein Vergnügen und auch nur bei ruhigem, beständigem Wetter möglich. Ankern im Golfe de Giens ist nur in großem Abstand (0,5 sm) vom Ufer erlaubt.

Nur bei gutem Wetter und mit einem Boot ohne großen Tiefgang kann man im flachen Süd-Teil des Golfe de Giens den folgenden Ort aufsuchen:

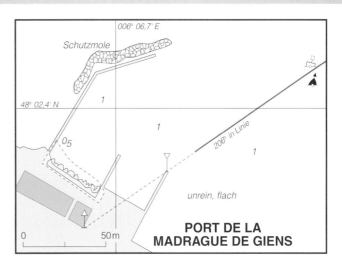

Port de la Madrague de Giens
43° 02,4' N | 006° 06,7' E

Port de la Madrague auf der Presqu'île de Giens ist mehr ein Anleger als ein Hafen. Eine Steinmole, zu der ein Holzsteg führt, schützt gegen den Seegang aus NW bei Mistral. Dort und an zwei weiteren ungeschützten Holzstegen haben kleine, lokale Sport- und Fischerboote ihren Platz. Die Wassertiefe liegt zwischen 0,5 und 1 m. Die Ansteuerung durch den unreinen Flachwasserbereich vor dem Hafen erfolgt mit einem Kurs von 206° von zwei Fahrwassertonnen aus (rot und schwarz) auf zwei Baken zu. Eine steht auf dem östlichen Steg, die andere an Land neben einem Gebäude. Die Zufahrt ist nur tagsüber möglich, weil nachts kein Feuer den Weg weist. Bei schönem Wetter kann hier vom Ankerplatz aus mit dem Beiboot zu einem kleinen Landgang in der reizvollen Umgebung angelegt werden.

Ankern, Tauchen und Fischen ist im Bereich der ausliegenden gelben Bojen nicht erlaubt. Die Geschwindigkeit ist hier auf 5 kn beschränkt.

IV. Pointe Escampobariou bis Cap Camarat

Seekarten F CG 502, CG 503, F 5325, 7091, 7282, 7407, D 483, 596

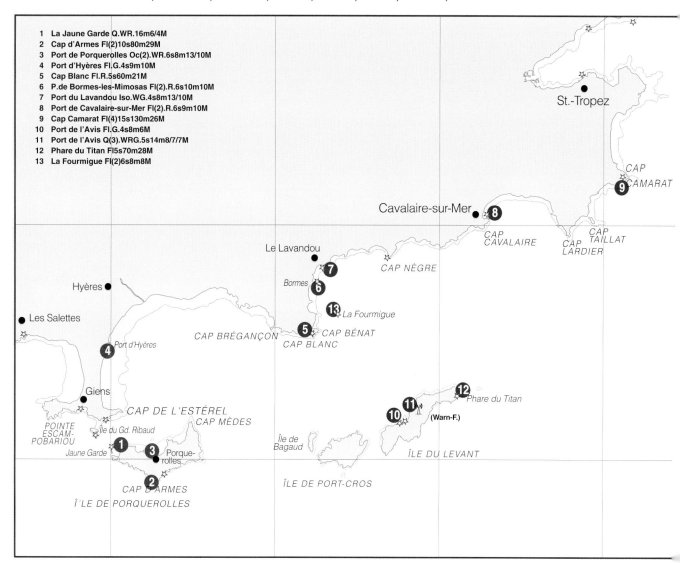

1. La Jaune Garde Q.WR.16m6/4M
2. Cap d'Armes Fl(2)10s80m29M
3. Port de Porquerolles Oc(2).WR.6s8m13/10M
4. Port d'Hyères Fl.G.4s9m10M
5. Cap Blanc Fl.R.5s60m21M
6. P.de Bormes-les-Mimosas Fl(2).R.6s10m10M
7. Port du Lavandou Iso.WG.4s8m13/10M
8. Port de Cavalaire-sur-Mer Fl(2).R.6s9m10M
9. Cap Camarat Fl(4)15s130m26M
10. Port de l'Avis Fl.G.4s8m6M
11. Port de l'Avis Q(3).WRG.5s14m8/7/7M
12. Phare du Titan Fl5s70m28M
13. La Fourmigue Fl(2)6s8m8M

Pointe Escampobariou – Cap l'Estérel

Die S-Küste der Presqu'île de Giens wird im W vom Pointe Escampobariou und im E vom Cap de l'Estérel begrenzt. Wegen vieler vorgelagerter Riffs ist hier sorgfältig zu navigieren. Schon von weitem ist der Pointe Escampobariou an einer Radarkuppel auf einem hohen Berg zu erkennen. Bis zum felsigen Cap de l'Estérel, auf dem ein Funkmast steht, folgen an diesem bewaldeten, bergigen Küstenabschnitt einige kleine

Cap de l'Estérel aus Südost

Häfen und mehrere sehr schöne Ankerbuchten, die gegen Mistral recht gut geschützt sind. Die Passe zwischen der felsigen Île du Grand Ribaud mit ihrem weittragenden Leuchtfeuer und der kahlen Île du Petit Ribaud ist mit 5,5 m Wassertiefe für Yachten sicher zu passieren. Bei schwerem Wetter ist dagegen die Petite Passe zwischen der Île du Grand Ribaud und dem Tourelle de La Jeaune Garde vorzuziehen. Bei gutem Wetter benutzen Fischer und Ortskundige auch die Durchfahrt zwischen der Presqu'île und der Île du Petit Ribaud, dort gibt es allerdings eine Reihe gefährlicher Felsenriffs.

Landmarken: Radarkuppel auf dem Pointe Escampobariou, Leuchtturm auf der Île du Grand Ribaud, Funkmast auf dem Cap de l'Estérel.

Achtung: Riff Éceul de Nidan, zahlreiche Untiefen und Felsenriffs an der Küste.

Gebote: Ankern nur außerhalb der 300-m-Zonen von Stränden.

Bei Mistral, der hier schwächer als im Golfe du Lion weht, ist die See unter Land verhältnismäßig ruhig. Weiter draußen im tiefen Wasser baut sich, auch bei östlichen Winden, eine See mit weit auseinander liegenden Wellen auf. Bei der sonst vorherrschenden SE-Seebrise sind die Häfen und Ankerplätze unruhig.

Wichtige Leuchtfeuer:

Île du Grand Ribaud	43° 01,0' N I 006° 08,7' E
	Fl(4). 15s 35m 15M
Tourelle de la Jeaune Garde	43° 00,4' N I 006° 09,7' E
	Q.WR. 16m 6/4M

Vom Pointe Escampobariou geht es in sicherem Abstand von der zerklüfteten Steilküste mit östlichem Kurs nach etwa 1 sm am Éceul de Nidan, einem Riff mit Überwasserfelsen, vorbei. Die dann zu passierende Baie du Rabat lädt bei gutem Wetter zu einem Badestopp ein. Nach weiteren 1,5 sm wird der Pointe du Bric an Bb. gelassen und in die Baie du Niel eingesteuert. An Bb. liegt jetzt vor uns der Hafeneingang von

Port du Niel 43° 02,2' N | 006° 07,7' E

Ansteuerung:

Port du Niel liegt etwa in der Mitte zwischen dem Pointe Escampobariou und dem Cap de l'Estérel. Der Hafen bietet zwei Gastplätze, ist für Yachten bis 10 m geeignet, im Eingang 5 m, im Hafenbecken zwischen 3,5 bis 0,8 m tief und gegen Winde aus NW und W gut geschützt. Bei einer Ansteuerung aus W kann die felsige

Port du Niel

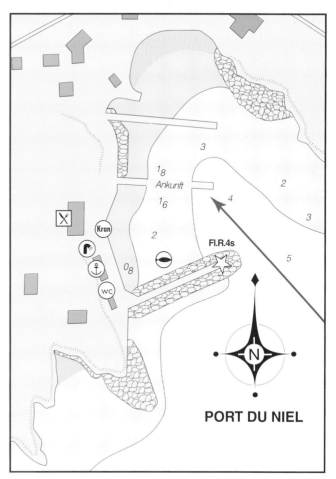

PORT DU NIEL

Untiefe Éceul de Nidan gefährlich werden, wenn der Kurs zu dicht unter Land verläuft. Von E kommend kann die Passe zwischen der Île du Grand Ribaud und der Île du Petit Ribaud benutzt werden. Danach sind einige Riffs vor der Küste zu beachten. Bei starken südlichen Winden ist das Einlaufen im Seegang gefährlich. Nachts ist die Schutzmole am Hafeneingang zwar befeuert (Fl.R.4s), wegen der felsigen Untiefen an Stb. der schmalen, sich nach SE öffnenden Einfahrt sollten Ortsunkundige jedoch trotzdem die Ansteuerung selbst bei gutem Wetter vermeiden.

Achtung: Untiefen an Stb. der Einfahrt, Seegang bei starken südlichen Winden.

Hafengebote: Yachten bis 10 m, Ankern im Bereich der Hafenzufahrt ist nicht erlaubt.

Hafenmeister: M. Dolisy, Tel. 04 94 58 21 49,
Fax 04 54 58 19 83, VHF Kanal 9.
Dienstzeiten von 8 – 12 h und von 15 – 20 h, in der Vorsaison von 8 – 12 h und von 14 – 16 h.
Wetterinformationen: Täglich neuer Météo an der Capitainerie.

Hafenservice:

Der Hafen bietet etwa 130 Liegeplätze, zwei davon als Gastplätze. Die Betonstege sind mit Mooringleinen, Wasser- und Stromanschlüssen (220 V, 1 kW) ausgestattet. WCs und Duschen sind am Kai, ein Kartentelefon in Hafennähe zu finden. Ein Slip und ein fester 3-t-Kran sind vorhanden, jedoch keine Tankstelle.
Von 12 – 15 h wird keine Hafengebühr verlangt.

Versorgung:

Im etwa 1 km entfernten Ort Giens gibt es neben Bank und Post auch gute Einkaufsmöglichkeiten sowie einige typisch französische Restaurants und Bars.

Landgang:

Der Fußweg hinauf zum kleinen Ferienort Giens dauert etwa 20 Minuten. Die Mühe wird von einigen höher gelegenen Standorten durch herrliche Ausblicke auf das Meer belohnt. Noch schöner ist die Aussicht von den Ruinen der Burg.

Ankern:

Im Zufahrtsbereich des Hafens ist Ankern nicht erlaubt, dagegen in den nahen Buchten möglich.

Etwas östlich vom Port du Niel öffnet sich die herrliche Ankerbucht

---

Baie du Niel 43° 02,1' N | 006° 08,0' E

Die Baie du Niel, eine mistralgeschützte, nach S offene Ankerbucht, liegt 0,3 sm östlich vom Port du Niel. Am herrlichen Sandstrand der Bucht unterhalb der umliegenden, grün bewaldeten Berge finden sich im Sommer nur wenige Badegäste ein, weil der Zugang durch das Gebiet eines weitläufigen Sanatoriums führt, keine Touristenhotels in der Nähe sind und die Ortschaft Giens ca. 1 km entfernt ist. Man ankert bei 3 – 10 m Wassertiefe auf sandigem, teils grasbewachsenem Grund, gegen westliche, südliche und östliche Winde geschützt. Durch die breite Öffnung nach S kann Dünung einlaufen.

Ansteuerung:

Die Baie du Niel ist nur tagsüber anzusteuern. Die Bucht liegt in der Mitte zwischen dem Pointe Escampobariou und dem Cap de l'Estérel. Bei einer Ansteuerung aus W ist die felsige Untiefe Éceul de Nidan zu beachten. Von E kommend kann die Passage zwischen der Île du Grand Ribaud und der Île du Petit Ribaud benutzt werden. Danach sind einige Riffs vor der Küste zu beachten. Eine kleine Kirche und ein größeres Sanatoriumsgebäude in den Berghängen um die Bucht geben Orientierungshilfe. *Achtung:* Felsige Untiefen an den Rändern der Bucht.

Baie du Niel

Ankern:
Ankerbereich außerhalb der 300-m-Zone, Naturschutz!

Landgang:
Vom Strand führt ein Weg durch das Gelände des Sanatoriums auf die Straße zur verträumten Ortschaft Giens. Dort gibt es neben guten Einkaufsmöglichkeiten mehrere typisch französische Restaurants und Bars. Einen herrlichen Ausblick kann man von den Ruinen der Burg oberhalb der Ortschaft genießen.

Weiter auf dem Weg nach E geht es durch die Passage bei den Îles du Grand et Petit Ribaud zum gut 2 sm entfernten

Port du Pradeau oder La Tour Fondue
43° 01,7' N | 006° 09,3' E

Port du Pradeau ist ausschließlich für den Verkehr der Fähren zwischen dem Festland und den Îles d'Hyères vorgesehen. Yachten dürfen nur in Ausnahmefällen un-

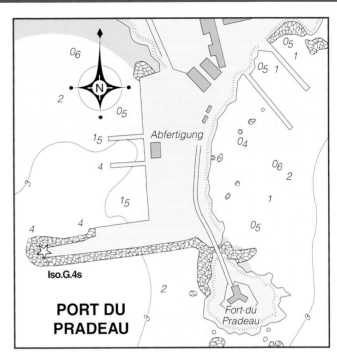

PORT DU PRADEAU

Port du Pradeau oder La Tour Fondue

ter Zustimmung des Hafenmeisters vorübergehend dort festmachen. Die Wassertiefe nimmt von 4 m zum Kai hin auf weniger als 1 m ab.

Der Hafen ist zwar gegen östliche Winde, aber nicht gegen Mistral geschützt. Ein gewisser Schutz gegen Mistral ist auf der Ostseite des Fort du Pradeau an zwei Stegen vorübergehend zu finden.

Ansteuerung:

Die Ansteuerung erfolgt auf N-Kurs, dabei ist der Fährverkehr zu berücksichtigen, er darf nicht behindert werden. Nachts brennt ein Feuer auf der Mole (Iso.G. 4s 7m 8M). Im NE des Forts liegen zwei ca. 50 m lange Stege mit 2 – 3 m Wassertiefe an den Köpfen, dort kann vorübergehend festgemacht werden. Die Ansteuerung ist wegen einiger Unterwasserfelsen in unmittelbarer Nähe besonders schwierig. Außerdem erschwert ein Betonklotz vor den Stegen das Anlegen. Landmarke: Fort du Pradeau.

Hafenservice:

WCs und Kartentelefone am Kai.

Hafenmeister: M. Passerel, Tel. 04 94 58 94 18, VHF Kanal 9.

Dienstzeiten von 7 – 12 h und von 14 – 19 h, in der Vorsaison von 7 – 12 h und von 13 –17 h.

Wetterinformationen: Täglich neuer Météo an der Capitainerie.

Landgang:

Eine Besichtigung des Forts, das unter Richelieu gebaut wurde, ist möglich.

Ankern:

Besucher dürfen nördlich des Kais im Abstand von mindestens 50 m auf gut haltendem, sandigem, teils grasbewachsemem Grund ankern, was aber durch den Schwell der Fähren sehr ungemütlich werden kann.

Îles d'Hyères

Die herrlichen Îles d'Hyères liegen in Sichtweite des Festlandes. Sie gehören zu den landschaftlich schönsten Inseln der Küste und sind daher beliebte Aus-

flugziele. Damit auch in Zukunft diese Naturschönheiten erhalten bleiben, stehen alle Inseln unter Naturschutz.

Es besteht überall Camping-, Jagd- und Feuerverbot. Auf Port-Cros ist sogar das Rauchen bei Strafe verboten. An den Ufern darf weder geangelt noch Unterwasserjagd betrieben werden.

Die Geschwindigkeit in einer durch gelbe Tonnen markierten Schutzzone entlang den Ufern ist auf 5 kn begrenzt.

Die Île de Baçaud darf nicht betreten werden, und auf der Île du Levant ist der größere Teil militärisches Sperrgebiet.

Dort herrscht überall striktes Ankerverbot mit Ausnahme der Rade de l'Ayguade.

Auch an der Küste der Île de Port-Cros ist Ankern verboten, außer auf der Rade de Port-Cros und in der herrlichen Baie de Port-Man.

Weittragende Leuchtfeuer:

Île de Porquerolles

Jeaune Garde	43° 00,4' N I 006° 09,7' E
	Q.WR. 16m 6/4M
	Schwarz-gelber, gemauerter
	N-Kardinalturm, 16 m hoch
Jetée Porquerolles	43° 00,3' N I 006° 12,0' E
	Oc(2).WR. 6s 8m 13/10M
	Weiße, oben rote Säule,
	8 m hoch
Phare de Porquerolles	42° 59,0' N I 006° 12,4' E
	Fl(2). 10s 80m 29M
	Viereckiger, weißer, oben
	schwarzer Turm

Île du Levant

Pointe de Petit Avis	43° 01,8' N I 006° 27,5' E
	Q(3).WRG. 5s 14m 8/7M
Phare du Titan	43° 02,8' N I 006° 30,6' E
	Fl. 5s 70m 28M
	Weißes Haus mit weißem, oben
	schwarzem Turm

Achtung: Im Gebiet zwischen der Presqu'île de Giens und Cap Camarat werden ständig Übungen der französischen Marine über, auf und unter Wasser abgehal-

Porquerolles: Cap des Mèdes und Baie d'Alicastre

ten, die von Schießübungen mit Granaten und Torpedos begleitet sein können.

Sportschiffer sollten daher besonders auf die lokalen Anweisungen für Seefahrer (Avis Locaux aux Navigateurs) an den Aushängen der Capitainerien, in den örtlichen Zeitungen oder auf die über Funk ausgestrahlten Warnungen (Avurnav) der Küstenstationen achten. Bis auf wenige zivile Bereiche in der Nähe der Ortschaft von L'Ayguade ist die gesamte Île du Levant einschließlich der Küstenzone militärisches Gebiet und darf nicht betreten beziehungsweise von See her angelaufen werden.

Es gibt mehrere Ausgangshäfen für einen Törn zu den wunderschönen Îles d'Hyères: Port Saint-Pierre d'Hyères, Port de Bormes-les-Mimosas und Port du Lavandou sind die bekanntesten. Die Inseln liegen in Sichtweite dieser Starthäfen. Daher ist die Ansteuerung nicht schwierig.

Île de Porquerolles

Die Île de Porquerolles liegt im SW der Presq'île de Giens. Im W markiert der Tourelle de la Jeaune Garde als N-Kardinalzeichen eine gefährliche Untiefe. Im E

Baie d'Alicastre, Porquerolles

erheben sich die bizarren Felsen des Cap des Mèdes aus dem Meer, die Roches des Mèdes. Im S steht auf den Klippen des Cap d'Armes hoch über dem Meer der weithin sichtbare Phare de Porquerolles, dessen Spitze 80 m über dem Wasserspiegel liegt. Während die Insel auf ihrer Nordseite in wunderschönen Buchten mit kristallklarem Wasser herrliche Sandstrände bietet, zeigt sich ihre S-Küste felsig und zerklüftet.

Ankerplätze:

- Im W liegt der herrliche, gegen südliche Winde geschützte Ankerplatz Baie du Langoustier, eingerahmt von der kleinen Île du Petit Langoustier mit den Ruinen des Fort Langoustier. Bei einer Wassertiefe von 2 bis 10 m hält der Anker auf sandigem, grasbewachsenem Grund einigermaßen zuverlässig, bei frischen Winden ist manchmal ein zweiter Anker nötig.
- Etwa 0,5 sm westlich vom Port de Porquerolles liegt die Anse de Bon-Renaud, ebenfalls ein herrlicher Ankerplatz mit gut haltendem Sandgrund, der im Sommer von vielen Yachten aufgesucht wird. In der Saison bringt ein Bäcker morgens auf ein Winkzeichen frische Baguettes und Croissants ans Boot.
- Auch auf der Rade de Porquerolles liegen in der Saison viele Yachten vor Anker. Mit dem Beiboot gehen die Mannschaften im Hafen von Porquerolles zu einem Inselbesuch an Land.
- In der Baie d'Alicastre lassen sich im Sommer mehr als hundert Yachten zählen. Im glasklaren Wasser

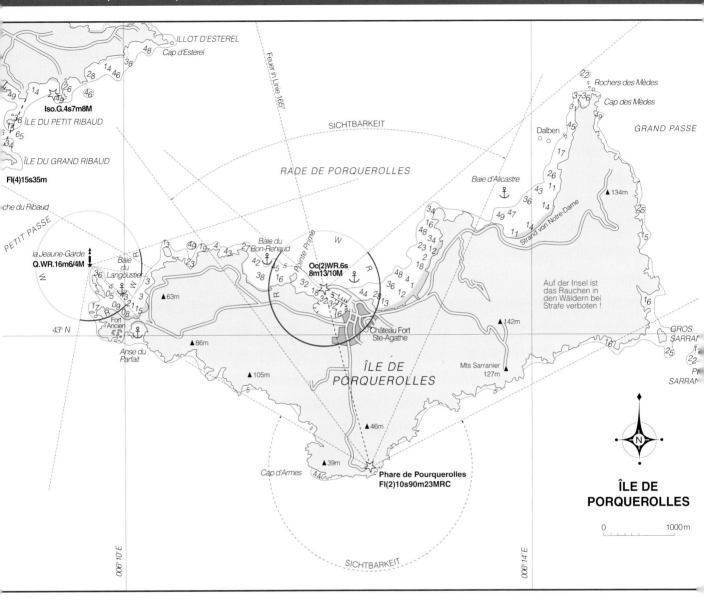

ÎLE DE
PORQUEROLLES

dieser herrlichen Bucht ankern die Boote bei 2 bis 10 m Wassertiefe auf sandigem, manchmal grasbewachsenem Grund. Auch hier bringt der Service morgens frische Brötchen, mittags und abends sogar Überbackenes aus dem Ofen vom Pizzaboot. Keine der o.g. Buchten ist gegen Mistral geschützt, alle gegen südliche Winde.

- An der Westspitze der Île de Porquerolles ist südlich

von der Baie de Langoustier in der Anse du Parfait ein kleiner Ankerplatz zu finden, der gegen Mistral, aber nicht gegen südliche Winde geschützt ist. Dieser Platz ist nur durch eine kleine Landzunge von der Baie de Langoustier getrennt.

Ansteuerung:

Die Ansteuerung ist tags wie nachts problemlos, aller-

Rade d'Hyères

Cap de l'Estérel

Tourelle Jeaune Garde

Île du Petit Langoustier mit Tourelle Jeaune Garde

dings sollten die Ankerplätze nachts nur bei guter Ortskenntnis aufgesucht werden.

Marken:

- Tourelle de la Jeaune Garde ist ein gemauerter, schwarz-gelber, 16 m hoher, befeuerter Turm (Q.WR. 16m 6/4M),
- Cap d'Armes mit dem Phare de Porquerolles, ein viereckiger, weißer, oben schwarzer Turm (Fl(2).10s 80m 29M), und das
- Cap des Mèdes.

Die durch den Tourelle de la Jeaune Garde markierte Untiefe ist in weitem Bogen zu umfahren. Die Insel ist von einer 300 m breiten Naturschutzzone umgeben, in der die Höchstgeschwindigkeit 5 kn beträgt und wo Fischen, Unterwasserjagd und Angeln verboten sind.

Landgang:

Alle Strände sind mit dem Beiboot gut erreichbar, das am Ufer zurückbleiben kann, wenn zur Inselwanderung aufgebrochen wird.

Alle Wege sind gut ausgeschildert. Restaurants, Bars, Bistros, Cafés sowie Imbiß- und Kiosk-Stände sind nur im Ort Porquerolles zu finden.

Sehenswürdigkeiten:

Vom Strand der Baie d'Alicastre führt ein Weg durch den Wald bergan ins Innere der Insel. Von freien Stellen sind die Mauern des Fort de la Repondence und der weiße, runde Turm des Semaphore zu sehen. Ab und zu öffnet sich der Wald und gibt herrliche Aussich-

ten auf das Meer mit seinem grünblauen Wasser und den in den Buchten vor Anker liegenden Yachten frei. Schließlich wird der Aufstieg zum verlassenen Fort mit unvergeßlichen Panorama-Aussichten belohnt.

Port de Porquerolles 43° 00,0' N | 006° 12,0' E

Der Port de Porquerolles liegt an der N-Küste in der Mitte der Insel. Der Hafen wird durch eine lange, befeuerte Mole im N und Felsen am Westufer gegen alle

Port de Porquerolles

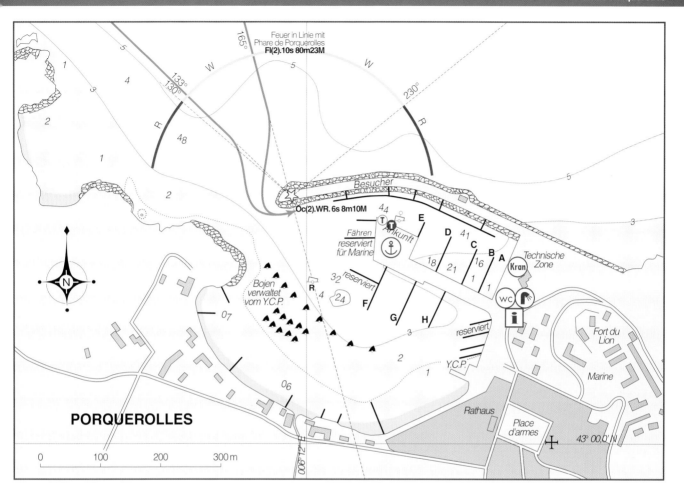

Feuer in Linie mit
Phare de Porquerolles
Fl(2).10s 80m23M

Besucher

Oc(2).WR. 6s 8m10M

Fähren
reserviert
für Marine

Ankunft

Bojen
verwaltet
vom Y.C.P.

reserviert

Technische
Zone

Kran

reserviert

Y.C.P.

Fort du
Lion

Marine

Rathaus

Place
d'armes

43° 00,0' N

PORQUEROLLES

| 0 | 100 | 200 | 300 m |

Winde geschützt und bietet etwa 200 Gastplätze, vornehmlich am Ponton hinter der N-Mole für Yachten bis max. 20 m Länge. Bei starkem Mistral wird es im Hafen durch den entstehenden Wellenschlag sehr unruhig. Die Wassertiefe beträgt in der Hafeneinfahrt 3,2 m und nimmt im Hafen nur an wenigen Stellen zum Fuß des großen Anlegers hin auf 1 m ab. Im Sommer ist der Hafen oft überfüllt.

Ansteuerung:
Der Port de Porquerolles kann auf allen Kursen zwischen 133° – 230° ungefährdet angesteuert werden. Die Hafeneinfahrt öffnet sich nach NW. Auf 165° stehen das Feuer auf der Mole und der Phare in Linie. Die sichere Ansteuerung liegt im weißen Sektor.

Marken:
- Sektorenfeuer auf der Hafenmole: weiße, oben rote, 6 m hohe Säule (Oc(2).WR. 6s 13/10M)
- Cap d'Armes, Phare de Porquerolles: weißer, viereckiger, oben schwarzer, 20 m hoher Turm, (Fl(2). 10s 80m 29M).

Achtung: Beim Einsteuern halte man sich dicht an die N-Mole. Zum Ufer hin nimmt die Tiefe schnell ab.

Hafengebote: Gäste legen am Ponton hinter der Mole an, melden sich beim Hafenmeister und lassen sich einen Platz zuweisen. Das Hafenpersonal erlaubt 3 h freies Liegen zwischen 12 – 15 h. Im Hafen ist die Geschwindigkeit auf 3 kn beschränkt. Der Anleger neben der Capitainerie wird für Fähren freigehalten.
Hafenmeister: M. Sadon, Tel. 04 94 58 30 72,

Fax 04 94 58 35 48, VHF Kanal 9. Dienstzeiten von 8 – 19.30 h, in der Vorsaison von 8 – 12 h.
Wetterinformationen: Täglich neuer Météo an der Capitainerie.

Hafenservice:

An fast allen 500 Liegeplätzen gibt es Mooringleinen, Wasser und Strom (220 V, 3,5 kW am Kai, sonst 1 kW). In den Sommermonaten ist das Wasser rationiert (8.30 – 10.30 h und 17.30 – 19.30 h) und darf nur als Trinkwasser verwendet werden. Der Besuchersteg liegt an der N-Mole. Die Mooringtonnen werden vom Yachtclub de Porquerolles bewirtschaftet (Tel. 04 94 58 34 37). Am Kai finden sich außer WCs und Duschen, Kartentelefonen und Abfallbehältern eine Münzwäscherei, ein 8,5-t-Kran, ein Slip, einige Reparaturmöglichkeiten in

Porquerolles, Place d'Armes

einer kleinen Werft und, neben dem Informationsbüro, mehrere Fahrrad-Verleihgeschäfte. Eine Tankstelle ist am Ankunftskai in der Saison von 8 – 20 h geöffnet, sonst von 8 – 12 h (Tel. M. Rossi 04 94 58 30 90).

Versorgung:

Im nahen Ort sind einige Geschäfte für Lebensmittel und Getränke sowie Banken, die Post und eine Wechselstube zu finden.
Rund um den Place d'Armes im Ort laden Restaurants, Bars zum Verweilen ein.

Landgang:

Auf Rad- und Wanderwegen kann die ganze Insel erkundet werden. Entsprechende Auskünfte bietet das Informationsbüro am Kai an (Office du Tourisme am Kai, Tel. 04 94 58 33 76).

Sehenswürdigkeiten:

Im Fort Sainte-Agathe gibt es eine Ausstellung zur Geschichte der Inseln. Ein Ausflug zum Phare de Porquerolles wird mit einer unbeschreiblich schönen Aussicht belohnt.

Ankern:

Auf der Rade de Porquerolles ist das Ankern möglich, im Hafenbereich dürfen die Mooringtonnen nur mit Zustimmung des örtlichen Yachtclubs benutzt werden, der die Mooringplätze bewirtschaftet.

Île de Port-Cros

Östlich der Île de Porquerolles liegt in Sichtweite die Île de Port-Cros. Im W bildet die unter Naturschutz stehende Île de Bagaud einen Schutz für die Rade de Port-Cros gegen den hohen Seegang bei Mistral. Die Ufer der Île de Port-Cros sind überall felsig und zerklüftet. Es gibt nur wenige Plätze, an denen das Ankern erlaubt ist. Auf der Insel gibt es herrliche, gut beschilderte Wanderwege. Zelten, offenes Feuer und Rauchen sind auf der Insel verboten!

Ankerplätze:

• Im W liegt die Rade de Port-Cros, ein gegen südliche Winde geschützter Ankerplatz.

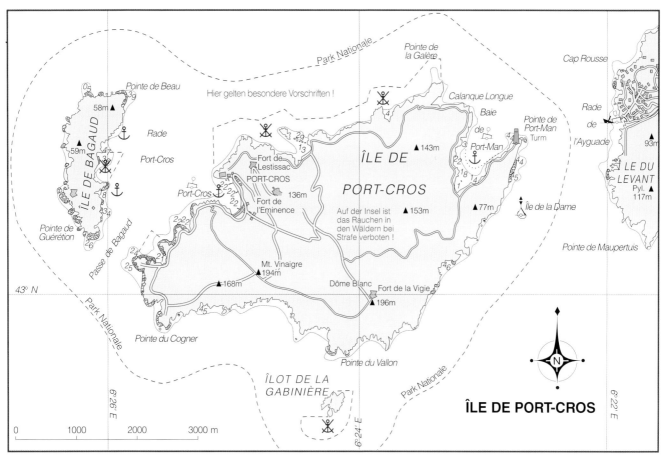

Pointe de la Galère

Cap Rousse

Park Nationale

Calanque Longue

Baie
de
Port-Man

Pointe de
Port-Man
Turm

Rade
de
l'Ayguade

LE DU
LEVANT
Pyl.
117m

93m

Hier gelten besondere Vorschriften !

Pointe de Beau

ÎLE DE BAGAUD

58m

59m

Rade

Port-Cros

Fort de
Lestissac

PORT-CROS

Port-Cros

Fort de
l'Eminence

136m

ÎLE DE

PORT-CROS

Auf der Insel ist
das Rauchen in
den Wäldern bei
Strafe verboten !

143m

153m

77m

Île de la Dame

Pointe de Maupertuis

Pointe de
Guérétion

Passe de Bagaud

Park Nationale

43° N

Mt. Vinaigre
194m

168m

Dôme Blanc

Fort de la Vigie

196m

N

ÎLE DE PORT-CROS

Pointe du Cogner

Pointe du Vallon

ÎLOT DE LA
GABINIÈRE

Park Nationale

6° 26' E

6° 24' E

6° 22' E

0   1000   2000   3000 m

Eine Ankerbucht der Île de Port-Cros: die Baie de Port Man

- Vor der Île de Bagaud gibt es nördlich und südlich der durch gelbe Bojen gekennzeichneten Ankerverbotszone Ankermöglichkeiten auf 3 – 10 m Wassertiefe bei sandigem, grasbewachsenem Grund. Diese Plätze sind einigermaßen gegen Mistral geschützt.
- Im E ist die Baie de Port-Man ein sehr schöner, sehr gut gegen Mistral geschützter Ankerplatz, Dort liegen die Boote auf 2 – 10 m Wassertiefe bei sandigem, stellenweise grasbewachsenem Grund. Mit dem Beiboot ist man schnell am Strand, von wo aus sich auf gut ausgeschilderten Wegen die Insel erkunden läßt.

beherbergt eine Ausstellung über die Geschichte der Insel. Auf dem Wege dorthin kann man herrliche Aussichten auf die Insel und das Meer genießen.
Bei bestimmten Gefahrensituationen tritt ein Alarm-Plan in Kraft. Dann dürfen die Wälder und das Inselinnere nicht betreten werden.

Port de Port-Cros 43° 00,5' N | 006° 23,0' E

Der Hafen hat keine Schutzmole, ist nach W offen und daher bei Mistral einem unerträglichen Schwell ausgesetzt, der Seegang wird nur durch die Île de Bagaud etwas abgeschwächt. Gegen östliche Winde ist der

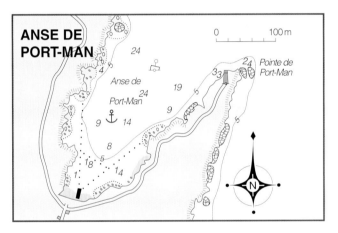

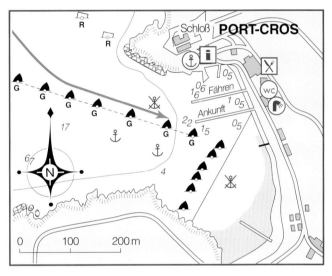

Hafen dagegen gut geschützt. Er bietet 75 Plätze an Stegen und 26 Ankerbojen für Boote bis max. 15 m Länge. Am Kopf der Stege ist das Wasser noch 2,2 m tief, nimmt aber zum Land hin auf 0,5 m ab. Der Betonkai im N ist den ständig ein- und auslaufenden Ausflugsbooten vorbehalten. Zu den Stegen führt ein betonntes Fahrwasser, auf dessen S-Seite geankert werden kann. Dort liegen auch Ankerbojen aus.
Es besteht ständiger Fährverkehr von und zu den Häfen von Hyères, Le Lavandou und Cavalaire.

Ansteuerung:
Die Île de Port-Cros ist tagsüber aus allen Richtungen gut zu erreichen. Nachts brennt kein Feuer auf der Insel. Bei nordöstlichen Winden ist in der Passe de Bagaud mit Stromversetzung zu rechnen. Dies gilt bei südlichen Winden auch in der Passe des Grottes zwischen der Île de Port-Cros und der Île du Levant.
Gebote: Die Insel ist von einer 300 m breiten Naturschutzzone umgeben, in der die Geschwindigkeit von 5 kn nicht überschritten werden darf und in der Fischen, Unterwasserjagd und Angeln verboten sind. In der 600-m-Zone beträgt die Höchstgeschwindigkeit 12 kn.

Ansteuerung:
Tagsüber ist die Ansteuerung von N an der Île de Bagaud vorbei einfach. Von S bei S-Winden durch die

Landgang:
Auf der Insel gibt es eine Reihe alter Befestigungsanlagen. Das Fort de l'Estissac kann besichtigt werden, es

Der Hafen von Port-Cros, im Hintergrund das Fort du Moulin

Passage de Bagaud erschwert ein starker (1 – 3 kn) Strom die Ansteuerung. Man kann sich an dem Fort du Moulin über dem Hafen orientieren.

Nachts sollte der unbefeuerte Hafen nur bei ruhigem, klarem Wetter und mit guten Ortskenntnissen angelaufen werden, da in der Zufahrt eine unbeleuchtete, schwere Mooringtonne liegt.

Hafengebote: Wer übernachten will, muß sich beim Hafenmeister melden, tagsüber ist das Festmachen an den Stegen und Ankertonnen von 10 – 17 h frei.

Hafenmeister: J. Monpoix, Tel. 04 94 05 90 17, Fax 04 94 05 99 96, VHF Kanal 9.

Dienstzeiten von 9 – 18 h.

Wetterinformationen: Täglich neuer Météo an der Capitainerie.

Hafenservice:

In der Saison ist die Wasserabgabe im Hafen rationiert (20 l pro Tag zwischen 19 und 19.30 h). Es gibt zwei Telefonzellen, Abfallbehälter und eine öffentliche Sanitäreinrichtung mit mehreren WCs.

Versorgung:

In einem kleinen Laden können Lebensmittel, Backwaren und Getränke gekauft werden. Post, Restaurants, Bars und Cafés des Ortes sind nur während der Saison geöffnet.

Information: Office du Tourisme direkt am Hafen neben der Capitainerie.

Landgang:

Auf gut ausgeschilderten Wegen kann die Insel erkundet werden. Vom Hafen aus führt ein Wanderweg zunächst zum Fort du Moulin und weiter den Klippen entlang zum Fort de l'Estissac. An der Route zum Fort liegen das Fort de l'Eminence und das Fortin de la Vigie auf der anderen Seite der Insel.

Das Fort du Moulin ist bewohnt und kann nicht betreten werden, dagegen finden im Fort de l'Estissac Führungen statt. Dort kann eine Ausstellung über die Geschichte der Insel besucht werden. Fort de l'Eminence und das kleinere Fortin de la Vigie können ebenfalls besichtigt werden.

Blick über Port-Cros mit Fort du Moulin hinweg auf die Île de Bagaud

An mehreren Stellen auf den Wegen durch die bergige Landschaft ergeben sich herrliche Aussichten auf die Insel und das Meer.

Bei bestimmten Gefahrensituationen tritt ein Alarm-Plan in Kraft. Dann dürfen die Wälder nicht mehr betreten werden, und der Aufenthalt ist auf die Wege an der Küste beschränkt.

Ankern:

Auf der S-Seite des Fahrwassers auf 2 – 15 m Wassertiefe bei sandigem, teilweise grasbewachsenem Grund ist Ankern gut möglich. Weitere Ankermöglichkeiten bestehen vor der Île de Bagaud. Dort ist nur in einer durch Bojen gekennzeichneten Zone das Ankern verboten. An der gesamten N-Küste der Île de Port-Cros und in der Nähe der Îlot de la Gabinière herrscht Ankerverbot.

Île du Levant

Die Île du Levant ist die am weitesten östlich liegende Insel der Gruppe. Ihre Ufer sind überall felsig und zerklüftet. Ankern ist nur auf der Rade de l'Ayguade erlaubt. Die Insel steht einerseits unter Naturschutz, andererseits sind weite Bereiche der Insel militärisches Gebiet, das nicht betreten werden darf. Auf dem höchsten Punkt in der Mitte der Insel befindet sich in einem Turm die Signalstelle für die Schießgebiete. Von hier aus werden die an der Küste rund um die Insel verteilten Sperrgebiete überwacht, in die unter keinen Umständen Yachten einlaufen dürfen.

Auf dem Rest der Insel, einem etwa 1,5 km breiten Streifen mit dem Ort Héliopolis, bewegen sich die Urlauber im Sommer völlig textillos.

Zelten, offenes Feuer und Rauchen sind strengstens verboten!

Ansteuerung:

Die Île du Levant ist tagsüber aus allen Richtungen gut zu erreichen. Nachts brennt ein Feuer auf der Insel. Es zeigt jedoch lediglich den Weg zu dem Militärhafen Port de L'Avis, der nur in Notfällen angelaufen werden darf. Bei südlichen Winden ist in der Passe des Grottes zwischen der Île de Port-Cros und der Île du Levant mit Stromversetzungen zu rechnen.

Gebote: Die Insel ist von einer 300 m breiten Naturschutzzone umgeben, in der eine Geschwindigkeit von 5 kn nicht überschritten werden darf und in der jede Art zu Fischen verboten ist.

Ankern:

Der Ankerplatz auf 3 – 12 m tiefem Sand/Gras-Grund liegt außerhalb der Ansteuerung der Fähren, die an einer kleinen Mole anlegen. Sehr gemütlich ist der Ankerplatz nicht, weil bei fast jedem Wetter aus irgendeiner Richtung unangenehmer Schwell steht.

Cap de l'Estérel bis Cap Bénat

In weitem Bogen wird die Rade d'Hyères von einer überwiegend flachen Küste gebildet, die im W von dem felsigen Cap de l'Estérel und im E von den steil abfallenden Bergen um das Cap Bénat begrenzt wird. Einige Flußmündungen unterbrechen die langen Sandstrände.

Die Île de Porquerolles schließt die große Bucht nach S hin ab.

Nach E wird der Küstenverlauf felsig, eine Reihe herrlicher Buchten lädt zum Ankern ein, dort muß wegen der zahlreichen Riffs vorsichtig navigiert werden.

Landmarken: Cap de l'Estérel, Cap des Mèdes, Cap Brégançon, Cap Blanc, Cap Bénat, Kardinalzeichen.
Achtung: Riffs, Löschflugzeuge.
Gebote: Ankern nur außerhalb der 300-m-Zonen, Sperrgebiet in der Umgebung der Flughafens von Hyères, Anker- und Fischereiverbot in einem Umkreis von 0,5 sm um eine unbefeuerte Tonne in der Rade de Salins.

Mistral-Wetterlagen bringen nicht so große Windstärken wie die westlicheren Küstenbereiche, der Seegang bei dieser Wetterlage ist in Küstennähe ebenfalls mäßig. Häufig auftretende SE-Winde verleiden das Ankern in den nach S und SE offenen Buchten.

Wichtige Leuchtfeuer:

Cap Blanc	43° 05,3' N I 006° 21,8' E
	Fl.R.5s60m21M
Cap d'Armes	42° 59,0' N I 006° 12,4' E
	F(2)10s 80m29M
Port Pothuau, E-Mole	43° 07,0' N I 006° 12,2' E
	Oc(3).WG.12s 9m13/10M

Dieses Feuer signalisiert beim Übergang vom grünen in den weißen Sektor, daß das Cap de l'Estérel sicher umrundet ist. Durch den zweiten grünen Sektor werden die Untiefen im Ostteil der Rade d'Hyères markiert.

Vom Cap de l'Estérel kommend läuft man nach NW in die große Ankerbucht Rade de Badine, die gegen westliche und südwestliche Winde gut geschützt ist

und auch einige Strände zwischen vorspringenden Felsen aufweist. Nördlich davon erreichen wir

Petit Port de la Capte
43° 04,0' N | 006° 09,1' E

Der Petit Port de la Capte liegt am Eingang des Versorgungskanals für die Salines de l'Étang des Presquiers. Er bietet mit seinem etwa 0,8 m tiefen Hafenbecken für Boote bis 6,5 m Länge 18 Gastplätze. Besucher dürfen 4 Stunden gebührenfrei festmachen.

Ansteuerung:

Ein etwa 300 m langes, mit einigen kleinen Bojen gekennzeichnetes, etwa 0,8 m tiefes Fahrwasser führt in NE-Richtung zum Hafeneingang. Sandbänke und eine schmale Einfahrt erschweren das Einlaufen. Nachts ist die E-Mole befeuert (Fl.G. 2s 1M). Bei starken östlichen und südöstlichen Winden ist das Einlaufen nicht möglich.

Hafenmeister: F. Turpin, Tel. 04 94 58 02 30.
Dienstzeiten von 8 – 12 h und von 14 – 17.30 h, ganzjährig.
Wetterinformationen: Täglich neuer Météo an der Capitainerie.

Hafenservice:

Der Hafen hat 125 Liegeplätze für Boote bis 6,5 m Länge an den Stegen und am Kai, von denen 18 als Gastplätze reserviert sind.

Die Wassertiefe beträgt im Hafeneingang 1,5 m, im Vorhafen 1 m und im Hafenbecken 0,8 m.

Wasser- und Stromanschlüsse sind an einigen Liegeplätzen vorhanden. Sanitäreinrichtung mit WC, Kartentelefon, Slip und 5-t-Kran sind vorhanden.

Versorgung:

Es gibt nur sehr eingeschränkte Versorgungsmöglichkeiten in der näheren Umgebung.

Im Hafengelände und am Strand haben in der Saison eine Reihe von Restaurants und Bars geöffnet.

Ankern:

Auf der Rade de Badine ist Ankern auf 3 – 10 m Tiefe außerhalb der Badezonen auf Sand/Grasgrund möglich. Die Bucht ist sogar bei mäßigen NW-Winden einigermaßen ruhig.

Eine gute Seemeile weiter nördlich erreichen wir den großen Yachthafen

Port Saint-Pierre d'Hyères
43° 05,0' N | 006° 10,0' E

Port Saint-Pierre d'Hyères ist ein großer, gegen alle Winde gut geschützter Yachthafen mit allen notwendigen Einrichtungen an der Ostseite der Presqu'île de Giens. Er besitzt vier Hafenbecken und zwei Einfahrten, eine im S und eine im N. Durch die Südeinfahrt sind die Bassins 1, 2 und 4, über den Nordeingang das Bassin 3 zu erreichen. 120 Gastplätze für Boote bis 16 m stehen zur Verfügung, die in der Saison häufig vollständig belegt sind. Im Bereich des Jetée Nord-Est, der die Becken 1 und 2 schützt, beträgt die Wassertiefe mindestens 3 m. Zwischen beiden Einfahrten liegt die Zufahrt zum Sportbecken, in dem nur kleine Boote und Jollen zu Wasser gelassen werden.

Ansteuerung:
Der Hafen liegt an der E-Küste der Presqu'île de Giens. Tagsüber und nachts ist das Einsteuern in die sich nach S öffnende, 50 m breite Südeinfahrt oder in die sich ebenfalls nach S öffnende, ebenso breite Nordeinfahrt einfach. Die weittragenden Feuer von Cap Blanc (Fl.R.5s), Grand Ribeaud (Fl.15s) und Cap d'Armes (Fl(2)10s) zusammen mit den Molenfeuern (Oc.R.4s) und (Fl.G.4s9m10M) zu den Gastplätzen in den Südbecken erleichtern nachts die Ansteuerung. Der Zugang zum Nordbecken ist ebenfalls weithin sichtbar feuert (Fl.R.4s und Iso.G.4s8m10M). Schließlich geben die Feuer der Landebahn des nahen Flughafens zusätzliche Orientierungshilfe in Hafennähe. Bei Starkwind brennt nachts ein Warnfeuer auf dem Mast der Capitainerie zwischen den Südbecken, denn bei heftigen östlichen bis südöstlichen Winden ist das Einlaufen wegen des hohen Seegangs schwierig. Wegen der Flugschneise ist eine Ansteuerung aus nordwestlicher Richtung zu vermeiden.
Landmarken: Der Flughafen und die Kirche Notre Dame d'Hyères.

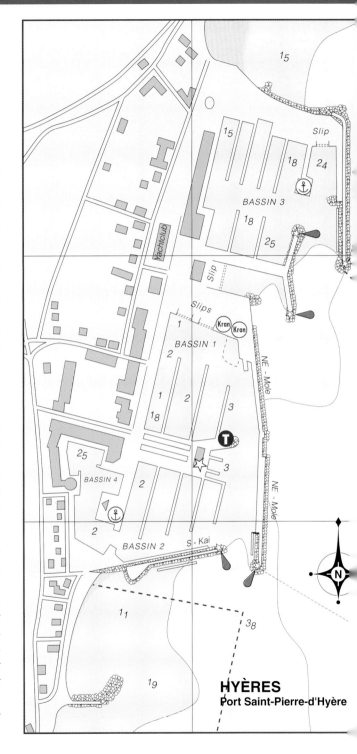

HYÈRES
Port Saint-Pierre-d'Hyère

Port Saint-Pierre d'Hyères

Achtung: Lebhafter Verkehr in der Saison, hoher Seegang bei starken östlichen und südöstlichen Winden.
Hafengebote: Besucher benutzen die Südeinfahrt und
melden sich bei der Capitainerie, um sich einen Liegeplatz zuweisen zu lassen. Ankern im Hafen ist nicht erlaubt.

Hafenmeister: Mlle V. Gadaud, Tel. 04 94 12 54 40, Fax
04 94 12 54 50, VHF Kanal 9.
Dienstzeiten von 6 – 23 h, in der Vorsaison von 8 – 12 h
und von 14 – 17 h.
Wetterinformationen: Täglich neuer Météo an der Capitainerie. Starkwindwarnungen am Mast auf der Capitainerie.

Hafenservice:
Der Hafen hat 1350 Liegeplätze in vier Hafenbecken.
Mooringleinen, Wasser- und Stromanschlüsse (220 V,

2,2 kW) gibt es an allen Plätzen. An der Tankstelle in
der Nähe der Capitainerie kann auch außerhalb der
normalen Öffnungszeiten mit bestimmten Checkkarten
Treibstoff gezapft werden. Duschen und WCs sind in
mehreren Sanitärblöcken über den Hafen verteilt. Kartentelefone, Automatenwäscherei, Schiffsausrüster,
Werften, Werkstätten und zwei Winterlagerbereiche mit
Slips, festen Kränen und schweren Travellifts gehören
zu den Hafeneinrichtungen.

Versorgung:
Bank und Post sind in der Siedlung vor dem Hafen, zu-
sammen mit Geschäften und einem Supermarkt, zu fin-
den. Eine Zweigstelle der Post (Tel. 04 94 38 68 79) be-
findet sich auch in dem Gebäude der Capitainerie.
Zahlreiche Restaurants und Bars laden bereits an der
Hafenpromenade ein, weitere in der Siedlung vor dem
Hafen.

Port Saint-Pierre d'Hyères

festmachen. Hinter einer flachen Brücke mit einer Durchfahrtshöhe von 1,5 m setzt sich der Hafen im Fluß fort.

Ansteuerung:
Petit Port de l'Ayguade liegt zwischen Port Saint-Pierre d'Hyères und Port de Salins. Vom 15. Juni bis zum 15. September ist das Fahrwasser zum Hafen betonnt. Die Hafeneinfahrt ist versandet und höchstens 1 m tief. Auf der E-Mole brennt nachts ein Feuer (Fl(2).G.6s6M). Bei starkem Seegang ist die Einfahrt gefährlich, starke S bis SE-liche Winde machen die Einfahrt unpassierbar.
Hafengebote: Boote bis 8 m, Geschwindigkeit im Hafenbereich begrenzt auf 3 kn.

Landgang:
Obwohl Port Saint-Pierre bezüglich seiner Einrichtungen für Yachten kaum etwas vermissen läßt, führt ein Bummel durch die Siedlung schnell wieder in den Hafen zurück, weil es dort außer Geschäften, Restaurants, Bars und Ferienhochhäusern nichts zu entdecken gibt. Ein Landgang zur Ortschaft Hyères im Landesinneren scheitert wegen der Entfernung.
Information: Office du Tourisme, Tel. 04 94 65 18 65

Hafenmeister: N. Bourdier, Tel. 04 94 66 33 98, VHF Kanal 9.
Dienstzeiten von 8 – 12 h und von 14 – 17.30 h.

Hafenservice:
Der Hafen verfügt über 480 Liegeplätze mit Mooringleinen, Wasser- und Stromanschlüssen und über eine Sanitäreinrichtung mit WCs. Es gibt einen Schiffsausrüster, eine Tankstelle, ein Winterlager, einen 5t Kran und im Ort eine Automatenwäscherei.

Ankern:
In der Saison liegen viele Yachten bei ruhigem Wetter südlich des Hafens außerhalb der Zufahrt und des Badebereichs vor Anker. In der Flugschneise des Flughafens im N von Port Saint-Pierre ist Ankern allerdings strikt verboten.

Versorgung:
Eine kleine Auswahl an Lebensmitteln und Getränken gibt es im Ort. In der Saison haben eine Anzahl Restaurants und Bars geöffnet.

Eine Seemeile nordöstlich liegt der kleine

Größere Yachten können eine Seemeile auf nordöstlichem Kurs weiterlaufen bis zum Hafen

Petit Port de l'Ayguade ou Port de Ceinturon
43° 06,1' N | 006° 10,5' E

Petit Port de l'Ayguade ist ein kleiner 0,8 – 1 m tiefer, windgeschützter Hafen in der durch Molen auf beiden Seiten der Flußmündung befestigten Le Roubeaud. Er bietet 130 Gastplätze für Boote bis 8 m Länge und geringem Tiefgang. Besucher dürfen 4 h gebührenfrei

Port du Gapeau ou Port de Berriau-Plage
43° 06,7' N | 006° 11,7' E

Port du Gapeau ist ein kleiner, windgeschützter Yachthafen in der Flußmündung von Le Gapeau (mit großem Winterlager), 2,3 sm nordöstlich vom Port Saint-Pierre d'Hyères. Er kann von 12 m langen Yachten mit einem Tiefgang von 2 m genutzt werden.

Port du Gapeau ou Port de Berriau-Plage

Ansteuerung:

Der Hafen kann nur tagsüber und bei gutem Wetter angelaufen werden.

Als *Ansteuerungsmarke* dient das weiße Hochhaus
„Simone Berriau" hinter einem mehrstöckigen, breiten
Appartementhaus auf der nordöstlichen Seite der
Flußmündung, die von einer 70 m langen Mole ge-
schützt wird. Auf dem gegenüberliegenden Flußufer ist
ein Blockhaus zu erkennen.

Achtung: Im SE vor der Flußmündung bilden sich immer wieder Sandbänke, die mit Bojen markiert sind
und von Zeit zu Zeit ausgebaggert werden. Beim Einlaufen soll man sich daher dicht unter der nordöstlichen Mole halten, dort ist das Fahrwasser am tiefsten.

Hafengebote: Anmeldung beim Hafenmeister.

Hafenservice:

Der wesentliche Teil des Hafenservice wird durch die
technische Zone mit festen und beweglichen Kränen
bis 10 t, Reparaturwerkstätten und dem Winterlager
gebildet.

Die zum Teil mit Mooringleinen, Wasser- und Stromanschlüssen ausgestatteten Kaianlagen und Stege an
beiden Ufern ergeben etwa 200 Liegeplätze mit Wassertiefen zwischen 1 und 2 m.

Der Hafen endet nach etwa 300 m im NW an einer
niedrigen Brücke. Etwa in der Mitte am südlichen Ufer
befinden sich die Capitainerie und die Sanitäreinrichtungen.

In unmittelbarer Umgebung gibt es keine Versorgungsmöglichkeiten.

Port Pothuau

Als Nothafen und bei schlechtem Wetter kann ein kleiner Hafen 0,5 sm nordöstlich von Port du Gapeau angelaufen werden, nämlich

Port Pothuau
43° 07,0' N | 006° 12,2' E

Port Pothuau liegt etwa 3 sm nordöstlich vom Port Saint-Pierre d'Hyères entfernt in der Rade de Salins. Der Hafen wird von zwei befeuerten Molen gebildet, die ihn gegen östliche und nördliche Winde schützen. Er öffnet sich nach SW, hat eine 35 m breite, 3,5 m tiefe Einfahrt und ist zwischen 2 und 4 m tief. Er wird fast ausschließlich von der Marine Nationale zur Versorgung der Marinebase auf der Île du Levant genutzt. Eine Anzahl Fischerboote und einige lokale Yachten werden toleriert. *Achtung:* Fremde Yachten dürfen nur bei schlechtem Wetter oder im Fall einer Havarie mit Zustimmung des Marinekommandanten im westlichen privaten Bereich des Hafens festmachen.

Ansteuerung:
Die Ansteuerung ist tagsüber einfach und wird nachts durch die weittragenden Feuer auf den Molenköpfen (Fl(2).R. 6s 6M und Oc(3).WG. 12s 9m13/10M) erleichtert.
Achtung: Im Ansteuerungsbereich von Port Pothuau liegen einige unbefeuerte Festmachetonnen.
Landmarke: Der schwarze, 6 m hohe Gittermast des Leuchtfeuers auf der E-Mole.
Hafenmeister: Tel. 04 94 68 82 77, VHF Kanal 9.

Hafenservice:
Der Hafen verfügt nur über wenige Einrichtungen, wie z. B. einen 5-t-Kran, einen Slip und eine Tankstelle.
Versorgung mit Lebensmitteln und Getränken ist im nahen Ort möglich.

Leider kann der folgende Hafen im Scheitel der hier sehr flachen Baie d'Hyères nur von Schiffen bis 1,5 m Tiefgang angelaufen werden.

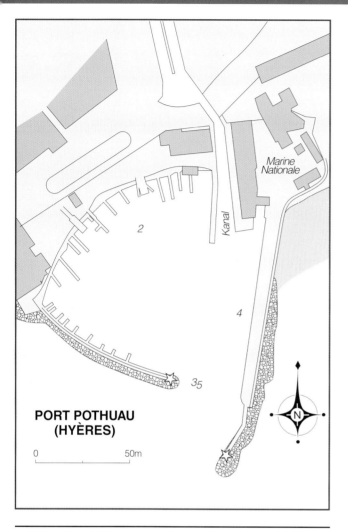

**PORT POTHUAU
(HYÈRES)**

0 _____ 50m

Port de Miramar – La Londe les Maures
43° 06,9' N | 006° 14,8' E

Port de Miramar – La Londe liegt in der Mitte der Baie d'Hyères vor einem weithin flachen Hinterland ohne bemerkenswerte Landmarken, umgeben von ausgedehnten Sandstränden.

Der Hafen ist gegen alle Winde gut geschützt und bietet 50 Gastplätze für Yachten bis 9 m mit einem Tiefgang von höchstens 1,5 m.

Unmittelbar neben dem Hafen in der durch eine Mole geschützten Mündung des Flüßchens Maravenne gibt

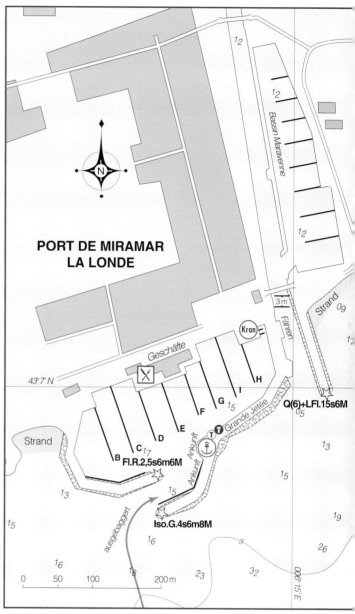

es hinter einer Brücke mit 3 m Durchfahrtshöhe ein weiteres Hafenbecken mit einer Wassertiefe von 1,2 m.

Ansteuerung:

Die Hafeneinfahrt liegt im flachen Wasser, öffnet sich nach W und ist ca. 40 m breit und 1,5 m tief. Ein be-

Port de Miramar – La Londe

tonntes Fahrwasser mit einer Wassertiefe von 1,6 m führt zum Hafeneingang. Die Feuerkennungen auf den Molenköpfen des Hafeneingangs: Fl.R. 2,5s 6m 4M und Iso.G. 4s 8m 8M.

Auf der Schutzmole der Flußmündung brennt ebenfalls ein Feuer (Q(6) + LFl. 15s 6m 6M).

Marken: Eine Appartementsiedlung im W des Hafens.

Achtung: Sehr flache Sandbänke außerhalb des Fahrwassers und starker Seegang können beim Einlaufen gefährlich werden.

Hafengebote: Geschwindigkeitsbegrenzung auf 3 kn, Anmeldung beim Hafenmeister.

Hafenmeister: J. Vidal, Tel. 04 94 66 82 77, Fax 04 94 05 26 12, VHF Kanal 9.

Dienstzeiten von 8 – 12 h und von 14 – 18 h.

Wetterinformationen: Täglich neuer Météo an der Capitainerie.

Hafenservice:

Der Hafen bietet 1200 Liegeplätze für Yachten bis 9 m. Mooringleinen, Wasser- und Stromanschlüsse (220 V, 1 kW) sind an den Liegeplätzen vorhanden, im Hafen gibt es Sanitäreinrichtungen mit Duschen und WCs, mehrere Kartentelefone, ein kleines Lebensmittelgeschäft und eine Automatenwäscherei.

Die Tankstelle an der Capitainerie ist nur in der Saison geöffnet, und zwar von 8.30 bis 12 h und von 14 bis 18 h. Ein Winterlager mit Slip, ein fester 5-t-Kran, ein 15-t-Mobilkran und eine Werft befinden sich im E des Hafens. Dort können die meisten Reparaturen ausgeführt werden.

Touristik:

In der Saison besteht ein regelmäßiger Fährverkehr zu den Îles d'Hyères.

Versorgung:
Post und Bank, Geschäfte, Restaurants und Bars sind im ca. 3 km entfernten Ort La Londe-des-Maures zu finden. *Touristinformation:* Tel. 04 94 66 88 22.

Landgang:
Ein Bummel durch den Ort La Londe-des-Maures in Verbindung mit Einkäufen bietet sich an.

Ankern:
Bei gutem Wetter ist Ankern vor der flachen Küste möglich, dazu sind zwei Bereiche in Hafennähe mit Bojen markiert.

Einen sehr schönen Ankerplatz erreichen wir östlich von Port de Miramar, die

Baie de Léoube 43° 06,9' N | 006° 17,2' E

Die Baie de Léoube, eine gegen östliche Winde gut geschützte Ankerbucht, liegt ca. 2 sm östlich vom Port de Miramar – La Londe.
Achtung: An den Rändern der Bucht und in der Umgebung der vorgelagerten Îlot de Léoube sind allerdings einige gefährliche Unterwasserfelsen zu beachten. Man ankert auf 2 – 8 m sandigem Grund. Der Ankerbereich liegt außerhalb der 300 m breiten Badezone.

Ansteuerung:
Bei der Ansteuerung der Bucht auf N-Kurs bleibt die Îlot de Léoube in sicherem Abstand an Bb. liegen.

Cap de Brégançon

Sehenswürdigkeiten:
Die Batterie des Maures ist ein altes militärisches, 14 m hohes Bauwerk mit einem Turm auf einem Felsen, das etwa 400 m südöstlich der Bucht mitten im Wasser liegt.

Etwa 2 sm in südöstlicher Richtung liegt das felsige, weit vorspringende

Cap de Brégançon 43° 05,6' N | 006° 19,3' E

Cap Brégançon ist eine kleine vorgelagerte, bewaldete Felseninsel, die eine künstliche Landverbindung hat. Im Fort de Brégançon auf den Klippen der Insel hat der französische Präsident seinen Sommersitz.
Während seiner Anwesenheit – auf dem Fort weht dann die französische Nationalflagge – ist leider eine zu dichte Annäherung von See her und natürlich das Ankern verboten.

Die vorgelagerte Insel bietet in der präsidentenfreien Zeit in den Buchten beiderseits der Verbindung gut geschützte Ankerplätze auf 3 – 5 m tiefem, sandigem, teilweise grasbewachsenem Grund.

Ansteuerung:
Cap de Brégançon liegt jeweils etwa 2 sm westlich von Cap Bénat und südöstlich der Baie de Léoube.

Unmittelbar östlich (0,5 sm) vom Cap de Brégançon befindet sich der kleine Privathafen

Petit Port de Reine-Jeanne
43° 05,4' N | 006° 20,0' E

Der Hafen liegt 2 sm westlich vom Cap Bénat am Pointe de Galère. Der winzige, ca. 1,5 m tiefe, gut geschützte Privathafen liegt nur 800 m entfernt vom Cap Brégançon, dem Sommersitz des französischen Präsidenten. Er darf bei Anwesenheit des Präsidenten ebenfalls nicht angelaufen werden.

Ansteuerung:
Der kleine Hafen liegt direkt westlich im Schutz des felsigen Pointe de Galère.

Eine steile, bewaldete Felsküste zieht sich etwa 2 sm vom Cap Brégançon nach Osten hin zum

Cap Blanc

mit dem weitreichenden Leuchtfeuer (Fl.R. 5s 60m 21M). Dahinter, auf einem 185 m hohen Berg, steht ein weißer, runder Semaphore der Küstenwache.
Etwa 500 m weiter in NE-licher Richtung liegt das felsige, bewaldete Cap Bénat.

Cap Bénat – Cap Camarat

Vom Cap Bénat bis in die Nähe vom Port de Bormes-les-Mimosas besteht die Küste aus steil zum Meer abfallenden, dicht bewaldeten, felsigen Bergen, unterbrochen von einigen kleinen Buchten. Im Scheitel der Rade de Bormes ist der feine Sandstrand zu beiden Seiten von Le Lavandou beliebtes Ferienziel im Sommer. Zwischen Cap Nègre und Cap Cavalaire treten die waldreichen Berghänge des Massiv des Maures

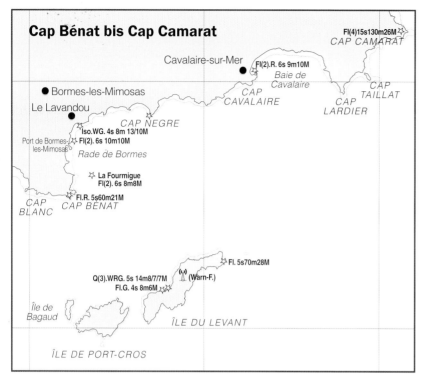

Cap Bénat bis Cap Camarat

Cavalaire-sur-Mer
Fl(2).R. 6s 9m10M
Baie de Cavalaire
Fl(4)15s130m26M
CAP CAMARAT

Bormes-les-Mimosas
Le Lavandou
CAP CAVALAIRE
CAP TAILLAT
CAP LARDIER

CAP NEGRE
Iso.WG. 4s 8m 13/10M
Port de Bormes-les-Mimosas
Fl(2). 6s 10m10M
Rade de Bormes

La Fourmigue
Fl(2). 6s 8m8M

CAP BLANC
Fl.R. 5s60m21M
CAP BÉNAT

Fl. 5s70m28M
Q(3).WRG. 5s 14m8/7/7M
(Warn-F.)
Fl.G. 4s 8m6M

Île de Bagaud

ÎLE DU LEVANT

ÎLE DE PORT-CROS

Starke auflandige Winde treten in den Sommermonaten hier relativ selten auf, dann ist es besser, im sicheren Hafen auf den Wetterumschwung zu warten.

Wichtige Leuchtfeuer:

Cap Blanc   43° 05,3' N I 006° 21,8' E
                  Fl.R.5s60m21M
La Fourmigue   43° 06,4' N I 006° 24,3' E
                  Fl(2)6s8m8M
Phare du Titan   43° 02,8' N I 006° 30,6' E
                  Fl5s70m30M
Cap Camarat   43° 12,1' N I 006°40,8' E
                  Fl(4)15s130m26M

Weit draußen in der Rade de Bormes liegt der Felsen

Rocher de La Fourmigue
43° 06,4' N | 006° 24,3' E

Rocher de La Fourmigue ist ein einzelner Felsen mitten in der Rade de Bormes. Bei gutem Wetter ankern häufig Angler im flachen Bereich um den Felsen.

Auf einem 8 m hohen Mast, der zwei Bälle als Einzelgefahrenzeichen trägt, brennt nachts ein Feuer mit der Kennung Fl(2). 6s 8m 8M. Der Felsen liegt im grünen Sektor des weithin sichtbaren Hafenfeuers von Le Lanvandou.

Gleich nach dem Runden des charakteristischen Cap Bénat fällt eine kleine Bucht auf, in der man einen Badestopp einlegen oder auch den folgenden kleinen Hafen für einen kurzen Besuch anlaufen kann.

Petit Port de Pradet 43° 05,6' N | 006° 22,1' E

Port du Pradet, ein kleiner privater, gut gegen westliche Winde geschützter Yachthafen, liegt direkt südlich des Cap Bénat.

Er ist in der Saison mit lokalen Yachten unter 9 m Länge mit einem Tiefgang von 1,5 m besetzt. Außer einer Zapfstelle für Wasser gibt es keine weiteren Einrichtungen. Der Hafen liegt innerhalb eines privaten Landbe-

bis zur Küste vor und bilden nur vereinzelt einladende Buchten. Erst die Baie de Cavalaire bietet wieder ausgedehnte Strände, die vom schroffen Cap Lardier abgelöst werden. Auf beiden Seiten vom Cap Taillat liegen wunderschöne Ankerbuchten. Auch im weiteren Verlauf der Baie de Bonporteau bis zum Cap Camarat ankern bei gutem Wetter viele Yachten vor den Stränden der Küste. In diesem Bereich ist wegen verschiedener Riffs allerdings Vorsicht geboten. In einigen Bereichen ist das Ankern, in anderen das Tauchen verboten, überall ist die Badezone von 300 m zu beachten.

Vom Cap Bénat bis zum Cap Camarat wird bei Mistral-Wetterlagen der Einfluß der schützenden Berge des Hinterlandes immer deutlicher, was nicht heißt, daß hier kein Mistral weht, sondern daß die Windstärken im Vergleich zum Golfe du Lion deutlich geringer ausfallen. In einer Reihe von Buchten kann daher auch bei Mistral sicher geankert werden, wenn entsprechende Vorsichtsmaßnahmen ergriffen werden, wie z.B. Ankerwache, doppelter Anker oder sichere Verbindung mit zusätzlichen Leinen zum Land.

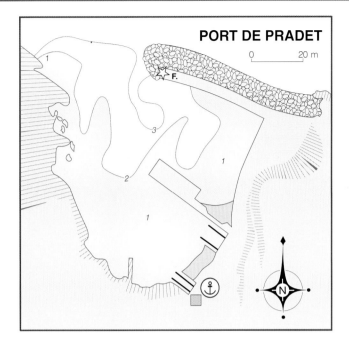

PORT DE PRADET

0   20 m

Port de Bormes-les-Mimosas
43° 07,4' N | 006° 21,9' E

Port de Bormes-les-Mimosas ist ein großer, windgeschützter Yachthafen mit allen wünschenswerten Einrichtungen. Er bietet 950 Liegeplätze für Yachten bis 20 m, davon sind etwa 650 in Privatbesitz. Um das Bassin d'Honneur stehen dichtgedrängt eine Anzahl von Appartementhäusern. Im Hafeneingang beträgt die Tiefe 3 m, an den Kais und Stegen zwischen 8 und 4 m.

Ansteuerung:
Der Hafen liegt am Pointe du Gouron. Die Hafeneinfahrt mit seinem beidseitig betonnten, 3 m tiefen Fahrwasser öffnet sich nach N. Tagsüber ist die Einsteuerung einfach, kann aber bei starken Ostwinden unmöglich werden. Nachts wird die Orientierung durch die Feuer von La Fourmigue (Fl(2). 6s 8m 8M), Le Lavandou (Iso.WG. 4s) und auf der Hafenmole (Fl(2). R. 6s 10m 10M) erleichtert.
Von W kommend rundet man das Cap Bénat in sicherem Abstand, läuft im weißen Sektor in die Richtung des Hafenfeuers von Le Lavandou und steuert auf das Molenfeuer von Bormes zu, wenn es querab peilt.
Von E kommend ist der Kurs von 270° auf das Molenfeuer von Bormes-les-Mimosas frei von Hindernissen.
Landmarken: Die Appartementhäuser im Hafen von Bormes-les-Mimosas und am Strand von Le Lavandou, die Felsen von La Fourmigue.
Achtung: Untiefen außerhalb des Hafenfahrwassers, Felsen vor der N-Küste der Rade de Bormes, Seegang bei starken Ostwinden.
Hafengebote: Die Anmeldung bei der Capitainerie soll am Besuchersteg erfolgen, die Geschwindigkeit ist im Hafen auf 3 kn begrenzt, Ankern im Hafenbereich ist nicht erlaubt.
Hafenmeister: C. Lisot und A. Bienboire,
Tel. 04 94 71 04 28, Fax 04 94 71 56 32,
VHF Kanal 9/16.
Dienstzeiten durchgehend 24 Std.
Wetterinformationen: Täglich neuer Météo an der Capitainerie, Starkwindwarnungen durch ein Blitzfeuer am Mast auf der Capitainerie ab Windstärke 6.

sitzes, zu dem der Zugang von Land für Fremde untersagt ist.

Ansteuerung:
Hinter einem 45 m langen, am Kopf befeuerten Wellenbrecher (Fl.R.2s4m1M) liegt ein fester Steg mit 1,5 m Wassertiefe am Kopf. Die Wassertiefe nimmt zum Kai hin auf etwa 1 m ab. Mit einem Kurs von 255° läuft man auf den Semaphore zu und steuert auf den Molenkopf zu, wenn der in 200° peilt.
Landmarke: Semaphore auf dem Cap Bénat.
Achtung: Felsenriffs in der Bucht, Seegang bei starken Ostwinden.

Ankern:
Die Anse du Gau, etwa 1 sm weiter nördlich, ist ein gegen nordwest- bis südwestliche Winde geschützter Ankerplatz mit 3 – 6 m tiefem, grasbewachsenem Grund.
Die Bucht kann wegen gefährlicher Riffs am Nordrand nur aus östlicher Richtung angelaufen werden.

Etwa 2 sm nördlich vom Cap Bénat liegt die große und moderne Marina

Port de Bormes-les-Mimosas

Videotext in der Capitainerie und in der Nähe des Bassin d'Honneur.

Hafenservice:
Alle Liegeplätze sind mit Mooringleinen, Wasser- und Stromanschlüssen (220/380 V, 3 kW) ausgestattet, Sanitäreinrichtungen mit Duschen und WCs sowie Kartentelefone sind über den Hafen verteilt, eine Tankstelle (Tel. 04 94 71 04 28) an der Capitainerie öffnet in der Saison von 7 – 20 h, in der Vorsaison von 8 – 12 h und von 14 – 18 h. Eine der Zapfsäulen akzeptiert Kreditkarten. Entlang der Mole kann gebührenpflichtig geparkt werden (1 Ffr/h), große gebührenfreie Parkplätze befinden sich vor dem Hafengelände. Rund um das Bassin d'Honneurs sind eine Reihe von Geschäften für Schiffselektronik, Angel- und Yachtzubehör Ein Clubhaus im Hafen ist in der Saison für seine Mitglieder und Gäste geöffnet. Zu dem Schwimmbad auf einer Dachterrasse haben nur Appartementbewohner und Liegeplatzeigner Zugang.

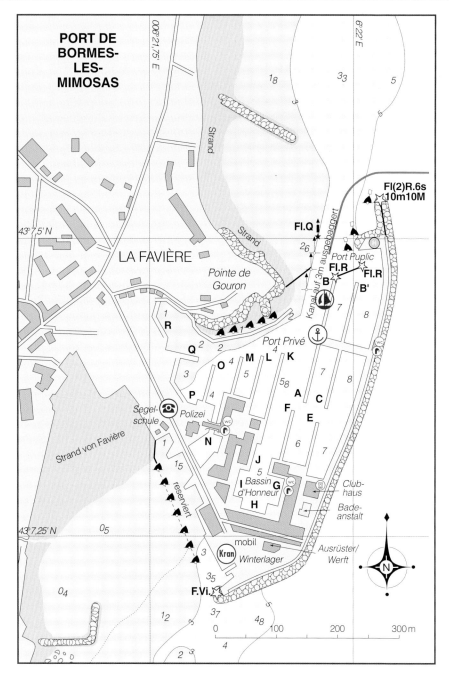

PORT DE BORMES-LES-MIMOSAS

LA FAVIÈRE

Strand

Pointe de Gouron

Strand von Favière

Segel-schule

Polizei

Kran mobil

Winterlager

reserviert

F.Vi.

Bassin d'Honneur

Club-haus

Bade-anstalt

Ausrüster/Werft

Port Privé

Port Public

Kanal auf 3m ausgebaggert

Fl.Q

Fl.R

Fl.R

Fl(2)R.6s 10m10M

0

100

200

300 m

mehrere Reparaturwerkstätten, einen beweglichen 10-t-Kran, einen 45-t-Travellift und einen Slip. Dort werden alle Reparaturen ausgeführt.

Versorgung:

Einige Eisdielen, Restaurants und Bars sowie einen kleinen Bäckerladen, der morgens frische Baguettes anbietet, finden Sie im Hafengebiet.

Der an den neuen Yachthafen angrenzende Ort La Favière bietet sehr gute Einkaufsmöglichkeiten, insbesondere auch für Weine der Region, und eine Fülle von Restaurants, Snacks und Bars sowie Bank und Post.

Information: Office du Tourisme, Tel. 04 94 71 15 17.

Landgang:

Gleich hinter dem Yachthafen beginnt der ausgedehnte Sandstrand von La Favière. Auf der anderen Seite des Hafens endet der Sandstrand von Le Lavandou.

Ankern:

Bei nordwestlichen Winden ist das Ankern auf der Rade de Bormes möglich, dabei ist eine gekennzeichnete Verbotszone um eine Abwasserleitung von Le Lavandou zu beachten.

Village de Bormes-les-Mimosas

Die alte Ortschaft Bormes-les-Mimosas liegt etwa 5 km entfernt oben in den Bergen, ist aber unbedingt einen Besuch wert. Das Dorf trägt den Titel „Premier Village Fleuri de France", und macht mit seinen malerischen, blumenüberfüllten Gassen diesem Titel wirklich Ehre. Von der Eglise Saint Trophyme führt ein als „Parcours Fleuri" beschilderter

In der technischen Zone im südlichen Bereich der Hafenanlage gibt es ein Winterlager mit Stellplätzen im Freien und in Hallen, eine Werft, einen Schiffsausrüster,

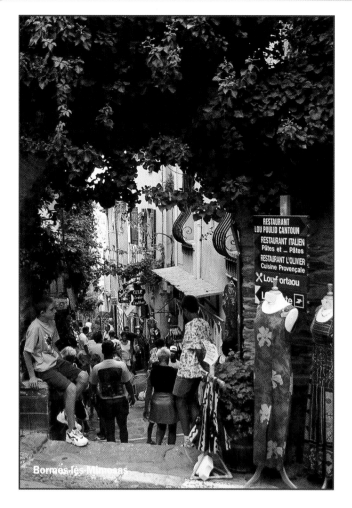

Bormes-les-Mimosas

Das Kirchenportal

Weg durch winklige Gassen zum alten Schloß. Von oben genießt man einen herrlichen Ausblick auf den Port de Bormes-les-Mimosas, die Bucht und das Cap Bénat. Die zahlreichen Restaurants bieten sehr gute französische Küche.

1 sm weiter nördlich von Bormes-les-Mimosas befindet sich mitten in Le Lavandou die große Marina

Port du Lavandou 43° 08,3' N | 006° 22,3' E

Der Hafen mit seinen drei Hafenbecken liegt im Scheitel der Rade de Bormes, einer Bucht mit ausgedehnten Sandstränden zu beiden Seiten des Hafens. Er ist gegen alle Winde geschützt und bietet 100 Gastplätze für Yachten bis 24 m Länge im Nouveau Port mit allen notwendigen Einrichtungen.

Ansteuerung:
Die Ansteuerung tagsüber und nachts ist einfach. Der Ancien Port und das Bassin 3 sind Fischern, lokalen Yachten und den Fähren vorbehalten. Deren Zugang öffnet sich nach SW hinter einer befeuerten Schutzmole (Q(9). 15s 4m 7M).
Diese Mole bildet zusammen mit der großen Schutzmole Digue Sud die sich ebenfalls nach Südwest öffnende Einfahrt zum Nouveau Port. Sie ist auf der Stb.-Seite mit einem Sektorenfeuer (Iso.WG.4s8m13/10M)

Port du Lavandou

ausgestattet, das mit seinen beiden weißen Sektoren von Hindernissen freie Zufahrten signalisiert. Im mittleren grünen Sektor liegt der nachts befeuerte Felsen La Fourmigue (Fl(2). 6s 8m 8M) und die unbeleuchtete gelbe Warntonne, die eine Ankerverbotszone begrenzt.

Der Anleger für Besucher im Hafeneingang ist nachts ebenfalls befeuert (Fl(2). R.).

Hafengebote: Besucher legen am Ankunftskai (Accueil) an und lassen sich in der Capitainerie einen Liegeplatz zuweisen. Die Geschwindigkeit im Hafen ist auf 3 kn begrenzt.

Hafenmeister: M. Lopez, Tel. 04 94 71 08 73, Fax 04 94 15 24 51, VHF Kanal 9. Dienstzeiten von 7.30 – 20.30 h, in der Vorsaison von 8 – 12 h und von 14 – 19 h. Wetterinformationen: Täglich neuer Météo an der Capitainerie.

Hafenservice:
Der Hafen bietet 1100 Liegeplätze in drei Hafenbecken für Boote bis 24 m, die Kais und Stege sind mit Mooringleinen, Wasser- und Stromanschlüssen (220 Volt) ausgestattet. Im Hafen sind zwei Sanitärbereiche mit Duschen und WCs, drei Kartentelefone und eine Auto-

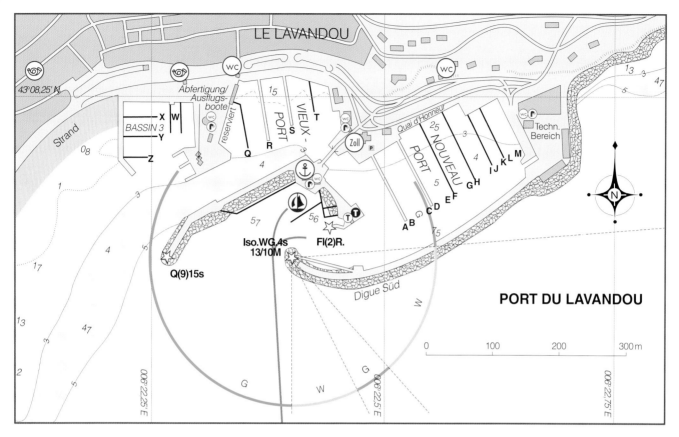

PORT DU LAVANDOU

matenwäscherei vorhanden. In der technischen Zone im E des Hafens, in der fast alle Reparaturen ausgeführt werden können, gibt es einen Slip, einen 50-t-Travellift, einen beweglichen 30-t-Kran, eine Werft, einen Schiffsausrüster, ein Winterlager im Freien und in einer Halle. Die Tankstelle am Kai bei der Hafeneinfahrt (Tel. 04 94 71 08 73) öffnet in der Saison von 7.30 – 20.30 h und in der Vorsaison von 8 – 12 h und von 14 – 18 h.

Touristik:

Tagsüber besteht vom alten Fischerhafen aus ein reger Fährverkehr zu den Îles d'Hyères. Fischer fahren auch Gäste zum Cap Bénat, das von Land her nicht besucht werden kann, weil es sich in Privatbesitz befindet.

Versorgung:

In der Ortschaft Le Lavandou gleich am Hafen gibt es eine Fülle von Geschäften jeder Art, in der Parallel-

Port du Lavandou

Le Lavandou, der Strand direkt neben dem Hafen.

straße zur Hafenpromenade findet an einigen Wochentagen ein riesiger Markt statt.

Restaurants sind im Hafen entlang der Kais und im Ort in jeder Preisklasse und Geschmacksrichtung zu finden.

Information: Office du Tourisme, Tel. 04 94 71 00 61.

Landgang:

Le Lavandou hat nur wenig von seiner Ursprünglichkeit als Fischerort behalten und ist mittlerweile zu einem Ferienort mit großen Hotels und Appartements geworden.

In der Saison suchen hier bis zu 100.000 Urlauber gleichzeitig Ruhe und Entspannung. Entsprechend geht es an den Stränden und auf der Uferpromenade zu.

Wenn sich abends eine Crew zu einem Bummel durch den Ort und zu einem Restaurantbesuch entschließt, muß sie sich früh entscheiden, wo sie sich niederlassen will, sonst sind alle zusammenhängenden Plätze besetzt.

Ankern:

Bei gutem Wetter ist Ankern außerhalb der Hafenzufahrten und der 300-m-Uferzone möglich.

Etwa 3 sm weiter östlich bietet sich bei schönem Wetter eine einmalige Ankerbucht an, die

Anse de Cavalière

Die Anse de Cavalière ist eine Bucht mit herrlichem Sandstrand. Sie ist gegen östliche und nordwestliche Winde geschützt und erlaubt das Ankern auf 3 – 10 m tiefem, sandigem, teils grasbewachsenem Grund.

Ansteuerung:

Die Anse de Cavalière liegt westlich des Cap Nègre. Das Cap Nègre mit Bake und eine Villa mit zwei Türmen sind auffällige Navigationshilfen. Felsige Untiefen befinden sich nördlich vom Cap Nègre.

Die 300-m-Badezone ist zu beachten.

Landgang:

Am dichtbevölkerten Strand und in der nicht weit entfernten Ortschaft Cavalière öffnen in der Saison Restaurants und Bars.

Vom Cap Nègre, das die Ankerbucht Anse de Cavalière abschließt, gibt es auf den folgenden 5 – 6 sm an

Anse de Cavalière – Ankerbucht

der Küste in östlicher Richtung viele Buchten, die aber nicht unbedingt zu einem längeren Ankerstopp einladen.

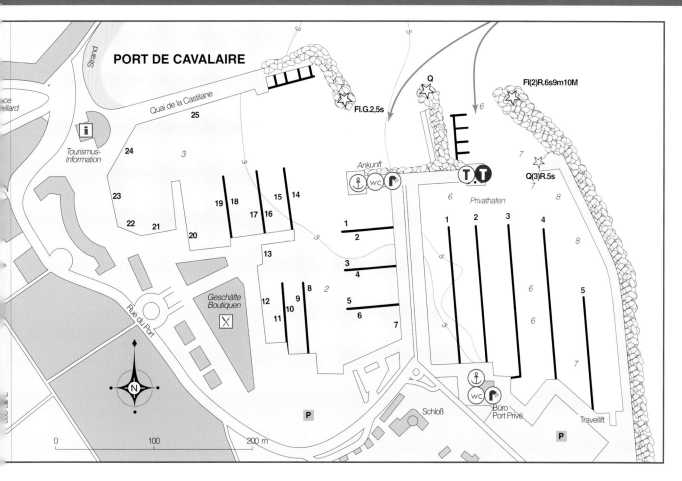

PORT DE CAVALAIRE

Der nächste größere Hafen hinter dem auffälligen Cap Cavalaire ist

Port de Cavalaire-sur-Mer
43° 10,4' N | 006° 32,3' E

Port de Cavalaire besteht aus einem öffentlichen und einem privaten Hafenbereich. Im öffentlichen Hafen stehen 40 Gastplätze für Yachten bis 21 m Länge und ein Platz für eine Bootslänge von 40 m zur Verfügung.

Ansteuerung:
Von W kommend ist der Hafen erst zu sehen, wenn der Pointe de Cavalaire passiert ist. Die nebeneinanderliegenden, getrennten Hafeneingänge liegen hinter dem westlichen Eingang zur Baie de Cavalaire, sind jeweils

ca. 50 m breit und öffnen sich zwischen drei befeuerten Molen nach N (Fl.G.2,5s, Q und Fl(2).R. 6s 9m 10M). Der Stb.-Eingang führt in den öffentlichen, der Bb.-Eingang zum privaten Hafenbereich.

Die Einsteuerung ist bei Mistral schwierig, bei S-lichen Winden steht eine unangenehme Kabbelsee vor der Hafeneinfahrt.

Hafengebote: Gäste melden sich bei der Capitainerie direkt am Hafeneingang und lassen sich einen Liegeplatz zuweisen. Außerhalb des Hafens ist eine Ankerverbotszone markiert.

Der öffentliche Hafen bietet 560 Liegeplätze, zusätzlich 10 Plätze am Ponton neben dem Hafeneingang. Hafenmeisterei: M. Drouin, Tel. 04 94 64 17 81, Fax 04 94 64 67 06, VHF Kanal 9.

Port de Cavalaire-sur-Mer

Dienstzeiten täglich von 6 – 22 h, in der Vorsaison von 8 – 12 h und von 13 – 17 h.
Wetterinformationen: permanenter Video-Météo an der Capitainerie. Starkwindwarnungen am Mast auf der Capitainerie.
Der private Hafen weist 579 Liegeplätze auf.
Hafenmeister: Mme Annie Roussilhon,

Tel. 04 94 64 16 01, Fax 04 94 64 12 74, VHF Kanal 9.
Dienstzeiten täglich 24 Std., ganzjährig.
Wetterinformationen: Täglich neuer Météo an der Capitainerie.

Hafenservice:

In beiden Hafenbereichen haben die Liegeplätze Mooringleinen, Wasser- und Stromanschlüsse (220 V). Mehrere Sanitäreinrichtungen mit Duschen und WCs sowie Kartentelefone sind über den Hafen verteilt. Eine Tankstelle (Tel. 04 94 64 29 70) am Hafeneingang zum privaten Bereich hat in der Saison von 8 – 19 h geöffnet, in der Vorsaison von 9 – 12 h und von 14 – 17 h.
Eine Automatenwäscherei ist im Hafen zu finden. In der technischen Zone können fast alle Reparaturen ausgeführt werden, es gibt einen Slip, einen 35-t-Travellift, ei-

Cap Taillat

nen Schiffs-, einen Angel- und einen Tauchausrüster sowie ein Winterlager und eine Werft. Ein riesiger Parkplatz ist ebenfalls vorhanden.

Versorgung:
Im nahen Ort sind alle Versorgungsmöglichkeiten mit Lebensmitteln und Getränken gegeben. Es lohnt sich, einen Weinkeller aufzusuchen. Im Hinterland von Cavalaire wächst der bekannte „Côtes de Provence" . Mittwochs findet ein Wochenmarkt statt.
Restaurants: Bereits an der Hafenpromenade beginnt die „Meile der Restaurants und Bars", die sich in dem belebten Badeort fortsetzt.
Information: Office du Tourisme, Tel. 04 94 64 08 28.

Landgang:
Ein Stadtbummel führt an vielen Boutiquen vorbei zum Marktplatz, auf dem Boulespieler die Zeit vergessen. Restaurants, Bars, Bistros, Cafés und Eisdielen laden überall zum Einkehren ein.

Touristik:
Busse verkehren nach Le Lavandou und Saint-Tropez.

Vom Hafen fahren Ausflugsschiffe regelmäßig zu den Îles d'Hyères.
Ein Aquanautic-Boot mit Fenstern im Schiffsboden veranstaltet Ausflüge in die Unterwasserwelt.

Östlich von Cavalaire öffnet sich die

Baie de Cavalaire

Die Baie de Cavalaire ist eine 3 sm breite, durch hohe Berge im Hinterland etwas gegen Mistral geschützte Bucht mit Sandstränden an beiden Seiten und einem felsigen Bereich in der Mitte.
In der Nähe vom Port de Cavalaire bietet sie außerhalb des Hafenzugangs vor einem langen, beliebten Sandstrand einen gegen westliche und nordwestliche Winde einigermaßen geschützten Ankerplatz auf grasbewachsenem Grund.
Am östlichen Ende des Sandstrandes ist das Ankern wegen einer Abwasserleitung nicht erlaubt. Im E liegt die Mouillage de Jova, ein schöner Ankerplatz mit grasigem Grund vor einem weniger belebten Strand, der gegen östliche Winde geschützt ist.

Baie de Bonporteau

Ansteuerung:
Die große Bucht erstreckt sich vom Pointe de Cavalaire bis zum felsigen Cap Lardier.
Gebote: Die 300 m breiten, markierten Badezonen sind zu beachten.

Landgang:
An den Stränden finden Sie Restaurants und Bars.

Von Port de Cavalaire erreichen wir nach ca. 3 sm auf ESE-Kurs nach Runden des Cap Lardier die

Baie de Briande

Die gut gegen nordwestliche bis östliche Winde geschützte Baie de Briande liegt zwischen zwei hohen Caps. Man ankert auf 4 – 10 m tiefem, grasbewachsenem Grund.

Ansteuerung:
Die Ankerbucht liegt zwischen den felsigen Caps Cap Lardier und Cap Taillat.
An beiden Seiten der Bucht liegen zahlreiche Felsen über und unter Wasser, in der Mitte gibt es einen schönen, nicht sehr belebten Strand.
Marken: Cap Lardier und Cap Taillat.

Gebote: Die 300-m-Badezone ist zu beachten.

Hinter dem Cap Taillat öffnet sich die von Urlaubern überschwemmte

Baie de Bonporteau

An der überwiegend felsigen Küste gibt es an einigen Stellen schön gelegene Strände. Am Fuß von der Halbinsel des Cap Taillat ist der Strand in der Saison wenig, vor der Ortschaft l'Escalet stark besucht. Der Ankergrund vor den Badestränden ist meist grasbewachsen, die Bucht ist gegen nordwestliche und westliche Winde geschützt.

Ansteuerung:
Die Baie de Bon-Porteau liegt zwischen Cap Taillat und Cap Camarat.
Landmarken: Cap Taillat und Cap Camarat.
Achtung: Felsen über und unter Wasser vor dem Cap Taillat und den übrigen Steilküsten.
Gebote: Die 300-m-Badezonen sind zu beachten. Südlich von Cap Camarat existiert um ein Wrack in 30 m Tiefe ein Tauchverbot.

Cap Lardier

V. Cap Camarat bis Cap Dramont

Seekarten F CG 501, F 6838, 7267, 7408, D 484, 597

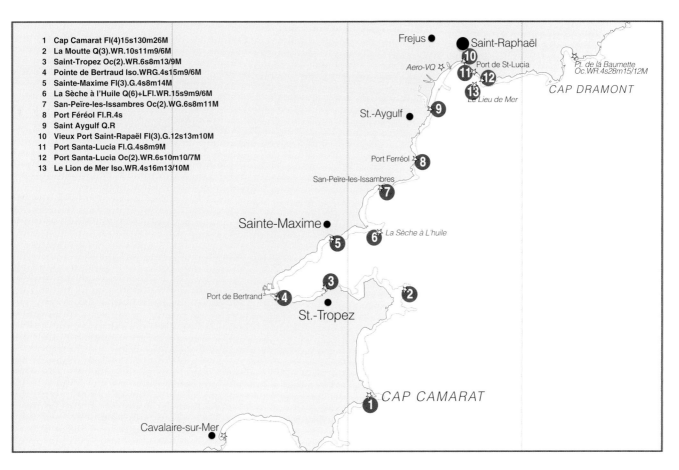

1 Cap Camarat Fl(4)15s130m26M
2 La Moutte Q(3).WR.10s11m9/6M
3 Saint-Tropez Oc(2).WR.6s8m13/9M
4 Pointe de Bertraud Iso.WRG.4s15m9/6M
5 Sainte-Maxime Fl(3).G.4s8m14M
6 La Sèche à l'Huile Q(6)+LFl.WR.15s9m9/6M
7 San-Peïre-les-Issambres Oc(2).WG.6s8m11M
8 Port Féréol Fl.R.4s
9 Saint Aygulf Q.R
10 Vieux Port Saint-Rapaël Fl(3).G.12s13m10M
11 Port Santa-Lucia Fl.G.4s8m9M
12 Port Santa-Lucia Oc(2).WR.6s10m10/7M
13 Le Lion de Mer Iso.WR.4s16m13/10M

In diesem Abschnitt ist die Küste sehr abwechslungs-reich. Dem felsigen Cap Camarat folgt die Baie de Pampelonne mit langen Sandstränden und bergigem Hinterland, das mit Riffen übersäte Cap de Saint-Tropez, der tief ins Land eingeschnittene Golfe de Saint-Tropez und die Untiefen bei der Sèche à l'Huile mit den Sandstränden der Baie de Bougnon dahinter. Im Norden des Golfe de Saint-Tropez erhebt sich das Massif des Maures. Danach treten die Ausläufer der Petits Maures bis zum Meer vor und bilden eine felsige, durch einige sandige Buchten unterbrochene Küste mit vielen vorgelagerten Riffs. Die Baie de Saint-Raphael mit ihren ausgedehnten Sandstränden vor einem flachen Hinterland schiebt sich zwischen das Massif des Maures und das Massif de l'Estérel, das die weitere Küste im Osten beherrscht.

Achtung: Zu beachten in diesem Gebiet sind Felsenriffe in folgenden Bereichen: Cap Camarat, Cap Saint-Tropez, Sèche à l'Huile, Pointe des Issambres. Löschflugzeuge nehmen im Golfe de Saint-Tropez Wasser auf.

Das Wetter:

Das Wetter wird durch die Formation der Berge und Tiefebenen stark beeinflußt.

Obwohl der Mistral bei Toulon durch das bergige Hinterland wesentlich geschwächt wird, braust er hier weniger gehindert durch die tief in die Berglandschaft eingeschnittenen Täler bei Grimaud und Fréjus auf das Meer hinaus. Im Golfe de Saint-Tropez und in der Baie de Saint-Raphaël kann der Mistral daher noch sehr unangenehm werden. Da er aber hier ablandig weht, hält sich der Seegang in Küstennähe in Grenzen, erst weiter draußen beginnt der Hexenkessel. Im Sommer sind aber nur selten gefährliche Mistralwetterlagen zu erwarten.

Vor dem Massif des Maures und auch im Bereich des Massif de l'Estérel kommt es bei Schönwetterlagen zu einer besonderen Winderscheinung, dem Ponant, einem typischen Seewind. Dieser SE-Wind briest vormittags auf, verdoppelt seine Stärke am frühen Nachmittag und schläft über Nacht wieder ein. Da er direkt auf die Küste zu weht, kann er vor Hafeneinfahrten unangenehmen Schwell verursachen.

Wichtige Leuchtfeuer:

Cap Camarat	43° 12,1' N I 006° 40,8' E
	Fl(4). 15s 130m 26M
La Moutte	43° 16,4' N I 006° 42,7' E
	Q(3).WR. 10s 11m 9/6M
Port de Saint-Tropez	43° 16,3' N I 006° 38,0' E
	Oc(2).WR.6s8m13/9M
Pointe de Bertraud	43° 15,8' N I 006° 35,6' E
	Iso.WRG.4s15m9/6M
Port-Grimaud	43° 16,3' N I 006° 35,3' E
	Fl.G.4s7m10M
Port de Sainte-Maxime	43° 18,3' N I 006° 38,3' E
	Fl(3).G.4s8m14M
La Sèche à l'Huile	43° 18,6' N I 006° 41,1' E
	Q(6).WR + LFl(3). WR. 15s
	11m 9/6M
Port San-Peïre-les-Issambres	43° 20,4' N I 006° 41,2' E
	Oc(2).WG.6s8m11M
Le Lion de Mer	43° 24,4' N I 006° 46,5' E
	Iso.WR.4s16m 13/10M

Regeln:

An der französischen Mittelmeerküste ist innerhalb einer Zone von 300 m von der Küste die Geschwindigkeit aller Schiffe grundsätzlich auf 5 kn beschränkt.

Für den Golfe de Saint-Tropez und angrenzende Küstenbereiche wurden diese Regeln erweitert und im Arrête Préfectorial N° 11/95 zusammengefaßt.

Artikel 1

- Die Höchstgeschwindigkeit von Schiffen aller Art wird auf 5 kn in einem Bereich beschränkt, der sich zwischen dem Ufer und den Verbindungslinien folgender Punkte ergibt:
  1. 300 m östlich vom Pointe Cimitière,
  2. Tourelle Rabiou,
  3. Tourelle de La Moutte,
  4. 300 m östlich vom Tête de Chien und
  5. 300 m östlich vom Pointe de Capon.
- 1.2 Diese Geschwindigkeitsbeschränkung gilt auch im Umkreis von 300 m um
  1. den Tourelle de La Moutte,
  2. den Tourelle des Sardinaux,
  3. den Tourelle de la Sèche à l'Huile und
  4. den Tourelle de la Rabiou.
- 1.3 Vom 15. Juni bis zum 15. September wird diese Geschwindigkeitsbegrenzung ausgedehnt auf die Baie de Pampelonne im Bereich zwischen dem Ufer und der Verbindungslinie von Cap du Pinet und dem Pointe de la Bonne Terrasse.

Artikel 2

Die Höchstgeschwindigkeit von Schiffen aller Art wird in den folgenden drei Bereichen auf 20 kn begrenzt:

- 2.1 im Golfe de Saint-Tropez in einem Bereich außerhalb der vorgenannten Zonen bis zu den Verbindungslinien zwischen dem Pointe des Sardinaux, dem Tourelle de la Sèche à l'Huile und dem Tourelle de la Rabiou.
- 2.2 in der Baie de Pampelonne in einem Bereich außerhalb der vorgenannten Zonen bis zu den Verbindungslinien zwischen dem Punkt 300 m östlich vom Tête de Chien und dem Rocher Fouras.
- 2.3 in der Baie de Bonporteau im Bereich außerhalb vorgenannten Zonen bis zu der Verbindungslinie zwischen dem Punkt 300 m östlich vom Rocher du Fouras und Cap Taillat.

Artikel 3
- 3.1 Wasserski, Parachuting und ähnliche Aktivitäten sind in der 300 m Küstenzone untersagt, so wie es in Artikel 1 definiert ist.
- 3.2 Vom 15. Juni bis zum 15. September sind diese Aktivitäten in festgelegten Bereichen zu bestimmten Zeiten und unter besonderen Bedingungen erlaubt.

Artikel 4
Hier ist aufgelistet, auf welchen gesetzlichen Grundlagen Strafen bei Zuwiderhandlungen ausgesprochen werden.

Nähere Informationen zu dem *Arrête Préfectorial* sind in den umliegenden Capitainerien, den Dienststellen der Marine Public Authority oder den Dienststellen der Affaires Maritimes (Tel. 04 94 97 02 72) zu erhalten.

Von W kommend laufen wir in dieses Gebiet ein und runden in sicherem Abstand

Cap Camarat
43° 12,1' N | 006° 41,7' E

Cap Camarat ist ein bewaldeter, felsiger, 130 m hoher Berg mit einem weit tragenden Leuchtturm und einem Semaphore, in dem eine Küstenwache untergebracht ist.

Beschreibung:
Diese Landmarke erhält ihr unverwechselbares Aussehen durch die großen Gebäude mit dem weißen Turm, der das Leuchtfeuer trägt (Fl(4).15s 130m 28M). Vor dem Cap liegen die Felseninseln Rocher des Portes und Rocher Fouras und einige Riffs, daher muß Cap Camarat in sicherem Abstand gerundet werden. Nur Ortskundige wagen es, bei ruhigem Wetter zwischen den Felsinseln der Rocher des Portes und Rocher Fouras durchzufahren.

Gebote: Cap Camarat liegt in der Zone mit den bereits beschriebenen Geschwindigkeitsvorschriften.

Wir sind jetzt in der großen, leider von Touristen überlaufenen

Baie de Pampelonne

Die Baie de Pampelonne zählt zu den Buchten mit den „beliebtesten" Sandstränden. Das zeigen schon die Namen der einzelnen Strandabschnitte, zu denen von Land her eigene Stichstraßen führen: Die Route de Tahiti führt z. B. zu den nördlichen Stränden Tropezina, Tabou Plage, Tahiti, Bora Bora und Morea Plage. Joe's Club, Le Lagoon Bleu, Pago Pago, Le Liberty und Neptune sind über die Route des Tamaris zu erreichen, usw. Zu jedem Strand gehört mindestens ein Hotel, Restaurant oder eine Feriensiedlung oder umgekehrt.

Cap Camarat

Rocher des Portes   Rocher Fouras

Baie de Pampelonne

ten Beschränkungen der Geschwindigkeit. In der markierten Badezone ist das Fahren unter Motor nicht erlaubt.

Landgang:
Der Strand ist etwa 2,5 sm lang. Restaurants aller Preisklassen und Geschmacksrichtungen sind vorhanden. Man sagt, daß die hübschesten Mädchen am Strand von Tahiti zu finden sind.

Von den Ankerplätzen der Baie de Pampelonne laufen wir in sicherem Abstand um das

Hier wird alles versprochen und der Strand ist tatsächlich weiß wie Schnee, das Meer azurblau. Aber alles ist „Domaine Privé", wer bezahlt, darf an diesem himmlischen Fleckchen Erde teilhaben.
Bei gutem Wetter ankern im Sommer vormittags viele Yachten vor den Stränden in der Bucht. Manchmal, wenn die Seebrise Ponant ausbleibt, bleiben auch viele bis zum Abend. Dann zeigt der „Météo" für die Strandurlauber mit der grünen Fahne: *Mer belle, Baignade autorisée**. Bei Orange gilt: *Mer agitée, Baignade non recommandée***. Bei Rot sollten alle Ankerlieger sich verzogen haben: *Mer dangereuse, Baignade interdite****.

Ansteuerung:
Die Ansteuerung ist bei gutem Wetter problemlos. Bis auf die Untiefe der Sèche Salagru und dem Pointe de la Bonne Terrasse ist der Ankergrund außerhalb der Badezone meist sandig, selten grasbewachsen und zwischen 3 und 12 m tief.
Landmarken: Cap Camarat, Pointe de la Bonne Terrasse, Cap du Pinet.
Achtung: Die Untiefen der Sèche Salagru.
Gebote: In der Baie de Pampelone gelten die bekann-

* ruhige See, Baden erlaubt; ** bewegte See, Baden nicht erwünscht;
*** gefährliche See, Baden untersagt

Cap de Saint-Tropez
43° 16,0' N | 006° 42,0' E

Cap de Saint-Tropez ist nicht sehr markant, es ist flach und bewaldet, es gibt keine auffälligen Gebäude. Vor dem Cap liegen viele Riffs, die durch das Seezeichen La Moutte gekennzeichnet werden.
In den Seekarten sind verzeichnet: Les Cactéous, Teste-de-Can, La Croisette, Plateau de Sauvère und Rocher de l'Ay.
Im Sommer herrscht rund um das Cap lebhafter Verkehr, aber nur wenige Ortskundige wagen sich zwischen die Klippen.

Beschreibung:
La Moutte, ein schwarz-gelb-schwarzer, gemauerter Turm, ist befeuert (Q(3).WR. 10s 9/6M), der rote Sektor überstreicht die Riffs.
Landmarken: Tourelle de La Moutte, Tourelle Rocher de l'Ay, Tourelle de Rabiou. *Achtung:* Felsen, Riffs und Untiefen. *Gebote:* Cap de Saint-Tropez liegt in einer Zone mit Beschränkungen der Geschwindigkeit.

Vom Tourelle de La Moutte geht es mit nordwestlichem Kurs zum Tourelle de Rabiou, von da aus mit südwestlichem Kurs in die schöne

Anse de Canebiers

in westsüdwestlicher Richtung tief ins Land einschneidende Bucht zwischen zwei Bergmassiven. An seinen Ufern liegen Port de Saint-Tropez, die Marines de Cogolin, Port-Cogolin, Port-Grimaud und die Ports de Sainte-Maxime. Die Baie de Canebiers bildet einen großen Ankerplatz. Auch auf der Rade de la Bouillabaisse ist Ankern bei entsprechenden Wetterbedingungen möglich.

Ansteuerung:
Tagsüber ist die Einsteuerung einfach, wenn man sich an den gut sichtbaren Marken orientiert und die felsigen Untiefen der Sèche à l'Huile und Les Sardinaux auf der N-Seite bzw. die Basse Rabiot, die Rocher de l'Ay, und die Untiefe bei La Moutte auf der S-Seite des Eingangs zur Bucht weitläufig umfährt. Nachts helfen die weit sichtbaren Feuer mit ihren weißen Sektoren vom Tourelle de la Moutte, vom Tourelle de la Sèche à l'Huile, dem Molenfeuer von Saint-Tropez und dem Feuer des Pointe de Bertraud die von Hindernissen freien Kurse zu finden.

Anse de Canebiers

Anse de Canebiers ist eine gegen mittlere Winde aus fast allen Richtungen geschützte, große Ankerbucht mit gut haltendem Schlick/Grasgrund, die im Sommer von vielen Yachten aufgesucht wird. In der Saison gibt es morgens einen Baguetteservice, der frische Backwaren an Bord bringt.

Ansteuerung:
Anse de Canebiers liegt an der S-Küste gleich hinter dem Pointe de Rabiou am Eingang in den Golfe de Saint-Tropez.
Vor dem östlichen Ufer der Bucht sind zahlreiche, felsige Untiefen zu beachten, vor dem westlichen Ufer gibt es weniger Unterwasserfelsen. Die Geschwindigkeit in der Bucht ist auf 5 kn begrenzt.

Die Anse de Canebiers liegt am Eingang zum tief in das Land einschneidenden

Golfe de Saint-Tropez

Der Golfe de Saint-Tropez – ein herrliches Wassersportrevier – ist eine anfänglich 2 sm breite, etwa 4 sm

Landmarken: Das E-Kardinalzeichen Tourelle de la Moutte (Q(3).WR.10s11m9/6M), das N-Kardinalzeichen Tourelle de Rabiout, die Ortschaft Saint-Tropez mit der markanten Kirche und dem Molenfeuer (Oc(2).WR.6s8m13/10M), der Pointe de Bertraud mit dem auffälligen viereckigen, gelben Turm (Iso.WRG. 4s 15m 6/6M), die Bogenbrücke bei Sainte-Maxime, das S-Kardinalzeichen Tourelle de la Sèche à l'Huile (Q(6) + LFl.WR.15s9m9/6M).
Achtung: Felsige Untiefen auf beiden Seiten am Eingang zum Golfe de Saint-Tropez, in Ufernähe der Anse de Canebiers und der Ortschaft Saint-Tropez, der einzelne, nicht besonders gekennzeichnete Felsen La Fourmigue etwa 0,5 sm östlich von Sainte-Maxime.
Gebote: Im Golfe de Saint-Tropez sind drei Zonen definiert.

In den als Badezonen markierten Bereichen vor den Stränden ist das Fahren unter Motor grundsätzlich verboten.

An diese Zone schließt sich ein 300 m breites Gebiet an, in dem die Geschwindigkeit auf 5 kn begrenzt ist.

In der dritten anschließenden Zone bis zur Verbindungslinie zwischen einem Punkt 300 m östlich des Pointe des Sardinaux, dem Tourelle de la Sèche à l'Huile und dem Tourelle du Rabiou gilt eine generelle Beschränkung der Geschwindigkeit auf 20 kn. Dabei muß beachtet werden, daß im Umkreis von 300 m um den Tourelle de la Sèche à l'Huile und den Tourelle du Rabiou schon die Beschränkung auf 5 kn gilt. Auch in der Anse de Canebiers gelten 5 kn als Höchstgeschwindigkeit.

Der erste Hafen etwa in der Mitte der Südküste des Golfe de Saint-Tropez ist

Port de Saint-Tropez
43° 16,3' N | 006° 38,0' E

Port de Saint-Tropez ist wohl einer der bekanntesten Yachthäfen an der Côte d'Azur. Er stellt im Vieux Port den ganz großen Yachten Liegeplätze, am Quai Sud und im Nouveau Port 100 Gastplätze für Yachten bis 15 m Länge zur Verfügung. Der Hafen ist windgeschützt und bietet viele Einrichtungen für Sportboote.

Ansteuerung:
Der Hafen liegt an der S-Küste im Golfe de Saint-Tropez. Die 50 m breite, sich nach W öffnende Einfahrt ist tagsüber und nachts einfach zu passieren. Bei heftigem Mistral ist es wegen des starken Seegangs manchmal sehr schwierig, in den Hafen einzulaufen. Die N- und die E-Mole sind befeuert (Fl.G. 4s 6M und

Port de Saint-Tropez

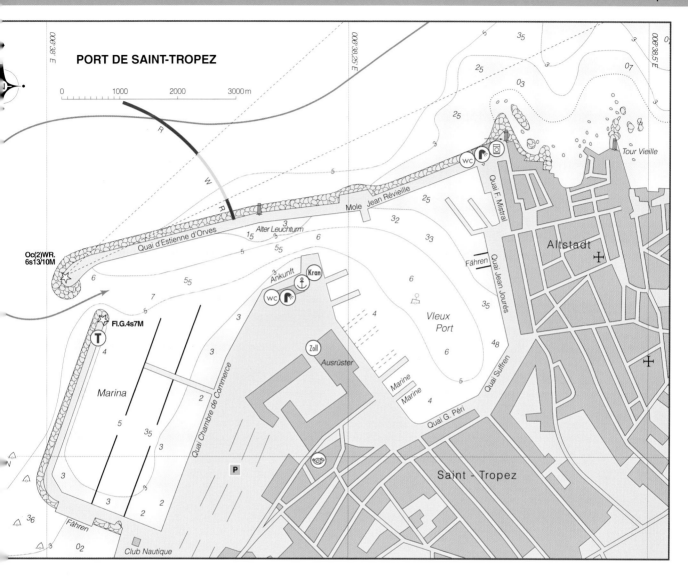

PORT DE SAINT-TROPEZ

Oc(2).WR.6s13/10M). Die roten Sektoren markieren die Untiefen vor der S-Küste und die Riffs im N am Eingang des Golfe de Saint-Tropez.

Landmarken: Der charakteristische rot-gelbe Kirchturm, die Citadelle über der Ortschaft.

Achtung: Starker Seegang bei heftigem Mistral kann die Einfahrt unmöglich machen.

Hinweise: Der östliche Teil des Vieux Port ist Fischern und den örtlichen Vereinen vorbehalten.

Am Quai Sud des Vieux Port machen Yachten über 15 m unter Buganker und Heckleinen zum Land fest. Dort beträgt die Wassertiefe 3,5 – 5,5 m.

Der Nouveau Port ist für Yachten unter 15 m bestimmt.

Hafengebote: Gäste legen am Kai vor der Capitainerie an und lassen sich einen Liegeplatz zuweisen. Besser ist es, in der Saison auf VHF Kanal 9 frühzeitig nach einem freien Platz zu fragen.

Die Geschwindigkeit im Hafen ist auf 3 kn beschränkt.

Hafenmeister: M. Letailleur, Tel. 04 94 97 40 55,

Saint-Tropez, Vieux Port

Fax 04 9497 31 02, VHF Kanal 9. Dienstzeiten von 24 – 24 h, in der Vorsaison von 8 – 12 h und von 14 – 18 h. Wetterinformationen: Zweimal täglich neuer Météo an der Capitainerie.

Hafenservice:

Es stehen 800 Liegeplätze für Yachten bis 20 m zur Verfügung, davon etwa 100 für Gäste. Die Liegeplätze im Nouveau Port haben Mooringleinen, Wasser- und Stromanschlüsse (220/380 V), manche auch Telefon- und Fernsehanschlüsse. Vier Kartentelefone sind über den Hafen verteilt. Am Hafeneingang hat eine Tankstelle (Tel. 04 94 54 86 63) in der Saison von 7.30 – 20 h geöffnet. Ein bewachtes Winterlager mit 40-t-Slip, 20-t-Kran und 15-t-Lift ist ebenfalls vorhanden, dort können einige Reparaturen ausgeführt werden. In der Nähe des Nouveau Port gibt es einen Parkplatz mit 2000 Plätzen, der Tag und Nacht geöffnet ist. Schiffs-, Angel- und Tauchausrüster haben ihre Geschäfte im Hafenbereich.

Versorgung:

Zahlreiche Geschäfte sowie Banken und die Post sind in den Gassen rund um den Hafen zu finden. Restaurants, Bars, Eisdielen und Imbißstuben finden Sie über den ganzen Ort verteilt. In der Saison fällt die Auswahl wegen des riesigen Angebots schwer, in der Nachsaison ist jeder froh, der ein geöffnetes Restaurant findet. *Information:* Office du Tourisme 04 94 97 45 21.

Landgang, Sehenswürdigkeiten:

Saint-Tropez gilt noch immer als sommerlicher Treffpunkt des europäischen Jetsets, seit Brigitte Bardot und Roger Vadim den Fischerort in den fünfziger Jahren bekannt machten. Aber lange vor dieser Zeit hatten schon der Schriftsteller Guy de Maupassant und berühmte Maler wie Paul Signac, Matisse, Bonnard, Marquet diese Idylle entdeckt und sich zum Teil für immer hier niedergelassen. Heute sind es bis zu 100.000 Tagestouristen, die sich in den Sommermonaten um den alten Hafen und in den Gassen drängeln, wo zahl-

lebt oder zeitweise gearbeitet haben, wie z. B. Paul Signac, Matisse, Bonnard und Marquet.

Die Strände liegen etwas außerhalb der Stadt, die nächsten sind die Plage de la Bouillabaisse und die Plage des Graniers, sie zählen zu den schönsten der Küste.

Ankern:

Sofern der Zugang zum Hafen nicht blockiert wird, kann auf der Rade de Saint-Tropez außerhalb der markierten 300-m-Zone und außerhalb der Einflugschneise der Hubschrauber bei guten Wetterbedingungen geankert werden. Der Schwell des Verkehrs vor der Hafeneinfahrt ist tagsüber recht unangenehm.

reiche Maler an ihren Staffeleien sitzen und die malerische Kulisse auf vielfältige Art festhalten.

Typisch für das Hafenbild sind auch die teuren Luxusyachten, die dicht gedrängt am Quai Suffren und Quai J. Jaurès liegen, von wo sie selten auslaufen, aber vom livrierten Bordpersonal immer sorgfältig gepflegt werden. Die vielen Restaurants und Cafés auf der anderen Seite sind beliebte Treffpunkte, allen voran das bekannte Café Sénéquier.

Durch ein steinernes Tor führt der Weg vom Hafen über einen kleinen Fischmarkt zur Place aux Herbes, wo jeden Morgen ein Markt stattfindet, vorbei an der bekannten Kirche mit dem rot-gelben Turm, in der die Büste des Lokalheiligen von Saint-Tropez aufbewahrt wird, bis hinauf zur Citadelle, von wo man einen herrlichen Panoramablick auf die roten Dächer, den alten Hafen und den Golfe de Saint-Tropez hat.

Auf dem Weg zurück zum Hafen empfiehlt sich ein Abstecher zur Place des Lices, einem von Platanen beschatteten Platz, wo sich jeden Nachmittag die Boulespieler treffen und wo zweimal in der Woche ein großer Markt abgehalten wird. Am Hafen, hinter dem Quai de l'Epi, liegt das *Musée de l'Annonciade*, in dem Werke von Künstlern gezeigt werden, die in Saint-Tropez ge-

Gleich westlich von Saint-Tropez liegt die

Rade de Bouillabaisse

Rade de Bouillabaisse ist ein Ankerplatz in der Nähe von Saint-Tropez vor der Ortschaft La Bouillabaisse, der bei Winden aus südlichen Richtungen einigen Schutz bietet. Der Ankergrund besteht aus grasbewachsenem Schlick und ist zwischen 4 bis 10 m tief, und dicht unter Land wird er unrein.

Im Scheitel des Golfe de Saint-Tropez finden wir den riesigen Yachthafen

Marines de Cogolin 43° 16,1' N | 006° 35,5' E

Die Marines de Cogolin umfassen mehrere Hafenbecken eines großen, windgeschützten Yachthafens mit guten Versorgungsmöglichkeiten.

Das kommunale und die privaten Hafenbecken La Galiote, La Cascadelle und La Brigantine bieten 1550 Liegeplätze für Boote bis zu 35 m Länge, etwa 270 Plätze für Gastlieger und alle nötigen Einrichtungen für Yachten und ihre Crews.

Marines de Cogolin

Port Public

Bassin la Galiote

Ansteuerung:

Nachts zeigt der weiße Sektor des Feuers (Iso.WRG.4s6/6M) auf dem Pointe de Bertraud die gefahrlose Einsteuerung in den Golfe de Saint-Tropez, nachdem die Sèche à l'Huile auf der N-Seite sicher passiert ist. Port Grimaud, Port-Cogolin und die Marines de Cogolin liegen am Fuß des Golfe de Saint-Tropez so dicht nebeneinander, daß deren Einfahrten etwas schwierig auseinanderzuhalten sind. Die Einfahrt zu den Marines liegt im äußersten S und ist erst aus der Nähe zu erkennen, sie ist 80 m breit, 5 – 6 m tief und öffnet sich nach N. Durch ein 150 m langes, von einer befeuerten Außenmole geschütztes Fahrwasser

(Fl(2).R.6s) wird der große Vorhafen erreicht, von dem die einzelnen Hafenbecken abzweigen. Direkt am Eingang zum Vorhafen brennt auf der Innenmole ebenfalls ein Feuer (Fl.G.2s). Die Einfahrt ist bei jedem Wetter gefahrlos möglich.

Marken: Der auffällige, viereckige Leuchtturm am Pointe de Bertraud, ein weißer Leuchtturm auf der Außenmole der Marines de Cogolin, die Appartementblocks in den Marines de Cogolin.

Hafengebote: Die Geschwindigkeit im Hafenbereich ist auf 3 kn beschränkt. Besucher legen am Kai vor der Capitainerie an und lassen sich einen Liegeplatz zuweisen.

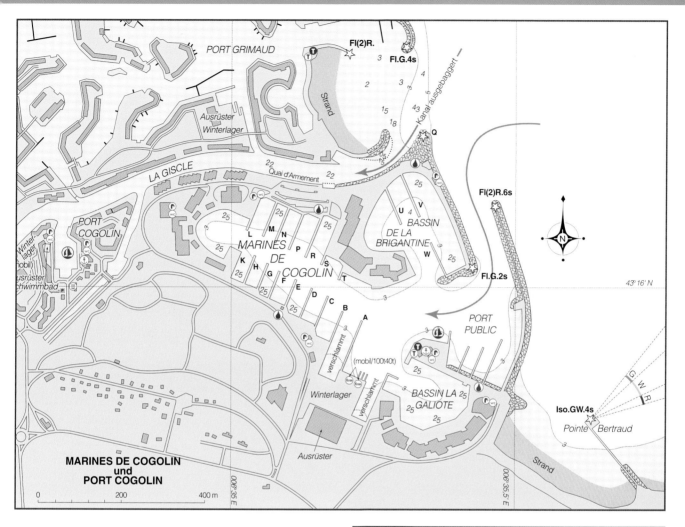

PORT GRIMAUD

Fl(2)R.

Fl.G.4s

Strand

Kanal ausgebaggert

Ausrüster
Winterlager

LA GISCLE

Quai d'Armement

Q

PORT
COGOLIN

Winterlager (mobil)

Ausrüster Schwimmbad

MARINES
DE
COGOLIN

L M N
P R S
K H G
F
E D C B
A

Fl(2)R.6s

U V
BASSIN
DE LA
BRIGANTINE
W

Fl.G.2s

N

43° 16' N

verschlammt

(mobil/100t40t)

verschlammt

PORT
PUBLIC

Winterlager

BASSIN LA
GALIOTE

25

G
W
R

Iso.GW.4s

Pointe Bertraud

Strand

Ausrüster

MARINES DE COGOLIN
und
PORT COGOLIN

0   200   400 m

006°35' E

006°35,5' E

Hafenmeister: J. J. Estienne, G. Uvernet,
Tel. 04 94 56 07 31, Fax 04 94 56 26 75, VHF Kanal 9.
Dienstzeiten von 8 – 20.30 h, im Winter 8 – 18 h.
Wetterinformationen: Täglich neuer Météo an der Capitainerie.

Hafenservice:

Alle Liegeplätze sind mit Mooringleinen, Wasser- und Stromanschlüssen (220 V) ausgestattet und mindestens 2,5 m tief. Zu jedem Hafenbecken gehören Sanitäreinrichtungen mit Duschen und WCs. Kartentelefone sind in ausreichender Anzahl vorhanden.
Eine Tankstelle (Tel. 04 94 56 05 16) am Kai der Capi-

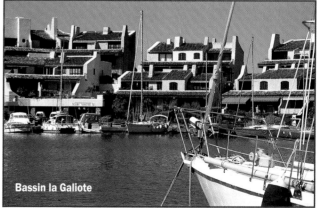

Bassin la Galiote

tainerie öffnet in der Saison von 8 – 20 h und in der Vorsaison von 10 – 12 h. Es gibt mehrere Schiffsausrüster, eine Werft, ein großes Winterlager mit Hallen, einen Slip, Kräne für 3 und 5 t, Travellifts für 100 und 150 t. Es können alle Reparaturen ausgeführt werden. 500 Parkplätze und eine Münzwäscherei stehen ebenfalls zur Verfügung.

Versorgung:

In mehreren Geschäften auf einem Platz zwischen den Appartementhäusern werden Lebensmittel, Backwaren, Obst, Gemüse und Getränke angeboten. Hier befinden sich auch die Bushaltestelle, Post und Bank.
Ein riesiges Einkaufszentrum „auf der grünen Wiese" ist in 15 Minuten westlich außerhalb des Hafengeländes zu erreichen.
In der Saison haben Restaurants, Bars und Boutiquen an der Hafenpromenade geöffnet.

Landgang:

Hier lohnt nur ein Bummel durch die weitläufigen Hafenanlagen der Marines und zum Port Gogolin.
Information: Office du Tourisme 04 94 54 63 17.

Ankern:

Auf der Rade de Port-Grimaud ist das Ankern sogar bei nicht zu heftigen westlichen Winden bzw. Mistral möglich, da sich auf der kurzen Strecke vom Ufer bis zum Ankerplatz außerhalb der 300-m-Badezone kein nennenswerter Seegang bilden kann. Auf dem sandigen, 5 – 10 m tiefen Grund liegt man sicher. Zu empfehlen ist allerdings ein zweiter Anker.

Einen Steinwurf vom Hafeneingang zu den Marines de Cogolin liegt in der Flußmündung der Giscle der kleine Hafen

Port-Cogolin 43° 16,4' N | 006° 34,2' E

Marines und Port-Cogolin

Port-Cogolin ist ein kleiner, 2 m tiefer, gegen alle Winde gut geschützter Hafen für Yachten bis 15 m Länge im unteren Flußlauf der Giscle mit einigen Einrichtungen für Yachten. Es ist in der Saison schwierig, einen Gastplatz im Hafenbecken zu bekommen.

Ansteuerung:

Das Hafenbecken von Port-Cogolin liegt im Flußlauf der Giscle etwa 0,5 sm hinter der beidseitig durch Molen geschützten, befeuerten Flußmündung (Q9M). Sie ist erst aus der Nähe zu erkennen und liegt etwa 200 m nördlich der Einfahrt zu den Marines de Cogolin und 150 m südlich der Einfahrt zum Port-Grimaud. Das Fahrwasser unmittelbar hinter der Mündung ist nur an der Bb.-Seite dicht unter der S-Mole 2,5 m tief, weiter landeinwärts betonnt und in der Mitte etwa 2,2 m tief. Die Zufahrt zum Hafenbecken zweigt 250 m vor einer niedrigen Straßenbrücke nach Bb. ab.

Nachts zeigt der weiße Sektor des Feuers (Iso.WRG.4s 6/6M) auf dem Pointe de Bertraud die gefahrlose Ansteuerung durch den Golfe de Saint-Tropez. Später, wenn das Feuer auf der Mole der Flußmündung der Giscle (Q) klar erkennbar ist, wird so navigiert, daß es auf W-Kurs klar voraus liegt. Die Einfahrt ist erreicht, wenn das Feuer auf der Hafenmole von Port-Grimaud (Fl.G. 4s) nahezu querab peilt.

Landmarken: Die Appartementblocks der Marines de Cogolin.
Achtung: Die Einsteuerung bei starkem E-Wind ist gefährlich.
Hafengebote: Die Geschwindigkeit in der Zufahrt ist auf 3 kn beschränkt, Besucher melden sich beim Hafenmeister und lassen sich einen Liegeplatz zuweisen.
Hafenmeister: A. Tamburi, Tel. 04 94 49 76 92,
Fax 04 94 43 43 09, VHF Kanal 9.
Dienstzeiten von 9 – 12 h und von 14 – 18.30 h.
Wetterinformationen: Täglich neuer Météo an der Capitainerie.

Hafenservice:

Der bewachte Hafen bietet 150 Liegeplätze mit Mooringleinen, Wasser- und Stromanschlüssen (220 V), Sanitäreinrichtungen mit Duschen und WCs, Kartentelefonen, einer Münzwäscherei, einem Schwimmbad und unterirdischen Parkplätzen. In einer Werft können fast alle Reparaturen ausgeführt werden. Das Winterlager mit Plätzen im Freien und in Hallen verfügt über einen 12-t-Kran und einen 70-t-Travellift.

Versorgung:

Im nicht weit entfernten Einkaufszentrum fehlt nichts, was zur Versorgung an Bord nötig sein könnte. Ein Schiffsausrüster ist am Ort, es gibt keine Tankstelle.
Im gemütlichen Hafen ist in der Saison mindestens ein Restaurant geöffnet.

Landgang:

Ein Landgang kann sich nur auf einen Bummel durch den kleinen Hafen und durch die weitläufigen Hafenanlagen der Marines de Cogolin beschränken.

Ankern:

Auf der Rade de Port-Grimaud ist das Ankern sogar bei nicht zu heftigen westlichen Winden bzw. Mistral möglich, da sich auf der kurzen Strecke vom Ufer bis zum Ankerplatz außerhalb der 300-m-Badezone kein nennenswerter Seegang bilden kann. Auf dem sandigen, 5 – 10 m tiefen Grund liegt man sicher. Zu empfehlen ist allerdings ein zweiter Anker.

Ebenfalls im Scheitel des Golfe de Saint-Tropez, etwas weiter nördlich, kommen wir zu dem ungewöhnlichen Hafen

Port-Grimaud 43° 16,3' N | 006° 35,3' E

Port-Grimaud ist eine Anfang 1970 am Reißbrett entstandene, künstliche Lagunenstadt mit Kirche, Rathaus, Marktplatz, Straßen, Kanälen, Brücken, Einkaufszentren und Wohnhäusern, von denen keines dem anderen gleicht. Die komplette Ortschaft wurde in mehreren Bauabschnitten aus dem sumpfigen Boden gestampft. Autos sind aus dem Ort verbannt und bleiben auf großen Parkplätzen an der Peripherie. Drei Bereiche umfassen insgesamt über 2100 Liegeplätze für Boote, davon sind etwa 180 für Gäste vorgesehen. Yachten bis 55 m Länge können in Port-Grimaud festmachen. Der Hafenbereich ist gegen alle Winde geschützt.

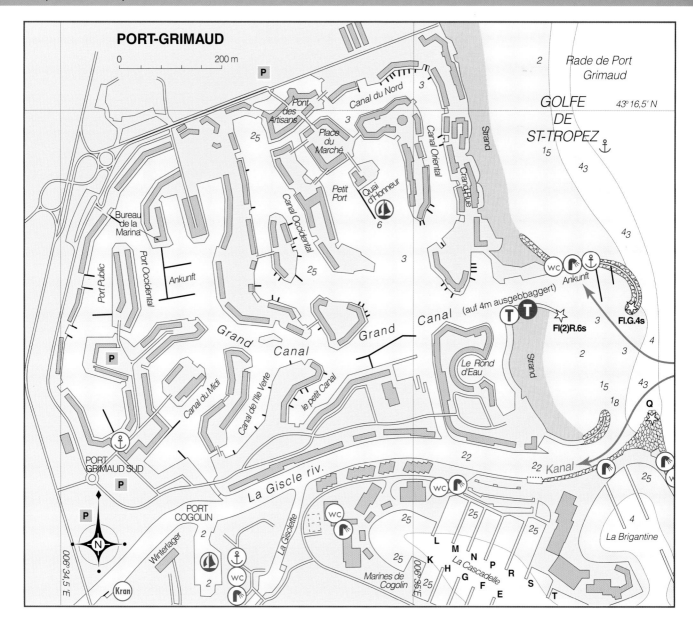

PORT-GRIMAUD

0   200 m

Rade de Port Grimaud

2

GOLFE DE ST-TROPEZ

43° 16,5' N

15

43

43

43

Canal du Nord

Pont des Artisans

3

Place du Marché

25

3

Canal Oriental

Grand Rue

Strand

Canal Occidental

Petit Port

Quai d'Honneur

6

Bureau de la Marina

Ankunft

Port Public

Port Occidental

25

3

25

WC

Ankunft

Fl.G.4s

P

Grand

Canal

(auf 4m ausgebbaggert)

T T

Fl(2)R.6s

3

4

Grand

Canal

Canal du Midi

Canal de l'Ile Verte

le petit Canal

Le Rond d'Eau

Strand

2

15

43

18

3

Q

P

PORT GRIMAUD SUD

La Giscle riv.

22

22 Kanal

25

W

P

N

006° 34,5' E

PORT COGOLIN

Winterlager

La Giscelle

2

2

Kran

WC

WC

WC

25

25

25

25

25

Marines de Cogolin

L

M

N

K

H

G

F

E

La Cascadelle

P

R

S

T

25

4

La Brigantine

25

25

006° 36' E

Ansteuerung:

Die Zufahrten zu den Hafenanlagen von Port-Grimaud, Port-Gogolin und den Marines de Cogolin liegen am Fuß des Golfe de Saint-Tropez dicht nebeneinander. Die Einfahrt zum Port-Grimaud liegt nördlich von den beiden anderen und ist erst aus der Nähe zu erkennen, sie ist 50 m breit, 3 m tief und öffnet sich nach W. Sie

wird durch eine weit in den Golfe de Saint-Tropez greifende, in einem Bogen nach S schwingende, befeuertet Mole (Fl.G.4s) geschützt, hinter der an Stb. der Ankunftskai und die Capitainerie von Port-Grimaud 1 liegen.

Nachts zeigt der weiße Sektor des Feuers (Iso.WRG.4s 6/6M) auf dem Pointe de Bertraud die gefahrlose An-

Port-Grimaud

steuerung durch den Golfe de Saint-Tropez. Später, wenn das Feuer auf der Hafenmole von Port-Grimaud (Fl.G.4s) klar erkennbar ist, sollte der Kurs direkt auf das Feuer anliegen.

Bei östlichen Winden ab Bft. 9 wird die Einfahrt gefährlich.

Marken: Die Appartementblöcke der Marines de Cogolin und die Kirche von Port-Grimaud.

Achtung: Seegang in der Hafeneinfahrt bei E-Wind ab 9 Bft.

Hafengebote: Besucher melden sich bei der Capitainerie am Hafeneingang und lassen sich einen Liegeplatz zuweisen. Die Geschwindigkeit im Hafen ist auf 3 kn begrenzt.

Port-Grimaud 1 (Association Syndicale des Propriétaires de Port Grimaud) bietet in der Nähe des Hafeneingangs 775 Liegeplätze für Yachten mit einer max. Länge von 55 m, davon 287 Gastplätze, die Wassertiefe beträgt mindestens 3,2 m.

Hafenmeister: M. Brabant, P. Cazalas,

Tel. 04 94 56 29 88, Fax 04 94 43 40 39.

Dienstzeiten von 8 – 21 h, in der Vorsaison 8 – 12 h und von 14 – 19 h.

Wetterinformationen: Permanenter Video-Météo an der Capitainerie.

Port-Grimaud 2 Sud (Association Syndicale Libre de Port Grimaud) weist 751 Liegeplätze für Yachten mit einer max. Länge von 16 m, davon 66 Gastplätze auf.

Port-Grimaud – im Hintergrund die Rade

Port-Grimaud

Hafenmeister: R. Poste, Tel. 04 94 56 02 45,
Fax 04 94 56 56 72.
Dienstzeiten von 8 – 12 h und von 14 – 18 h, in der Vorsaison 8 – 12 h und von 13.30 – 17.30 h.
Wetterinformationen: Täglich neuer Météo an der Capitainerie.

Port-Grimaud 3 SNPG (Société de Navigation de Port Grimaud) besitzt 500 Liegeplätze für Yachten bis max. 20 m, davon sind 60 als Gastplätze vorgesehen.
Hafenmeister: P. Cazalas, Tel. 04 94 56 29 88,
Fax 04 94 43 40 39, VHF Kanal 9.
Dienstzeiten von 8 – 21 h, in der Vorsaison 8 – 12 h und von 14 – 19 h.
Wetterinformationen: Täglich neuer Météo an der Capitainerie.

Hafenservice:
In Port-Grimaud gibt es viele Einrichtungen für Yachten. Die Gastplätze sind mit Mooringleinen, Wasser-

und Stromanschlüssen (220/380 V bis 40 kW im Bereich 1, sonst 2 kW) ausgerüstet. Sanitäreinrichtungen mit Duschen und WCs sind in allen Bereichen vorhanden, Kartentelefone überall zu finden. Im Bereich 3 gibt es eine Münzwäscherei.
Eine Tankstelle (Tel. 04 94 56 00 44) am Hafeneingang gegenüber der Capitainerie öffnet in der Saison von 8.30 – 19 h, in der Vorsaison von 10 – 12.30 und von 14 – 18 h. Werften, Schiffsausrüster und Werkstätten sind hauptsächlich in der Technischen Zone angesiedelt. Dort gibt es auch ein Winterlager mit einem 60-t-Slip, einen 10-t-Kran, 20-t-Lift und einen 30-t-Travellift.

Versorgung:
Am Place du Marché, dem Zentrum, nahe bei den Gastliegeplätzen ist alles Notwendige zu finden.
Restaurants sind über den ganzen Ort verteilt, die meisten in der Nähe des Zentrums. Bank und Post befinden sich am Place du Marché.
Information: Office du Tourisme 04 94 43 26 98.

Landgang:
Ein Stadtbummel führt über Brücken, Plätze und durch ruhige Gassen mit üppigem Grün in den Vorgärten. Kein Haus gleicht im Stil, den Farben und der Größe dem nächsten. Der Ausblick vom Kirchturm macht die Vielfalt dieser reizvollen Lagunenstadt sichtbar und ge-

währt einen herrliche Ausblick auf den Golfe de Saint-Tropez.

Ankern:
Auf der Rade de Port-Grimaud ist das Ankern sogar bei nicht zu heftigen westlichen Winden bzw. Mistral möglich, da sich auf der kurzen Strecke vom Ufer bis zum Ankerplatz außerhalb der 300 m Badezone kein nennenswerter Seegang bilden kann. Auf dem sandigen, 5 – 10 m tiefen Grund liegt man sicher. Zu empfehlen ist allerdings ein zweiter Anker.

Nördlich der dicht nebeneinander liegenden Hafeneingänge von Marines de Cogolin, Port-Cogolin und Port-Grimaud befindet sich der Ankerplatz

Rade de Port-Grimaud

Die Rade de Port-Grimaud liegt nördlich der Hafeneinfahrt von Port-Grimaud. Auf dem sandigem Grund ist bei mäßigem Mistral das Ankern, notfalls vor einem zweiten Anker, durchaus möglich. Auf dem kurzen

Stück vom Ufer bis zum Ankerplatz außerhalb der 300-m-Badezone kann sich noch kein am Anker zerrender Seegang aufbauen. Wer ganz sicher gehen will, kann auch Ankerwachen einteilen.
Vor dem Ankerplatz dehnt sich ein herrlicher Sandstrand aus.

Gegenüber von Saint-Tropez liegen am nördlichen Ufer des Golfe de Saint-Tropez die beliebten

Ports de Sainte-Maxime
43° 18,3' N | 006° 38,3' E

Die Ports de Sainte-Maxime bestehen aus zwei Hafenbecken – dem Bassin Public und dem Bassin Privé auf beiden Seiten eines ehemaligen Anlegers –, die beim Bau der beiden Schutzmolen geschaffen wurden. Der Hafen ist gegen alle Winde geschützt.
Bei Mistral, der durch die Düsenwirkung des Flußtals verstärkt wird, macht sich im Hafen unangenehmer Schwell bemerkbar.

Ports de Sainte-Maxime

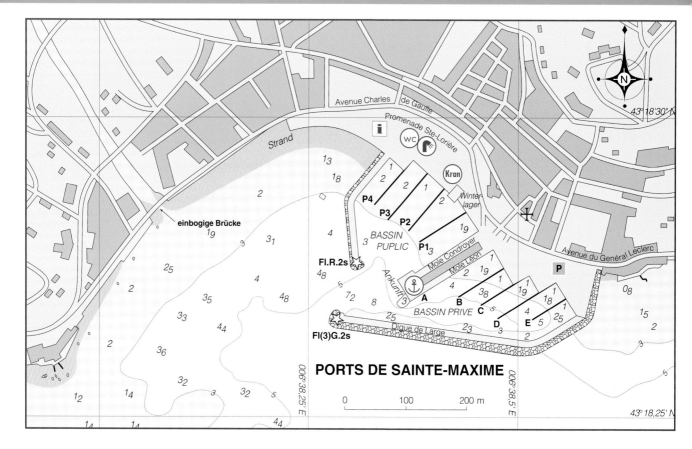

PORTS DE SAINTE-MAXIME

Im nördlichen Bassin Public stehen ca. 30 Gastplätze für Yachten bis 15 m Länge zur Verfügung.

Ansteuerung:

Die Ports de Sainte-Maxime liegen am N-Ufer des Golfe de Saint-Tropez.

Die Einsteuerung in die sich nach W öffnende, 60 m breite und 6 m tiefe, befeuerte Einfahrt (Fl(3).G.4s und Fl.R.2s) ist außer bei Mistral einfach.

Als Ansteuerungsmarke kann die weithin sichtbare einbogige Brücke dienen, bis die Hafeneinfahrt zu erkennen ist.

Achtung: Schwierige Einsteuerung bei Mistral.

Hafengebote: Die Geschwindigkeit im Hafen ist auf 3 kn beschränkt, Besucher legen am Ankunftskai an und lassen sich von der Capitainerie einen Liegeplatz zuweisen.

Der **Port Public** im N bietet etwa 390 Liegeplätze für Yachten bis 15 m Länge und 4,2 m Breite, davon 30 Gastplätze am Kai und an den Stegen. An den Stegköpfen beträgt die Wassertiefe 2 – 3 m.

Hafenmeister: L. Condroyer, Tel. 04 94 96 74 25, Fax 04 94 43 82 03, VHF Kanal 9.

Dienstzeiten von 8 – 20 h, in der Vorsaison von 8 – 12 h und von 14 – 18 h.

Wetterinformationen: Täglich neuer Météo an der Capitainerie (auch in englisch).

Der **Port Privé** im S hat 375 Liegeplätze am Kai und an den Stegen und ist überwiegend 4 – 5 m tief, an der S-Mole mindestens 2,5 m.

Hafenmeister: Mme Labout, MM Toucas, M. Bertonnier, Tel. 04 94 96 06 27, Fax 04 94 43 88 56, VHF Kanal 9.

Dienstzeiten von 8 – 20 h, in der Vorsaison 8.30 – 12 h und von 14 – 18 h.

Sainte-Maxime

Hafenservice:

Alle Liegeplätze sind mit Mooringleinen, Wasser- und Stromanschlüssen (220 V) ausgestattet. Sanitäreinrichtungen mit Duschen und WCs befinden sich in der Nähe der Capitainerie, dort gibt es auch eine Münzwäscherei. Mehrere Kartentelefone sind über den Hafen verteilt. Eine Tankstelle vor der Capitainerie (Tel. 04 94 96 74 25) öffnet in der Saison von 8 – 20 h und in der Vorsaison von 8.30 – 12.15 h und von 14 – 17.45 h, mit Kreditkarten kann an einer Selbstbedienungssäule jederzeit Kraftstoff gezapft werden. Ein Winterlager, eine Werft, ein Slip und 10-t-Kran stehen zur Verfügung. Einige Reparaturen können ausgeführt werden. Im NE des Hafens befindet sich ein großer Parkplatz.

Versorgung:

Bank und Post findet man direkt im Ort hinter dem Hafen.

Restaurants: Gegenüber dem Hafen in der Nähe der Kirche haben in der Saison viele Restaurants geöffnet.
Information: Office du Tourisme 04 94 96 19 24.

Landgang:

Sainte-Maxime ist mit seinen ausgedehnten Sandstränden beiderseits des Hafens ein beliebter Ferienort für Familien. An der palmengesäumten Strandpromenade gibt es zahlreiche Geschäfte, Restaurants, Bars und Cafés. Vor dem Hafen gegenüber der Kirche befindet sich der viereckige Wehrturm aus dem 16. Jh., in dem heute das Musée des Traditions Locales untergebracht ist. Den Stadtbummel kann man am Place Victor Hugo in einem der von Platanen beschatteten Restaurants beschließen.

Wenn wir von Sainte-Maxime kommend den Golfe de Saint-Tropez verlassen wollen, laufen wir an der Küste in sicherem Abstand vorbei an dem Felsen

Rocher de La Fourmigue
43° 18,5' N | 006° 39,2' E

Rocher de La Fourmigue liegt etwa 0,7 sm westnordwestlich von der Hafeneinfahrt von Sainte-Maxime. Etwa 200 m vor dem Strand ragt der unmarkierte Felsen 0,6 m aus dem Wasser. Die Untiefe Le Pain de Sucre um ihn herum dehnt sich fast 500 m in den Golf aus. Nachts warnt der rote Sektor des Feuers auf dem Tourelle de la Sèche à l'Huile (Q(6) + LFl.WR. 15s 9m 9/6M) vor dieser Untiefe.

Auf dem Weg in die Baie de Bougnon passieren wir den

Pointe des Sardinaux
43° 18,9' N | 006° 40,5' E

Pointe des Sardinaux ist eine flache, teilweise bewaldete Landzunge, der die Riffs La Sèche à l'Huile und Les Sardinaux vorgelagert sind. Die nur 5 m tiefe Passage zwischen den Riffs und der Landzunge ist nur tagsüber und bei gutem Wetter mit äußerster Vorsicht zu durchqueren, besser ist es, die Riffs weitläufig zu umfahren. Das Sektorenfeuer von San-Peïre-les-Issambres kennzeichnet nachts mit seinem roten Sektor die Riffs am Pointe des Sardinaux.

Beschreibung:

La Sèche à l'Huile ist mit einem schwarz-gelben, gemauerten Turm gekennzeichnet, der ein Feuer trägt (Q(6) + LFl.WR. 15s 9/6M). Der rote Sektor überstreicht die Riffs. Der gemauerte, schwarz-gelb-schwarzeTurm trägt nur ein E-Kardinalzeichen.

Marken: Tourelle de la Sèche à l'Huile, das E-Kardinalzeichen Tourelle des Sardinaux.

Achtung: Untiefen und Felsen.

Gebote: Im Bereich des Pointe des Sardinaux gelten besondere Vorschriften (siehe S. 150).

Nachts verläuft die rot-weiße Sektorengrenze des Feuers von San-Peïre-les-Issambres durch das Riff Les Sardinaux. Der Rand des weißen Bereichs signalisiert hier nicht: Gefahrlos tiefes Wasser!

Nachdem wir bei gutem Wetter die Sèche à l'Huile passiert bzw. bei schlechtem Wetter im großen Bogen um die Tourelles Sèche à l'Huile und Les Sardinaux gelaufen sind, erreichen wir die

Baie de Bougnon

Die Baie de Bougnon ist eine große Ankerbucht mit ausgedehnten Stränden. Sie bietet einigen Schutz gegen Winde aus westlichen Richtungen. Der Ankergrund im S ist sandig/grasbewachsen, in der Mitte sandig, im nördlichen Bereich mit Schlick durchsetzt und zwischen 4 und 10 m tief.

Ansteuerung:

Im S der Bucht liegen die Untiefen von Les Sardinaux und La Sèche à l'Huile.

Landmarken: Pointe des Sardinaux, Tourelle des Sardinaux, Tourelle de la Sèche à l'Huile.

Achtung: Felsige Untiefen im S.

Gebote: Die 300-m-Badezone bitte beachten.

In der Baie de Bougnon erwartet uns der wunderschöne Hafen

Port de San-Peïre-les-Issambres
43° 20,4' N | 006° 41,2' E

Port San-Peïre-les-Issambres ist ein Sportboothafen im N der Baie de Bougnon, der guten Schutz vor allen Winden, außer bei Mistral, und einige Einrichtungen für Yachten bietet. Von den 446 Liegeplätzen für Yachten bis 15 m Länge sind 110 für Besucher reserviert. Die Wassertiefe an den Köpfen der Stege und an der Mole beträgt 3 m.

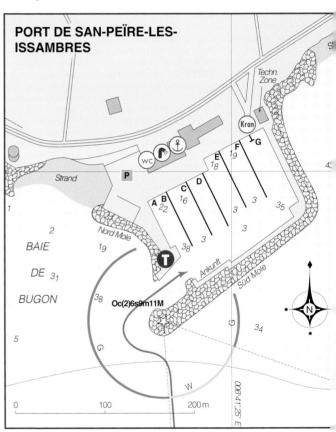

Ansteuerung:

Die Ansteuerung in die sich nach W öffnende, 30 m breite und 3,5 m tiefe, befeuerte Hafeneinfahrt (Fl(2).R. 6s 4M und Oc(2).WG. 6s 11/8M) ist bei Tag und Nacht einfach. Bei starken südöstlichen Winden erschwert jedoch der Seegang die Einsteuerung und auch bei Mi-

Port de San-Peïre-les-Isambres

stral muß vorsichtig navigiert werden. Von S kommend kann man nur bei guter Ortskenntnis und ruhigem Wetter zwischen dem Festland und den Riffs der Sèche à l'Huile an der mit nur 2,5 m tiefsten Stelle durchfahren. Besser ist, die Seezeichen Sèche à l'Huile (Q(6) + LFl.WR. 15s) und Les Sardinaux in sicherem Abstand östlich zu umfahren. Als Ansteuerung kann ein weißes Hotel im W der Hafeneinfahrt genutzt werden. Von N kommend muß man sich von den Riffs vor den Landzungen der Küste ausreichend freihalten. Der Hafen ist erst auszumachen, wenn das Seezeichen am Pointe de l'Arpillon passiert ist. Nachts wird die Ansteuerung durch den weißen Sektor des Stb.-Hafenfeuers zwischen 289° – 356° angezeigt, wobei man beachten muß, daß der Wechsel von G nach W genau durch den Bereich des Riffs Les Sardinaux führt.

Hafengebote: Die Geschwindigkeit im Hafen ist auf 3 kn beschränkt, Besucher legen an Stb. hinter dem Hafeneingang an und lassen sich einen Liegeplatz von der Capitainerie zuweisen.
Hafenmeister: M. Richard, Tel. 04 94 49 40 29,
Fax 04 94 96 90 58, VHF Kanal 9.
Dienstzeiten von 24 – 24 h.
Wetterinformationen: Täglich neuer Météo an der Capitainerie.

Hafenservice:
Die Liegeplätze sind mit Mooringleinen, Wasser- und Stromanschlüssen (220 V) ausgestattet. Nahe der Capitainerie gibt es eine Sanitäreinrichtung mit Duschen und WCs, Kartentelefone und eine Münzwäscherei. In der technischen Zone im NE des Hafens befinden sich

eine Werft, ein 12-t-Kran, ein Winterlager und ein Schiffsausrüster. Dort können einige Reparaturen ausgeführt werden. An der Bb.-Seite des Hafeneingangs ist in der Saison eine Tankstelle (Tel. 04 94 49 40 29) geöffnet von 9 – 13 h und von 15.30 – 18.30 h, in der Vorsaison von 9 – 11.30 h und von 15 – 17.30 h.

Versorgung:
Bank und Post findet man im Ort. Im Hafen gibt es einige kleine Läden und Restaurants, weitere Restaurants und Bars im Ort.

Landgang:
San-Peïre-les-Issambres ist ein Ferienort mit Sandstränden an beiden Seiten des Hafens in landschaftlich schöner Umgebung.

Flachgehende Boote finden einen Liegeplatz am

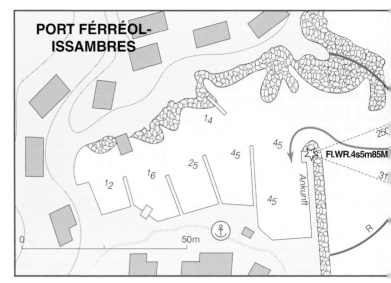

Pointe de la Garonnette ou Pointe de l'Arpilon
43° 20,4' N | 006° 41,7' E

Bei gutem Wetter ist es möglich, am Pointe de la Garonnette hinter einem kleinen Kai festzumachen, vom Kopf mit etwa 1,8 m nimmt die Wassertiefe zum Land hin auf 1 m ab. Vor dem langen Sandstrand im Ort sind einige Geschäfte und Restaurants zu finden.

Beschreibung:
0,5 sm östlich vom Port San-Peïre-Les-Issambres hinter einem Wellenbrecher im W der Landzunge gibt es etwa ein Dutzend Liegeplätze an einem Kai.
Marke: Häuser auf der Landzunge
Achtung: Felsenriffs vor der Landzunge.
Gebote: Die-300-m Badezone ist zu beachten.

Auf dem Weg zum Port Férréol-Issambres runden wir im großen Abstand die Landzunge

Pointe des Issambres
43° 20,9' N | 006° 43,0' E

Pointe des Issambres ist felsig, nicht befeuert und muß in sicherem Abstand gerundet werden (Riffs).

Beschreibung:
Pointe des Issambres weist keine besonders auffälligen Marken auf. Nachts überstreicht der rote Sektor des Feuers der Sèche à l'Huile die Untiefen vor dem Pointe. Die Grenze zwischen rotem und weißem Sektor verläuft durch tiefes Wasser. *Achtung:* Vorgelagerte Felsenriffs.

Inmitten der felsigen Küste öffnet sich der Hafeneingang zum

Port Férréol-Issambres
43° 21,1' N | 006° 43,0' E

Port Ferréol-Issambres ist ein kleiner, attraktiver, gegen Mistral geschützter Naturhafen, der von steilen Ufern umgeben ist und etwa 10 Gastplätze für Yachten von 7 – 9 m Länge aufweist. Der auf der Mole befeuerte Hafeneingang (Fl.WR.4s) öffnet sich nach E, ist ca. 30 m breit und 5 m tief. Die Tiefe im Hafen nimmt von 4,5 m auf 1,2 m im Innern ab. Der Hafen bietet nur wenige Einrichtungen für Yachten.

Ansteuerung:
Die schmale Hafeneinfahrt ist von weitem sehr schwer auszumachen und bei starken E- und SE-Winden unpassierbar. Von N kommend läßt man die grüne Bake

Port Férréol-Issambres

100 m vor der Hafeneinfahrt an Stb. und hält mit Kurs 265° auf die Mitte der Hafeneinfahrt zu, wobei eine grüne Tonne vor den Felsen ebenfalls an Stb. bleibt. Nachts hält man sich im weißen Sektor des Hafenfeuers (250°-W-310°-R-250°).

Achtung: Im NE vor der Hafeneinfahrt befindet sich eine mit einer grünen Bake gekennzeichnete Untiefe.

Hafengebote: Besucher legen am Ankunftskai direkt hinter der Mole an und lassen sich von der Capitainerie einen Liegeplatz zuweisen.

Hafenmeister: L. Casteu, Tel. und Fax 04 94 49 51 56, Dienstzeiten von 8 – 12 h und von 15 – 19 h, in der Vorsaison von 9 – 13 h.

Wetterinformationen: Täglich neuer Météo an der Capitainerie.

Hafenservice:
Kai und Stege sind mit Mooringleinen und Wasseranschlüssen ausgestattet, Stromanschlüsse (220 V) gibt es nur an den Köpfen der Stege. Eine Sanitäreinrichtung mit Duschen und WCs sowie Kartentelefone sind vorhanden. Es gibt keine Tankstelle, aber ein kleines Winterlager mit Slip und Travellift.

Versorgung:
Bank und Post befinden sich im Ort Les Issambres. In der Saison haben Restaurants und Bars geöffnet.
Information: Office du Tourisme 04 94 96 22 51.

Landgang:
Ein Bummel durch den Ort und die schöne Umgebung ist zu empfehlen.

Ganz versteckt in der Felsenküste liegt der winzige

Port Tonic 43° 21,4' N | 006° 43,0' E

Der hübsche kleine, gegen E-Wind wenig geschützte Hafen liegt in der Nähe vom Port Ferréol-Issambres und bietet zwei Gastplätze für Yachten bis 8 m Länge. Das Hafenbecken ist 1,7 m tief. Besucher dürfen mit ihrer Yacht eine Nacht gebührenfrei festmachen.

Ansteuerung:

Das Fahrwasser zum kleinen Hafen ist vom 1. Mai bis zum 1. Dezember betonnt. Am Tag ist die Einsteuerung bei E-Wind schwierig, in der Nacht nicht anzuraten.
Marke: Pointe de la Calle.
Achtung: Seegang bei starken E-Winden.
Hafenmeister: M.J. Lescan, Tel. 04 94 49 47 47, Fax 04 94 49 45 82.

Hafenservice:

Der kleine Hafen an der Rue Nationale 98 bietet etwa 20 Liegeplätze mit Mooringleinen, Wasser- und Stromanschlüssen und ein WC. Er verfügt über einen 8,5-t-Kran und ein Winterlager in einer Halle.

Versorgung:

Lebensmittel und Getränke kann man im Ort Les Issambres einkaufen, dort gibt es auch Restaurants, Bank und Post.

Am nördlichen Ende der felsigen Küste liegt der kleine

Port de Saint-Aygulf
43° 23,6' N | 006° 43,9' E

Saint-Aygulf ist ein kleiner, gut gegen Mistral und östliche Winde geschützter Yachthafen, der zwei Liegeplätze für Gastyachten bis zu 15 m Länge anbietet. Die Wassertiefe nimmt von 4 m im Hafeneingang auf etwa 2 m am Kai ab. Der Hafen besitzt nur wenige Einrichtungen für Yachten. Besucher dürfen 4 Stunden kostenfrei festmachen.

Ansteuerung:

Saint-Aygulf liegt am südwestlichen Ende des langen Strandes der Baie de Saint-Raphaël. Tagsüber ist ein großer Hotelbau hinter dem Hafen als Ansteuerungsmarke geeignet. Nachts ist dieses Gebäude hell orange erleuchtet, und auf der Hafenmole brennt ein Feuer

Port de Saint-Aygulf

Sandbank

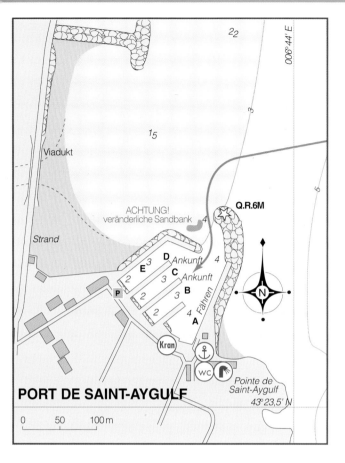

PORT DE SAINT-AYGULF

0   50   100 m

Viadukt

Strand

15

22

22

ACHTUNG!
veränderliche Sandbank

Q.R.6M

D Ankunft
E
C Ankunft
B
A

Fähren

P

Kran

WC

Pointe de
Saint-Aygulf
43° 23,5' N

N

Hafenservice:

Der Hafen verfügt über 239 Liegeplätze, die mit Mooringleinen, Wasser- und Stromanschlüssen (220 V, 3,5 kW) ausgestattet sind. Sanitäreinrichtungen mit Duschen und WCs sowie ein Kartentelefon sind in der Nähe der Capitainerie, wo auch die Abfallbehälter stehen. Es gibt einen Schiffsausrüster, ein kleines Winterlager und einen 15-t-Kran. Es sind nur wenige Reparaturmöglichkeiten gegeben. Die Tankstelle (Tel. 04 94 81 15 65) öffnet von 8 – 13 h und von 13.30 – 17.30 h.

Versorgung:

Einkaufsmöglichkeiten für Getränke und Lebensmittel sind im Ort vorhanden. Ein kleines Restaurant im Hafen neben der Capitainerie ist in der Saison geöffnet. Weitere Restaurants, Cafés und Bars findet man im Ort.

Information: Office du Tourisme 04 94 81 22 09.

Landgang:

Außer für den Einkauf von Lebensmitteln und Getränken bietet der nahe Ort nur die bekannten Angebote eines gewöhnlichen Urlaubsortes: Restaurants, Eisdielen und Bars. Bei Dunkelheit herrscht im Hafen absolute Ruhe.

Vom Port de Saint-Aygulf laufen wir mit NNE-Kurs zum

Port de Fréjus 43° 25,2' N | 006° 45,1' E

Port de Fréjus ist ein großer, gegen alle Winde geschützter Yachthafen mit allen Einrichtungen. Er bietet 40 Gastplätze für Boote bis maximal 30 m Länge, die 2 Stunden kostenfrei festmachen dürfen. Der Hafen ist im Eingang 3,5 m, im weiteren Verlauf 3 m und in den einzelnen kaskadenförmig angeordneten Hafenbecken zwischen 2,5 und 2 m tief.

Ansteuerung:

Port de Fréjus liegt im NW der Baie de Saint-Raphaël. Tagsüber ist die Ansteuerung in die sich nach NE öffnende, 60 m breite, 4 m tiefe Hafeneinfahrt einfach. Nachts ist eine unbeleuchtete Festmachertonne 500 m östlich der Einfahrt zu beachten. Die Einfahrt ist nachts befeuert (Fl(4).R. 15s und Fl.G. 2,5s). Bei starken

(Q.R.6M). Bei der Einsteuerung in die sich nach NNE öffnende, 50 m breite und 4 m tiefe Hafeneinfahrt ist eine Sandbank an Stb. unmittelbar neben dem Fahrwasser zu beachten, die durch eine gelbe Boje markiert ist. Bei starken E-Winden machen brechende Wellen vor dem Hafen die Einfahrt unmöglich.

Marke: Ein großer Hotelbau oberhalb des Hafens und eine niedrige Straßenbrücke im N des Hafeneingangs.

Hafengebote: Besucher machen an einem der Stegköpfe fest und lassen sich in der Capitainerie einen Liegeplatz zuweisen.

Hafenmeister: S. Fraioli, Tel. 04 94 81 15 65,
VHF Kanal 9.
Dienstzeiten von 24 – 24 h.
Wetterinformationen: Täglich neuer Météo an der Capitainerie.

Port de Fréjus

südöstlichen Winden ist die Einsteuerung schwierig, eventuell sogar unmöglich. Durch die Weitläufigkeit des Hafens kann bei bestimmten Windrichtungen der entstehende Schwell die Nachtruhe empfindlich stören.

Marke: Die Appartementhäuser um den Hafen.

Achtung: Die östlich der Einfahrt liegende unbeleuchtete Festmachertonne. Starker Seegang aus südöstlicher Richtung erschwert das Einlaufen.

Hafengebote: Die Geschwindigkeit im Hafen ist auf 3 kn beschränkt, Besucher machen am Ankunftskai fest und lassen sich einen Liegeplatz von der Capitainerie zuweisen.

Die Ruine des Amphitheaters

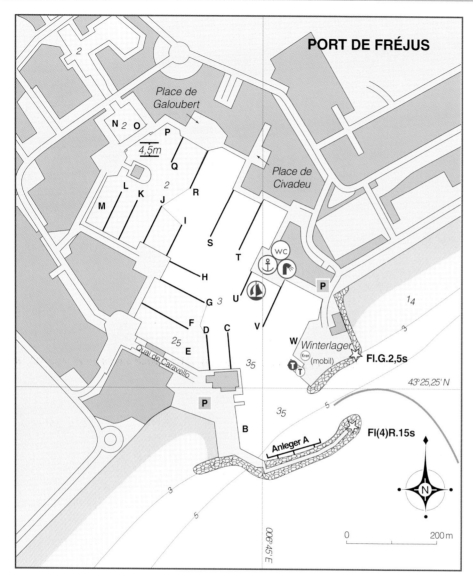

PORT DE FRÉJUS

Place de Galoubert

Place de Civadeu

Winterlager
(Kran) (mobil)

Fl.G.2,5s

43°25,25' N

Fl(4)R.15s

Anleger A

Quai de Caravello

006°45'E

0   200 m

und 380 V, 25 kW). An den Liegeplätzen für Boote über 12 m gibt es auch Anschlüsse für Telefon und Kabelfernsehen.

Sanitäreinrichtungen mit Duschen und WCs und Kartentelefone sind über den Hafen verteilt, es gibt auch eine Münzwäscherei. In der technischen Zone am Hafeneingang hat eine Tankstelle (Tel. 04 94 44 58 88) in der Saison von 8 – 19 h und in der Vorsaison von 8 – 18 h geöffnet. Hier befinden sich auch eine Werft, verschiedene Werkstätten und ein Winterlager mit einem 10-t-Kran und einem 50-t-Travellift. Es können alle Reparaturen ausgeführt werden. Es gibt mehrere Schiffsausrüster und Zubehörlieferanten.

Versorgung:

Einkaufsmöglichkeiten sowie Bank und Post gibt es im Hafenbereich und in der unmittelbaren Umgebung. Zahlreiche Restaurants und Cafés befinden sich rund um den Hafen.
Information: Office du Tourisme 04 94 17 19 19.

Landgang:

Die Umgebung des neuen Hafens besteht aus wenig attraktiven, modernen Appartement- und Hotelbauten. Herrliche Sandstrände dehnen sich auf der einen Seite bis Saint-Raphaël und auf der anderen Seite bis Saint-Aygulf aus, auf denen sich im Sommer unzählige Urlauber tummeln. Die eigentliche Attraktion ist die Römische Stadt im etwa 2 km entfernt liegenden alten Ortskern, in der unter anderem die Ruinen eines Amphitheaters, die Reste eines Aquädukts und eines alten Turmes zu besichtigen sind, die auf die alte Geschichte von Fréjus hinweisen.

Hafenmeister: J. M. Garnier, Tel. 04 94 82 63 00, Fax 04 94 51 48 52, VHF Kanal 9.
Dienstzeiten von 8 – 12 h und von 14 – 20 h, in der Vorsaison von 8 – 12 h und von 14 – 18 h.
Wetterinformationen: Permanenter Video-Météo.

Hafenservice:

Port de Fréjus bietet 710 Liegeplätze mit Mooringleinen, Wasser- und Stromanschlüssen (220 V, 3,5 kW

Vieux Port de Saint-Raphaël

Etwa eine halbe Seemeile weiter östlich gelangen wir zum

Vieux Port de Saint-Raphaël 43° 25,4' N | 006° 45,9' E

Vieux Port de Saint-Raphaël ist ein mittelgroßer, gegen alle Winde geschützter Fischer-, Fähr- und Yachthafen mit nur wenigen Einrichtungen für Sportboote, der im Scheitel der Baie de Saint-Raphaël liegt.

Der Hafen liegt mitten in der Stadt und bietet Liegeplätze für Boote bis 60 m Länge und 5 m Tiefgang. Die Anzahl der Gastplätze ist gering (10), so daß in der Saison die wenigen Gastplätze häufig vergeben sind.

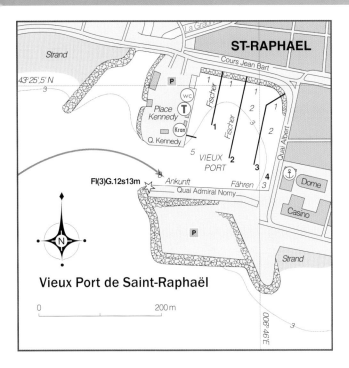

Vieux Port de Saint-Raphaël

0 ———————————— 200 m

Notre-Dame de la Victoire de Lepante

Ansteuerung:

Die Ansteuerung ist bei Tag und Nacht einfach, bei Mistral steht etwas Schwell in den Hafen. Die 54 m breite, 8 m tiefe, befeuerte Hafeneinfahrt (Fl(3).G. 12s 13m 10M) öffnet sich nach W.

Marke: Als Ansteuerungsmarke kann die Kathedrale hinter dem Vieux Port dienen.

Achtung: Eine weiße Festmachertonne etwa in der Mitte zwischen Port Fréjus und Vieux Port Saint-Raphaël ist nachts unbefeuert.

Hafengebote: Die Liegeplätze am Quai Amiral Nomy in der Nähe des Quai Albert sind für Fähren reserviert. Besucher legen an einem freien Platz am Quai Amiral Nomy an und lassen sich von der Capitainerie, die ein Stückchen links gegenüber dem Quai Amiral Nomy auf der anderen Straßenseite des Quai Albert liegt, einen Liegeplatz zuweisen.

Hafenmeister: J. Le Lay, Tel. 04 94 95 11 19 ,
Fax 04 94 95 11 19, VHF Kanal 12.

Dienstzeiten von 8 – 12 h und von 14 – 19 h, in der Vorsaison von 8 – 12 h und von 14 – 17 h.

Wetterinformationen: Täglich neuer Météo an der Capitainerie.

Hafenservice:

Der Vieux Port verfügt über 250 Liegeplätze an den Kais und den 3 Stegen, von denen Steg 1 und 2 für Fischer, Steg 3 für Yachten der lokalen Clubs vorgesehen sind. Die Tiefe im Hafen beträgt bis in die Mitte der Stege 5 m und nimmt zum nördlichen Rand des Hafenbeckens bis auf 1 m ab. Die Liegeplätze an den Stegen sind mit Mooringleinen, Wasser- und Stromanschlüssen (220 V) ausgestattet. Am Quai Amiral Nomy sind diese Anschlüsse für große Schiffe ausgelegt (380 V, 20 kW). Toiletten, Duschen und Kartentelefone befinden sich am Quai Kennedy, wo auch ein 10-t-Kran, ein kleines Winterlager und eine Tankstelle (Öffnungszeiten Hauptsaison 6 – 24 h) vorhanden sind.

Versorgung:

Ein großes Angebot an Lebensmitteln und Getränken findet man rund um den Hafen. Die Auswahl an Restaurants, Straßencafés und Eisdielen um den Hafen und an der Straßenpromenade ist sehr groß. Bank, Post befinden sich in Hafennähe.
Information: Office du Tourisme 04 94 19 52 52.

Landgang:

Die Gründung von Saint-Raphaël geht wie die von Fréjus auf die Römerzeit zurück. Wo heute das Casino steht, war damals ein römischer Kurort für reiche Familien terrassenförmig an den Hang gebaut.

Der Vieux Port liegt im Herzen von Saint-Raphaël. In seiner Nähe befinden sich zahlreiche Geschäfte, Restaurants und Straßencafés. Vormittags hat ein großer Fischmarkt am Cours Jean Bart geöffnet. An den Kais des Hafens und der breiten Strandpromenade herrscht den ganzen Tag lebhafter Betrieb, abends verwandeln sich die Kais in einen riesigen Budenmarkt, an dem die Touristen bis spät in die Nacht vorbeiflanieren.

Sehenswürdigkeiten:

Zu den Sehenswürdigkeiten von Saint-Raphaël zählt die schon von See her sichtbare ehemalige byzantinische Kirche Notre-Dame de la Victoire de Lepante, die nachts, herrlich angestrahlt, zu einem Rundgang animiert. Weiter in der Stadt sind noch das Musée Archéologique, in dem antike Fundstücke aus der Geschichte von Saint-Raphaël gezeigt werden, und die wehrhafte Kirche Saint-Raphaël im romanischen Stil aus dem 12. Jh. zu besichtigen, in die sich die Bevölkerung bei Überfällen von Piraten zurückzog. Daran erinnert heute noch der Wachturm an der Kirche.

Wer im Vieux Port de Saint-Raphaël keinen Liegeplatz gefunden hat, fährt in südöstlicher Richtung weiter bis zum nahen

Port Santa-Lucia/Saint-Raphaël – Nordeingang

Port Santa-Lucia/Saint-Raphaël – Südeingang

Port Santa-Lucia-Saint-Raphaël
43° 24,7' N | 006° 46,9' E

Port Santa-Lucia-Saint-Raphaël ist ein großer, gegen fast alle Winde gut geschützter Yachthafen mit zwei voneinander getrennten Hafenbecken, dem Bassin Nord und dem Bassin Sud. Im Bassin Sud kann die Mole mit der Tankstelle den Schwell von Winden aus südlichen Richtungen nicht vollständig abhalten. Der Hafen besitzt 1600 Liegeplätze für Yachten bis 23 m Länge und viele Einrichtungen. In der Saison stehen etwa 60, in der Vorsaison etwa 20 Gastplätze zur Verfügung.

Ansteuerung:

Die Ansteuerung von Port Santa-Lucia – Saint-Raphaël ist für das Bassin Sud bei allen starken südlichen (SW-S-SE) Winden schwierig bis gefährlich. Tagsüber ist die Oriertierung an der Îlot du Lion de Mer möglich, nachts brennen Feuer auf beiden Molen vom Bassin Nord (Fl.G.4s und Fl.R.4s) und auf der Außenmole vom Bassin Sud (Oc(2).RW. 6s 10m 10/7M – 040°-W-057°-R-082°-W-130°-040°). Die weißen Sektoren signalisieren jeweils von Hindernissen freie Zufahrten. Das Sektorenfeuer auf der Îlot du Lion de Mer markiert mit seinem roten Sektor die Îlot du Lion de Terre und deren Riffs. Die Durchfahrt zwischen beiden Inseln ist ausreichend tief.

Achtung: Die Untiefen und Riffs rund um Îlot du Lion de Mer und Îlot du Lion der Terre.

Hafengebote: Besucher können in beiden Bassins am jeweiligen Ankunftskai festmachen und sich von der Capitainerie einen Liegeplatz zuweisen lassen. Die Geschwindigkeit im Hafen ist auf 3 kn beschränkt. Gebührenfreies Festmachen ist nicht möglich.

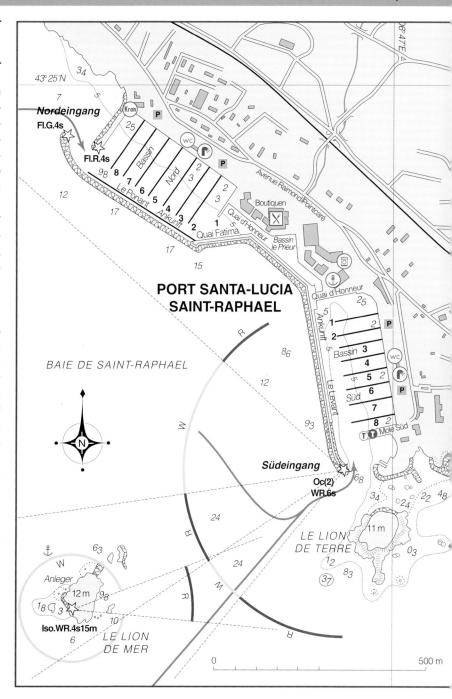

Hafenmeister: M. Braun, Tel. 04 94 95 35 30, Fax 04 94 95 22 13, VHF Kanal 9.

179

Dienstzeiten von 0 – 24 h durchgehend.
Wetterinformationen: Täglich neuer Météo an der Capitainerie, VHF Grasse Kanal 2.

Hafenservice:

Alle Liegeplätze sind mit Mooringleinen, Wasser- und Stromanschlüssen (220 V) ausgestattet. Am Kai vor beiden Hafenbecken gibt es Sanitäreinrichtungen. Im Hafen gibt es Kartentelefone und eine Münzwäscherei. Eine Tankstelle (Tel. 04 94 95 34 30) hat an der S-Mole vom Bassin Sud in der Saison von 8 – 13 h und von 15 – 20 h geöffnet, in der Vorsaison wendet man sich an die Capitainerie.
Am Bassin Nord gibt es ein Winterlager mit einem 2-t-Kran, einem beweglichen 12-t-Kran und einem 50-t-Travellift, beim Bassin Sud ein Winterlager mit Werft, Travellift und Hallen. Viele Werkstätten bieten ihre Dienste an. Zum Hafen gehören große Parkplätze.

Versorgung:

Im Hafenbereich können Sie Backwaren und Lebensmittel kaufen. In der Filiale einer Weinkellerei werden Weine der Umgebung und Getränke angeboten. In der Saison existiert ein Service für die Versorgung aus dem Ort, denn in unmittelbarer Nähe sind keine Geschäfte ansässig. Bank und Post sind im weiter entfernten Zentrum um den Vieux Port de Saint-Raphaël zu finden. In der Saison hat im Hafen eine Wechselstube geöffnet. Restaurants, Cafés, Eisdielen und Imbißstuben sind in der Saison in größerer Anzahl im Hafen geöffnet.
Information: Office du Tourisme 04 94 19 52 52.

Landgang:

Das Zentrum von Saint-Raphaël liegt um den Vieux-Port etwa 25 Min. Fußweg vom Port Santa-Lucia entfernt. Der Weg führt an der belebten Strandpromenade entlang, vor der ein herrlicher Sandstrand liegt.

Bei gutem Wetter empfiehlt sich ein kleiner Abstecher zu der kleinen Felseninsel

Îlot le Lion de Mer   43° 24,4' N | 006° 46,5' E

Lion de Mer und Lion de Terre sind zwei kleine, kahle Felseninseln, die am östlichen Ausgang der Baie de

Saint-Raphaël liegen und zu den felsigen Ausläufern des Massif de l'Estérel zählen.
Auf Lion de Mer befinden sich ein Leuchtturm und im NW ein kleiner Kai. Vor seiner nordwestlichen Küste liegt eine gelbe Tonne, nordöstlich und östlich Felsen um die Insel verstreut.
Ein Ankerplatz in der Nähe des Anlegers bietet Schutz gegen den Ponant. Bei länger anhaltenden östlichen Winden setzt in der Umgebung ein Strom von einem Knoten ein.

Beschreibung:

Le Lion de Mer liegt 0,4 sm südlich vom Port Santa-Lucia-Saint-Raphaël weiter draußen in der Bucht, Lion de Terre unmittelbar neben dem Hafeneingang zum Bassin Sud. Das Sektorenfeuer von Lion de Mer (Iso.WR. 4s 16m 13/10M) markiert mit seinem roten Sektor die Untiefen um Lion de Terre.
Achtung: Untiefen/Felsen in der Umgebung der Inseln.

Mitten in der zerklüfteten, zum Teil steilen Felsenküste des Massif de l'Estérel liegt der verträumte kleine

Port de Boulouris   43° 24,8' N | 006° 48,5' E

Port de Boulouris ist ein kleiner, privater Hafen eines Yachtclubs mit einer Wassertiefe von 2 m am Kai hinter der Mole und 1,5 m am Ponton für Boote bis höchstens 15 m. Eine kleine, rechtwinklige Mole schützt den Hafen einigermaßen gegen starke Winde. Gastplätze sind nicht vorgesehen. Es gibt keine nennenswerten Einrichtungen für Sportboote.

Ansteuerung:

Port Boulouris liegt etwa 1 sm östlich von der Îlot du Lion de Terre am östlichen Rand einer kleinen, mit Pinien umsäumten Bucht mit herrlichem Sandstrand. Die Schutzmole ist nicht befeuert. Ein betonntes Fahrwasser führt zum Hafen.
Hafenmeister: HVC de Boulouris, nur in der Saison geöffnet.

Hafenservice:

Der Hafen verfügt über einige Wasseranschlüsse und Mooringleinen.

Îlot le Lion de Mer

Versorgung:
Einige Geschäfte liegen an der 100 m entfernten Rue Nationale 98.
Restaurants sind ebenfalls dort zu finden, in der Saison hat eins an der Hafenzufahrt geöffnet.

Landgang:
Port Boulouris liegt im Ortsteil Boulouris von Saint-Raphaël an einer felsigen, mit Pinien bestandenen Küste, die von einer kleinen Bucht mit Sandstrand unterbrochen wird, und besitzt einige Geschäfte und Restaurants.

Port de Boulouris

Ankern:

Bei schönem Wetter ist es möglich, auf 4 – 10 m in der Bucht außerhalb des Fahrwassers und der Badezone zu ankern.

Kurz vor Cap Dramont liegt

Port de Poussail 43° 24,9' N | 006° 50,9' E

Port de Poussail ist ein kleiner, 1,5 – 2 m tiefer, windgeschützter Privathafen, in dem keine Gastplätze vorgesehen sind. Er bietet keine nennenswerten Einrichtungen für Sportboote.

Ansteuerung:

Port de Poussail liegt am Fuß der W-Flanke von Cap Dramont gegenüber der Île d'Or. Der Hafeneingang in einer kleinen Bucht öffnet sich nach SE und ist nicht befeuert und kann daher nachts nicht angelaufen werden.
Marken: Die Île d'Or und das Cap Dramont.
Achtung: Felsige Untiefen im Bereich der Île d'Or und dem Cap Dramont.

Hafenservice:

Die Liegeplätze sind mit Mooringleinen und einigen Wasser- und Stromanschlüssen (220 V) ausgestattet.

Landgang:

Der Hafen liegt relativ einsam in felsiger, bewaldeter Umgebung. Die nächste Ortschaft ist etwa 1 km entfernt.

Ankern:

Bei gutem Wetter ist das Ankern auf 4 – 8 m Schlick/Gras in der Nähe der Hafenmole möglich.

Auf dem Weg zum Cap Dramont passieren wir in sicherem Abstand die

Île d'Or 43° 24, 7' N | 006° 50,8' E

Île d'Or ist eine rötliche Felseninsel mit einem viereckigen, zinnenbewehrten Turm auf ihrer Spitze. Die Insel ist in Privatbesitz und darf nicht betreten werden.

Beschreibung:

Île d'Or liegt westlich von Cap Dramont und ist nicht befeuert. In ihrer Nähe im SW liegen einige Riffs, die Basses de Île d'Or. Bei gutem Wetter kann die 6 m tiefe Passage zwischen Insel und Land mit einiger Vorsicht benutzt werden.
Marke: Cap Dramont und Île d'Or mit ihrem Turm stellen eine unverwechselbare Landmarke dar.
Achtung: Felsige Untiefen.

VI. Cap Dramont bis Cap d'Antibes

Seekarten F CG 501, F 6838, 7205, 7408, 7409, D 484, 597

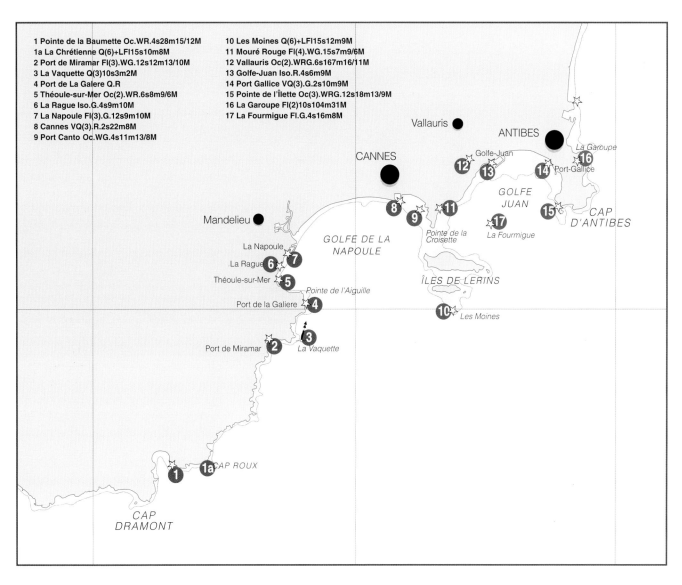

1 Pointe de la Baumette Oc.WR.4s28m15/12M
1a La Chrétienne Q(6)+LFl15s10m8M
2 Port de Miramar Fl(3).WG.12s12m13/10M
3 La Vaquette Q(3)10s3m2M
4 Port de La Galere Q.R
5 Théoule-sur-Mer Oc(2).WR.6s8m9/6M
6 La Rague Iso.G.4s9m10M
7 La Napoule Fl(3).G.12s9m10M
8 Cannes VQ(3).R.2s22m8M
9 Port Canto Oc.WG.4s11m13/8M
10 Les Moines Q(6)+LFl15s12m9M
11 Mouré Rouge Fl(4).WG.15s7m9/6M
12 Vallauris Oc(2).WRG.6s167m16/11M
13 Golfe-Juan Iso.R.4s6m9M
14 Port Gallice VQ(3).G.2s10m9M
15 Pointe de l'Îlette Oc(3).WRG.12s18m13/9M
16 La Garoupe Fl(2)10s104m31M
17 La Fourmigue Fl.G.4s16m8M

Die Küste zwischen Cap Dramont und Cap d'Antibes wird zunächst von den Ausläufern des Massif de l'Estérel bestimmt, dann folgen der Golfe de La Napoule und der Golfe Juan, die durch das Pointe de la Croisette getrennt werden. Vor dem Pointe de la Croisette liegen die bewaldeten Îles de Lérins.

Die Rade d'Agay ist schon im Altertum als Ankerbucht genutzt worden, davon zeugen die Amphoren-Funde

Cap Dramont und Île d'Or

römischer Herkunft. Ein Denkmal am Cap Dramont erinnert an die Landung der Amerikaner im zweiten Weltkrieg. Heute nutzen viele Yachten die Ankerplätze der herrlichen Bucht unterhalb des Massif de l'Estérel, die je nach ihrer Lage Schutz gegen westliche, nördliche oder östliche Winde bieten.

Die sieben Seemeilen lange Küste mit den zahlreichen Villen zwischen der Rade d'Agay und dem Pointe de l'Aiguille am Eingang zum Golfe de La Napoule ist stark zerklüftet, meist steil und schroff, an einigen Stellen sind überspülte Felsen vorgelagert. Sie ist unbestreitbar die wildeste und eindrucksvollste Landschaft der Côte d'Azur, die sich von Land her über die 1903 erbaute Küstenstraße Corniche de l'Estérel erschließen läßt. Aber auch von See her können die zahlreichen Buchten und tiefen Einschnitte dieser herrlichen Land-

schaft erkundet werden. Doch sobald der Wind die See aufwühlt, ist es klug, sich von dieser Küste fernzuhalten, um nicht von den Wellen gegen die Felsen geschlagen zu werden. Sogar bei gutem Wetter erfordert Ankern über Nacht im Bereich dieser Küste die sichere Kenntnis der weiteren Wetterentwicklung.

Der große Golfe de la Napoule erstreckt sich vom Pointe de l'Aiguille bis zum Pointe de la Croisette.

Im Westen ist die Küste noch von den Ausläufern des Massif de l'Estérel geprägt. Am Fuß des 130 m hohen Piton de San-Peyre – mit den Ruinen einer Burg und eines Klosters auf der Spitze – liegen Mandelieu-La Napoule und das bemerkenswerte Schloß. Darauf folgt die Ebene mit den teilweise schiffbaren Flüssen L'Argentière, La Saigne und Le Béal. Port Riou liegt am L'Argentière hinter der Brücke, über die die Küstenstraße führt. Wegen der niedrigen Brückendurchfahrt ist dieser kleine Hafen hauptsächlich für Motorboote geeignet. Im Flußlauf von La Saigne befinden sich weiter im Inland Port de Cannes-Marina und Port Marco Polo. In der Mündung des Béal gibt es den kleinen Port du Béal mit Liegeplätzen für flachgehende Sportboote vor und hinter der Küstenstraßenbrücke. Im Anschluß an den Flughafen von Cannes-Mandelieu erstreckt sich das Häusermeer von La Bocca und Cannes bis zum Pointe de la Croisette.

In den großen, mit allen Einrichtungen ausgestatteten Häfen des Golfe de La Napoule, besonders in Cannes, konzentrieren sich die luxuriösesten Yachten des Mittelmeeres. Entsprechend gestalten sich auch die Liegegebühren.

Die reizvollen Îles de Lérins, Sainte-Marguerite im Norden und Saint-Honorat im Süden, liegen nur 1100 m vom Pointe de la Croisette entfernt und sind beliebtes Ziel der in diesem Gebiet kreuzenden Yachten und Ausflugsboote. In der Nähe der Inseln sind herrliche Ankerplätze zu finden.

Der Golfe Juan ist auf Grund seiner geschützten Lage ein beliebtes Yachtrevier. Die Häfen Ports de Golfe Juan und Port Gallice-Juan-les-Pins können bei jedem Wetter angelaufen werden.

Landmarken: Cap Dramont, Pointe de la Baumette, Cap Roux, Pointe de l'Esquillon, Pointe de l'Aiguille, Pointe de la Croisette, Pointe de l'Ilette, La Chrétienne, La Vaquette, Tourelle de Batéguier, Les Moines, La Fourmigue, Le Sécanion, Phare de la Garoupe

Gefahren: Untiefen und Felsen vor dem Massif de l'Estérel und der Umgebung der Îles de Lerins, der Felsen La Fourmigue im Golfe Juan.

Gebote:

- Zwischen dem Vieux Port Cannes und der Île Sainte-Marguerite beträgt die Höchstgeschwindigkeit 10 kn. Das Gebiet mit der beschränkten Geschwindigkeit ergibt sich durch die Verbindungslinien zwischen dem Vieux Port de Cannes und dem Tourelle Batéguier im Westen und zwischen dem Pointe de la Croisette und der Citadelle de Sainte-Marguerite im Osten.
- Zwischen den Îles de Lérins beträgt die Höchstgeschwindigkeit 5 kn im Gebiet, das sich zwischen den Verbindungslinien vom Pointe du Dragon zum Pointe du Barbier und von der Île Saint-Féréol zur Île de la Tradelière ergibt.
- Es existieren ein Ankerverbot nordöstlich von Port du Béal im Bereich einer Abwasserleitung,
- ein Tauchverbot in einem 300 m breiten Streifen zwischen den Îles de Lerins ab dem Port des Moines nach Osten,
- ein Anker- und Fischereiverbot in einem mit gelben Tonnen gekennzeichneten Gebiet östlich des Pointe Fourcade und
- ein Ankerverbot im Gebiet einer Abwasserleitung, das sich von der Außenmole der Ports de Golfe-Juan aus 1 sm nach Südsüdost erstreckt.

Das Wetter:

Vom Cap Dramont bis zum Pointe de la Croisette bietet das Massif de l'Estérel weitgehend Schutz vor Mistral, der seit Marseille allerdings schon an Heftigkeit verloren hat. Auch im Golfe Juan bläst der Mistral nur noch mäßig.

Der Ponant, eine Seebrise, wird über Tag durch Erwärmung des kahlen Massif de l'Estérel erzeugt. Er brist im Einflußbereich des Massif de l'Estérel am späten Vormittag auf, verdoppelt seine Stärke zum Nachmittag und schläft abends wieder ein.

Die Küste vor dem Massif de l'Estérel ist bei starken Ost- und Südostwinden dem sich entwickelnden Seegang voll ausgesetzt, wegen des felsigen Ufers kann es dort sehr gefährlich werden.

Im Golfe de La Napoule halten die Îles de Lérins starken Seegang aus Osten ab, der sich erst wieder im Westteil des Golfe de La Napoule bemerkbar aufbauen kann.

Wichtige Leuchtfeuer:

Phare d'Agay	43° 25,5' N I 006° 52,3' E
	Oc.WR.4s28m15/12M
Miramar-La Figueirette	43° 29,0' N I 006° 56,0' E
	Fl(3).WG.12s12m13/10M
Théoule sur Mer	43° 30,6' N I 006° 56,4' E
	Oc(2).WR.6s8m9/6M
Port de la Rague	43° 31,0' N I 006° 56,4' E
	Iso.G.4s9m10M

Mandelieu-La Napoule	43° 31,3' N I 006° 56,7' E Fl(3).G.12s9m10M
Port Pierre Canto	43° 32,5' N I 007° 01,8' E Oc.WG.4s11m13/8M
Mourré Rouge	43° 32,6' N I 007° 02,6' E Fl(4).WG.15s7m9/6M
Phare de Vallauris	43° 34,1' N I 007° 03,7' E Oc(2).WRG.6s 167m 16/12/11M
La Fourmigue	43° 32,4' N I 007° 05,0' E (Fl.G.4s16m8M)
Golfe-Juan	43° 33,8' N I 007° 04,7' E Fl(2).G.6s10m10M
Phare de l'Ilette	43° 32,6' N I 007° 07,3' E Oc(3).WRG.12s18m13/9/9M
Phare de la Garoupe	43° 33,9' N I 007° 08,0' E (Fl(2)10s104m31M)

Von W kommend laufen wir in das nächste Gebiet ein bei

Cap Dramont 43° 24,7' N | 006° 51,3' E

Cap Dramont ist ein steil aus dem Wasser ragender, bewaldeter Berg aus rotem Gestein, auf dessen 128 m hohen Spitze ein Semaphore der Küstenwache steht. Das Cap ist von Felsen umgeben, von denen der größte, die Île d'Or, im SW liegt und mit einem markanten, viereckigen Turm bebaut ist.

Beschreibung:
Cap Dramont ist nicht befeuert, liegt selbst mit seinen gefährlichen Untiefen im abgedeckten Bereich außerhalb des weißen Sektors des Feuers des Pointe de la Baumette (Oc.WR.4s28m15/12M 260°-R-294°-R-032°-invis-260°).
Das Cap ist mit den roten Felsen, dem hohen bewaldeten Berg und der weißen Signalstation eine markante, unverwechselbare Landmarke südwestlich der Rade d'Agay.

Achtung: Felsige Untiefen in seiner unmittelbaren Umgebung wird jeder vermeiden; es gibt aber zwei, nur mit Hilfe von Seekarten zu umschiffende, gefährliche Untiefen:

- Eine von der Südspitze der Île d'Or bis etwa 400 m nach SW verlaufende felsige Untiefe,
- eine zweite, nur mit 1,8 m Wasser bedeckte, Untiefe, die etwa 200 m entfernt vor den südlichen Steilhängen des Caps und etwa 320 m von der Südspitze der Île d'Or entfernt mitten in tiefem Wasser liegt.

Ein NNE-Kurs führt uns nach etwa 1 sm in die große Ankerbucht der

Rade d'Agay

Die Rade d'Agay wird seit dem Altertum als windgeschützter Ankerplatz genutzt. Je nach Windrichtung wird der Anker im W, N oder E der großen Bucht geworfen. Vor dem nördlichen Ufer zieht sich ein langer, in der Saison nicht überlaufener Sandstrand hin. Es gibt hier viele Villen, aber nur wenige große Hotels.
Vor dem Sandstrand im N halten die Anker auf dem überwiegend grasbewachsenen Grund nicht besonders gut. Im kleinen Hafen im W und an einigen Stegen im E wird bei Dünung das Anlandgehen erleichtert. Die vielen ausgelegten Mooringbojen gehören Anliegern oder örtlichen Vereinen.

Ansteuerung:
Tagsüber ist die Einsteuerung einfach, nachts leitet der weiße Sektor des Phare d'Agay sicher an den Untiefen vorbei.

Marke: Cap Dramont im W und Pointe de la Baumette im E.
Achtung: Felsige Untiefen am Eingang zur Bucht im W und am Ausgang nach E dürfen nicht übersehen werden.
Gebote: In der 300 m breiten Badezone ist das Fahren unter Motor untersagt.

Landgang:
Im Sommer haben einige Restaurants geöffnet. In den Ortschaften können die nötigsten Lebensmittel gekauft werden.

Yachten mit wenig Tiefgang können für kurze Zeit festmachen in dem kleinen Hafen

Port d'Agay ou Port de la Chapelle

Port d'Agay ou Port de la Chapelle
43° 25,9' N | 006° 51,5' E

Port d'Agay beherbergt in seinem kleinen, durch eine kurze Mole geschützten, etwa 1 m tiefen Hafen nur Fischer- und einige kleine Sportboote. Gastplätze sind nicht vorgesehen. Es gibt keine nennenswerten Einrichtungen für Yachten.

Ansteuerung:
Tagsüber ist die Ansteuerung einfach, nachts nicht anzuraten.

Hafenmeister: Tel. 04 94 82 08 08.
Wetter-Ansage 08 36 68 08 08 und 08 36 68 08 83.

Hafenservice:
Die Liegeplätze an den Stegen und am Kai sind mit Mooringleinen ausgestattet.
An der Straße, die oberhalb des Hafens vorbeiführt, steht ein Kartentelefon.

Landgang:
Einige Restaurants und Geschäfte laden zu einem kleinen Bummel durch den Ort ein. Agay verfügt über einen weiten, sonnigen Sandstrand.

Ankern:

Vor dem Hafen kann bei 4 - 5 m Wassertiefe auf sandigem, grasbewachsenem Grund gut gegen Mistral geschützt geankert werden.

Wir verlassen die Rade d'Agay auf unseren weiteren Weg nach Osten und passieren

Pointe de la Baumette
43° 25,5' N | 006° 52,3' E

Pointe de la Baumette ist eine flache, bewaldete Landzunge mit felsigen Ufern, die mit einer Reihe von Villen bebaut ist.

Beschreibung:

Auf dem Pointe de la Baumette am östlichen Ausgang der Rade d'Agay steht das weittragende Leuchtfeuer, der Phare d'Agay (Oc.WR.4s28m15/12M 260°-R-294°-R-032°-invis-260°).

Marke: Pointe de la Baumette ist mit einem ebenfalls auf der Landzunge stehenden vierstöckigen, weißen Hotelgebäude und dem über die Bäume herausragenden, weißen Leuchtturm mit rotem Dach eine auffällige Landmarke. Nachts werden mit dem nach E gerichteten roten Sektor des Leuchtfeuers die Klippen und Untiefen der Île des Vieilles markiert, der weiße Sektor überstreicht die hindernisfreie Zufahrt zur Rade d'A-

Pointe de la Baumette

gay, der abgeblendete Sektor markiert die Untiefen des Cap Dramont.

Achtung: Es gibt felsige Untiefen im Abstand bis zu 150 m vom Ufer.

Auch bei gutem Wetter runden wir seeseitig das Seezeichen

Tourelle la Chrétienne
43° 25,3' N | 006° 53,8' E

Tourelle la Chrétienne ist ein S-Kardinalzeichen, das vor der felsigen Île des Vieilles und ihren gefährlichen felsigen Ausläufern über und unter Wasser warnt. Dieses Gebiet liegt gleichzeitig im roten Sektor des Leuchtfeuers Phare d'Agay (Oc.WR.4s28m15/12M 260°-R-294°-R-032°-invis-260°) auf dem Pointe de la Baumette.

Beschreibung: Tourelle la Chrétienne liegt zwischen dem Pointe de la Baumette und der Calanque d'Anthéor etwa 0,5 sm vor der Küste und ist ein gemauerter, schwarz-gelber Turm, der befeuert ist (Q(6) +LFl15s10m8M).

Achtung: Es gibt Felsen und Untiefen zwischen dem Seezeichen und den vorgelagerten felsigen Inseln.

Auf unseren Weg in nordnordöstlicher Richtung an der felsigen Küste entlang können wir nach einer knappen Meile einen Ankerstopp einlegen in der

Calanque d'Anthéor

Calanque d'Anthéor ist eine landschaftlich herrlich gelegene Bucht in der felsigen, zerklüfteten Küste mit einem kleinen Sandstrand vor den riesigen Bögen eines Eisenbahnviadukts. Die Bucht ist gegen Mistral gut, gegen östliche Winde nicht geschützt. Der Ankergrund in der Mitte der Bucht besteht aus grasbewachsenem Sand und ist 4 – 8 m tief.

Ansteuerung:
Die Bucht ist am Viadukt leicht zu erkennen und wird auf einem Kurs von 290° auf den Viadukt angelaufen.

Tourelle la Chrétienne

Achtung: An beiden Seiten der Calanque gibt es felsige Untiefen.

Auf dem NE-Kurs zum Port de Miramar-La Figueirette passieren wir an der felsigen Küste das markante

Cap Roux 43° 27,1' N | 006° 55,4' E

Cap Roux ist eine mit mehreren Häusern bebaute, zum Teil bewaldete Landzunge mit einer kahlen, vorgelagerten Insel aus roten Felsen.
An der SW-Seite liegt eine kleine Bucht mit Strand vor einem steilen Felshang, die bei gutem Wetter als Ankerplatz genutzt werden kann.
Wegen des Felsens Aurelle, der 200 m vor dem Ufer 1 m aus dem Wasser ragt, ist Vorsicht geboten.
Auch auf der NE-Seite ankern im Sommer bei gutem

Wetter flachgehende Boote zwischen den aus dem Wasser ragenden Felsbrocken.

Beschreibung:
Bei der Ansteuerung in die Buchten im SW und NW ist große Vorsicht wegen einiger Unterwasserfelsen geboten.
Achtung: Unterwasserfelsen sind zu beachten.

Nach etwa 2 sm auf nördlichem Kurs laufen wir in die Baie de la Figueirette, dort liegt

---

Port de Miramar – La Figueirette
43° 29,0' N | 006° 56,1' E

Port de Miramar-La Figueirette ist ein gegen alle Winde gut geschützter, kleiner Yachthafen mit 250 Liegeplätzen für Sportboote bis 15 m, davon sind etwa 20 für Gäste reserviert. Der Hafen bietet alle notwendigen Einrichtungen und liegt fern vom Trubel der großen Häfen im Golfe de La Napoule.

Ansteuerung:
Port de Miramar ist erst aus der Nähe zu erkennen, er liegt in der nach SE offenen Baie de la Figueirette, westlich vom Pointe de l'Esquillon. Die 3 m tiefe Einfahrt ist 25 m breit und öffnet sich nach W. Auf der S-Mole steht ein 9 m hoher Turm aus 6 weißen Säulen mit einem grünen Abschluß, auf dem nachts ein Sektorenfeuer brennt (Fl(3).WG.12s12m13/10M 275°-W-348°-G-275°). Der grüne Sektor überstreicht die Untiefen und Klippen vor dem Pointe du Trayas und vor dem Pointe Notre Dame im S und das gefährliche Felsriff La Vaquette im E, das zusätzlich durch eine befeuerte E-Kardinalbake (Q(3)10s) gekennzeichnet ist. Der weiße Sektor markiert die hindernisfreie Zufahrt.

Marken: Pointe du Trayas und Pointe de l'Esquillon. Die felsige Untiefe La Vaquette ist durch eine befeuerte E-Kardinalbake zusätzlich gekennzeichnet.
Achtung: Vor dem Hafeneingang an Bb. liegt eine schwimmende Fischzuchteinrichtung. Der Felsen La Vaquette vor dem Pointe de l'Esquillon ist zu beachten,

Port de Miramar-La Figueirette

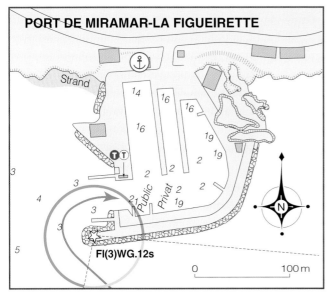

PORT DE MIRAMAR-LA FIGUEIRETTE

Strand

Public

Privat

Fl(3)WG.12s

0   100 m

bei starken südlichen Winden ist die Einfahrt in den Hafen schwierig.

Hafengebote: Es ist nicht erlaubt, im Hafen den Anker zu benutzen. Besucher legen am Ankunftskai an und lassen sich von der Capitainerie einen Liegeplatz zuweisen.

Hafenmeister: J. C. Petit, Tel. 04 93 75 41 00,
Fax 04 93 75 03 02, VHF Kanal 9.

Dienstzeiten von 8 – 12 h und 14 – 19 h, in der Vorsaison von 8.30 – 12 h und 14.30 – 18 h.

Wetterinformationen: Täglich neuer Météo an der Capitainerie.

Hafenservice:

Der Hafen hat 250 Liegeplätze für Yachten bis 15 m Länge und ist 2 m tief. Besucher dürfen zwischen 11 und 15 h gebührenfrei festmachen. Mooringleinen, Wasser- und Stromanschlüsse (220 V) gibt es an allen Plätzen. Duschen und WCs sowie ein Kartentelefon sind am Kai in der Nähe der Capitainerie. Eine Werft, ein Winterlager mit Plätzen im Freien und im Hangar, ein Slip und ein beweglicher 12-t-Kran stehen zur Verfügung. Es können fast alle Reparaturen ausgeführt werden. Die Tankstelle auf der Westmole am Hafeneingang hat nur in der Saison von 9 – 18 h geöffnet.

Versorgung:

In der Ortschaft finden sich einige Geschäfte. Es gibt mehrere Restaurants im Hafen, von denen eins auf einer erhöhten Terrasse unter bunten Sonnenschirmen mit Blick auf den Hafen gute, französische Küche bietet.

Information: Office du Tourisme Cannes 04 93 49 28 28.

Landgang:

Gleich neben dem Hafen liegt ein kleiner Strand. Die Straße hinter

La Vaquette mit der E-Kardinaltonne

dem Hafen führt an vielen Villen vorbei und in großen Schleifen an der Küste entlang zum Ort. Wer noch etwas weiter wandert, wird mit einem herrlichen Ausblick vom Pointe de l'Esquillon belohnt.

Aus der Baie de la Figueirette kommend, umrunden wir in großem Bogen das Seezeichen La Vaquette und nehmen Kurs auf das auffällige Yacht- und Ferienzentrum

Port de La Galère   43° 30,0' N | 006° 57,4' E

Port de La Galère ist Teil einer privaten Ferienanlage, die durch ihren besonderen architektonischen Stil auffällt. Der Hafen wird durch eine große, innen mit einem Kai versehene Mole gebildet. Er ist gegen alle Winde gut geschützt und bietet 185 Liegeplätze für Yachten bis 12 m Länge und einige Einrichtungen. Etwa 18 Plätze sind für Besucher vorgesehen. Die Wassertiefe nimmt vom Eingang mit 3 m auf 1,2 m im letzten Becken ab.

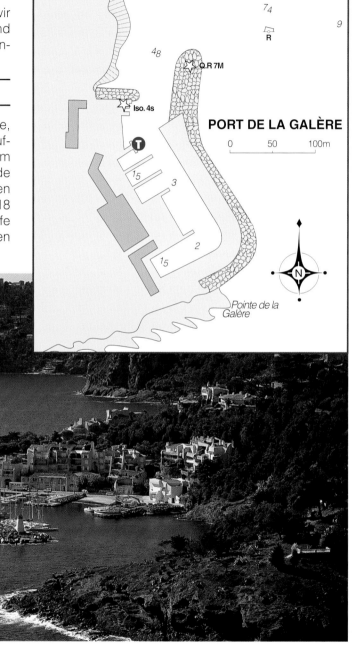

Port de La Galère

Wetterinformationen: Täglich neuer Météo an der Capitainerie.

Hafenservice:
Alle Liegeplätze am Kai sind mit Mooringleinen, Wasser- und Stromanschlüssen (220 V, 2,2/ 3,5 kW) ausgestattet. Am Ponton im Hafeneingang liegt man längsseits. Im Gebäude der Capitainerie gibt es Duschen und WCs, in der Nähe auch ein Kartentelefon.
Die Tankstelle (Tel. 04 93 75 42 11) hat in der Saison außer am Sonntag von 9.30 – 18 h geöffnet. Eine Werft mit Winterlager, Slip und beweglichem 10-t-Kran ermöglicht kleine Reparaturen.

Ansteuerung:
Port de La Galère liegt zwischen dem Pointe de La Galère und dem Pointe Saint-Marc und ist gut an der orangefarbenen Ferienanlage und dem weißen Leuchtturm auf der Mole zu erkennen. Der 4 m tiefe Hafeneingang ist 25 m breit, beidseitig befeuert (Iso4s und Q.R.9m7M) und öffnet sich nach N. Das Fahrwasser ist betonnt, auf der Stb.-Seite sogar befeuert (Fl.G). Vor dem Pointe Saint-Marc liegt eine weitere befeuerte grüne Fahrwassertonne (Fl(2).G.6s). Bei der Einsteuerung muß man sich von dem felsigen Steilufer des Pointe Saint-Marc und später von der Stb.-Mole gut freihalten. Im Hafen ist nicht viel Platz zum Manövrieren. Bei starken E-Winden ist das Einlaufen gefährlich.

Marken: Pointe Saint-Marc, Fahrwassertonnen.
Achtung: Seegang durch starke E-Winde kann Schwierigkeiten bereiten.
Hafengebote: Besucher machen an der Tankstelle fest und lassen sich von der Capitainerie einen Liegeplatz zuweisen.
Hafenmeister: M. Dubois, T. Montoya,
Tel. 04 93 75 41 74, VHF Kanal 9.
Dienstzeiten von 7 – 16 h, in der Vorsaison 8.30 – 12.30 und 14 – 18 h.

Versorgung:
Lebensmittel sind nur beschränkt zu bekommen, die nächsten Geschäfte sind erst im 2 km entfernten Théoule-sur-Mer zu finden. In der Saison haben ein Restaurant und ein Bistro im Hafen geöffnet.

Information: Office du Tourisme Cannes 04 93 49 28 28

Landgang:
Ein Landgang bleibt auf einen Spaziergang durch den Hafen und die nähere Umgebung beschränkt.

In nördlicher Richtung laufend, gelangen wir in den Golfe de La Napoule, wo uns ein Ankerplatz erwartet direkt westlich vom

Pointe de l'Aiguille   43° 30,4' N | 007° 57,3' E

Zwischen dem Pointe de l'Aiguille und dem Port Théoule-sur-Mer liegt vor einem felsigen, mit üppiger Vegetation bewachsenen Steilufer ein gegen Mistral und S-Winde gut geschützter Ankerplatz. Es ist nicht ganz einfach, den Anker gut haltend zu plazieren, denn die Wassertiefe vor dem Steilufer schwankt sehr stark. An der Uferpromenade, die nachts verschieden-

Port de Théoule-sur-Mer

farbig beleuchtet ist, haben in der Saison einige Restaurants geöffnet, die auch Essen zum Mitnehmen anbieten, so daß die Pantry an Bord entlastet werden kann. Leider ist das Anlandgehen vom Beiboot am steinigen Ufer etwas schwierig. Wer hier bei gutem Wetter am 14. Juli vor Anker liegt, wird Zeuge von grandiosen Feuerwerken entlang der Küste.

Eine halbe Meile westlich vom Pointe de l'Aiguille liegt der kleine Yacht- und Fischerhafen

Port de Théoule-sur-Mer
43° 30,6' N | 006° 56,4' E

Port de Théoule-sur-Mer ist ein kleiner, ruhiger, gegen alle Winde geschützter Hafen mit wenigen Einrichtun-gen für Yachten, der zwischen zwei Sandstränden liegt. Der Hafen ist an der S-Mole 3 m tief, an den Stegen 2 m, bietet 183 Liegeplätze für Boote bis 13 m Länge, reserviert aber nur wenige Gastplätze.

Ansteuerung:
Port de Théoule-sur-Mer liegt im W des Golfe de La Napoule und ist erst aus der Nähe zu erkennen. Die Ansteuerung ist frei von Hindernissen. Es ist auf den Badebetrieb beidseitig der Hafenzufahrt zu achten, häufig queren kleine Boote das Fahrwasser, die von einem zum anderen Strand wollen. Bei starken E-Winden ist die Einsteuerung allerdings schwierig bis gefährlich. Der Hafeneingang ist 3 m tief und 30 m breit, auf der S-Mole mit einem runden, gemauerten Turm versehen, der ein Leuchtfeuer (Oc.WR. 6s 8m 9/6M) trägt.

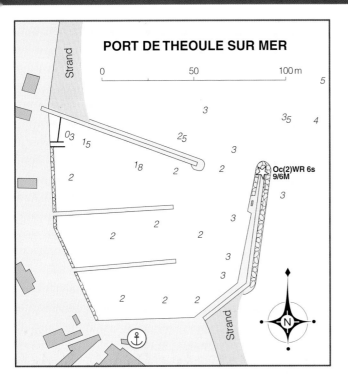

PORT DE THEOULE SUR MER

0   50   100 m

Oc(2)WR 6s
9/6M

Strand

Strand

N

Der rote Sektor warnt vor einer Steinmole, die den Strand im E des Hafens schützt.

Landmarke: Der Berg Pic de l'Ours mit den Funkmasten weit hinter dem Hafen.
Achtung: Seegang bei starken E-Winden erschwert das Einlaufen.
Hafengebote: Besucher machen an der Tankstelle fest und lassen sich von der Capitainerie einen Liegeplatz zuweisen.
Hafenmeister: E. Blondy, Tel. 04 93 49 97 38,
VHF Kanal 9.
Dienstzeiten von 8 – 12.30 h und 13.30 – 18 h,
in der Vorsaison von 9 – 12 h und 14 – 17.30 h.
Wetterinformationen: Täglich neuer Météo an der Capitainerie.

Hafenservice:
Die Liegeplätze am Kai und an den Stegen sind mit Mooringleinen, Wasser- und Stromanschlüssen (220 V, 3 kW) ausgestattet. Im Hafen sind Duschen und WCs sowie ein Kartentelefon vorhanden. Eine Tankstelle

liegt am Kai hinter der Einfahrt, der Hafen besitzt außer einem kleinen Winterlager mit Slip und 4-t-Kran keine weiteren Einrichtungen.

Versorgung:
Im Ort sind alle Einkaufsmöglichkeiten vorhanden. Bank und Post sind an der Küstenstraße zu finden.
Im Hafen selbst gibt es nur ein kleines Restaurant. Das Restaurant Marco Polo am Strand nebenan ist bekannt wegen seiner Fischspezialitäten.
Information:
Office du Tourisme Cannes 04 93 49 28 28.

Sehenswürdigkeiten:
Port de Théoule wurde im 17. Jh. als Fischerhafen zu einer Zeit erbaut, als die Fischerei im Golfe de La Napoule blühte. Um 1985 entstand daraus der Yachthafen in der heutigen Form. Das Château de Turenne neben dem Hafen ist noch älter als der Fischerhafen. Es stammt aus dem 14. Jh. und wurde um 1920 von dem reichen amerikanischen Bildhauer Henry Clews restauriert.

Einige Kabellängen vom Port de Théoule-sur-Mer entfernt liegt

Port de la Rague 43° 31,0' N | 006° 56,4' E

Port de la Rague ist ein gegen alle Winde gut geschützter Yachthafen mit vielen Einrichtungen, der über 520 Liegeplätze für Sportboote bis 30 m Länge verfügt, von denen etwa 130 für Besucher reserviert sind. Die Wassertiefe beträgt hinter der großen Mole 5 – 4 m, zwischen den Stegen im Hauptbecken 3 m und im kleinen Becken 2 – 1,6 m. Der Hafen liegt in einer Schlucht mit steilen Ufern, die durch einen markanten Eisenbahnviadukt mit sechs Bögen überspannt wird. Das kleinere Hafenbecken hinter dem Viadukt ist durch einen Kanal unter einem der hohen Brückenbögen vom Hauptbecken aus zu erreichen.

Ansteuerung:
Der aus roten Backstein gemauerte Viadukt mit den sechs Bögen ist schon von weitem zu erkennen und nachts angestrahlt. Die 4 m tiefe, 50 m breite Hafenein-

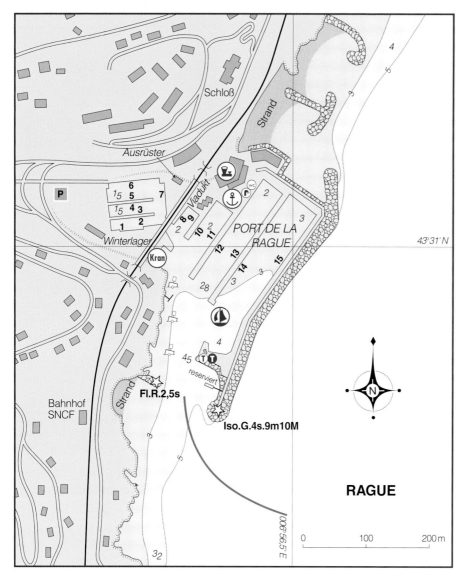

me bei der Einsteuerung bereiten.
Hafengebote: Besucher machen am Ankunftssteg fest und lassen sich von der Capitainerie einen Liegeplatz zuweisen. Die Geschwindigkeit im Hafen ist auf 3 kn beschränkt.

Hafenmeister: M. Garamond, M. Alzieu, Tel. 04 93 49 81 55, Fax 04 93 49 83 99, VHF Kanal 9.
Dienstzeiten von 6 – 22 h.
Wetterinformationen: Täglich neuer Météo an der Capitainerie.

Hafenservice:

Alle Liegeplätze sind mit Mooringleinen, Wasser- und Stromanschlüssen (220 V) ausgestattet, Duschen und WCs sind im Gebäude der Capitainerie untergebracht, ein Kartentelefon ist in der Nähe. Die Tankstelle liegt auf einer eigenen Mole in der Einfahrt (Tel. 04 93 49 03 45) und hat in der Saison von 8 – 19 h, in der Vorsaison von 9 – 12 h und von 14 – 18 h geöffnet.

Die technische Zone mit 30-t-Travellift und 3-t-Kran im S vor dem Viadukt setzt sich unter den Brückenbögen und dahinter mit Werft und Winterlager fort. Hier können alle Reparaturen ausgeführt werden. Auf der gegenüberliegenden Seite befindet sich ein Schiffsausrüster.

fahrt öffnet sich nach SW und ist als Slalom angelegt, der mit zwei gegeneinander versetzten Molen von beiden Seiten quer zur Einfahrt den Schwell aus dem Hafenbecken fernhalten soll.

Außer bei starken E-Winden ist die Einfahrt nicht schwierig, das Fahrwasser in der Zufahrt und im Hafen ist betonnt, auf den Molenköpfen brennen nachts Feuer (Iso.G.4s9m10M und Fl.R.2s5m2M).

Achtung: Seegang bei starken E-Winden kann Proble-

Versorgung:

Im Hafen gibt es nur einen dürftig ausgestatteten Lebensmittel- und Getränkeladen, der zudem noch recht teuer ist. Daher ist der Besuch von La Napoule zu empfehlen, das in 20 Minuten zu Fuß erreicht werden kann. La Rague hat keinen Bahnhof, die nächsten Stationen sind in Théoule-sur-Mer und in La Napoule.

In der Saison haben mehrere Restaurants im Hafenge-

Port de la Rague

biet geöffnet. *Information:* Office du Tourisme Cannes
04 93 49 28 28.

Landgang:
Auf beiden Seiten des Hafens liegen kleine Sandsträn-
de. In La Rague gibt es keine Sehenswürdigkeiten, ein
Spaziergang zum etwa 1 km entfernten Château de La
Napoule ist zu empfehlen.

Der nächste Yachthafen ist wieder nur einen Steinwurf
vom vorangegangenen entfernt, es ist

Port de Mandelieu-La Napoule
43° 31,5' N | 006° 56,7' E

Port de Mandelieu-La Napoule ist ein riesiger, gegen
alle Winde geschützter Yachthafen mit einem privaten
und einem kommunalen Bereich und vielen Einrichtungen für Yachten bis 35 m Länge.
Er bietet im kommunalen Bereich 980 Liegeplätze an
festen Stegen und etwa 180 für Besucher. Am Kai der
großen Mole beträgt die Wassertiefe 7 m.
Im kommunalen Bereich des Yachthafens finden wir an
den Stegen zwischen 3 bis auf 1,5 m abnehmende
Wassertiefen vor.

Port de Mandelieu-La Napoule

Ansteuerung:

Tagsüber ist die Einsteuerung bei jedem Wetter einfach. Der Hafeneingang liegt am Fuß des von weitem sichtbaren kegelförmigen, 130 m hohen Mont San Peyre und neben dem Château de La Napoule. Die Zufahrt ist frei von Hindernissen. Die Hafeneinfahrt ist 6 - 7 m tief , etwa 80 m breit und öffnet sich nach SW.

Nachts brennt auf dem Kopf der Außenmole ein weit sichtbares Feuer auf einem kegelförmigen, 7 m hohen, weiß-grünen Turm (Fl(3).G. 12s 9m 14M), dahinter auf den Molenköpfen am Hafeneingang weitere Feuer (Fl.G. 2s und Oc(2).R. 6s 2M). Das Schloß wird nachts angestrahlt.

Marke: Das Château de La Napoule.

Hafengebote: Besucher machen am Ankunftskai fest und lassen sich von der Capitainerie einen Liegeplatz zuweisen, die Geschwindigkeit im Hafen ist auf 3 kn beschränkt.

Hafenmeister: M. Ducros, Tel. 04 92 97 77 77,
Fax 04 92 97 78 78, VHF Kanal 9.
Dienstzeiten von 8 – 22 h.

Wetterinformationen: Täglich neuer Météo an der Capitainerie.

Hafenservice: Alle Liegeplätze sind mit Mooringleinen, Wasser- und Stromanschlüssen (220/380 V) ausgestat-

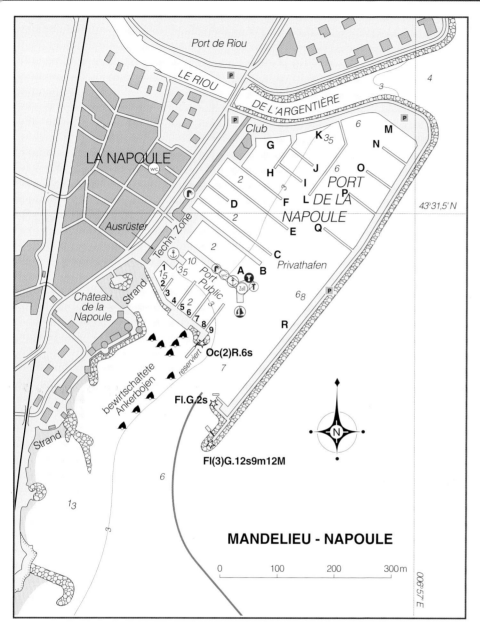

Port de Riou

LE RIOU

DE L'ARGENTIÈRE

LA NAPOULE

Club

G   K 35   M

N

H   J   O

I   PORT

D   F   L   DE LA

NAPOULE   43°31,5' N

E   Q

C   *Privathafen*

A   B

1   Zoll

10

15   Port

2   3 5   Public

2

3   4   2   3

5   6

7   8   9

R

Château de la Napoule

Ausrüster

Techn. Zone

Strand

Oc(2)R.6s

bewirtschaftete Ankerbojen   *reserviert*   7

Fl.G.2s

Fl(3)G.12s9m12M

MANDELIEU - NAPOULE

0   100   200   300 m

Strand

13   3

6

N

008°57' E

In der technischen Zone gibt es ein Winterlager, eine Werft, einen Slip, Kräne, einen 70-t-Travellift und viele Werkstätten. Es können alle Reparaturen ausgeführt werden.

Versorgung:
Im Hafen werden Lebensmittel und Getränke angeboten, die Auswahl im Ort ist jedoch wesentlich umfangreicher. Im Hafen und im Ort sind alle Kategorien von Restaurants, Cafés und Bars zu finden. Le Boucanier an der Treppe zur Straße bietet eine volle Speisekarte mit hervorragenden Fischgerichten.
Im Ort hinter dem Hafen findet man Post und Banken.
Information: Office du Tourisme Cannes 04 93 49 28 28

Landgang:
Außer dem üblichen Landgang zum Einkauf oder zum Essen in einem Restaurant ist der Besuch des direkt am Hafen liegenden Château de La Napoule aus dem 14. Jh. zu empfehlen, das von dem reichen amerikanischen Bildhauer Henry Clews restauriert und umgebaut wurde. Er hat hier 20 Jahre mit seiner Frau, einer Architektin, gelebt. Seine Skulpturen sind in allen Räumen des Schlosses ausgestellt. Der sehr schön angelegte Schloßgarten ist besonders sehenswert. Im Sommer finden im Schloß Kunstausstellungen und Konzerte statt.

tet. Mehrere Sanitäreinrichtungen mit Duschen und WCs sowie Kartentelefone sind im Hafen verteilt. Die Tankstelle (Tel. 04 93 49 83 50) befindet sich neben der Capitainerie und dem Ankunftskai an Bb hinter dem Hafeneingang und hat von 8 – 20 h, in der Vorsaison von 10 – 16 h geöffnet.

Ankern: Die Benutzung der Mooringbojen neben dem Fahrwasser am Eingang zum Hafen wird durch die Capitainerie geregelt.

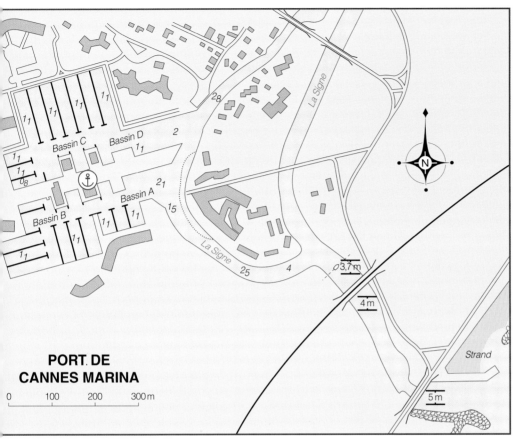

PORT DE CANNES MARINA

0   100   200   300 m

Ansteuerung:
Die Mündung der Siagne liegt 0,5 sm östlich vom Port Mandelieu-La Napoule. Die Einsteuerung in die sich nach E öffnende, etwa 70 m breite, kaum 1,5 m tiefe Flußmündung ist nur bei mäßigem Seegang einfach, bei starken Winden aus SE ist vom Einlaufen abzuraten. Nachts ist die Einfahrt besonders schwierig, weil die Steinmolen auf beiden Seiten weder markiert noch befeuert sind und das Fahrwasser nicht betonnt ist. Auf der E-Seite in und vor der Einfahrt bildet sich häufig eine Sandbank. Die lichte Höhe der Straßenbrücke kurz hinter der Mündung beträgt 5 m, die der kurz darauf folgenden Eisenbahnbrücke 4 m und unter den Kabeln einer Schwebefähre dahinter bleibt nur eine lichte Höhe von 3,7 m

Motoryachten finden einen Hafen im Inland, wenn sie eine halbe Meile nordöstlich vom Port de La Napoule entfernt in die Flußmündung der Siagne einlaufen und flußaufwärts etwa 0,5 sm fahren:

Port de Cannes-Marina, Marina Marco Polo, Port Inland 43° 32,1' N | 006° 56,3' E

Port de Cannes-Marina ist ein künstlich geschaffener, riesiger Privathafen auf dem Gebiet der ehemaligen Rennbahn von Cannes, der vollständig von großen Appartement- und Ferienhäusern eingerahmt wird.
Er liegt 0,5 sm flußaufwärts an der Siagne und bietet in seinen beiden Becken 1800 Liegeplätze für Motoryachten von 6 – 12 m Länge, 1,1 m Tiefgang und 3,7 m lichter Höhe. Er verfügt über die notwendigen Einrichtungen für Motoryachten.

für die Durchfahrt. Der Flußlauf ist ebenfalls nicht betonnt. Etwa 100 m hinter der Eisenbahnbrücke gabelt sich der Fluß. Beim Einsteuern in den linken Wasserlauf der Siagne muß die Untiefe aus Schlick am linken Ufer in großem Bogen umfahren werden. Nach etwa 500 m öffnet sich an Bb. das erste, nach weiteren 150 m das zweite Hafenbecken vom Port de Cannes-Marina.

Marke: Ein weißes, breites Appartementhaus mit 6 Etagen westlich einer niedrigen Straßenbrücke hinter der von Steinmolen auf beiden Seiten eingefaßten Flußmündung.
Achtung: Eine Sandbank an der E-Seite der Mündung und starker Seegang bei SE-Winden kann gefährlich werden.
Hafengebote: Die Geschwindigkeit im Fluß und im Hafen ist auf 3 kn beschränkt. Im Hafenbereich und im

Fluß darf nicht geankert werden. Besucher melden sich an der Westseite des Hauptkais beim Hafenmeister.

Hafenmeister: M. Chauley, M. Scordia,
Tel. 04 93 49 51 27, Fax 04 93 49 16 50, VHF Kanal 9.
Dienstzeiten von 8 – 12 h und 14 – 18 h
Wetterinformationen: Täglich neuer Météo an der Capitainerie.

Hafenservice:

Die meisten Liegeplätze am Kai und an den festen Pontons sind mit Mooringleinen, Wasser- und Stromanschlüssen ausgestattet. Im Hafenbereich gibt es mehrere Sanitäranlagen mit Duschen und WCs, ebenso Kartentelefone. Es gibt mehrere Slips und Flächen mit Stellplätzen an Land, einige Schiffsausrüster, einen 5-t-Kran und viele Werkstätten.

Versorgung:

Im Erdgeschoß der Hochhäuser am Eingang zur Marina gibt es kleine Geschäfte für Lebensmittel und Getränke. Einige Restaurants sind in der Saison im Hafenbereich geöffnet. Bank und Post sind im Ort zu finden.

Weitere Liegeplätze für Motorboote bis 8,5 m Länge werden in der *Marina Marco Polo* und im *Port Inland* weiter flußaufwärts angeboten, dort gibt es große Winterlager und gute Reparaturmöglichkeiten.

Yachten bis 11 m Länge finden eventuell einen Liegeplatz im kleinen

Port Abri du Béal 43° 32,2' N | 006° 57,3' E

Port du Béal ist ein kleiner, gegen E-Winde wenig geschützter Sportboothafen in der Mündung des Flusses Le Béal, er liegt in etwa 1 sm Abstand in NE-Richtung vom Hafeneingang des Port de Mandelieu / La Napoule. Er wird durch zwei Steinmolen gebildet, besitzt auf der bis 1,2 m tiefen Seeseite zwei Pontons und einen Kai mit etwa 120 Liegeplätzen. Er bietet hinter der Straßenbrücke an einem 130 m langen Kai weitere 230 Liegeplätze mit einer Wassertiefe bis 1 m, die von Motoryachten genutzt werden. Für Besucher sind etwa 20

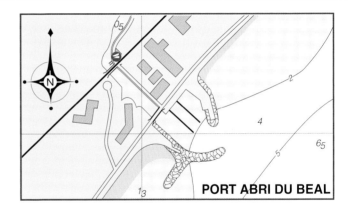

PORT ABRI DU BEAL

Plätze reserviert. Die maximale Bootslänge beträgt 11 m. Besucher dürfen 12 h gebührenfrei festmachen. Hinter einer Eisenbahnbrücke gibt es noch etwa 100 Stellplätze an Land.

Port Abri du Béal

Ansteuerung:

Der kleine Hafen, dessen Eingang 30 m breit und 3 m tief ist und sich nach E öffnet, kann nur tagsüber bei ruhiger See angelaufen werden, starker Seegang aus östlicher Richtung macht das Einsteuern unmöglich. Der Hafeneingang ist weder befeuert noch betonnt und erst aus der Nähe zu erkennen.

Marke: Ein mehrstöckiger Wohnblock.
Achtung: Starker Seegang bei südlichen Winden kann Schwierigkeiten beim Einlaufen bereiten.

Hafengebote: Besucher melden sich im Hafenbüro, um sich einen Liegeplatz zuweisen zu lassen.
Hafenmeister: J.-L. Romano,
Tel. 04 93 90 40 44,
Fax 04 93 90 40 45.
Dienstzeiten von 8 – 19 h, in der Vorsaison von 9 – 12 h und 14 – 18 h.

Hafenservice:

Die Liegeplätze sind mit Mooringleinen, Wasser- und Stromanschlüssen ausgestattet. Im Vorhafen gibt es nur WCs, am Kai hinter der Brücke die Sanitäreinrichtung mit Duschen und WCs. Hinter der Eisenbahnbrücke liegt das Winterlager mit einem 1,6-t-Kran, dort können Reparaturen ausgeführt werden.

Versorgung:

In der Nähe gibt es nur beschränkte Einkaufsmöglichkeiten.
Information: Office du Tourisme,
Tel. 04 93 99 19 77.

Landgang:

Der kleine Hafen liegt an einem in der Saison sehr belebten Sandstrand. An der Küstenstraße parken lange Autoschlangen, in kurzen Abständen folgen Imbiß- und Verkaufsstände für Eis und Getränke bis zum Stadtrand von Cannes.

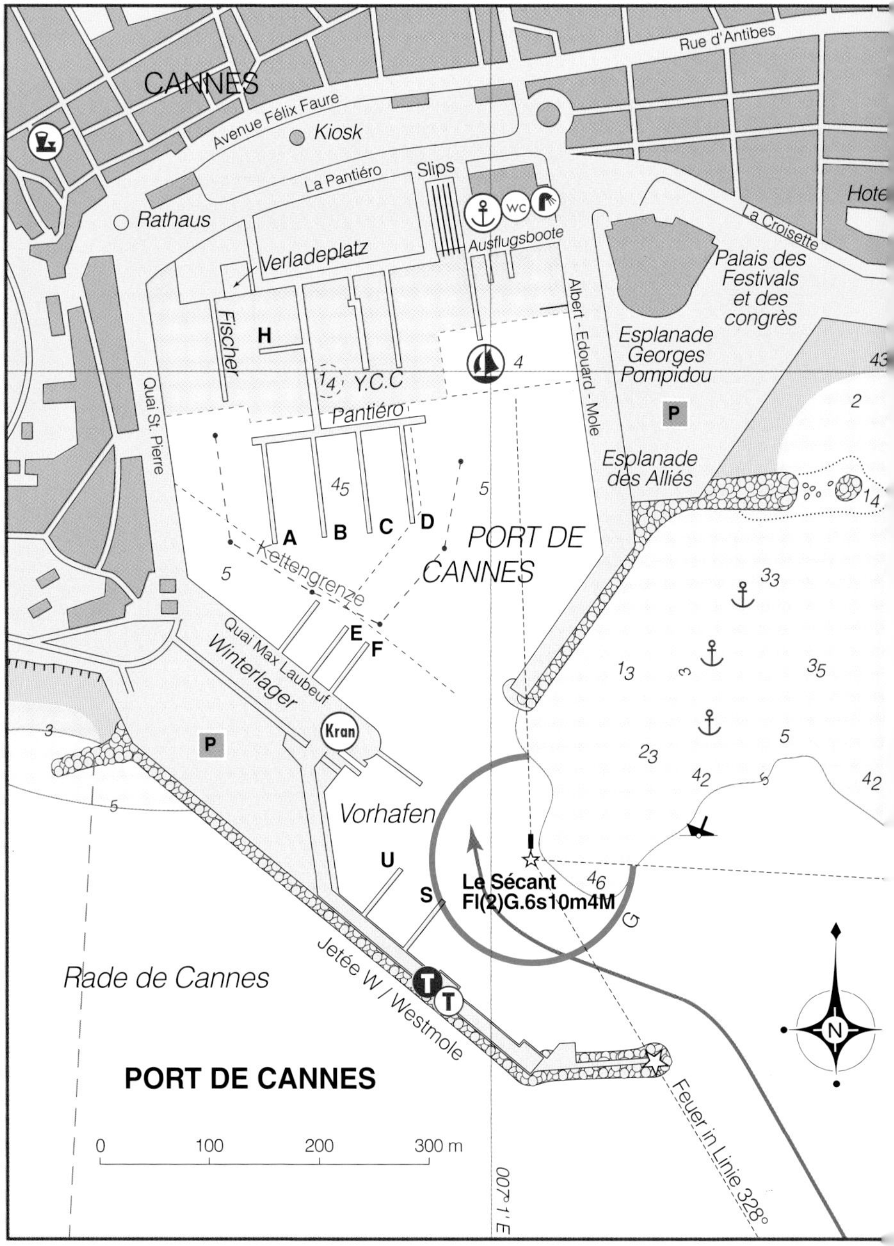

Im NE der Baie de La Napoule liegt der bekannte

Port de Cannes
43° 33,0' N | 007° 01,0' E

Der Vieux Port im Herzen von Cannes ist der größte, älteste und traditionsreichste unter den sechs Yachthäfen der Stadt: Cannes-Marina, Port Pierre Canto, Port Communal, Port de la Croisette und Port du Mourré Rouge. Er ist gegen alle Winde geschützt, dient auch als Fähr- und Fischerhafen, besitzt alle Einrichtungen für Yachten und bietet 800 Liegeplätze für Boote bis zu

Vieux Port de cannes

65 m Länge, davon etwa 240 für Gäste. Die Tiefe im Hafeneingang beträgt 7 m, sie geht im Hafen auf 4,5 – 4 m und am Nordkai auf etwa 1 m zurück. Der Vorhafen ist dem Schwell von östlichen Winden ausgesetzt. Der Vieux Port de Cannes gilt wegen seiner internationalen Regattaveranstaltungen als *„Cowes des Mittelmeers".*

Ansteuerung:
Die Ansteuerung des Hafens ist bei jedem Wetter möglich. Die 100 m breite Einfahrt (Passe d'Entrée) zum Vorhafen öffnet sich nach E hinter einer weit ins Meer hinausgreifenden Mole und ist dem Schwell von E-Winden ausgesetzt.

Auffällige Ansteuerungsmarken am Tag sind der weithin sichtbare, 22 m hohe, weiß-rote Turm mit seinem Leuchtfeuer (Fl(3).R. 2s 22m 8M) auf dem Kopf der Außenmole und der 17 m hohe, ehemalige, jetzt nicht

mehr befeuerte Leuchtturm etwas weiter innen. Das Fahrwasser führt in einem weiten Bogen an der runden, weiß-grünen Stb.-Ansteuerungsbake Le Sécant vorbei zum inneren Hafeneingang. Das grüne Feuer auf dieser 14 m hohen Bake (Fl(2).G. 6s 10m 4M) ist für den Bereich der Untiefe auf seiner E-Seite abgeblendet.

Nachts wird abgeraten, den Hafen nur nach Sicht anzulaufen, weil die Ansteuerung der beiden Feuer in Linie (328°) wegen der vielen Lichter um und im Hafen nur schwer auszumachen ist.

Hafengebote: Wegen des starken Verkehrs in der Zufahrt und auf der Rade wird auch von Sportbooten erwartet, daß sie sich bei der Capitainerie über „Cannes Port" – VHF Kanal 12 – vor dem Einlaufen anmelden, für große Yachten ist das sogar vorgeschrieben. Bei

203

Vieux Port de Cannes, vom Tour du Suquet aus gesehen

nem mobilen 12-t-Kran und einem 65-t-Travellift. Ein Black Water Service leert auf Wunsch Fäkalientanks oder entsorgt ölhaltiges Bilgenwasser. Für Altöl und Abfall stehen große Container am Quai Max Laubeuf in der technischen Zone bereit.

In der Capitainerie gibt es einen kostenlosen Postdienst: Dort können Briefe mit folgender Anschrift abgeholt werden: Bootsname, Bureau du Port, Gare Maritime, Port de Cannes – 06400 Cannes.

der Einsteuerung ist die Bake Le Sécant an Steuerbord zu lassen. Die Geschwindigkeit im Hafen ist auf 3 kn begrenzt. Die zahlreichen Ausflugsboote sind zu beachten, die häufig die Geschwindigkeitsbegrenzung mißachten und wenig Rücksicht auf Yachten nehmen. Besucher legen an einem der Stege an der Capitainerie kurz an und lassen sich vom Hafenmeister einen Platz zuweisen oder erbitten einen Liegeplatz über VHF.

Hafenmeister: A. Gonon, R. Riccitelli,
Tel. 04 92 98 70 00, nachts 04 92 98 70 35,
Fax 04 92 98 70 01, VHF Kanal 12 (Cannes Port).
Dienstzeiten von 7 – 20 h, in der Vorsaison 8 – 18 h.
Wetterinformationen: Täglich neuer Météo an der Capitainerie, VHF Kanal 23.

Hafenservice:

Es gibt 800 Liegeplätze mit Mooringleinen für Yachten bis zu 65 m, davon 240 Gastplätze. Alle Plätze verfügen über Wasser- und Stromanschlüsse (220/380 Volt), je ein Sanitärbereich mit Duschen und WCs ist in der Nähe der Capitainerie und am Quai Max Laubeuf eingerichtet. Kartentelefone sind über den Hafen verteilt, einige Liegeplätze besitzen eigene Telefonanschlüsse. Treibstoff gibt es im Vorhafen an der See-Mole (Tel. 04 93 39 96 49, Öffnungszeiten täglich 7.30 – 19.30 h, im Winter 9.30 – 11.30 h dienstags, freitags und sonntags). Außerdem gibt es mehrere Werkstätten, Schiffsausrüster und ein Winterlager mit einem 70-t-Slip, ei-

Versorgung:

In den Geschäften im Ort und um den Hafen kann der gesamte Bordbedarf gedeckt werden. Restaurants befinden sich in großer Auswahl je nach Geldbeutel und Geschmack in Hafennähe, in den steilen Gassen der Altstadt – dem Quartier du Suquet – und am Boulevard de la Croisette. Banken und Post im Ort.
Information: Office du Tourisme 04 93 39 24 53.

Landgang, Sehenswürdigkeiten:

Cannes ist wegen seiner schönen Lage am Golfe de La Napoule und seines milden Klimas einer der beliebtesten Urlaubsorte an der Côte d'Azur. Während des alljährlich im Mai stattfindenden Filmfestivals ist Cannes Treffpunkt großer Stars aus Film und Fernsehen, aber auch andere Festivalaktivitäten und zahlreiche Kongresse sorgen im ganzen Jahr für eine internationale, kulturell anspruchsvolle Atmosphäre.

Ein englischer Aristokrat, der 1834 auf dem Weg nach Nice wegen der dort herrschenden Cholera-Epidemie aufgehalten wurde, entdeckte den Charme dieses kleinen Fischerhafens und baute sich hier seine Winterresidenz. Viele englische Adlige folgten seinem Beispiel und begründeten den Aufstieg Cannes zu einem bedeutenden Seebad.

Der Stadtbummel führt sicher zunächst zu dem belebten, direkt an der Bucht liegenden Boulevard de la Croisette, einer herrlichen, von hohen Palmen gesäumten Uferpromenade, mit luxuriösen Hotelbauten der Belle Epoque wie das Carlton, das Miramar und das

Palais des Festivals

Hotel Carlton am Boulevard de la Croisette

Martinez. Leider herrscht hier, zumindest im Sommer, ein starker Autoverkehr. Der Boulevard de la Croisette erstreckt sich vom Palais des Festivals, dem Interessierte vielleicht einen kurzen Besuch abstatten, bis zum Pointe de la Croisette hinter dem Yachthafen Port Pierre Canto. Der ausgedehnte, überfüllte Sandstrand entlang der Bucht lädt allerdings nicht unbedingt den von einsamen Buchten verwöhnten Sportschiffer zum längeren Verweilen ein.

Vom Vieux Port westlich des Palais des Festivals führt der Weg hinauf in die schöne Altstadt auf dem Hügel Le Suquet über die steile Rue du Mont Chevalier oder die malerische Restaurantstraße Rue Antoine bis zur Kirche Notre-Dame-de-l'Espérance. Ganz in der Nähe befinden sich das Musée de la Castre mit einer sehenswerten Sammlung von Altertümern aus dem Mittelmeerraum und die dazugehörige Chapelle Sainte Anne, in der zeitgenössische Kunst ausgestellt wird. Es lohnt sich, nebenan den Tour du Suquet zu besteigen. Hier bietet sich eine einzigartige Aussicht auf Cannes, die Bucht, die Îles de Lérins und das Massif de l'Estérel. Le Suquet ist eines der ältesten Viertel von Cannes und ist aus einem römischen Kastell an den Hängen des Mont Chevalier entstanden.

Die Allées de la Liberté, wo jeden Morgen ein Blumenmarkt stattfindet und in der übrigen Zeit Boule gespielt wird, und die riesige Markthalle des Marché Forville gehört ebenfalls zu den Attraktionen der Altstadt. Die belebte Rue Meynadier mit ihren zahlreichen Geschäften bietet eine große Auswahl an Einkaufsmöglichkeiten und kleineren Restaurants.

Neben dem Hôtel de Ville unterhalb der Altstadt befindet sich ein großer Busbahnhof.

Touristik:
Vom Vieux Port verkehren Ausflugsboote zu den Îles de Lérins.

Ankern:
Auf der Rade von Cannes ist das Ankern auf 3 – 5 m tiefem, sandigem, verschlicktem Grund bei nördlichen bis westlichen Winden möglich, aber durch die vielen ein- und auslaufenden Schiffe sehr unruhig.

Der eigentliche Yachthafen von Cannes liegt an der W-Flanke der Baie de La Napoule, eine knappe Seemeile ESE-lich vom Vieux Port de Cannes. Es ist

Port Pierre Canto
43° 32,5' N | 007° 02,0' E

Port Pierre Canto ist ein privater Yachthafen von Cannes, der gegen alle Winde geschützt ist und 650 Liegeplätze für Yachten bis 70 m, davon etwa 100 für Besucher, anbietet. Der Vorhafen ist über 5 m tief, hinter der großen Mole beträgt die Wassertiefe 6 – 4 m und an den Stegen mindestens 2 m. Der Hafen besitzt alle Einrichtungen für Yachten. Er wurde 1967 mit privatem Kapital gebaut, das zum Teil durch den Verkauf von Liegeplätzen für die Dauer von 50 Jahren gedeckt wurde. Dieses Finanzierungsverfahren hat danach viele Nachahmer gefunden.

Ansteuerung:
Port Pierre Canto liegt 500 m von der Hafeneinfahrt zum Vieux Port de Cannes entfernt kurz vor dem Pointe de la Croisette im E des Golfe de La Napoule.

Die Ansteuerung der sich nach NW öffnenden, 75 m breiten und 6 m tiefen Einfahrt in den Vorhafen ist, außer bei starkem Mistral, tagsüber und nachts einfach. Der Hafeneingang ist befeuert (Oc.WG. 4s 11m 13/8M und Oc(2). R. 6s 2m 6M). Der weiße Sektor markiert die hindernisfreie Zufahrt, der grüne Sektor des Molenfeuers warnt vor den Untiefen südlich der Mole und vor der Untiefe Batéguier im W der Île Sainte-Marguerite.

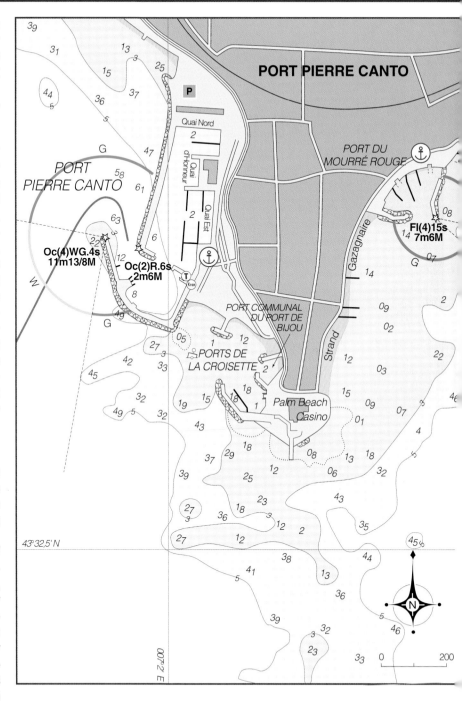

Marken: Das große, weiße Gebäude des Casino Palm Beach am Pointe de la Croisette, die Capitainerie mit

Port Pierre Canto

dem weißen, nachts angestrahlten Namen „Port P. Canto" auf blauem Grund.

Achtung: Seegang bei starkem Mistral erschwert die Ansteuerung.

Hafengebote: Im Gebiet vor dem Hafen vom Vieux Port de Cannes bis zur Île Sainte-Marguerite ist die Geschwindigkeit auf 5 kn, im Hafen auf 3 kn beschränkt. Besucher machen am Ankunftssteg fest und lassen sich von der Capitainerie einen Liegeplatz zuweisen.
Hafenmeister: M. Hilt, Tel. 04 92 18 84 84,
Fax 04 93 43 17 03, VHF Kanal 9.
Dienstzeiten von 0 – 24 h durchgehend.
Wetterinformationen: Täglich neu an der Capitainerie.

Hafenservice:

Die Liegeplätze sind mit Mooringleinen, Wasser- und Stromanschlüssen (220/380 V) ausgestattet. Drei Sanitäreinrichtungen mit Duschen und WCs sind vorhanden, ebenso Kartentelefone und Telefonanschlüsse an den Liegeplätzen für größere Yachten. Post wird zweimal täglich zugestellt. An der Mole vor der Capitainerie hat eine Tankstelle (Tel. 04 93 43 49 00) geöffnet. Eine Werft, Schiffsausrüster, Segelmacher und Servicebetriebe sind vorhanden, ebenso ein Slip, ein 70-t-Travellift sowie Kräne für 6 und 10 t. Es können alle Reparaturen ausgeführt werden. Zum Hafen gehören mehrere große Parkplätze, einer davon ist bewacht.

Versorgung:

Zum Einkauf muß man sich zum etwa 1 km entfernten Geschäftsviertel begeben, das eine größere Auswahl von Lebensmitteln, Getränken und sonstigen Versorgungsgütern bietet. Es liegt in Richtung Cannes hinter der ersten Eisenbahnunterführung. Im Hafen gibt es

Port Pierre Canto

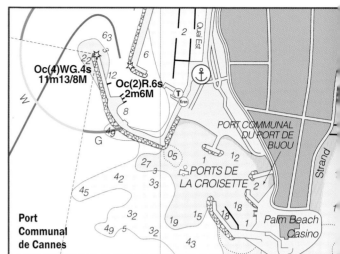

ein Restaurant, weitere am Strand in der Nähe des Geschäftsviertels.Dort finden Sie auch Bank und Post. *Information:* Office du Tourisme 04 93 39 24 53.

Landgang:

Port Pierre Canto liegt vor einem lückenlos mit großen Wohnblocks bebauten Stadtteil von Cannes, der die Halbinsel bis zum Pointe de la Croisette ausfüllt. Im Vergleich zur City wirkt dieser Ortsteil mit seinen Häfen und Anlagen des Casino Palm Beach wie ausgestorben.

Einen Steinwurf weiter südlich befindet sich der winzige, meist völlig belegte

Port Communal de Cannes
43° 32,5' N | 007° 02,7' E

Port Communal de Cannes ist ein sehr kleiner, kaum gegen S-Winde geschützter Sportboothafen zwischen Port Pierre Canto und Port de la Croisette, die selbst nur 200 m auseinander liegen. Er wird durch zwei kurze Steinmolen gebildet, die innen je einen Kai besitzen, und ist 1,5 – 0,5 m tief. Der Hafen ist mit etwa 70 lokalen Booten an den Kais und den Mooringbojen vollständig belegt.
Ansteuerung: Die Ansteuerung ist nachts und bei Mistral schwierig.

Hafenmeister: Der Hafenmeister von Port Mourré Rouge ist auch hier zuständig.

Hafenservice:
Die Liegeplätze an den Kais sind mit Mooringleinen, Wasser- und Stromanschlüssen ausgestattet. Viele kleine Boote liegen an Mooringbojen. Es gibt keine weiteren Einrichtungen.

Ankern:
Im Bereich zwischen Port Communal und Port de la Croisette können bei gutem Wetter mittelgroße Boote ankern.

Der kleine Sportboothafen am Pointe de la Croisette hat nur selten einen Platz für eine Gastyacht:

Port de la Croisette ou Port du Palm Beach
43° 32,2' N | 007° 02,2' E

Port de la Croisette ou Port du Palm Beach liegt am östlichen Rand des Golfe de La Napoule direkt am Pointe de la Croisette, 200 m südöstlich vom Port Pierre Canto. Der kleine private Clubhafen verfügt über 80 Liegeplätze für Boote bis 8 m Länge und 1,8 m Tiefgang am Molenkai und an einem Steg, bei dem die Wassertiefe bis zum Land auf 1,5 m abnimmt. Der Hafen ist gegen östliche Winde, aber kaum gegen Mistral geschützt. Bei gutem Wetter können in der Mitte des Hafenbeckens auf 1,8 m Tiefe Yachten vor Anker liegen. Der Hafen dient als Basis für Regatten, die vom Yacht Club de Cannes organisiert werden.

Ansteuerung:

Bei der Ansteuerung ist darauf zu achten, daß sich der östliche Molensporn des Vorhafens von Port Pierre Canto 70 m weit und 0,5 m unter der Wasseroberfläche fortsetzt. Das Ende der Gefahrenstelle ist mit einer roten Boje markiert. Die nach NW orientierte Schutzmole des Hafens ist nicht befeuert.

Marke: Das große weiße Gebäude des Casinos mit der Aufschrift „Palm Beach".

Achtung: Die unter Wasser liegende Fortsetzung des Molensporns vom Port Pierre Canto muß berücksichtigt werden.

Hafengebote: Der Hafen liegt im Gebiet, in dem die Geschwindigkeit auf 10 kn begrenzt ist. Besucher melden sich im Büro des Yachtclubs, um sich einen Liegeplatz zuweisen zu lassen.

Büro des Yachtclubs: Tel. 04 93 43 05 90.

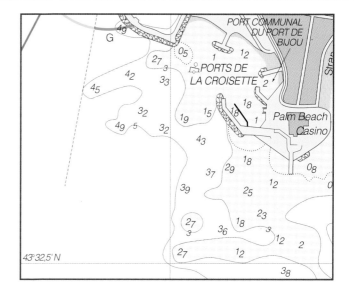

Hafenservice:

Die Liegeplätze sind mit Mooringleinen, Wasser- und Stromanschlüssen ausgestattet. Duschen und WCs sind im Clubgebäude untergebracht.

Port de la Croisette und Port Communal

Ein 2-t-Kran am Kai und eine Reihe von Stellplätzen für Jollen stehen zur Verfügung.

Versorgung:

Es gibt keine Versorgungsmöglichkeiten in der Nähe. Der Yachtclub besitzt ein exklusives Restaurant mit einer wunderschönen Terrasse.
Information: Office du Tourisme Cannes 04 93 49 28 28.

Ankern:

Bei gutem Wetter kann man zwischen dem Port Communal und dem Port de la Croisette auf 2 – 3 m sandigem Grund ankern. Dabei ist die unter Wasser liegende Molenverlängerung vom Port Pierre Canto bis zur roten Boje zu beachten.

In Sichtweite von Cannes liegen die

Îles de Lérins: Île Sainte-Marguerite und Île Saint-Honorat

Die Îles de Lérins liegen im S vom Pointe de la Croisette, das den Golfe de La Napoule vom Golfe Juan trennt. Die beiden üppig bewaldeten Inseln erstrecken sich von W nach E und sind spärlich besiedelt. Die Ankerplätze im N der Inseln sind nur gegen südliche Winde geschützt.

Die Passage zwischen Pointe de la Croisette und der Île Sainte-Marguerite ist sehr flach, an der günstigsten Stelle nur 3 m tief. Von einer nächtlichen Durchfahrt ist daher abzuraten. Tagsüber kann die Durchfahrt bei

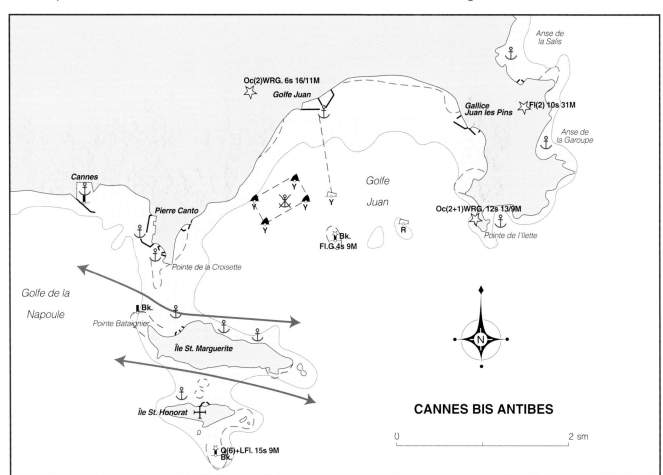

CANNES BIS ANTIBES

Îles de Lérins, im Vordergrund Les Moines

gutem Wetter auf einem E-Kurs etwa 200 m nördlich des Tourelle de Batéguier erfolgen. Eine Kontrolle am Echolot oder durch Ausguck kann nicht schaden. Die Wassertiefe nimmt weit vor dem Cap auf 1,5 m ab.

Wer nachts oder bei schlechtem Wetter vom Golfe de la Napoule den Golfe Juan erreichen möchte, wählt einen Kurs außen um die Îles de Lérins herum, denn von einer Durchfahrt zwischen den Inseln ist ebenfalls abzuraten, weil die Wassertiefe nur an wenigen Stellen 2,5 m übersteigt und viele flache Stellen aufweist.

Nachts werden die Untiefen westlich der Îles de Lérins durch den grünen Sektor des Feuers von Port Pierre Canto (Oc.WG. 4s 11m 13/8M) gekennzeichnet.
Vor den Untiefen im E der Île Sainte-Marguerite warnen gleich drei Feuer im Golfe Juan:
• Der grüne Sektor des Feuers vom Port du Mourré Rouge (Fl(4).WG.15s9/6M)

• der grüne Sektor des Feuers von Vallauris (Oc(2). WRG. 6s 167m 16/12/11M) im Landesinneren und
• der rote Sektor der Feuers auf dem Pointe de l'Ilette (Oc(3).WRG.12s18m13/9/9M). Der rote Sektor dieses Feuers überstreicht zusätzlich die Untiefen Les Moines südlich der Île Saint-Honorat.

Île Sainte-Marguerite:

Die 3 km lange Insel ist im W beim Tourelle de Batéguier und im E bei der kleinen Île de la Tradelière von Untiefen umgeben. Im N der Insel befinden sich zwei Ankerplätze auf sandigem, grasbewachsenem Grund , ein 3 – 10 m tiefer im E und ein 2 – 4 m tiefer im W von Fort Royal. Dort befinden sich auch die Anleger der Ausflugsboote.

Ansteuerung: Bei der Ansteuerung der Ankerplätze im N der Insel muß das befeuerte W-Kardinalzeichen Tou-

Ankerplatz am Pointe de Batéguir

Blick auf Cannes vom Fort Royal auf der Île de Sainte Marguerite

Gebote: Im Bereich der Inseln ist die Geschwindigkeit auf 5 kn begrenzt.

Information: Werft Chantier Naval Cystem 04 93 43 33 50.

Landgang:

Die Insel ist größtenteils bewaldet, Eukalyptusbäume wechseln mit verschiedenen Kiefernarten ab. Von der Ankerbucht mit dem Anleger für Ausflugsboote im NW führt die Allée Sainte-Marguerite zum Fort Royal, das von Richelieu erbaut und 1712 von dem Festungsbauer Vauban erweitert wurde. Von der Burgterrasse genießt man einen herrlichen Ausblick auf die gegenüberliegende Küste, auf Cannes und das Pointe de la Croisette, bei guter Sicht sogar bis zum Massif de l'Estérel und auf der anderen Seite bis zum Cap d'Antibes.

Auf dem Gelände befindet sich auch ein kleines Museum.

An einigen Stellen des Forts werden archäologische Ausgrabungen durchgeführt, die Funde aus der Römerzeit preisgeben. Sie bestätigen Überlieferungen von Plinius, daß sich auf der Insel eine Römersiedlung und ein Hafen befunden haben sollen.

Das Fort diente einige Zeit auch als Staatsgefängnis, in dem u. a. der Mann mit der eisernen Maske eingekerkert gewesen sein soll, dessen Identität nie eindeutig geklärt wurde.

relle de Batéguier (Oc(9)15s5m4M 000°-Vis.-275°) umfahren werden, das im Bereich der Untiefen abgeblendet ist. Der Badebereich in der Ankerbucht westlich vom Fort Royal ist durch gelbe Tonnen markiert.

Marken: Das auf den Felsen am Nordufer erbaute Fort Royal und der Tourelle de Batéguier.
Achtung: Die Untiefen bei Batéguier und Île de la Tradelière müssen umfahren werden.

Der Ausflug über die Insel kann in dem Restaurant l'Escale beschlossen werden, in dem man hoch über dem Meer bei herrlicher Aussicht köstliche Fischgerichte genießen kann. Weitere Versorgungsmöglichkeiten bietet die Insel nicht.

Romantische Abendstimmung in der Bucht von Saint-Marguerite

Gebote: Im Bereich zwischen den Inseln ist die Geschwindigkeit auf 5 kn begrenzt.

Landgang, Sehenswürdigkeiten:

Auf der Reede zwischen den Inseln ankernd, landet man mit dem Beiboot auf der kleinen, 1,5 km langen und 400 m breiten Île Saint-Honorat, die dem Kloster Saint-Honorat gehört, aber öffentlich zugänglich ist. Auch auf dieser Insel – die Mönche bewirtschaften einen großen Teil der Insel als Landwirte – sind die Spuren der Vergangenheit allgegenwärtig. Die Klosteranlage wurde 1073 zum Schutz vor Piraten auf alten römischen Fundamenten errichtet. Von der Plattform des Wehrturms aus dem 15. Jahrhundert hat man eine herrliche Aussicht auf die Îles de Lérins und die Küste, bei guter Sicht sogar bis zum Massif de l,Estérel und bis zur Presqu'île d'Antibes.

Von der neuen Klosteranlage sind nur die Kirche und das Museum zu besichtigen.

Wenn wir tagsüber das Flach zwischen dem Pointe de la Croisette und der Île Sainte-Marguerite passiert haben, finden wir nach einer halben Seemeile auf nördlichem Kurs den kleinen Hafen

Île Saint-Honorat:

Die wesentlich kleinere Île Saint-Honorat liegt 800 m südlich von Sainte-Marguerite. Im N liegt in der Mitte der Insel der winzige, 1 m tiefe Port de Moines. Im Bereich des Klosters an der S-Küste bis zum befeuerten S-Kardinalzeichen Tourelle Les Moines (Oc(6) + LFl. 15s 12m 9M) und an der E-Küste bis zur Île Saint-Féréol gibt es zahlreiche felsige Untiefen.

Ansteuerung:

Die Ansteuerung des 2 – 10 m tiefen Ankerplatzes mit grasbewachsenem Grund zwischen den beiden Inseln ist einfach, nördlich vom Port des Moines gibt es eine flache Stelle mit 1,5 m Wassertiefe.
Achtung: Die Untiefe nördlich vom Port des Moines sollten berücksichtigt werden.

Port du Mourré Rouge
43° 32,5' N | 007° 02,7' E

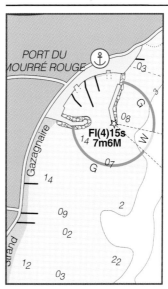

Port du Mourré Rouge ist ein kleiner, ruhiger, gegen alle Winde geschützter Fischer- und Sportboothafen. Er wird durch zwei Molen mit Kais auf den Innenseiten gebildet und kann ca. 100 Boote bis 8 m Länge und 1,2 m Tiefgang aufnehmen.

Er liegt im E des Golfe Juan, etwa 0,5 sm N-lich des Pointe de la Croisette.

Ansteuerung: Tagsüber orientiert man sich am

Pointe de la Croisette und läuft mit einem NW-Kurs auf den Hafen zu. Bei starken SE-Winden ist die Ansteuerung schwierig.

Nachts zeigt der weiße Sektor des Feuers auf der Hafenmole (Fl(4).WG. 15s 7m 6M) einen hindernisfreien Weg in den Hafen. Im weißen Sektor fährt man auch sicher an der Untiefe La Fourmigue und den Untiefen im E der Île Sainte-Marguerite vorbei.

Marken: Pointe de la Croisette, La Fourmigue, Îles de Lérins, der weiße Sektor des Hafenfeuers.

Achtung: Die Untiefen bei den Îles de Lérins, am Pointe de la Croisette und La Fourmigue sind zu beachten.

Hafengebote: Besucher melden sich beim Hafenmeister und lassen sich einen Liegeplatz zuweisen.

Hafenmeister: Tel. 04 93 99 57 22.

Wetterinformationen: Täglich neuer Météo an der Capitainerie.

Hafenservice:

Die Liegeplätze sind mit Mooringleinen, Wasser- und Stromanschlüssen ausgestattet. Duschen und WCs sind im Gebäude der Capitainerie untergebracht. Der kleine Hafen besitzt nur einen Slip und ein kleines Winterlager.

Außer einem Schnellimbiß gibt es *keine Versorgungsmöglichkeiten* in unmittelbarer Nähe.

Information: Office du Tourisme Cannes 04 93 39 24 53.

Landgang:

Ein Spaziergang führt zum Pointe de la Croisette, wo das Casino Palm Beach auf Besucher wartet.

Etwa 2 sm in nordöstlicher Richtung vom Pointe de la Croisette finden wir im Golfe Juan die beiden

Ports de Golfe-Juan 43° 34,0' N | 007° 04,5' E

Ports de Golfe-Juan

Die Ports de Golfe-Juan liegen im Golfe Juan, in der Mitte zwischen dem Pointe de la Croisette und dem Cap d'Antibes.

Sie bestehen aus dem *Port Public*, einem älteren Yacht- und Fischerhafen, und dem neuen Sportboothafen *Port Camille Rayon*, der durch eine riesige, in südwestlicher Richtung verlaufende Steinmole gebildet wird. Sie werden durch eine große Mole getrennt, auf der die Capitainerie von Camille Rayon untergebracht ist.

Beide Häfen sind gut gegen alle Winde geschützt und bieten alle Einrichtungen für Yachten.

Port Public besitzt 860 Plätze für Boote bis 22 m Länge, von denen 260 für Gäste vorgesehen sind, und ist 3 – 1 m tief.

Port Camille Rayon verfügt über etwa 850 Plätze für Boote am Kai und an den Pontons bis maximal 75 m, von denen 80 Plätze für Besucher reserviert sind. Das Hafenbecken ist 5 – 2 m, am Außenkai 4 – 5 m tief.

La Fourmigue

Ansteuerung:

Mitten im Golfe Juan gibt es zwei auffällig gekennzeichnete Untiefen, La Fourmigue – ein 16 m hoher, grüner, befeuerter Turm – und Le Sécanion – eine rote, unbefeuerte Tonne –, die tagsüber östlich und westlich leicht umschifft werden können.

Die Ports de Golfe-Juan sind von weitem nur schwer auszumachen. Zur Orientierung kann ein hohes Gebäude mit großen Arkaden dienen, das in der Mitte zwischen beiden Hafenbecken liegt, von dem sich nach W eine lange, mehrstöckige Häuserzeile erstreckt. Erst aus der Nähe ist der weiß-grüne Leuchtturm auf der Außenmole zu erkennen, die die S-Mole vom Port Public um ca. 150 m überlappt.

Die Hafeneinfahrt zwischen diesen beiden Molen ist 80 m breit, 5 m tief und öffnet sich nach W. Im Schutz dieser Überlappung können die Häfen bei jedem Wetter angelaufen werden.

- Nachts wird die gefahrlose Ansteuerung westlich bzw. östlich an den Untiefen La Fourmigue (Fl.G. 4s 16m 8M) und Le Sécanion vorbei durch zwei weiße Sektoren des Leuchtturms Phare de Vallauris (Oc(2).WRG. 6s 167m 16M 265°-G-305°-W-309°-R-342°-G-009°-invis-256°) ermöglicht, der weiter im Inland auf einem hohen Berg steht. Auf den beiden Sektoren wird folgendermaßen navigiert:

- Nach dem Passieren der Gefahrenstelle La Fourmigue im westlichen weißen Sektor (336°-342°) des Phare de Vallauris, was durch den Wechsel vom roten zum weißen Sektor des Leuchtturms des Pointe de l'Ilette (Oc(3).WRG.12s18m13/9/9M 235°-W-045°-R-056°-G-070°-R-090°-W-185°-invis-185-W-235°) auf der Stb-Seite zu beobachten ist, bleibt man noch 0,7 sm auf gleichem Kurs im weißen Sektor und steuert dann direkt auf das Molenfeuer vom Port Camille Rayon (Fl(2).G.6s) zu. Dadurch umgeht man die Gefahr, eine der gelben, unbeleuchteten Markierungstonnen der Zone östlich des Pointe Fourcade zu rammen, in der Ankern und Fischen verboten sind.

- Bei der Ansteuerung auf dem östlichen weißen Sektor (305°-309°) des Leuchtturms Phare de Vallauris wird der Kurs erst auf das Hafenfeuer vom Port Camille Rayon angelegt, wenn es an Stb. 45° voraus peilt.

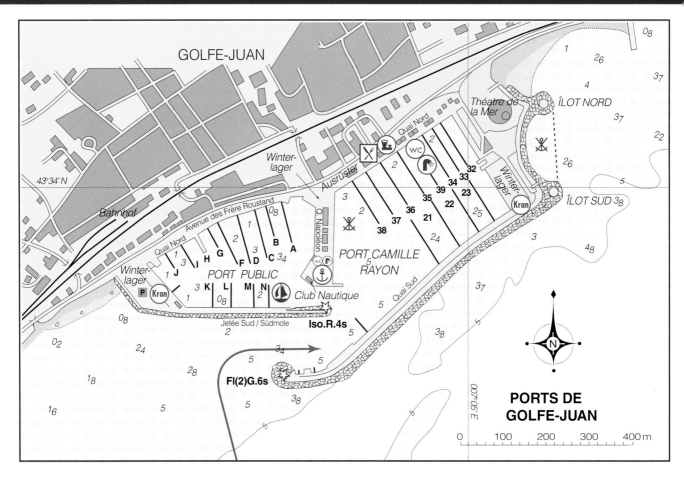

PORTS DE GOLFE-JUAN

0   100   200   300   400 m

Ortsunkundige sollten nicht versuchen, nachts die flache Passage mit den Untiefen zwischen dem Pointe de la Croisette und der Île Sainte-Marguerite zu benutzen.

Marken: Das Gebäude mit den großen Arkaden zwischen den Häfen; das 16 m hohe, grüne Seezeichen La Fourmigue; die rote unbeleuchtete Tonne Le Sécanion; Pointe de la Croisette und Pointe de l'Ilette.
Achtung: Die Untiefen La Fourmigue und Le Sécanion, nachts die unbeleuchteten Tonnen des Verbotsgebietes östlich des Pointe Fourcade zwischen dem Pointe de la Croisette und den Ports de Golfe-Juan können gefährlich werden.

Hafengebote: Die Geschwindigkeit in beiden Häfen ist auf 3 kn begrenzt, bei starken Winden ist das Manövrieren im engen Port Public nicht ganz einfach. Besucher machen entweder an der Tankstelle oder am Besuchersteg „N" im Port Public fest, und lassen sich in der jeweiligen Capitainerie einen Liegeplatz zuweisen.

Port Public:
Hafenmeister: M. Bily, Tel. 04 93 63 96 25,
Fax 04 93 63 66 41, VHF Kanal 12.
Dienstzeiten von 7 – 20 h, in der Vorsaison 8 – 18 h (außer sonntags).
Wetterinformationen: Täglich neuer Météo an der Capitainerie.

Port Camille Rayon:
Hafenmeister: M. Louis, Mme de la Cruz,
Tel. 04 93 63 30 30, Fax 04 93 63 55 07, VHF Kanal 9.
Dienstzeiten von 0 – 24 h durchgehend.

Wetterinformationen: Täglich neuer Météo an der Capitainerie.

Hafenservice Port Public:

Alle Liegeplätze sind mit Mooringleinen, Wasser- und Stromanschlüssen (220 V, 1 – 6 kW) ausgestattet, in der Nähe der Capitainerie gibt es Duschen und WCs sowie drei Kartentelefone. In der technischen Zone im Winkel zwischen dem Quai Saint-Pierre und dem Quai Nord sind mehrere Schiffsausrüster, ein Winterlager mit 6 und 10-t-Kran, aber nur wenige Stellplätze vorhanden. Eine Reihe von Reparaturen können von Servicebetrieben ausgeführt werden. 5 Minuten vom Hafen entfernt gibt es einen Waschsalon.

Hafenservice Port Camille Rayon:

Alle Liegeplätze sind mit Mooringleinen, Wasser- und Stromanschlüssen (220 V/380 V) ausgestattet, an den Liegeplätzen für große Yachten sind Telefonanschlüsse installiert. Auf dem Quai Napoléon in der Nähe der Capitainerie und am Quai Nord gibt es Sanitäranlagen mit Duschen und WCs sowie mehrere Kartentelefone. Am Quai Nord sind in einer langen Gebäudezeile mehrere Restaurants, Boutiquen, Geschäfte aller Art und zwei Schiffsausrüster untergebracht. In der großen technischen Zone im E des Hafens befinden sich eine Werft mit einer Reihe von Werkstätten und ein sehr großes Winterlager mit einem 18-t-Kran und einem 100-t-Travellift. Hier werden alle Reparaturen ausgeführt.
Am Quai Nord hat eine Tankstelle (Tel. 04 93 63 69 77) von 8 – 18 h geöffnet, in der Vorsaison von 9 –12 h.

Versorgung:

Im Hafen kann man Lebensmittel und Getränke einkaufen, aber im nahen Ort ist die Auswahl wesentlich größer.
Am Quai Nord gibt es mehrere Restaurants, von denen sich Chez Christine und Bruno durch ihre Fischgerichte auszeichnen.
Etwas weiter entfernt an der Strandpromenade Avenue des Frères Roustand sind die durch ihre hervorragende Bouillabaisse bekannten Restaurants Tétou (04 93 63 71 16) und Nounou (04 93 63 71 73) zu finden.
Bank und Post sind im Ort zu finden.

Information: Office du Tourisme 04 93 63 73 12.

Landgang:

Die Stadt hat mit den von Platanen überdachten Terrassen und den vielen Cafés und Restaurants an der Uferpromenade etwas von ihrem alten Charme bewahrt, trotz der riesigen Marinas und des Tourismus.
Ein Mosaik am Uferkai erinnert an die Rückkehr Napoleons aus der Verbannung auf der Insel Elba am 1. März 1815. Hier beginnt die Route Napoléon (N 85), die über Cannes, Grasse, Castellane, Sisteron nach Grenoble führt und zu den landschaftlich schönsten, allerdings auch kurvenreichsten Landstraßen Südfrankreichs gehört. Wer von seinem Törn mit dem Auto in seine Heimat zurückfährt, sollte sich mit etwas Zeit auf diese herrliche Tour begeben.
Auf einem angeschütteten Plateau im E hinter der technischen Zone vom Port Camille Rayon ist ein großes Freilichttheater errichtet, in dem im Sommer Aufführungen und Konzerte stattfinden.

Ankern: Außerhalb der verbotenen Zonen ist das Ankern möglich.

Knapp 2 sm östlich von den Ports de Golfe-Juan liegt

Port Gallice-Juan-les-Pins
43° 33,8' N | 007° 07,0' E

Port Gallice-Juan-les-Pins liegt in einer ruhigen Villengegend südlich von Juan-les-Pins auf der Westseite der Presqu'île du Cap d'Antibes. Er wird durch eine große, in einem weiten Bogen vom Ufer nach NW verlaufende Steinmole gebildet. Auf Grund seiner Lage ist der Hafen gegen alle Winde geschützt. Er ist 3 – 2 m tief und verfügt über rund 530 Liegeplätze für Yachten bis 20 m Länge, davon sind circa 170 für Gäste vorgesehen. Es gibt viele Einrichtungen für Yachten.

Ansteuerung:

Port Gallice-Juan-les-Pins liegt im E des Golfe Juan am Fuß der Presqu'île du Cap d'Antibes.
* Bei der Ansteuerung am Tag müssen die beiden auffällig markierten Untiefen La Fourmigue und Le Sécanion in der Mitte des Golfe Juan beachtet werden. La Fourmigue ist durch einen 16 m hohen, grünen, befeuerten Turm (Fl.G.4s16m8M) und Le Séca-

nion durch eine rote, unbefeuerte Tonne gekennzeichnet. Als Landmarke eignet sich für die weitere Ansteuerung der auf der höchsten Stelle der Presqu'île du Cap d'Antibes über die Bäume hinausragende, viereckige, weiße Phare de la Garoupe, der an Bb. bleibt, bis die Außenmole von Port Gallice mit dem Leuchtfeuer zu erkennen ist. Ein betonntes Fahrwasser führt von SW in einem Bogen um die Außenmole in die sich nach N öffnende, 50 m breite, 3 m tiefe Hafeneinfahrt, die bei jedem Wetter angelaufen werden kann.

- Nachts werden die Untiefen von La Fourmigue und Le Sécanion am besten auf einem der weißen Sektoren des Phare de Vallauris (Oc(2).WRG. 6s 167m 16/12/11M) passiert. Sie sind umfahren, wenn das Feuer vom Phare de l'Ilette (Oc(3).WRG. 12s 18m 13/9/9M) von rot nach weiß wechselt.

- Vom westlichen weißen Sektor (336° – 342°) des Phare de Vallauris wird danach der Kurs auf den Phare de la Garoupe (Fl(2). 10s 104m 31M) abgesetzt, bis das Leuchtfeuer der äußeren Hafenmole (Fl(3).G. 2s 10m 9M) und die befeuerten Fahrwassertonnen (Fl.G. 2,5s und Fl.R. 2,5s) klar zu erkennen sind. Das Fahrwasser führt mit weiteren, unbeleuchteten Tonnen im Bogen in die Hafeneinfahrt.

- Vom östlichen weißen Sektor (305° – 309°) des Phare de Vallauris wird danach ein N-Kurs solange beibehalten, bis der Leuchtturm auf der äußeren Hafenmole (Fl(3).G. 2s 10m 9M) und die befeuerten Fahrwassertonnen (Fl.G. 2,5s und Fl.R. 2,5s) klar zu erkennen sind. Das Fahrwasser führt mit weiteren, unbeleuchteten Tonnen im Bogen in die Hafeneinfahrt.

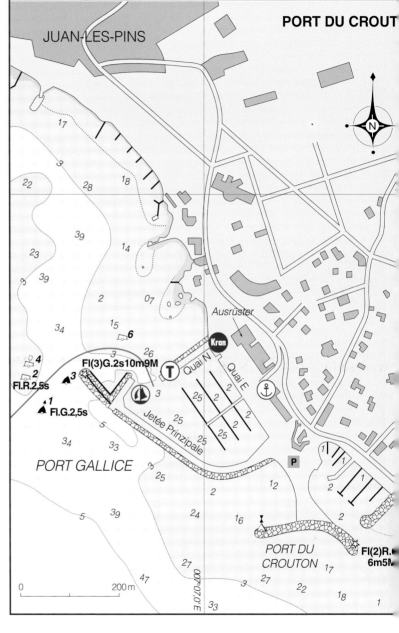

Marken: Das grüne, 16 m hohe, befeuerte Seezeichen La Fourmigue, die rote unbeleuchtete Tonne Le Sécanion, Pointe de l'Ilette, Phare de Vallauris, Phare de la Garoupe.

Achtung: Die Untiefen La Fourmigue, Le Sécanion und die Sandbänke außerhalb des Fahrwassers sind zu berücksichtigen.

Hafengebote: Geschwindigkeit 3 kn. Besucher machen am Kai hinter der Hafeneinfahrt fest und lassen sich von der Capitainerie einen Liegeplatz zuweisen.

Port Gallice-Juan-les-Pins

Hafenmeister: J. Rohrbach, Tel. 04 92 93 74 40, Fax 04 92 93 74 44, VHF Kanal 9. Wetterinformationen: Täglich neuer Météo an der Capitainerie.

Hafenservice:

Alle Liegeplätze sind mit Mooringleinen, Wasser- und Stromanschlüssen (220/380 V) ausgestattet, für Boote über 15 m gibt es eigene Telefonanschlüsse. Gepflegte Sanitäranlagen mit Duschen und WCs sind am Kai hinter einem großen, bewachten Parkplatz in einem langgestreckten Gebäude untergebracht, in dem sich auch die Capitainerie und eine Münzwäscherei befinden. Eine Werft mit Winterlager, ein 30-t-Travellift und ein Slip stehen in der technischen Zone im nördlichen Hafenbereich zur Verfügung. Hier können eine Reihe von Reparaturen ausgeführt werden. Am Quai Nord hat eine Tankstelle (Tel. 04 93 67 71 94) geöffnet.

Versorgung:

Der Ort bietet alle Einkaufsmöglichkeiten. Im Ort gibt es ein reichhaltiges Angebot an Restaurants, Cafés, Nachtclubs und Diskotheken.
Information: Office du Tourisme 04 93 61 04 98.

Landgang:

Juan-les-Pins ist ein beliebter Badeort mit herrlichen,

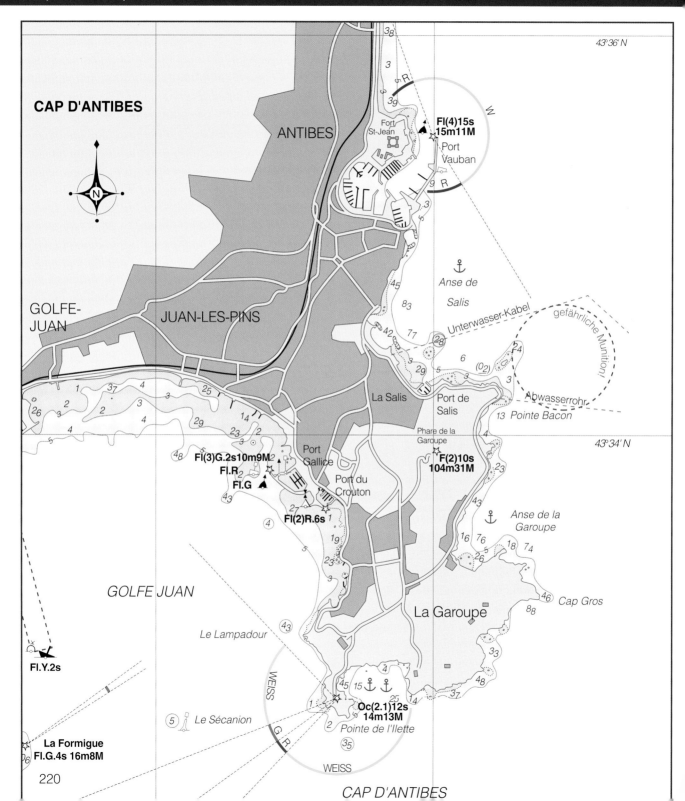

CAP D'ANTIBES

ANTIBES

Fort St-Jean

Fl(4)15s 15m11M

Port Vauban

GOLFE-JUAN

JUAN-LES-PINS

Anse de Salis

Unterwasser-Kabel

gefährliche Munition!

Abwasserrohr

La Salis

Port de Salis

13 Pointe Bacon

Phare de la Garoupe

Fl(3)G.2s10m9M

Fl.R

Fl.G

Port Gallice

F(2)10s 104m31M

Port du Crouton

Anse de la Garoupe

Fl(2)R.6s

Cap Gros

GOLFE JUAN

La Garoupe

Le Lampadour

WEISS

Fl.Y.2s

Le Sécanion

Oc(2.1)12s 14m13M

Pointe de l'Ilette

La Formigue Fl.G.4s 16m8M

WEISS

G.R

220

CAP D'ANTIBES

allerdings zum größten Teil im Privatbesitz von Hotels befindlichen Sandstränden. Der Weg vom Hafen in den Ort führt durch eine ruhige Villengegend mit parkähnlichen Gärten zu der belebten Strandpromenade mit ihren modernen Appartementhäusern, Hotels, Restaurants und Geschäften. Im Sommer finden in Juan-les-Pins zahlreiche Veranstaltungen statt, am bekanntesten ist das internationale Jazz-Festival im Juli, zu dem in der Pinède Gould eine riesige Tribüne aufgebaut wird. Dieser Pinienhain wurde nach dem reichen amerikanischen Millionär Frank Jay Gould benannt, der Juan-les-Pins entdeckte und durch sinnvolle Bebauung mit dafür sorgte, daß die Pinienwälder und die ursprüngliche Landschaft weitgehend erhalten blieben.

Ankern:

Südlich des Hafens, außerhalb des Badebereichs, können Yachten bei gutem Wetter auf grasbewachsenem Schlickgrund ankern.

Direkt südöstlich vom Port Gallice-Juan-les-Pins liegt

Port du Crouton 43° 33,6' N | 007° 07,2' E

Port du Crouton ist ein kleiner, gegen alle Winde geschützter Fischer- und Yachthafen mit 380 Liegeplätzen für Boote bis 10 m Länge unmittelbar südöstlich von Port Gallice-Juan-les-Pins. Der Hafen ist durch zwei Steinmolen begrenzt, von denen die südliche befeuert ist. Die Wassertiefe im nordwestlichen Teil des Hafens, dem ehemaligen Fischerhafen, beträgt 1 m, im

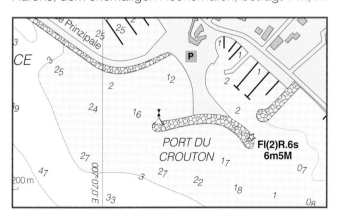

neuen Teil nimmt die Tiefe von 2 m am Kopf der Stege bis auf 1 m zum Ufer hin ab. Der Hafen weist nur wenige Einrichtungen für Yachten auf.

Ansteuerung:

Port du Crouton wird von weitem auf die gleiche Weise angesteuert wie Port Gallice-Juan-les-Pins. Die sich nach SE öffnende, 30 m breite, 2 m tiefe Hafeneinfahrt liegt etwa 750 m südlich der Hafeneinfahrt von Port Gallice-Juan-les-Pins und ist erst aus der Nähe an dem 4 m hohen, rot-weißen Leuchtfeuer (Fl(2).R.6s6m5M) auf der Stb.-Außenmole zu erkennen. Die steinerne Außenmole setzt sich nach W fort und trägt auf der Spitze eine gelb-schwarz-gelbe W-Kardinalbake. Die Ansteuerung muß auf einem NE-Kurs in Richtung auf die Hafeneinfahrt erfolgen. Bei hartem Wetter kann das Einlaufen jedoch gefährlich werden.
Marken: Die W-Kardinalbake und der 4 m hohe, rotweiße Leuchtturm auf der Steinmole.
Achtung: Auf den letzten 150 m vor der Hafeneinfahrt auf einem NE-Kurs liegt die Wassertiefe bei 1,8 m, weiter südlich sogar nur bei 1 m. Dadurch kann der Seegang bei starken südlichen Winden besonders gefährlich werden.
Hafengebote: Besucher machen am Kopf des ersten großen Steges fest und lassen sich vom Hafenmeister einen Liegeplatz zuweisen. Der hintere Teil des Hafens und der Kai sind Fischerbooten vorbehalten.
Hafenmeister: Tel. 04 93 67 32 31.
Wetterinformationen: Täglich neuer Météo an der Capitainerie.

Hafenservice:

Die Liegeplätze sind mit Mooringleinen, Wasser- und Stromanschlüssen ausgestattet. WCs und Duschen sind im Bereich des alten Fischerhafens zu finden. Es gibt nur wenige Gastplätze. Außer einem Slip besitzt der Hafen keine weiteren Einrichtungen.

Versorgung:

Juan-les-Pins ist der nächste Einkaufsort. Im Port du Crouton ist das urgemütliche Restaurant Maison du Pêcheur zu empfehlen, das sich oberhalb des alten Fischerhafens auf einer Terrasse befindet.
Information: Office du Tourisme 04 93 61 04 98.

VII. Cap d'Antibes bis Menton

Seekarten F CG 500, F 6863, 6883, 6952, 6953, 7017, 7200, 7409, D 484, 598

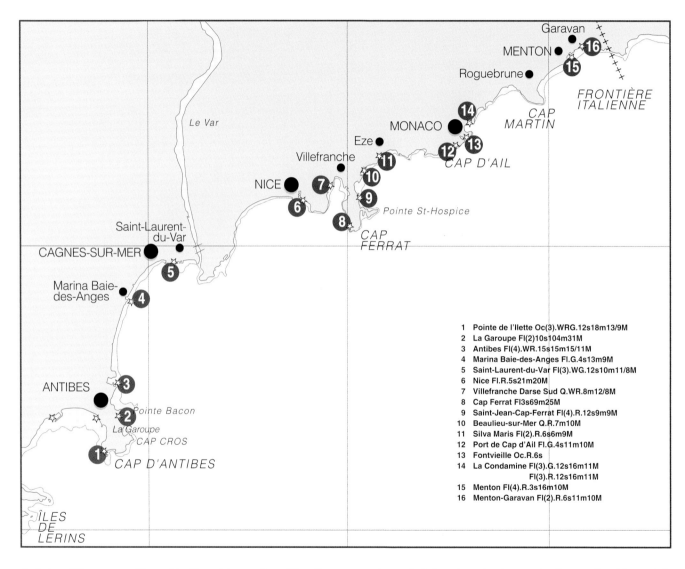

1   Pointe de l'llette Oc(3).WRG.12s18m13/9M
2   La Garoupe Fl(2)10s104m31M
3   Antibes Fl(4).WR.15s15m15/11M
4   Marina Baie-des-Anges Fl.G.4s13m9M
5   Saint-Laurent-du-Var Fl(3).WG.12s10m11/8M
6   Nice Fl.R.5s21m20M
7   Villefranche Darse Sud Q.WR.8m12/8M
8   Cap Ferrat Fl3s69m25M
9   Saint-Jean-Cap-Ferrat Fl(4).R.12s9m9M
10 Beaulieu-sur-Mer Q.R.7m10M
11 Silva Maris Fl(2).R.6s6m9M
12 Port de Cap d'Ail Fl.G.4s11m10M
13 Fontvieille Oc.R.6s
14 La Condamine Fl(3).G.12s16m11M
                          Fl(3).R.12s16m11M
15 Menton Fl(4).R.3s16m10M
16 Menton-Garavan Fl(2).R.6s11m10M

Auf den 25 sm vom Cap d'Antibes bis zur Frontière Italienne ist die Küste überwiegend felsig. Eine Ausnahme bildet die Baie des Anges mit dem Mündungsbereich der Var und dem Strand von Nice. In diesem abwechslungsreichen Abschnitt liegen mehr oder weniger tief ins Land eingeschnittene Buchten zwischen den ins Meer vorspringenden Caps.

Auf das Cap d'Antibes folgen die große Baie-des-Anges, die Rade de Villefranche zwischen Cap Nice und Cap Ferrat, die Baie de Beaulieu, Cap d'Ail und die

Baie de Roquebrune. Cap Martin ist der letzte markante Landvorsprung an der französischen Mittelmeerküste, dahinter beginnt der riesige Golfe de Gênes.

Bei klarem Wetter sind von der Presqu'île du Cap d'Antibes die schneebedeckten Gipfel der Alpen zu sehen, deren Ausläufer sich bis zur Küste erstrecken und manchmal nur wenig Platz für Straßen, Eisenbahn und Ortschaften lassen. Nahezu ohne Unterbrechung reiht sich an der Küste Bauwerk an Bauwerk, nicht ohne Grund wird sie die „Betonküste" genannt. Die meisten großen Gebäude konzentrieren sich in Nice und Monaco, dort scheinen sie übereinandergestapelt.

Nachts sind die Leuchtfeuer der Häfen kaum von der beleuchteten Umgebung zu unterscheiden, nur die großen Leuchttürme wie Phare de l'Ilette, Phare de la Garoupe und Cap Ferrat sind gut auszumachen.

Landmarken: Cap d'Antibes, Cap Gros, Pointe Bacon, Pointe de Saint-Hospice, Cap Roux, Cap d'Ail, Cap Martin.

Schiffahrtsvorschriften, Gefahrenbereiche:
- In einer 300 m breiten, markierten Badezone vor den Stränden ist das Fahren unter Motor untersagt, sonst gilt im Küstenbereich im Abstand von 300 m vom Ufer eine Geschwindigkeitsbegrenzung auf 5 kn, insbesondere im Inneren der Rade de Villefranche.
- La Garoupe: Eine kreisförmige Zone mit einem Radius von 0,25 sm um einen Punkt 0,6 sm nordöstlich vom Pointe Bacon, wo explosive Stoffe entsorgt werden, gilt als gefährlich und ist zu meiden.
- Die Küste am Flughafen Nice: In der markierten Zone sind alle sportlichen Aktivitäten und jeglicher Verkehr verboten. Darüber hinaus ist für Fahrzeuge über 4 m lichter Höhe das Befahren der 1000 m langen Anschlußzonen der Lande- und Startbahnen untersagt, die auch in den Seekarten ausgewiesen sind.
- Nice: Bis zu einer Entfernung von 1 sm vom Hafeneingang Port de Nice besteht ein Ankerverbot.
- Rade de Villefranche: Bei Waldbränden ist mit Löschflugzeugen zu rechnen, die hier zum Wasserholen landen und starten.
- Le Voet: Im Umkreis von 200 m um die Untiefe sind Ankern, Fischen und Tauchen verboten.

- Cap Ferrat: Jegliches Ankern oder Tauchen in einer Zone mit einem Radius von 500 m um das Zentrum 43° 40,5, N I 007° 20,3, E ist verboten. In einem großen Bereich im SW von Cap Ferrat besteht ein Anker- und Fischereiverbot.
- Baie de Beaulieu: In einem markierten Bereich im SE von Beaulieu-sur-Mer sind Ankern und Fischen verboten. In der Bucht muß bei Waldbränden mit Löschflugzeugen gerechnet werden, die hier zum Wasserholen landen und starten.
- Monaco: In einer markierten Zone vor dem Ufer sind jeglicher Verkehr und Ankern untersagt. Ankern zwischen dem Port Fontvieille und dem Port La Condamine ist auch außerhalb der markierten Zone verboten.
- Pointe de la Vieille: Auf der W-Seite der Baie Roquebrune existiert ein markiertes Anker- und Fischereiverbot.

Abwasserleitungen (Anker- und Fischereiverbot):
- Im S von Antibes, am Pointe Bacon, führt eine Leitung unter 96° 1000 m weit in die See.
- Im W von Cagnes-sur-Mer, nördlich der Cagne-Mündung, führt eine Leitung in ostsüdöstlicher Richtung 600 m weit in die See.
- Im E von Cap Ferrat am Pointe de la Causinière führt eine 600 m lange Leitung nach S in die See.

Fischzuchtanlagen:
- Im S von Cros-de-Cagnes liegt eine Anlage, die mit einer befeuerten E-Kardinaltonne (VQ(3)5s) markiert ist.

Das Wetter:
Durch die hohen Berge zwischen Nice und Gênes geschützt, bleibt die Riviera von extremen Wetterschwankungen verschont. Das Klima dieses Küstenabschnitts ist daher durch milde Winter und gemäßigte Sommer gekennzeichnet. Einerseits wird der Mistral durch das bergige Hinterland stark abgeschwächt, andererseits nimmt der Einfluß der Wetterküche des Golfe de Gênes zu, deren östliche Winde sehr unangenehm werden können. Trotz des milden Klimas ist hier der Wetterentwicklung in bezug auf die Windstärken große Aufmerksamkeit zu schenken, denn innerhalb kürzester Zeit

kann sich ohne Vorwarnung ein Unwetter zusammen-
brauen und die Windstärke von einer leichten Brise
zum Sturm anwachsen. Die ständige Beobachtung
des Wettergeschehens ist daher in diesem Bereich unbedingt anzuraten.

Wichtige Leuchtfeuer:

Phare de l'Ilette	43° 32,6' N I 007° 07,3' E
	Oc(2+1).WRG. 12s
	18m 13/9/9M
La Garoupe	43° 33,9' N I 007° 08,0' E
	Fl(2). 10s 104m 31M
Antibes Port Vauban	43° 35,4' N I 007° 08,0' E
	Fl(4).WR. 12s 15m 15/11M
Saint-Laurent-du-Var	43° 39,3' N I 007° 10,8' E
	Fl(3).WG. 12s 10m 10/8M
Nice	43° 41,4' N I 007° 17,3, E
	Fl.R. 5s 22m 20M
Villefranche Darse Sud	43° 42,0' N I 007° 18,7' E
	Q.WR. 8m 12/8M
Cap Ferrat	43° 40,5' N I 007° 19,7' E
	Fl. 3s 69m 25M

Wir verlassen den Golf Juan auf der Ostseite und erreichen in südlicher Richtung das

---

Cap d'Antibes

Cap d'Antibes ist eine Halbinsel mit felsigem Ufer und
vielen herrlichen, unter Pinienhainen versteckten Villen.
Auf dem höchsten Punkt steht der viereckige, weiße
Phare de la Garoupe, dessen Feuer aus 104 m Höhe
über dem Wasser mehr als 30 sm weit zu sehen ist
(Fl(2)10s104m31M). Er gilt als Ansteuerungsmarke für
Schiffe auch aus Richtung Korsika. In der Nähe stehen
ein runder, weißer Semaphore der Küstenwache und
die Chapelle Notre-Dame d'Antibes.
Auf dem Pointe de l'Ilette in der Nähe eines flachen,
langgestreckten Gebäudes befindet sich ein weißer,
15 m hoher runder Leuchtturm mit einem schwarzen
Dach, dessen rote Sektoren vor Untiefen im Golfe Juan
warnen (Oc(2+1).WRG. 12s 18m 13/9/9M)
Am S- und E-Ufer gibt es einige gut windgeschützte
Ankerbuchten in der zerklüfteten, rundherum felsigen

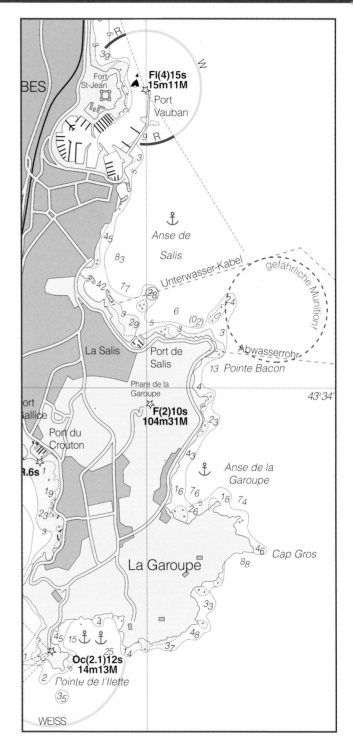

Cap d'Antibes, am rechten Bildrand die Anse de l'Argent-Faux

Der westliche rote Sektor dieses Leuchtfeuers warnt vor den Untiefen La Fourmigue und Le Sécanion, der südwestliche rote Sektor vor den Untiefen im E der Île Sainte-Marguerite und südlich von der Île Saint-Honorat (Oc(2+1). WRG. 12s 18m 13/9/9M).

Achtung: Untiefen außerhalb der Bucht bis 200 m vom Ufer, die 3,5 m tiefe Sèche de Saint-Pierre südlich des Pointe d'Ilette im Abstand von 300 m sollten gemieden werden.

Auf der Ostseite der Presqu'île d'Antibes, nach dem Passieren des Cap Gros, gelangen wir zu einer größeren Ankerbucht, der

Küste. Bei starken E-Winden ist es nicht ganz einfach, das Cap zu runden.

Landmarken: Phare de la Garoupe, Phare de l'Ilette.

Wir runden das Cap d'Antibes im Abstand von cirka 300 m und finden gleich hinter dem Pointe de l'Ilette die große Ankerbucht

Anse de l'Argent-Faux

Die außer bei S-Winden sehr gut geschützte Anse de l'Argent-Faux liegt unmittelbar östlich vom Pointe de l'Ilette und bietet einen herrlichen Ankerplatz mit 5 bis 12 m Wassertiefe auf grasbewachsenem Grund.

Ansteuerung:

Bei der Ansteuerung von W muß beim Runden des Pointe de l'Ilette auf ausreichenden Abstand zur Küste geachtet werden, da sich im SW Untiefen vom Ufer 200 m nach SW erstrecken. Auch auf der E-Seite vom Cap d'Antibes bis zum Cap Gros muß mit felsigen Riffs bis zu 100 m vor dem Ufer gerechnet werden.

Marken: Eine unverkennbare Landmarke ist der Phare de l'Ilette, ein weißer, 15 m hoher Leuchtturm mit schwarzer Spitze.

Anse de la Garoupe

Im NW von Cap Gros liegt die Anse de la Garoupe, eine außer bei E-Winden geschützte Bucht mit gut haltendem, grasbewachsenem, 4 – 10 m tiefem Grund. Dieser Ankerplatz südöstlich des Phare de la Garoupe ist besonders bei Mistral empfehlenswert. Dicht unter Land liegen einige überspülte Felsen. Die markierten Bereiche der Badezone und des Fahrwassers für die Wasserski-Boote (25 m breit, 300 m lang, in der Nähe der Anlage von „La Baie Dorée") müssen unbedingt beachtet und freigehalten werden. Mit dem Beiboot kann leicht zum Strand übergesetzt werden, wo in der Saison mehrere Restaurants geöffnet haben.

Wir laufen zunächst auf Nordkurs am Pointe Bacon vorbei, runden im großen Bogen die Îles de La Grenille sowie deren vorgelagerte Felsen und erreichen die große Bucht

Anse de la Salis

Die Anse de la Salis liegt zwischen dem Pointe Bacon und dem Port d'Antibes. Sie ist im E durch die Felsen La Grenille begrenzt, die in gebührendem Abstand ge-

Port de la Salis

plätzen an drei Pontons und den Kais für Boote bis 8 m Länge und einem Tiefgang von 1,4 m gegen Mistral sehr gut geschützt. Er besitzt kaum Einrichtungen für Sportboote und ist durch Fischerboote und lokale Yachten meist voll besetzt. In der Saison ist es daher schwer, einen Gastplatz zu bekommen.

Ansteuerung:

Die Hafeneinfahrt ist nur aus der Nähe und tagsüber zu erkennen, weil auf den Molen kein Feuer brennt. Bei der Ansteuerung müssen das gefährliche Gebiet am Pointe Bacon, die Roches de La Grenille und die etwa 300 m nördlich vom Port de la Salis liegenden, überspülten Felsen der Petite Grenille umfahren werden.

Marken: Phare de la Garoupe und Pointe Bacon.

Achtung: Bei starken östlichen Winden ist das Einlaufen unmöglich.

Hafengebote: Besucher melden sich im Hafenbüro, das allerdings meist unbesetzt ist.

rundet werden müssen. Etwa 300 m nördlich vom Port de La Salis liegen die überspülten Felsen der Petite Grenille. Auf dem sandigen, 5 – 10 m tiefen Grund 300 – 500 m vor den Stadtmauern von Antibes ankern im Sommer bei mäßigen westlichen Winden häufig Yachten. Die markierten Bereiche der Badezone und des Fahrwassers für die Wasserski-Boote müssen beachtet und freigehalten werden.

Ein Gebiet im NE vom Pointe Bacon ist zu meiden, dort werden explosive Stoffe eingebracht.

Flachgehende Yachten finden eventuell einen Liegeplatz in dem kleinen Hafen

Port de la Salis 43° 34,2' N | 007° 08,0' E

Port de la Salis ist ein kleiner, ruhiger Hafen für Fischer- und Sportboote in der Anse de la Salis, südlich vom Port d'Antibes. Er wird durch zwei kurze Steinmolen mit Kais auf der Innenseite gebildet, die einen Hafeneingang von 30 m nach NW bilden. Bei starken E-Winden läuft erheblicher Schwell in den Hafen, und die brechenden Wellen vor der Einfahrt verhindern das Einlaufen. Dafür ist der kleine Hafen mit seinen 200 Liege-

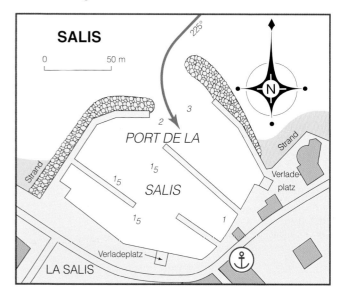

Port Vauban-Antibes

Hafenservice:

Am Kai und an den Stegen sind Mooringleinen ausge-legt. An den Stegen gibt es keine Wasser- und Strom-anschlüsse. Eine kleine Sanitäranlage ist vorhanden, aber verschlossen.

Im Hafen sind ein kleiner Slip und ein Stellplatz als Win-terlager vorhanden. Ein Kartentelefon steht an der Straße gegenüber dem Hafen. Der Club Nautique d'Antibes hat im Hafen einen kleinen Clubraum.

Versorgung:

Einkaufsmöglichkeiten sowie Bank und Post gibt es erst in Antibes. Außer einem Imbiß und einem Kiosk, die die Badegäste am Strand versorgen, gibt es keine Restaurants in der Nähe.

Ankern:

Außerhalb der Badezone und der Hafenzufahrt ist An-kern möglich.

Nördlich der Anse de Salis liegt der riesige, moderne Yachthafen

Port Vauban-Antibes 43° 35,0' N | 007° 08,0' E

Port Vauban ist gegen alle Winde geschützt und mit 1700 Liegeplätzen an mehr als 24 Anlegern und Kais der größte Yachthafen an der Côte d'Azur. Er besitzt alle Einrichtungen und reserviert für Besucher über 170 Liegeplätze, die größte Gastyacht darf 65 m lang sein.

Der Vorhafen bis zur Capitainerie neben der Tankstelle ist 7 m tief, im Bereich Petite Plaisance beträgt die Wassertiefe 5 – 3 m, im Vieux Port 3,5 – 5,5 m und in der Anse Saint-Roch zwischen 2 und 3 m. Der Vorha-fen und die Bereiche Grande Plaisance und Petite Plai-sance werden durch eine über 600 m lange Steinmole geschützt, die innen mit großen Kaianlagen ausgestat-tet ist.

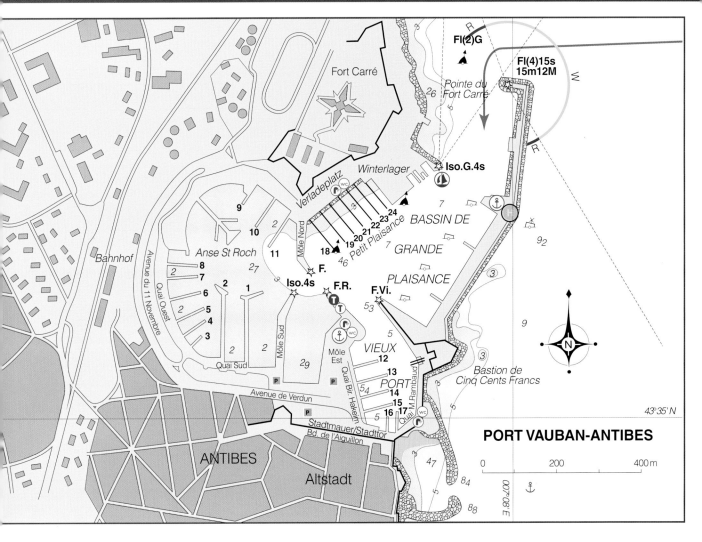

PORT VAUBAN-ANTIBES

43°35' N

007°08' E

0   200   400 m

Ansteuerung:

Der Hafen kann bei jedem Wetter angelaufen werden, allerdings wird die Einsteuerung bei starken E-Winden in die sich nach N öffnende, 50 m breite und 7 m tiefe Einfahrt etwas schwierig.

Tagsüber ist die Ansteuerung einfach. Cap d'Antibes ist eine auffällige Landmarke, und die Hafenanlagen sind schon von weitem zu sehen, obwohl die Einfahrt erst aus der Nähe deutlich zu erkennen ist. Man orientiert sich bis dahin am besten am Fort Carré, das direkt neben der Hafeneinfahrt liegt.

Nachts zeigt der weiße Sektor des Leuchtfeuers auf der Außenmole (Fl(4).WR. 12s 15m 15/11M) die von Hindernissen freie Zufahrt zum Hafeneingang. Eine Tonne (Fl(2).G. 6s) markiert das Fahrwasser und ein Feuer die innere Hafeneinfahrt (Iso.G. 4s). Auch die einzelnen Hafenbecken sind befeuert.

Marken: Der Pointe Bacon, der Phare de La Garoupe, das Fort Carré am Hafeneingang, das Leuchtfeuer auf der Außenmole vom Port Vauban.

Hafenvorschriften: Die Geschwindigkeit im Hafen ist auf 3 kn beschränkt. Motorisierte Segelyachten dürfen im Hafen nicht segeln. Die Benutzung der Anker für Manöver sollte vermieden werden. Besucher melden

sich in der Capitainerie an und bekommen eine Liege-
platz zugewiesen.
Hafenmeister: C. Lecoq, B. Mari, Tel. 04 92 91 60 00,
Fax 04 93 34 74 04, VHF Kanal 9.
Dienstzeiten von 0 – 24 h durchgehend.
Hafenmeisterei du Grande Plaisance:
Tel. 04 93 34 30 30.
Wetterinformationen: Täglich neuer Météo an der Capi-
tainerie, VHF Kanal 23 Monaco Radio.

Hafenservice:

Die Liegeplätze sind auf die Bassins Vieux Port, Anse
Saint Roch und Petite Plaisance verteilt, an den Kais,
Stegen und Pontons sind sie mit Mooringleinen, Was-
ser- und Stromanschlüssen (220/380 V, Leistung nach
Schiffsgröße) ausgestattet. Für größere Yachten wei-
sen die Liegeplätze auch Kabelfernseh- und Telefonanschlüsse auf.
Das Bassin de Grande Plaisance mit 19 Plätzen für die
ganz großen Yachten von 70 – 165 m liegt gleich hinter
dem Vorhafen und untersteht einem eigenen Hafenbüro, das der International Yacht Club d'Antibes führt
(Tel. 04 93 34 30 30). Dort machen die großen Yachten
an Mooringbojen am Bug und über Heck am Kai fest.
Mehrere Sanitäranlagen mit insgesamt 12 WCs und 12
Duschen sowie Kartentelefone sind über den Hafen
verteilt. Im sonst aufwendig gestalteten Gebäude der
Capitainerie sind allerdings für die Gäste dieses Bereichs nur eine Dusche kombiniert mit einer Toilette untergebracht!
Die Tankstelle am Quai d'Honneur (Tel. 04 93 34 03 35)
ist von 8 – 20 h geöffnet, in der Vorsaison von 9 – 12 h
und von 14 – 17 h.
Nicht weit vom Hafen ist eine Münzwäscherei zu finden.
In der technischen Zone können alle Reparaturen ausgeführt werden. Dort gibt es mehrere Werften, viele
Werkstätten, Schiffsausrüster, einen Slip, verschiedene
Kräne und Travellifts für 40 und 120 t sowie ein Winterlager.

Versorgung:

In Antibes gibt es ein großes Angebot an Lebensmitteln und Getränken. Zu empfehlen ist der Einkauf in
den Markthallen der Altstadt.

Restaurants gibt es für jeden Geschmack und in jeder
Preislage direkt hinter der Stadtmauer in der Altstadt in
riesiger Auswahl.
Information: Office du Tourisme, Tel. 04 92 90 53 00.

Landgang:

Die malerische Altstadt von Antibes liegt direkt oberhalb des Port Vauban. Durch ein Tor in der alten Befe-
stigungsmauer gelangt man in die winkligen Gassen
und belebten Plätze der Altstadt, die ihren südländischen Charme bewahrt hat. Eine Fülle von typischen
Straßencafés und Restaurants wartet auf den Besucher. Außer montags findet am Cours Masséna unter

Antibes, Teile der Altstadtmauer mit der Grimaldi-Burg

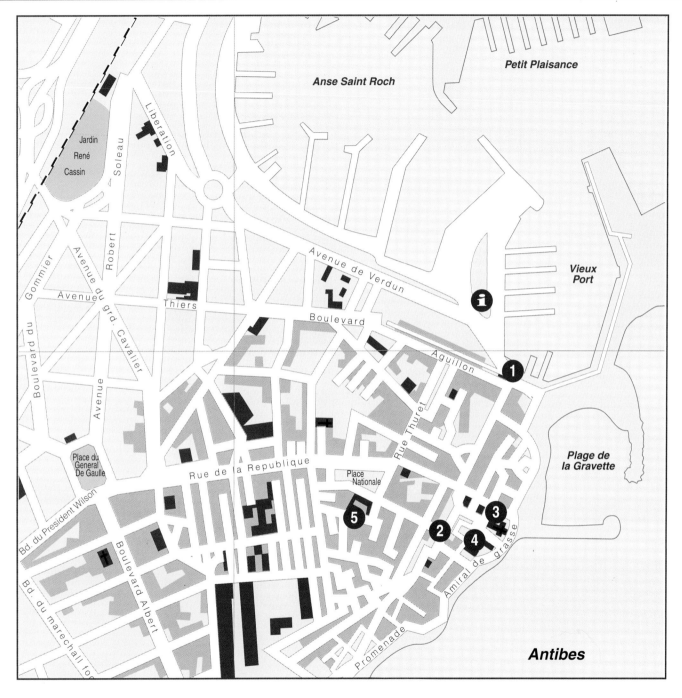

1 Stadt-Tor
2 Cours Masséna
3 Kathedrale
(Eglise de l'Immaculee-Conception)
4 Picasso
5 Peynet-Museum

einer um die Jahrhundertwende gebauten Eisen-Glas-konstruktion einer der schönsten Märkte der Region statt. Abends verwandelt sich die Markthalle in einen äußerst belebten Trödelmarkt. In der Nähe des Cours Masséna befindet sich das Peynet-Museum, in dem 400 Werke des berühmten Zeichners der Verliebten zu sehen sind.

Ein Bummel entlang der Avenue Amiral-de-Grasse auf der Stadtbefestigungsanlage bietet einen phantasti-schen Blick auf die Küste und führt zu dem markanten Bau der Grimaldi-Burg, in dem das Picasso-Museum untergebracht ist. Picasso nutzte 1946 einige Räume der Burg als Wohnung und Atelier und schenkte der Stadt zum Dank seine in dieser Zeit entstandenen Wer-ke. Auf der zum Meer hin liegenden Terrasse sind Skulpturen, u. a. von Germaine Richier und Miro, aus-gestellt.

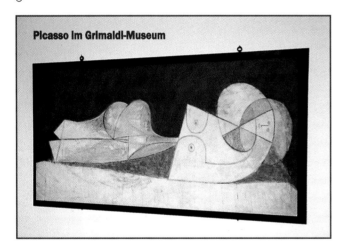

Gleich neben dem Museum befindet sich die Eglise de l'Immaculée-Conception mit alter Bausubstanz aus dem 12. Jh. und einer Barockfassade aus dem 17. Jh. Der viereckige Glockenturm ist ein ehemaliger Wacht-turm aus dem 12. Jh.

Das Musée Archéologique in der von Vauban erbauten St-André-Bastion weist durch seine Funde aus griechi-scher und römischer Zeit auf die geschichtliche Ver-gangenheit von Antibes hin.

Mit einem Bummel durch die typischen Altstadtstraßen Rue de l'Horloge und Rue du Revely kehren wir zum Port Vauban zurück.

Das gegenüber dem Port Vauban liegende Fort Carré kann in den Sommermonaten besichtigt werden.

Südlich des alten Hafens liegt der kleine, durch Stein-molen geschützte Strand La Gravette.

Ankern:

Auf dem sandigen, 5 – 10 m tiefen Grund im Abstand von 300 – 500 m vor den Stadtmauern von Antibes ist das Ankern bei mäßigen westlichen Winden möglich. Die markierten Bereiche der Badezone und des Fahr-wassers für die Wasserski-Boote sind zu beachten und müssen freigehalten werden.

Etwa 2,5 sm nördlich vom Port Vauban in der Baie des Anges liegt die schon von weitem sichtbare

Marina Baie des Anges
43° 38,2' N | 007° 8,5' E

Marina Baie des Anges ist ein künstlicher, gegen alle Winde geschützter Hafen am Strand der Ortschaft Vil-leneuve-Loubet, der von vier riesigen, kegelförmigen Appartementkomplexen umgeben ist. Der Architekt André Managoy hat diese bekannten, aber auch um-strittenen Bauwerke für Urlauber geschaffen, die ihre Ferienwohnung gern in unmittelbarer Nähe von Strand, Schwimmbad und Yachthafen haben.

Gegen den Seegang aus E ist eine 400 m lange, in südlicher Richtung verlaufende Steinmole aufgeschüt-tet, die auf der Innenseite einen Kai besitzt. Eine zwei-te Steinmole im S bildet zusammen mit der Hauptmole einen Vorhafen. Der Hafen bietet 520 Liegeplätze mit einer Wassertiefe von 4 – 2 m für Yachten bis 30 m Län-ge, davon sind etwa 60 Plätze für Gastyachten von 6 bis 18 m Länge im Bereich Public am Kai der großen Mole reserviert. Er besitzt alle notwendigen Einrichtun-gen für Yachten.

Ansteuerung:

Die Ansteuerung ist einfach. Durch die markanten, ke-gelförmigen, großen Gebäude ist der Hafen schon von weitem zu erkennen, nachts brennen auf den Molen des Vorhafens Feuer (Oc(2).R. 6s 6m 7M und Fl.G. 4s 13m 9M). Bei starken südöstlichen Winden kann das Einlaufen in die über 100 m breite, fast 6 m tiefe Ein-

Marina Baie des Anges

fahrt des Vorhafens schwierig werden. Die eigentliche, etwa 70 m breite, 5 m tiefe Hafeneinfahrt im N des Vorhafen ist an Bb. ebenfalls befeuert (Fl.R.2,5s) und führt in einem Bogen nach Bb. in das Hafenbecken.

Landmarken: Die riesigen kegelförmigen Appartementkomplexe und die Molenfeuer.

Achtung: Starker Seegang aus SE erschwert das Einlaufen.

Hafengebote: Die Geschwindigkeit ist auf 3 kn beschränkt, im Vorhafen ist Ankern nicht erlaubt, Besucher melden sich in der Capitainerie, um sich einen Liegeplatz zuweisen zu lassen.

Hafenmeister: F. Boulenger, Tel. 04 92 13 32 20, Fax 04 93 20 45 39, VHF Kanal 9.

Dienstzeiten von 9 – 12.30 h und von 14.30 – 18.30 h, samstags von 9 – 12 h.

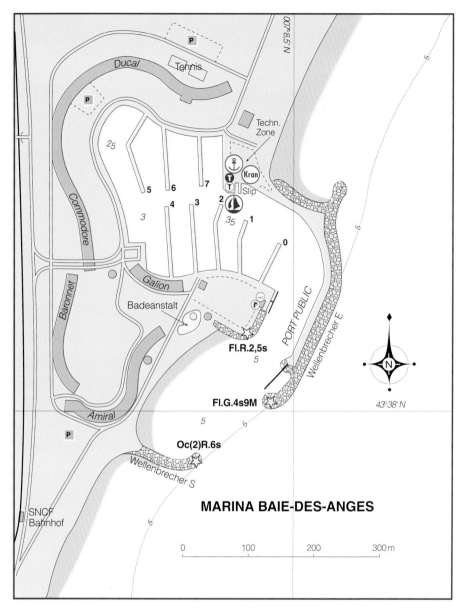

MARINA BAIE-DES-ANGES

0   100   200   300m

3 – 20 kW und an den Pontons mit 220 V, 3 – 10 kW.

Mehrere Sanitäreinrichtungen mit Duschen und WCs sowie Kartentelefone sind über den Hafen verteilt. Im Einkaufsbereich des Hafens ist auch eine Münzwäscherei vorhanden. In der technischen Zone neben der Capitainerie gibt es eine Werft, Schiffsausrüster, viele Werkstätten, einen Slip, einen beweglichen 50-t-Kran, einen 50-t-Travellift und ein Winterlager. Es können fast alle Reparaturen ausgeführt werden. Eine Tankstelle (Tel. 04 93 22 10 23) hat von 8 bis 19.30 h geöffnet und in der Vorsaison von 8 bis 19 h.

Versorgung:

In der Geschäftszeile sind alle Einkaufsmöglichkeiten sowie Restaurants, Cafés und Bars in großer Vielfalt vorhanden. Der Bahnhof ist nur 500 m vom Ausgang zur Schnellstraße entfernt.

Landgang:

Der negative Eindruck, den die riesigen, kegelförmigen, geschwungenen Appartementkomplexe von weitem vermitteln, ändert sich beim näheren Kennenlernen der Ferienanlage.

Zwischen den Appartementhäusern liegen herrliche Gartenanlagen mit Blumenrabatten, Palmen und Pinien.

Wetterinformationen: Täglich 2mal neuer Météo an der Capitainerie und an den Stegen oder VHF Kanal 23 Monaco Radio.

Hafenservice:

Die Liegeplätze sind mit Mooringleinen, Wasser- und Stromanschlüssen ausgestattet, am Kai mit 220/380 V,

Auch das Geschäftsviertel mit Supermarkt, Cafés, Restaurants und Boutiquen liegt in schattigem Grün. Im Kontrast zu diesem ruhigen, in sich geschlossenen Bereich stehen hinter dem Ausgang zum Hinterland die stark befahrenen Schnellstraßen und eine Industriezone vor dem Ort Villeneuve-Loubet, zu dem ein langer Strand vor der Küstenstraße gehört.

Ankern:

Nur bei gutem Wetter ist das Ankern vor dem Strand außerhalb der Badezonen möglich.

Im Scheitel der Baie-des-Anges liegt der kleine, flache Hafen

Port du Cros-de-Cagnes
43° 39,4' N | 007° 10,3' E

Port du Cros-de-Cagnes ist ein winziger, künstlicher, windgeschützter Fischer- und Sportboothafen mit etwa 40 Liegeplätzen für Boote bis 6 m Länge und 1 m Tiefgang. Er ist vollständig mit lokalen Fischer- und Sportbooten belegt und besitzt einen Slip. Zwei etwa 50 m lange Steinmolen nach NW und SW, jeweils mit einer Bake markiert, schützen den Hafeneingang auf der Stb.-Seite.

Ansteuerung:

Port du Cros-de-Cagnes ist von weitem nicht auszumachen, aus der Nähe an einem grau-blauen und roten Turm und zwei Steinmolen zu erkennen. Außer bei starken südlichen Winden kann der Hafen bei jedem Wetter angelaufen werden. Der 15 m breite und 2 m tiefe Hafeneingang öffnet sich nach NW. Der unbefeuerte Hafen kann nachts nicht angelaufen werden.

Ankern:

Bei gutem Wetter ist Ankern vor dem Hafen möglich, aber wegen des unreinen Grundes schwierig.

Etwa 2 sm nordöstlich von der Marina Baie des Anges und eine halbe sm westlich des Flughafens von Nice liegt

Port de Saint-Laurent-du-Var 43° 39,3' N | 007° 11,0' E

Port du Saint-Laurent-du-Var

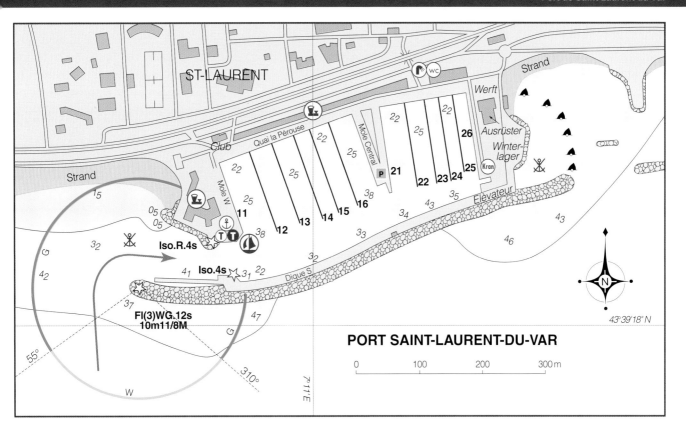

PORT SAINT-LAURENT-DU-VAR

Port de Saint-Laurent-du-Var liegt in der großen Baie-des-Anges westlich des Mündungsbereichs des kleinen Flusses Le Var und des Flughafens Nice-Côte d'Azur. Die künstlich angelegte Marina wird durch eine von E nach W verlaufende Steinmole mit einem breiten Kai auf der Innenseite gebildet, ist gegen alle Winde geschützt, aber dem starken Fluglärm ausgesetzt. Der Hafen bietet knapp 1090 Liegeplätze für Yachten bis 23 m Länge, von denen etwa 240 für Besucher reserviert sind. Die Wassertiefe beträgt im Hafeneingangsbereich und am Kai der Außenmole 4 m und nimmt zwischen den 9 Pontons bis auf 2,5 m zum Ufer hin ab. Der Hafen besitzt alle Einrichtungen für Yachten.

Ansteuerung:

Port de Saint-Laurent-du-Var kann jederzeit und bei jedem Wetter angelaufen werden, lediglich bei starken S-Winden kann das Einlaufen etwas schwierig werden. Am Tag dienen als Ansteuerungsmarken aus der Entfernung der Flugverkehr auf dem belebten Flughafen Nice – Côte d'Azur und aus der Nähe das 10stöckige, weiße Gebäude im N des Hafens. Die 50 m breite, 4 m tiefe Hafeneinfahrt öffnet sich nach W.

Nachts zeigt der weiße Sektor des Feuers auf der äußeren Mole (Fl(3).WG. 12s 10m 11/8M) den bis auf eine Ausnahme hindernisfreien Zugang zwischen 55° und 310°. Im SW nahe am grünen Sektor weist eine befeuerte E-Kardinaltonne (VQ(3). 5s) auf eine schwimmende Fischzuchtanlage hin. Die kurzen inneren Molenköpfe sind ebenfalls befeuert (Iso.R. 4s und Iso. 4s).
Marke: Flugplatz Nice-Côte d'Azur.
Achtung: Zu einer Fischzuchtanlage 0,3 sm SW-lich der Hafeneinfahrt ist Abstand zu halten.
Hafengebote: Die Benutzung des Ankers im Hafen ist untersagt und die Geschwindigkeit auf 3 kn beschränkt. Besucher melden sich in der Capitainerie an Stb. gleich hinter dem Hafeneingang, um sich einen Liegeplatz zuweisen zu lassen.

Um den direkt am Wasser liegenden Flugplatz gibt es Verkehrsbeschränkungen in Zonen, die in den Seekarten ausgewiesen sind. Im Innern der durch Bojen markierten Wasserflächen ist jeder Schiffsverkehr untersagt. Darüber hinaus ist für Fahrzeuge über 4 m lichte Höhe das Befahren der 1000 m langen Anschlußzonen der Lande- und Startbahnen untersagt.

Hafenmeister: D. Lagorio, Tel. 04 93 07 12 70, Fax 04 93 07 35 55, VHF Kanal 9 Cros de Cagnes. Dienstzeit durchgehend von 0 – 24 h.

Wetterinformationen: Täglich neuer Météo an der Capitainerie und an der Môle Centralk, VHF Kanal 23 Monaco Radio.

Hafenservice:

Alle Liegeplätze sind mit Mooringleinen oder Mooringbojen, Wasser- und Stromanschlüssen ausgestattet. Die für unterschiedliche Bootsgrößen vorgesehenen Liegeplätze bieten entsprechende elektrische Leistung (220 bzw. 380 V, 2 – 20 kW). Mehrere Sanitäreinrichtungen mit Duschen und WCs sowie Kartentelefone sind über den Hafen verteilt.

In der technischen Zone im E des Hafens sind Werften und Werkstätten untergebracht, wo alle Reparaturen durchgeführt werden können. Sie verfügen über einen Slip, je einen 4-t- und 6-t-Kran, einen Travellift für 50 t und ein sehr großes Winterlager.

Eine Tankstelle am Ankunftssteg für Besucher neben der Capitainerie (Tel. 04 93 07 12 70) ist von 9 – 20 h geöffnet.

Versorgung:

Im Hafenbereich können alle Lebensmittel und Getränke eingekauft werden, eine größere Auswahl gibt es in Saint-Laurent-du-Var direkt hinter der verkehrsreichen Uferstraße. Das gilt auch für Restaurants und Cafés, die zahlreich im Hafen und im Ort vorhanden sind. Bank und Post sind im Ort zu finden.

Information: Office du Tourisme, Tel. 04 92 12 40 00.

Landgang:

Saint-Laurent-du-Var bietet die üblichen Einrichtungen eines modernen Badeortes. Auf beiden Seiten des Hafens erstrecken sich gut besuchte Sandstrände.

Von Port de Saint-Laurent-du-Var runden wir zunächst den Flughafen von Nice und erreichen auf nordöstlichem Kurs nach etwa 5 sm

Port de Nice 43° 41,5' N | 007° 17,1' E

Nice hat sich zur zweitgrößten Stadt der französischen Mittelmeerküste entwickelt. Port de Nice entspricht dieser Bedeutung und ist gleichzeitig Handels-, Fähr-, Fischer- und Yachthafen.

Der Hafen besteht aus

- dem Bassin de la Tour Rouge, vollständig belegt durch kleine, lokale Yachten,
- dem Bassin du Commerce, für Handelsschiffe und Fähren vorgesehen,
- dem Bassin des Amiraux mit dem Quai Ribotti und dem Quai d'Entrecasteau und
- dem Bassin Lympia, mit den Kais, Stegen und Pontons für Fischerboote und Yachten.

Port de Nice bietet in den für Yachten reservierten Bassins etwa 500 Liegeplätze, von denen für Gäste rund 120 reserviert sind. Es gibt 15 Plätze für Yachten von 25 – 45 m und einen Platz für 80 m. Die Wassertiefen betragen im Hafeneingang 13 m, im Bassin du Commerce 7 m, im Bassin des Amiraux 6,5 m und im Bassin Lympia mindestens 4,5 m. Der Hafen bietet fast alle Einrichtungen für Yachten.

Ansteuerung:

Tagsüber ist die Hafeneinfahrt erst aus der Nähe zu erkennen. Beim Einlaufen ist Vorsicht geboten, weil selbst große auslaufende Schiffe durch die hohe Mole lange verdeckt bleiben. Außerdem haben in einem in den Seekarten ausgewiesenen Bereich vor dem Port de Nice Schiffe, die länger als 50 m sind, Wegerecht vor allen Sportbooten.

Vom Cap d'Antibes aus ist der Flughafen mit dem starken Flugverkehr gut auszumachen, beim Näherkommen tritt Cap Ferrat deutlich hervor, schließlich läßt sich auch die Hafeneinfahrt zwischen dem bewaldeten Mont de Château und dem Château Smith über dem Cap de Nice ausmachen.

Port de Nice

Vom Cap Ferrat kommend, ist die Hafeneinfahrt zunächst vom Cap de Nice verdeckt, nach dessen Rundung aber sofort zu erkennen.

Wer sich aus südlicher Richtung nähert, läßt sich bei seinem Landfall am besten von GPS oder Loran C bis in die Nähe des Ziels leiten, von wo die Umgebung dann leicht an den bereits beschriebenen Marken zu identifizieren ist.

Nachts wird die Ansteuerung durch die Feuer des Phare de la Garoupe (Fl(2).10s104m31M), des Phare du Cap Ferrat (Fl.3s69m25M) und durch den Leuchtturm auf der äußeren Hafenmole (Fl.R.5s20M) unterstützt. Das Stb.-Feuer auf der Gegenmole (Fl.G.4s7M) kommt erst spät in Sicht. Die Eingänge zu den einzelnen Hafenbecken sind ebenfalls befeuert.

Marken: Cap Ferrat, Cap du Nice, Phare de la Garoupe, Phare du Cap Ferrat, die Molenfeuer des Port de Nice.

Achtung: Auslaufende Schiffe sind lange durch die Mole verdeckt. Bei starken südlichen Winden kann der Seegang in der Hafeneinfahrt gefährlich werden.

Hafengebote: Im Hafen ist die Geschwindigkeit auf 3 kn beschränkt. Schiffe mit einer Länge über 50 m haben Wegerecht vor allen Sportbooten.

Yachten sollten sich vor dem Einlaufen über VHF Kanal 9 „Nice Port" melden und sich nach einem Liegeplatz erkundigen oder am Quai Ribotti bzw. am Quai d'Entrecasteau festmachen und sich direkt im Hafenbüro einen Platz zuweisen lassen.

Hafenmeister: C. Coran, G. Lubrano, Tel. 04 92 00 42 14, Fax 04 92 00 42 90, VHF Kanal 9.
Dienstzeiten von 7 – 21 h, in der Vorsaison von 8 – 19 h.
Wetterinformationen:
Täglich neuer Météo an der Capitainerie,
VHF Kanal 23 Monaco Radio.

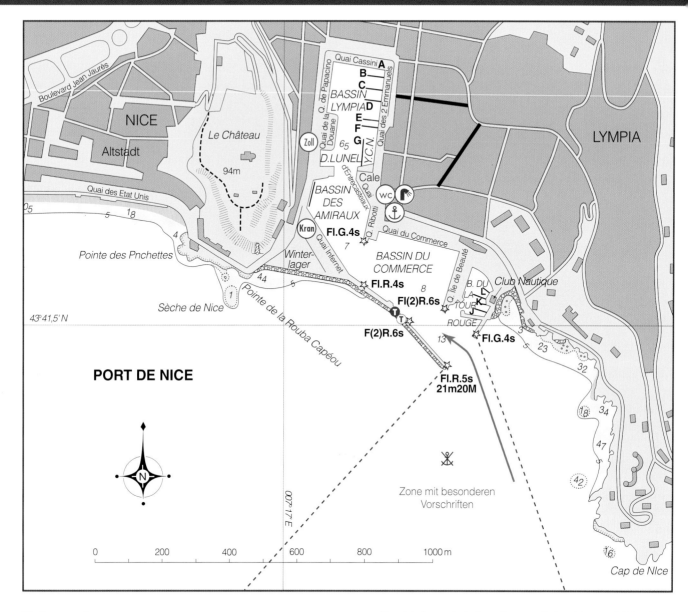

Hafenservice:

Die Liegeplätze sind mit Mooringleinen oder -ketten und mit Wasser- und Stromanschlüssen (an den Pontons 220 V, 3,5/7 kW) ausgestattet. Eine Sanitäreinrichtung mit Duschen und WCs ist in der Nähe der Capitainerie untergebracht, eine weitere am Quai de la Douane. Kartentelefone sind vorhanden. Es gibt eine Münzwäscherei am Hafen. In der technischen Zone am Quai Infernet stehen bewegliche 12- und 50-t-Kräne und ein begrenztes Winterlager zur Verfügung. Es können alle Reparaturen ausgeführt werden, Schiffsausrüster und Segelmacher sind in der Nähe. Im Bassin de la Tour Rouge sind dem ansässigen Club Gäste nicht willkommen. In der Großstadt Nice können Sie Schiff und Mannschaft komplett versorgen.

Information: Office du Tourisme, Tel. 04 93 87 60 60.

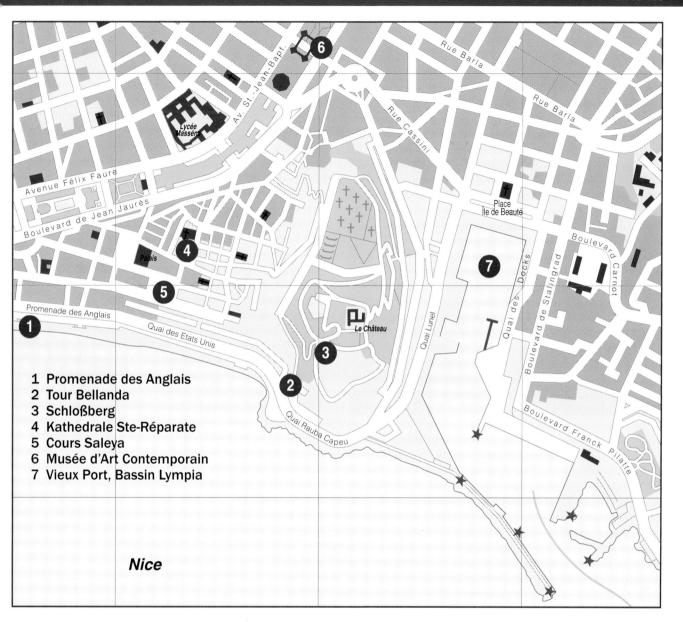

1 Promenade des Anglais
2 Tour Bellanda
3 Schloßberg
4 Kathedrale Ste-Réparate
5 Cours Saleya
6 Musée d'Art Contemporain
7 Vieux Port, Bassin Lympia

Nice

Landgang, Sehenswürdigkeiten:

Nice ist die größte Stadt an der Côte d'Azur und gleichzeitig wirtschaftliche und kulturelle Metropole. Ihre Ursprünge reichen bis in die Antike zurück, die Griechen gründeten hier im 4. Jh. v. Chr. die Handelsniederlassung Nikaia, später siedelten die Römer auf einem der Hügel von Nice, den sie Cemenelum (Cimiez) nannten.

Ab dem 14. Jh. gehörte Nice mit einigen Unterbrechungen fast fünf Jahrhunderte lang zu Savoyen. Erst 1860 gelang durch Volksabstimmung der Anschluß an Frankreich.

Das milde Klima und die schöne Lage an der Baie-des-Anges lockten seit Beginn des 18. Jahrhunderts vor allem den englischen Adel nach Nice. Die Prome-

Blick vom Schloßberg auf Nice

Kirchplatz in der Altstadt

Port de Nice

nade des Anglais mit ihren Belle Epoque-Residenzen und ihren luxuriösen Grandhotels, allem voran das berühmte Negresco, das inzwischen unter Denkmalschutz steht, zieht auch heute noch Scharen von Touristen an.

Besonders reizvoll ist die Altstadt von Nice mit ihren schmalen, winkligen Gassen und den an Italien erinnernden Häusern mit gelb-, rosa- und ockerfarbenen Fassaden. Vom Yachthafen führt der Weg die Küstenstraße entlang, vorbei an einem weit sichtbaren Kriegerdenkmal, bis zum Tour Bellanda, in dem heute ein Marinemuseum untergebracht ist. Von dort fährt ein Aufzug zum Schloß-

Nice – Promenade des Anglais

berg, mit herrlichen Ausblicken auf die roten Ziegeldächer der Altstadt, die Kathedrale St-Réparate mit ihrer Kuppel aus buntglasierten Ziegeln und das weite Blau der Baie des Anges. An künstlichen Wasserfällen vorbei geht es vom Schloßberg dann über die Rue Rosetti hinunter in die Altstadt durch ein Gewirr von Gassen mit Geschäften, Boutiquen und Trödlerläden bis hin zum Cours Saleya, wo täglich ein Blumenmarkt stattfindet und wo sich in den Restaurants und Straßencafés „alle Welt" trifft. Der Markt von Nice ist einer der schönsten an der Côte d'Azur.

Am Cours Saleya befinden sich auch zwei sehenswerte Kirchen, die Barockkirche St-Suaire und die Chapelle de la Miséricorde, für deren Besichtigung man sich im Palais Lascaris in der Rue Droite anmelden muß,

das heute ein Museum ist und ebenfalls einen Besuch lohnt.

Museen:
Für den Kunstinteressierten sind die folgenden Museen ganz besonders zu empfehlen:
Musée d'Art Moderne et d'Art Contemporain, Musée Marc Chagall, Musée Matisse und Musée des BeauxArts oder Musée Jules-Cheret.

Kultur:
Im Sommer sorgen zahlreiche kulturelle Ereignisse und Blumenfeste für zusätzliche Attraktionen, nicht zu vergessen das inzwischen sehr bekannte Jazzfestival Grande Parade du Jazz im Juli.

Von Nice ist es ein Katzensprung zur

Rade de Villefranche

Die Rade de Villefranche ist die größte und schönste natürliche Bucht an der Riviera mit mehreren herrlichen Ankerplätzen. Sie ist ringsum von Bergen eingeschlossen und nur nach S offen. Daher ist sie dem Schwell von S- und SE-Winden ausgesetzt, die aber nur selten Sturmstärke erreichen und Ankern unmöglich machen. Kreuzfahrtschiffe und Marineeinheiten ankern oft in der Mitte der Bucht, Yachten wegen der Wassertiefe mehr am Rande.

Ankerplätze:

Bei E-Winden ist die Anse de l'Espalmador gegenüber von Villefranche der bevorzugte Ankerplatz. Von hier ergibt sich ein schöner Blick auf die Villa Rothschild auf dem Cap Ferrat. Der Ankergrund ist 3 – 10 m tief, überwiegend mit Gras bewachsen und gibt guten Halt. Im N am Pointe Grassuet wird dieser Ankerplatz von den zum Teil überspülten Roches du Rube begrenzt, im S vom Pointe de Passable, in dessen Nähe sich ein kleiner Anleger befindet.

In der Anse Passable ist bei 12 – 15 m Wassertiefe auf gut haltendem Grund ebenfalls ein geschützter Ankerplatz gegeben.

Bei Mistral ankern die meisten Yachten auf der westlichen Seite der Bucht nördlich von Villefranche – Darse de la Santé auf grasbewachsenem, schlammigem Grund. Andere ziehen es vor, südlich vom Darse Sud vor Anker zu liegen. Der Ankergrund ist hier allerdings steinig bis felsig und 3 – 15 m tief.

In der Rade de Villefranche liegen zwei unbefeuerte, für die Marine Nationale reservierte Festmachertonnen, die eine im SE des Yachthafens Darse Sud, die zweite im E der Citadelle.

Marken: Das Leuchtfeuer auf der Mole von Villefranche – Darse Sud (Q.WR. 8m 12/8M, 43° 42,0' N I 007° 18,7' E), der Leuchtturm Phare du Cap Ferrat (Fl. 3s 69m 25M) und der Semaphore der Küstenwache.

Achtung: Felsige Untiefen und zwei unbefeuerte Festmachertonnen sind zu beachten.

Gebote:
• In der Bucht ist die Geschwindigkeit auf 5 kn be-

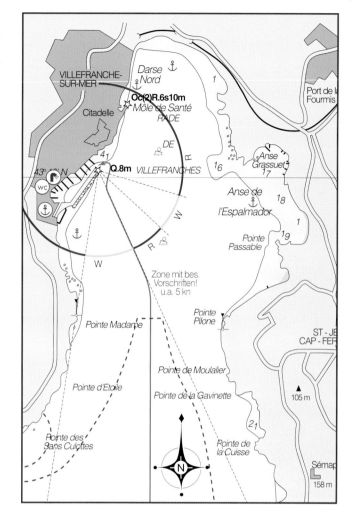

grenzt. Das gilt ab der Verbindungslinie zwischen dem Pointe Madame und dem Pointe Pilone, die durch Baken an Land markiert sind.
• Zum Schutz eines historischen Wracks ist das Ankern zwischen den Festmachertonnen der Marine in einem 200 m breiten, 450 m langen Streifen untersagt.
• Es gibt zwei Bereiche am Eingang der Bucht bei Le Voet und am Pointe des Sans Culottes, in denen Ankern, Fischen und Tauchen verboten sind.
• Bei Waldbränden muß mit dem Landen und Starten von Löschflugzeugen gerechnet werden, die in der Mitte der Bucht ihre Tanks füllen.

Anse de l'Espalmador in der Rade Villefranche

• In der Mitte der Rade de Villefranche ist eine Zone Réglementée in den Seekarten ausgewiesen, die von Segel- oder Motoryachten nur benutzt werden darf, wenn sie auf dem Weg zum oder vom Hafen oder Ankerplatz sind. Außerdem haben in diesem Bereich Kriegs- und Motorschiffe über 50 m Länge Wegerecht!

• Alle Schiffe über 50 m Länge müssen in der Rade de Villefranche mit Lotsen navigieren, die beim Lotsendienst Nice bereitstehen und u.a. über die Capitainerie de Nice angefordert werden könńen.

Darse de la Santé und Rade de Villefranche

Tief in der Rade de Villefranche, an deren Westseite, liegen

Ports de Villefranche –
Darse Sud und Darse de la Santé
43° 42,0' N | 007° 18,7' E

Darse Sud: Port de Villefranche – Darse Sud ist ein gegen alle Winde geschützter Yachthafen an der W-Seite der Rade de Villefranche südlich der Citadelle. Eine hohe Steinmole mit einem Kai auf der Innenseite verläuft in NE-licher Richtung und trägt auf ihrer Spitze ein Sektorenfeuer. Der Hafen bietet 420 Liegeplätze für Yachten bis 16 m Länge, aber nur wenige für Gäste. Er besitzt einige Einrichtungen für Yachten, darunter ein Trockendock.

Darse de la Santé: Der nördlich der Citadelle gelegene kleine, windgeschützte Hafen, auch Darse Nord genannt, ist 1,5 – 2 m tief und wird durch eine ca. 120 m lange, in nördlicher Richtung verlaufende Steinmole mit einem Kai auf der Innenseite geschützt, auf der Spitze steht ein Feuer. Es gibt praktisch keine Gastplätze und keine Einrichtungen für Yachten.

Ansteuerung:
Darse Sud: Port de Villefranche – Darse Sud kann jederzeit und bei jedem Wetter ohne Probleme angelaufen werden. Bitte beachten: In der Rade de Villefranche ist die Geschwindigkeit auf 5 kn begrenzt.

Tagsüber ist die Rade de Villefranche durch die Landmarke Cap Ferrat von weitem gut zu erkennen, in der Nähe hilft die Citadelle bei der Ansteuerung in die 40 m breite, nach NE offene, Hafeneinfahrt. Nachts zeigt der weiße Sektor des Feuers auf der Molenspitze (Q.WR. 8m 12/8M) den Weg. Allerdings berühren die Grenzen des weißen Sektors auf beiden Seiten der Rade das felsige Ufer, daher sollte die Einsteuerung zunächst auf N-Kurs in die Mitte der Bucht erfolgen. Um eine Kollision mit den unbeleuchteten Festmachertonnen zu vermeiden, empfiehlt es sich, auf der Grenze zwischen weißem und rotem Sektor auf die Einfahrt zuzulaufen, wenn die Farbe des Feuers das erste Mal wechselt.

Darse de la Santé: Die Ansteuerung ist tagsüber einfach, nachts möglichst zu vermeiden, obwohl die Molenspitze befeuert ist (Oc(2).R.6s7M).

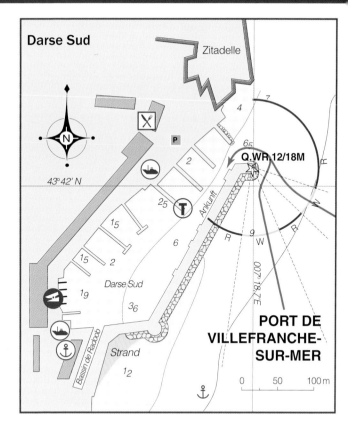

Marken: Cap Ferrat, die Citadelle, das Sektorenfeuer der Darse Sud.

Hafengebote: Die Geschwindigkeit im Hafen ist auf 3 kn beschränkt. Besucher melden sich in der Capitainerie, um sich einen Liegeplatz zuweisen zu lassen.

Achtung: Außer den unbeleuchteten Festmachertonnen ist zu beachten, daß in der Mitte der Rade de Villefranche eine Zone Réglementée in den Seekarten ausgewiesen ist, die von Segel- oder Mortoryachten nur benutzt werden darf, wenn sie auf dem Weg zum oder vom Hafen oder Ankerplatz sind. Außerdem haben in diesem Bereich Kriegsschiffe und Motorschiffe über 50 m Länge Wegerecht!

Hafenmeister Darse Sud: MM. Lopez, Mr. Isaia, Tel. 04 93 01 70 70, Fax 04 93 76 92 33, VHF Kanal 9. Dienstzeiten von 7 – 20 h, in der Vorsaison von 7.30 bis 18 h.

Wetterinformationen: Täglich neuer Météo an der Capitainerie, VHF Kanal 23 Monaco Radio.

Port de Villefranche – Darse Sud

Hafenservice:

Darse Sud: An den Liegeplätzen gibt es Mooringleinen, Wasser- und Stromanschlüsse. Eine Sanitäranlage mit Duschen und WCs ist am Ende des langgestreckten Institutsgebäudes für Meereskunde und vor den Slipanlagen untergebracht. Kartentelefone sind vorhanden. Im Hafen stehen den Werften zwei 12- und 30-t-Kräne, die großen Slipanlagen für 30 und 40 t und – außergewöhnlich für das Mittelmeer – ein großes Trockendock zur Verfügung. Eine Tankstelle auf der mittleren Pier (Tel. 04 93 01 96 99) hat von 9 – 19 h und in der Vorsaison von 9 – 12 h geöffnet.

Darse de la Santé: Der kleine Hafen ist völlig mit lokalen Yachten und Fischerbooten belegt, Gäste finden kaum einen freien Platz. Yachten mit wenig Tiefgang können vor dem Quai Courbet ankern, möglichst mit einer Leine zum Kai.

Versorgung:

Bank, Post und Versorgung sind „oben" in der Stadt und „unten" in der Altstadt in großer Auswahl zu finden. In unmittelbarer Hafennähe gibt es keine Geschäfte. Für das Baguette am Morgen durchquert man am besten den Bereich der Citadelle, anstatt der Serpentinenstraße bergauf zu folgen.

Neben den Restaurants beim Hafenausgang gibt es ein feudales Club-Restaurant mit ausgezeichneter französischer Küche und ein kleines, gemütliches di-

Villefranche – Chapelle Saint Pierre

Villefranche – Rue Obscure

rekt am Hafenbecken. Eine größere Auswahl ist in der Altstadt auf der anderen Seite der Citadelle zu finden. *Information:* Office du Tourisme, Tel. 04 93 01 73 68.

Landgang:

Das malerische Villefranche ist unbedingt einen Besuch wert. Vom Yachthafen **Darse Sud** führt der Weg zunächst bergauf und zweigt dann nach rechts ab in den weitläufigen Innenbereich der Citadelle, die der Herzog von Savoyen Ende des 16. Jahrhunderts erbauen ließ. Seit der Restaurierung im Jahr 1981 ist in den Gebäuden der Citadelle u. a. das Bürgermeisteramt untergebracht. Für kulturelle Veranstaltungen wurden ein Vortragssaal und eine Freilichtbühne geschaffen. In den Kasematten befindet sich eine Sammlung archäologischer Funde, die von einem in der Bucht von Villefranche gesunkenen genuesischen Schiff stammen. In der Citadelle sind im *Musée Volti* Skulpturen des aus Villefranche stammenden Künstlers und im *Musée Goetz-Bourmeester* Werke des Künstlerpaares und ihrer Freunde – Picasso, Míro, Hartung und Picabia – ausgestellt.

Ganz in der Nähe des Fischerhafens **Darse de la Santé**, befindet sich die Chapelle St-Pierre, deren Innenraum von Jean Cocteau mit christlichen und weltlichen Motiven ausgemalt wurde.

Vom Fischerhafen geht es durch malerische, lichtdurchflutete Gassen, zum Teil über Treppen, bergan. Einen Kontrast dazu bildet die parallel zum Hafen unter den Häusern verlaufende Rue Obscure aus dem 14. Jahrhundert, die mit ihrem niedrigen, fahl beleuchteten Gewölbe an das „finstere" Mittelalter erinnert. Weiter oben verläuft die idyllische Rue Poilu, von der man über Treppen zur Kirche St-Michel gelangt.

An dem Platz gegenüber der Chapelle St-Pierre liegen zahlreiche gute Restaurants, von denen das Don Camillo durch seine hervorragende Küche und freundliche Bedienung auffällt.

Ankern:

Siehe Rade de Villefranche auf Seite 242.

Die Rade de Villefranche wird auf der E-Seite begrenzt durch das weit hinausragende

Cap Ferrat

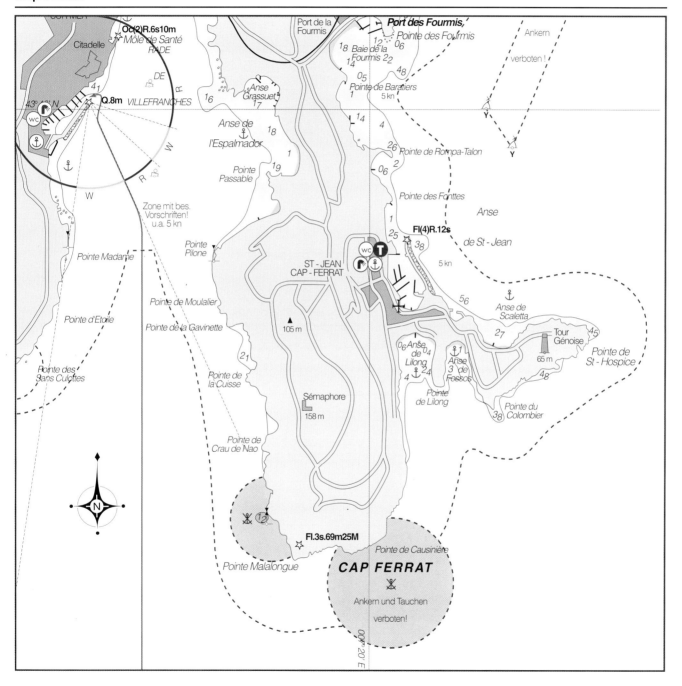

Cap Ferrat mit Phare

Cap Ferrat, eine bergige, dicht bewaldete Halbinsel mit steilen, felsigen Ufern und einem weißen Semaphore der Küstenwache auf ihrem höchsten Punkt, schließt die Rade de Villefranche nach E ab.

Auf den Felsen der S-Spitze steht der Phare du Cap Ferrat, ein weißer, achteckiger, 34 m hoher Leuchtturm (Fl. 3s 69m 25M).

Etwas weiter im W, auf halber Höhe zwischen dem Grün der Bäume, steht ein großer, weißer Hotelbau. Zwei nach S offene Buchten, Anse de Lilong und Anse des Fosses, und die nach N offene Anse de la Scaletta werden durch einen nach E weisenden, felsigen Landvorsprung – die Presqu'île de Saint-Hospice – gebildet. Nördlich davon liegt Saint-Jean-Cap-Ferrat mit seinem schönen Yachthafen.

Marken: Das E-Kardinalzeichen Le Voet, der Phare du Cap Ferrat an der W-Spitze, ein weißer Hotelbau nahe der E-Spitze, der Semaphore der Küstenwache, der Pointe de Saint-Hospice.

Gebote: In den Seekarten sind folgende Zones Réglementées ausgewiesen, in denen Ankern, Fischen und Tauchen verboten sind:

- In der Umgebung der Untiefe Le Voet,
- südöstlich des Pointe Causinière,
- in einem großen Bereich südwestlich von Cap Ferrat.

Landgang:

Die weit ins Meer hinausragende Presqu'île du Cap Ferrat war und ist noch heute beliebtes Domizil reicher Prominenter, die hier herrliche Villen in weiträumigen Parkanlagen errichteten, was sicher mit dazu beigetragen hat, daß die Halbinsel von großen, auffälligen Hotelbauten, ausgenommen das Grand Hôtel auf der Spitze, verschont blieb. Für den Touristen bedeutet das aber auch, daß es nur wenige zugängliche Stellen zum Strand und zu den Klippen am Meer gibt. Öffentliche Strände sind *Plage du Passable* gegenüber von

Villefranche und *Plage Paloma* an der E-Seite des Caps.

Die größte Sehenswürdigkeit der Halbinsel ist die *Fondation Ephrussi-de-Rothschild* . Die Baronin Ephrussi de Rothschild vermachte 1934 die in einem riesigen Park gelegene, in venezianischem Stil erbaute Villa mit einer wertvollen Sammlung an Gemälden, Teppichen und Porzellan dem Institut de France. Heute ist die Villa ein Museum, dessen Besichtigung mit anschließendem Rundgang durch die herrlichen Parkanlagen, auch wegen der schönen Aussicht auf die Buchten von Villefranche und Beaulieu, sehr zu empfehlen ist.

Nach dem Runden des Cap Ferrat finden wir auf Nordkurs die herrlichen Ankerbuchten

Anse de Lilong und Anse des Fosses

Im Osten Cap Ferrats sind die nebeneinander liegenden Ankerbuchten Anse de Lilong und Anse des Fosses in die felsige Presqu'île de Saint-Hospice eingebettet. Beide Buchten sind gegen östliche Winde geschützt und schirmen mit ihren steilen Ufern auch

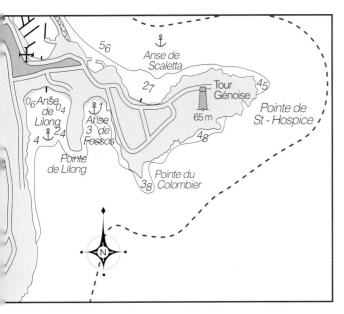

schlickigem Grund guten Halt. Beide Buchten besitzen in ihrem Scheitel einen schmalen Strand. In der Anse de Lilong erleichtern kleine Anleger das Anlanden mit dem Beiboot.

Marken: Cap Ferrat, Pointe de Saint-Hospice.

Gebote: Die Geschwindigkeit in den Buchten und im Abstand von 300 m vor der Küste ist auf 5 kn beschränkt.

Nach dem Passieren des Pointe de Saint-Hospice laufen wir mit W-Kurs in die

Anse de la Scaletta

Anse de la Scaletta ist eine gegen südliche bis westliche Winde gut geschützte Ankerbucht im N der Presqu'île de Saint-Hospice. Sie wird im E durch den felsigen, üppig grünen Pointe de Saint-Hospice und im W vom Port Saint-Jean-Cap-Ferrat begrenzt. Ein schmaler Strand mit einem kleinen Anleger unterbricht das steile Ufer, über dem zwischen den Bäumen einige Villen hervorschauen. Im Sommer ankern in dieser herrlichen Umgebung viele Yachten auf dem sandigen, dicht mit Gras bewachsenen, 3 – 15 m tiefen Grund.

Landmarke: Pointe de Saint-Hospice.

Gebote: An diesem Küstenabschnitt gilt eine Geschwindigkeitsbegrenzung auf 5 kn im Abstand bis 300 m vom Ufer. Der markierte Badebereich ist zu beachten.

Versorgung:

Die Versorgungseinrichtungen von Saint-Jean-Cap-Ferrat sind mit dem Beiboot gut erreichbar.

Am Fuß der Presqu'île de Saint-Hospice liegt der ruhige, schöne Hafen

Port de Saint-Jean-Cap-Ferrat
43° 41,5' N | 007° 20,2' E

Der Yachthafen Port de Saint-Jean-Cap-Ferrat in der Anse Saint-Jean wurde als Erweiterung eines alten, kleinen Fischerhafens am Fuß der Presqu'île de Saint-Hospice durch den Bau einer großen Steinmole mit einem breiten Kai auf der Innenseite geschaffen. Die Ma-

gegen den hier schon selten auftretenden Mistral ab. Sie bieten auf 3 – 8 m tiefem, grasbewachsenem, leicht

Anse de Lilong

Port de Saint-Jean-Cap-Ferrat

rina liegt unterhalb des am Berghang angesiedelten, alten, malerischen Städtchens Saint-Jean-Cap-Ferrat und ist gegen alle Winde geschützt. Der alte Hafen Port Public ist hauptsächlich Fischern und kleineren, lokalen Yachten vorbehalten, während im neuen Hafen Yachten bis 30 m Länge festmachen können. Beide Bassins zusammen bieten 560 Liegeplätze, von denen aber nur wenige für Gäste zur Verfügung stehen. Die Tiefe im Hafeneingang und an der Mole beträgt 4 m, zum Kai im W nimmt sie bis auf 1,50 m ab. Der Vorhafen mit der technischen Zone vor dem eigentlichen Hafeneingang wird durch eine nach N verlaufende, 70 m lange, befeuerte Steinmole geschützt. Der Hafen verfügt über viele Einrichtungen für Yachten.

Ansteuerung:
Bis auf erschwerte Bedingungen bei starken E-Winden ist das Einlaufen bei Tag und Nacht einfach.
Von weitem dient tagsüber der Pointe de Saint-Hospice als Landmarke. Der Vorhafen hinter der Schutzmole ist erst aus der Nähe zu erkennen. Er wird mit SW-Kurs angelaufen.
Nachts dienen als Ansteuerungshilfen der Phare de Cap Ferrat (Fl. 3s 69m 25M) und das weit sichtbare Feuer auf der Schutzmole (Fl(4).R. 12s 9m 9M) des Vorhafens, der am besten auf einem SW-Kurs angelaufen wird. Der 35 m breite, sich nach N öffnende Hafeneingang zwischen zwei Molen ist ebenfalls befeuert (Oc.G. 4s und Fl.R. 4s).

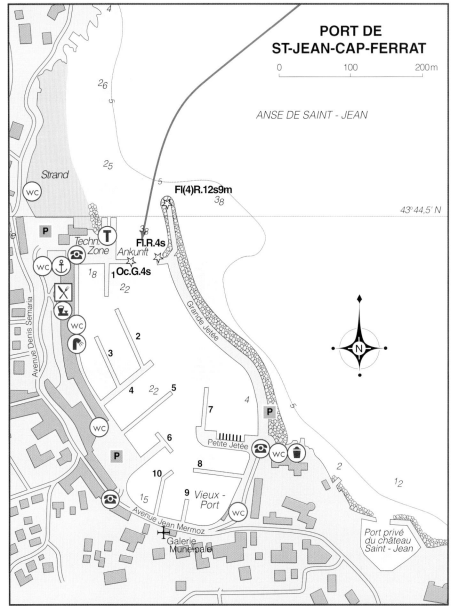

PORT DE ST-JEAN-CAP-FERRAT

0   100   200m

ANSE DE SAINT - JEAN

43° 44,5' N

Strand

Fl(4)R.12s9m

Techn. Zone
Ankunft
Fl.R.4s
Oc.G.4s

Grande Jetée

N

Avenue Denis Séména

Petite Jetée

Vieux - Port

Avenue Jean Mermoz

Galerie
Municipale

Port privé
du château
Saint - Jean

Fax 04 93 76 12 73, VHF Kanal 9. Dienstzeiten von 24 – 24 h, in der Vorsaison von 6 – 22 h. Wetterinformationen: Täglich neuer Météo an der Capitainerie.

Hafenservice:
Die Liegeplätze sind an der Stb.-Seite mit Mooringleinen ausgestattet. Wasser- und Stromanschlüsse (220/380 V, 7,5/10 kW) sind am Kai und auf den Stegen vorhanden. Eine Sanitäreinrichtung gibt es in der Nähe der Capitainerie und eine weitere in der Nähe des Schwimmbads am Port Public. Kartentelefone sind über den Hafen verteilt. Eine Münzwäscherei befindet sich in der Restaurantzeile.
In der technischen Zone am Vorhafen stehen eine Werft, Werkstätten, ein Slip, ein 16-t-Kran, ein 30-t-Travellift und ein Winterlager zur Verfügung. Hier können alle Reparaturen ausgeführt werden. Die Tankstelle (Tel. 04 93 01 47 47) neben der Capitainerie hat von 6 – 22 h, in der Vorsaison von 10 – 12 und von 16 – 18 h geöffnet.

Versorgung:
Bank, Post und Geschäfte gibt es in guter Auswahl im Ort oberhalb des Hafens.
Am Kai befinden sich zwischen Boutiquen und Geschäften für die Schiffs-, Tauch- und Angelausrüstung zahlreiche gemütliche Restaurants und Straßencafés, deren Tische bis dicht an die schmale Hafenstraße heranreichen. Besonders beliebt ist das Restaurant Paloma Beach, das allerdings etwas weiter entfernt am Strand südwestlich von Saint-Jean-Cap-Ferrat liegt.
Information: Office du Tourisme, Tel. 04 93 76 08 90.

Marke: Cap Ferrat, Pointe de Saint-Hospice.
Hafengebote: Besucher machen zunächst an der Mole neben der Capitainerie fest und lassen sich einen Liegeplatz zuweisen. Die Geschwindigkeit im Hafen ist auf 3 kn beschränkt.
Hafenmeister: W. Neveu, Tel. 04 93 76 04 56,

Im Vieux Port von St-Jean-Cap-Ferrat

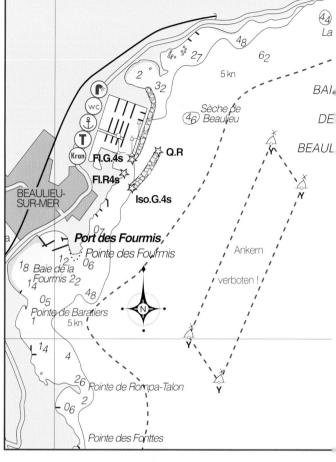

Landgang:

Aus dem ehemaligen Fischerdorf entwickelte sich ein beliebter, ruhiger kleiner Ferienort. Zu empfehlen sind Spaziergänge entlang der Küste nach Beaulieu auf der Maurice-Rouvier-Promenade oder zum Strand Plage Paloma und zum Pointe Saint-Hospice.

In der flachen Baie des Fourmis liegt der nur für Yachten mit wenig Tiefgang geeignete Hafen

Port des Fourmis
43° 42,1' N | 007° 20,0' E

Port des Fourmis ist ein kleiner, geschützter Yachthafen 0,25 sm südwestlich von Beaulieu-sur-Mer, der von

der Baie des Fourmis durch 2 unbefeuerte Molen abgetrennt ist. Er bietet etwa 250 Liegeplätze für Boote bis 9 m Länge, von denen 10 für Gäste vorgesehen sind. Der Hafen ist an der tiefsten Stelle 1,5 m tief.

Ansteuerung:

Die Ansteuerung ist nur tagsüber mit N-Kurs durch das flache Wasser der Bucht möglich.
Marke: Die Villa Kérylos östlich des Hafens.
Achtung: Felsige Untiefen am Pointe des Fourmis und am Pointe des Baratiers, die die Baie des Fourmis an beiden Seiten begrenzen, schränken die Bewegungsfreiheit ein.
Hafenmeister: G. Garziglia, Tel. 04 93 01 11 09, VHF Kanal 9.

Port des Fourmis – Villa Kérylos

Wetterinformationen: Tel. Ansage 08 36 68 08 06, VHF Kanal 23 Monaco Radio.

Hafenservice:
Ein Teil der Liegeplätze ist mit Mooringleinen, Wasser- und Stromanschlüssen ausgestattet. WC, Slip für kleine Boote und 9-t-Kran sind vorhanden.

Versorgung:
Bank, Post, Restaurants und Einkauf im nördlich liegenden Beaulieu.

Sehenswürdigkeiten:
Zu empfehlen ist ein Besuch der Villa Kérylos, die unter Beaulieu-sur-Mer näher beschrieben ist.

Im W der Baie de Beaulieu liegt der windgeschützte Hafen

Port de Beaulieu-sur-Mer
43° 42,5' N | 007° 20,4' E

Port de Beaulieu-sur-Mer ist ein Yachthafen vor dem eleganten Seebad Beaulieu, das sich terrassenartig auf den Ausläufern eines Kalksteingebirges im NW der Baie de Beaulieu ausbreitet. Von allen Seiten von hohen Bergen umgeben, beansprucht dieser Ort, die meisten Sonnentage und den mildesten Winter an der Riviera zu haben. Im SW liegt das bergige Cap Ferrat, im NE, gleich hinter dem Ort treten die steil ins Meer abfallenden Kalkfelsen bis ans Ufer vor und lassen gerade Platz für die Küstenstraße.

Der sehr gut windgeschützte Hafen wird durch eine L-förmige Steinmole mit einem Kai auf der Innenseite gebildet und besitzt zusätzlich einen Wellenbrecher vor dem Hafeneingang. Die Tiefe im Hafen beträgt entlang den Molen und im Vorhafen 4,5 m, zum Ufer nimmt die Tiefe auf 1,6 m ab. Er verfügt über etwa 780 Liegeplätze für Yachten bis 30 m Länge, von denen gut 150 für Gäste reserviert sind, und besitzt alle Einrichtungen für Yachten.

Ansteuerung:
Port de Beaulieu-sur-Mer liegt im W der Baie de Beaulieu und besitzt einen Wellenbrecher mit zwei Zufahrten. Es ist angeraten, die Passe Principale (Hauptzufahrt) zu benutzen, die sich nach NE öffnet und 70 m breit und 4 m tief ist, die südliche Einfahrt dagegen ist im schmalen, betonnten Fahrwasser nur 2 m tief. Die Ansteuerung tagsüber und nachts ist einfach und bei jedem Wetter möglich. Auf dem Wellenbrecher brennt im N an der Haupteinfahrt das weit sichtbare Feuer (Q.R. 10M), im S das Feuer (Iso.G. 4s 8M), die innere Einfahrt ist ebenfalls befeuert (Fl.R. 4s 4M und Fl.G. 4s 4M).

Landmarken: Cap Roux, Pointe de Saint-Hospice, die Leuchtfeuer auf den Molen.
Achtung: Bei Seegang ist vom Einlaufen durch den S-Eingang wegen zu geringer Tiefe abzuraten. Nachts muß bei der Ansteuerung auf die gelben, unbeleuchteten Markierungsbojen der Verbotszone für Ankern, Fischen und Tauchen geachtet werden.

Port de Beaulieu-sur-Mer

Hafengebote: Die Geschwindigkeit im Hafen ist auf 3 kn beschränkt. Besucher machen am Ende der Mittelpier fest und lassen sich von der Capitainerie einen Liegeplatz zuweisen. Die Benutzung des Ankers ist im Hafen nicht erlaubt. Der Hafen ist im Sommer beliebtes Ziel vieler Yachten, daher ist es schwer, abends einen Liegeplatz zu bekommen. Eine frühzeitige Anmeldung bei der Capitainerie über Telefon oder VHF ist anzuraten.
Hafenmeister: J. Raymond, Tel. 04 93 01 10 49, Fax 04 93 01 14 12, VHF Kanal 9.
Dienstzeiten durchgehend von 0 – 24 h.
Wetterinformationen: Täglich neuer Météo an der Capitainerie.

Hafenservice:
Die Liegeplätze sind mit Mooringbojen oder -leinen, Wasser- und Stromanschlüssen (220 V, 3,5/7 kW) ausgestattet. Die Sanitäranlage mit Duschen und WCs ist in der Nähe der Capitainerie eingerichtet, dort stehen auch Kartentelefone. Es gibt eine Münzwäscherei am Boulevard Maréchal Joffre. In der technischen Zone können alle Reparaturen ausgeführt werden, hier haben sich mehrere Werften und Werkstätten niedergelassen, ein Slip, ein 4-t-Kran, ein Travellift für 150 t und ein Winterlager stehen zur Verfügung, es gibt auch Stellplätze in Hangars.
Die Tankstelle auf dem Quai du Levant am Hafeneingang (Tel. 04 93 01 41 22) hat von 8 – 19 h geöffnet.

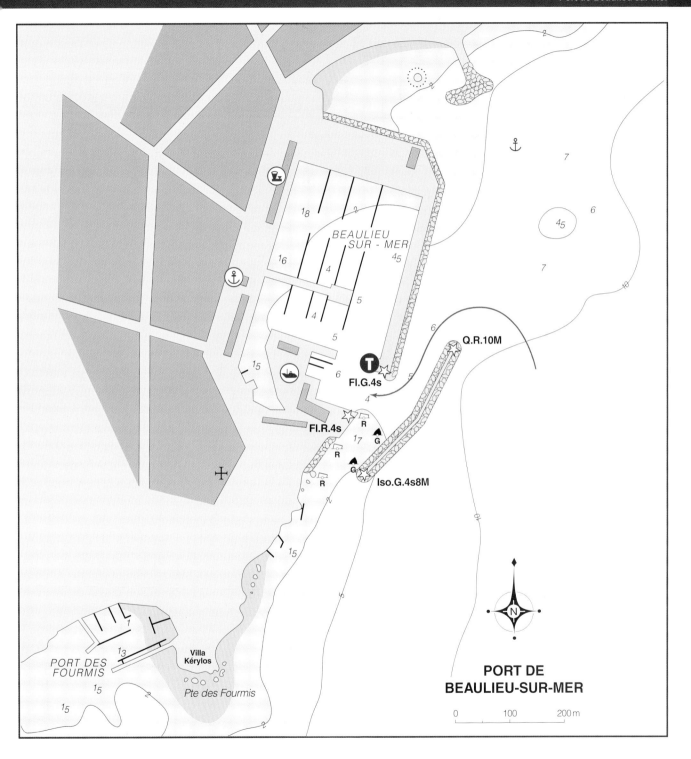

Q.R.10M

Fl.G.4s

Fl.R.4s

Iso.G.4s8M

BEAULIEU
SUR - MER

PORT DES
FOURMIS

Villa
Kérylos

Pte des Fourmis

**PORT DE
BEAULIEU-SUR-MER**

0   100   200 m

Villa Kérylos

pole sind noch Zeugen dieser Zeit. Beaulieu hat ein außergewöhnlich mildes Klima, in dem Orangen- und Zitronenbäume gedeihen, und ist wegen seiner Ruhe und seiner ausgedehnten Strände auch heute noch ein beliebter Badeort.

Sehenswürdigkeiten:

Die Villa Kérylos an dem Pointe des Fourmis erinnert an die antiken Ursprünge dieses Ortes. Der Archäologe Theodor Reinach ließ hier 1902 von dem bekannten Architekten Emmanuel Pontremoli nach antikem, griechischem Vorbild diese Villa erbauen, welche heute als Museum zu besichtigen ist. Die in den verschiedenen Räumen ausgestellten Gegenstände wie Vasen, Amphoren, Büsten etc. sind Originale. Besonders aufwendig wurde das Badezimmer aus Carrara-Marmor gestaltet. Vom Garten der Villa aus hat man einen schönen Blick auf die Baie des Fourmis und das Cap Ferrat bis hin zum Cap d'Ail.

Ankern:

Bei gutem Wetter ist Ankern in der Baie de Beaulieu nördlich der Passe Principale auf 5 – 10 m tiefem, grasbewachsenen Grund möglich. In dem gelb betonnten Schutzgebiet sind Ankern, Fischen und Tauchen verboten.

In einer kleinen, durch die steilen Berge des Cap Roux geschützten Bucht liegt der nur als Nothafen geeignete, jedoch wunderschöne

Port de Silva-Maris (Port d'Eze-sur-Mer)
43° 43,0' N | 007° 21,1' E

Port de Silva-Maris liegt etwa 1 sm nordöstlich von Beaulieu-sur-Mer, direkt am Cap Roux in einer kleinen Bucht. Dieser winzige, gut geschützte Privathafen, der aus zwei Steinmolen gebildet wird, gehört zu der dahinter liegenden Appartement-Anlage und ist nicht auf Gäste eingerichtet. Die Hafeneinfahrt ist etwa 30 m breit, 2 m tief und öffnet sich nach N.

Ansteuerung:

Die Ansteuerung tagsüber und nachts ist nicht schwierig, außer bei Winden mit starkem Seegang aus dem

Versorgung:

Bank, Post und Geschäfte sind im Ort. Einige Lebensmittel und Getränke sind zwar im Hafen zu bekommen, aber die Auswahl außerhalb ist reichhaltiger.
Restaurants sind in größerer Anzahl in der Hafenzeile und im Ort anzutreffen, eine Pizzeria auf einer vielbesuchten Restaurantterrasse gegenüber dem Hafen ist besonders zu empfehlen.
Information: Office du Tourisme, Tel. 04 93 01 02 21.

Landgang:

Beaulieu war zu Beginn dieses Jahrhunderts Treffpunkt der mondänen Gesellschaft, einige Belle-Epoque-Villen und die Grandhotels La Réserve und das Métro-

Port de Silva-Maris (Port d'Eze-sur-Mer)

südlichen Bereich. Am Tag ist das Cap Roux eine gute Landmarke, in der Nacht brennt ein Feuer auf der E-Mole (Fl.R. 6s 6m 8M).
Marken: Cap Roux, das Feuer auf der E-Mole.
Hafenverwaltung: Tel. 04 94 01 56 87.

Ein lohnenswertes Ausflugsziel an Land ist

Village Eze-sur-Mer

Village Eze-sur-Mer klebt wie ein Adlerhorst auf einem steil abfallenden Berg hoch über dem Meer. Schon der Spaziergang durch die mittelalterlichen Gassen ist besonders reizvoll, doch die Ausblicke auf das Meer, Cap Roux und die Halbinsel mit Cap Ferrat, Saint-Jean-Cap-Ferrat und Beaulieu-sur-Mer sind überwältigend und unvergeßlich.

Eze-sur-Mer

Blick von Eze-sur-Mer zum Cap Ferrat

Eze-sur-Mer ist von Villefranche oder Beaulieu-sur-Mer mit Bus, Taxi oder Mietauto zu erreichen.

Von der Uferstraße N98 zweigt hinter dem kleinen Privathafen Silva-Maris eine Serpentinenstraße zur hochgelegenen Ortschaft ab, von der sich herrliche Ausblicke ergeben.

Von Beaulieu-sur-Mer erreichen wir auf einem ENE-Kurs nach etwa 3 sm

Cap d'Ail 43° 43,2' N | 007° 24,4' E

Cap d'Ail ist ein flacher Felsvorsprung unterhalb des 500 m hohen, kahlen Bergmassivs La Tête de Chien. Das Cap trennt die Baie de Beaulieu von der Küste von Monaco, die ein Stück weiter im E beginnt. Wegen seiner vorgelagerten Riffs muß das Cap weitläufig umfahren werden. Es ist nachts nicht befeuert, aber solange das Feuer vom Phare du Cap Ferrat (Fl. 3s 69m 25M) zu sehen ist, führt der Kurs durch tiefes Wasser.
Marken: La Tête de Chien, der Sichtbereich vom Leuchtfeuer des Phare du Cap Ferrat.

Achtung: Felsige Untiefen vor dem Cap d'Ail sind gefährlich.

Vom Cap d'Ail erkennt man in NE-Richtung an seinen großen Schutzmolen

Port de Cap d'Ail 43° 43,5' N | 007° 25,0' E

Port de Cap d'Ail liegt 0,75 sm nordöstlich vom Cap d'Ail und in gleicher Entfernung südöstlich vom Musée Océanographique de Monaco direkt an der französisch-monegassischen Grenze.
Der Hafen ist gegen alle Winde geschützt und kann jederzeit und bei jedem Wetter angelaufen werden.
Eine hohe Betonmole mit Innenkai verläuft 150 m nach SW, macht einen Knick 75 m in W-liche Richtung bis zu einem Molenkopf, auf dem sich ein Restaurant befindet. Gleich dahinter liegt ein Schwimmbad. Diese Außenmole überlappt die in südöstlicher Richtung verlaufende Gegenmole, so daß sich eine nach W offene, 80 m breite Einfahrt ergibt, die in der Mitte fast 20 m tief ist und in einer Bucht mit Sandstrand mündet.

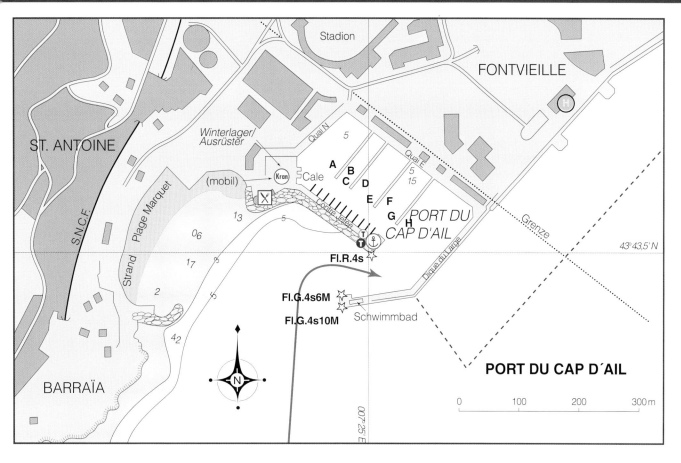

PORT DU CAP D'AIL

Der Hafen bietet 250 Liegeplätze für Yachten bis 90 m Länge bei einer Tiefe von 4 bis 20 m. Etwa 50 Gastplätze sind verfügbar.

Ansteuerung:

Bei starken Winden aus S bis SE entsteht vor der großen Mole eine gefährliche Kreuzsee, die aber in weitem Bogen umfahren werden kann. In der kleinen Bucht vor der Einfahrt herrscht gemäßigter Seegang, weil die Wellen am Strand auslaufen.

Tagsüber bildet der Bergfelsen La Tête de Chien im Hinterland eine weit sichtbare Landmarke, aus mittlerer Entfernung hilft der Felsen von Monaco mit dem Musée Océanographique bei der Orientierung. Die Einsteuerung erfolgt am besten auf einem N-Kurs auf die Bögen des Stadions Saint-Louis de Fontvieille zu. Nach dem Passieren der Außenmole kann mit E-Kurs der Hafeneingang passiert werden. Nachts wird die Ansteuerung durch das weittragende Feuer von Cap Ferrat (Fl. 3s 69m 25M), das gelegentlich und bei schlechter Sicht brennende Morsefeuer des Héli-Port Monaco (Mo(MC) 30s 10M) und die Molenfeuer von Port de Fontvieille (Oc(2).R. 6s 10m 10M und Fl.G. 4s 5m 7M) unterstützt, bis das alternierende Doppelfeuer auf der Außenmole (Fl.G. 4s und Fl.G. 4s) vom Port de Cap d'Ail klar erkennbar ist und mit einem N-Kurs angelaufen werden kann. Die Gegenmole ist ebenfalls befeuert (Fl.R. 4s).

Landmarke: Der Bergfelsen La Tête de Chien im Hinterland, der Felsen von Monaco mit dem Musée Océanographique, das alternierende Doppelfeuer auf der Außenmole.

Achtung: Ein 200 m weit in die See reichendes Riff am Cap d'Ail kann gefährlich werden.

Port de Cap d'Ail

Hafengebote: Im Hafen ist die Geschwindigkeit auf 3 kn beschränkt. Vorsicht beim Einlaufen, wegen der hohen Mole sind entgegenkommende Yachten erst sehr spät zu erkennen. Die Benutzung des Ankers im Hafen ist wegen vieler Ketten auf dem Grund untersagt. Besucher machen an der Tankstelle vor der Capitainerie fest und lassen sich einen Liegeplatz zuweisen. Am besten ist eine Voranmeldung über VHF oder Telefon, weil der Hafen oft überfüllt ist. Bereits an der Außenmole beginnt die 150 m breite Küstenzone mit Verkehrsverbot wegen des Héli-Port de Monaco.
Hafenmeister: B. Haible, Tel. 04 93 78 28 46,
Fax 04 93 41 98 29, VHF Kanal 9.
Dienstzeiten von 9 – 21 h.

Wetterinformationen: Täglich neuer Météo an der Capitainerie.

Hafenservice:

Alle Liegeplätze, außer für große Yachten, sind mit Mooringleinen, Wasser- und Stromanschlüssen (220, 380 V) ausgestattet. Sanitäranlagen mit Duschen und WCs befinden sich bei der Capitainerie und im Bereich der Mole. Es gibt mehrere Kartentelefone. In der technischen Zone im NW gibt es eine Werft, einen Schiffsausrüster, Werkstätten, ein Winterlager, einen Slip, einen 10-t-Kran und einen 50-t-Travellift. Es können fast alle Reparaturen ausgeführt werden.
Am Kopf der Gegenmole neben der Capitainerie hat

eine Tankstelle (Tel. 04 93 41 95 93) von 8 – 22 h und in der Vorsaison von 8 – 18 h geöffnet.

Versorgung:

In Hafennähe gibt es keine Geschäfte, aber im nahen Fontvieille sind gute Einkaufsmöglichkeiten vorhanden.
Im Hafenbereich haben mehrere Restaurants während der Saison geöffnet.

Landgang:

Der Ort bietet keine besonderen Sehenswürdigkeiten, es gibt jedoch Bus- und Bahnverbindungen nach Nice und Monaco.

Etwa eine halbe Seemeile nordöstlich vom Port de Cap d'Ail liegt

Port de Monaco – Fontvieille
43° 43,7' N | 007° 25,4' E

Port de Monaco – Fontvieille entstand am Fuß des Felsens von Monaco am Rand eines Industriege-

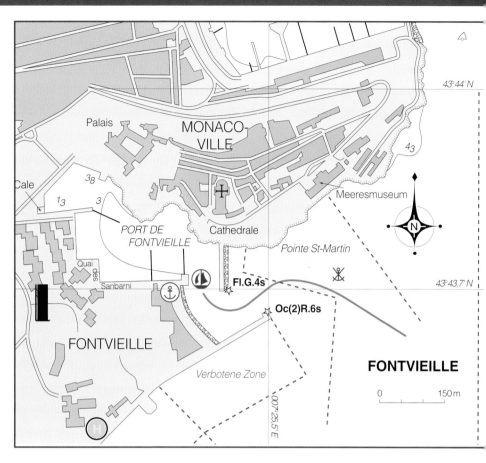

bietes vor Fontvieille, das Fürst Rainier III zur Landgewinnung aufschütten ließ. Der Hafen ist gegen alle Winde geschützt und bietet 140 Liegeplätze für Yachten bis 30 m Länge. Er ist am Eingang 15 m, in der Mitte des Hafenbeckens etwa 11 m und zum Ende 1,5 m tief. Gastplätze sind nur verfügbar, wenn die Eigner der Liegeplätze mit ihren Yachten abwesend sind. Der Hafen ist auf der W-Seite von großen Appartementhäusern umgeben und bietet kaum Einrichtungen für Yachten. An der Küste vom Fürstentum Monaco sind die mit Bojen bezeichneten Uferzonen unbedingt zu meiden, die unabhängige Wasserschutzpolizei wacht streng über das Verkehrsverbot in diesen Bereichen.

Ansteuerung:

Die Hafeneinfahrt ist wie eine Schikane angelegt, hält Schwell aus dem Hafenbecken fern, ist fast 100 m breit und öffnet sich nach NE. Das Einlaufen kann aber ab Windstärke Bft. 5 aus E bis SE gefährlich werden, weil Wellen von den Felsen ungeschwächt zurückgeworfen werden und eine unberechenbare Kreuzsee entsteht. Von weitem ist die Landmarke des Bergfelsens La Tête de Chien hilfreich, beim Näherkommen der Felsen von Monaco mit dem Musée Océanographique. Die Schikane der Hafeneinfahrt ist erst aus der Nähe zu erkennen.
Nachts unterstützen die Ansteuerung das weittragende Feuer von Cap Ferrat (Fl. 3s 69m 25M), das gelegentlich und bei schlechter Sicht brennende Morsefeuer des Héli-Port Monaco (Mo(MC) 30s 10M) und die Molenfeuer von Port de Fontvieille (Oc(2).R. 6s 10m 10M und Fl.G. 4s 5m 7M).
Marke: Der Bergfelsen La Tête de Chien, eine Seemeile westlich von Monaco, das Palais des Fürsten.

Port de Monaco – Fontvieille

Achtung: Ein- und Auslaufen kann ab Windstärke Bft. 5 aus E bis SE gefährlich werden.

Hafengebote: Die Geschwindigkeit im Hafen ist auf 3 kn beschränkt. Besucher machen am Empfangskai fest und lassen sich in der Capitainerie einen Liegeplatz zuweisen.

Hafenmeister: A. Aureglia, Tel. 00377 93 15 85 69, Fax 00377 93 15 37 12, VHF Kanal 9, Dienstzeiten von 8 – 22 h, in der Vorsaison von 8 – 20 h.

Wetterinformationen: Täglich 3x erneuerter Météo an der Capitainerie, Monaco Radio Kanal 23, 3x täglich.

Hafenservice:

Es gibt Liegeplätze mit Mooringleinen und an Schlengeln, alle sind mit Wasser- und Stromanschlüssen ausgestattet. Eine Sanitäranlage mit Duschen und WCs ist in der Nähe der Capitainerie eingerichtet, Kartentelefone sind vorhanden. Es gibt einen Slip und eingeschränkte Reparaturmöglichkeiten.

Versorgung:

Im Untergeschoß des Appartementkomplexes gibt es eine Reihe von Geschäften und Restaurants. Die weitere Versorgung läßt sich natürlich im Zentrum Monacos erledigen.

Information: Office du Tourisme, Tel. 0 03 77 92 16 61 16.

Landgang:

Vom Port de Monaco – Fontvieille führt eine Fußgängerbrücke zu einem kleinen Platz, an dem das Musée des Voitures Anciennes mit 100 Fahrzeugen aus der fürstlichen Sammlung neben dem Museé Naval und einem stark frequentierten McDonald-Restaurant liegt. Über Treppen geht es zu einem kleinen, ruhigen Park mit schöner Aussicht auf den Hafen und den Fürstenpalast.

Hinter dem Héli-Port an der Küste befinden sich der Parc Paysager de Fontvieille mit herrlichen Rosenzüchtungen und das Stadion Louis II.

Vom Hafen aus ist das Palais du Prince auf dem Felsen von Monaco gut zu Fuß zu erreichen, Monte Carlo mit Bus oder Taxi. Nähere Beschreibungen siehe Port de Monaco – La Condamine.

Musée Naval – Marinemuseeum

Auf der anderen Seite des Schloßfelsens von Monaco-Ville liegt der exklusive

Port de Monaco – La Condamine
43° 44,1' N | 007° 25,5' E

Port de Monaco – La Condamine liegt in einer windgeschützten, natürlichen Bucht zwischen dem Pointe Saint-Antoine und dem Pointe Focinane. Auf der S-Seite wird der Hafen flankiert vom Felsen von Monaco mit dem Palais, im W vom riesigen Häusermeer, das sich bis zu den Bergen hochzieht, und im N von Monte Carlo mit dem Spielcasino. Nach E wird der Hafen abgeschlossen durch zwei Steinmolen mit Kais auf den Innenseiten, die eine 100 m breite, in der Mitte 30 m tiefe Öffnung lassen, durch die der Schwell starker E-Winde bis zu den Liegeplätzen am Quai Albert durchläuft. Der Hafen besitzt 700 Liegeplätze, davon sind 60 am Quai des Etats-Unis für Gäste vorgesehen, die zwei Stunden kostenlos hier anlegen dürfen. Ganz große Schiffe bis 130 m Länge und 8 m Tiefgang können dort mit der Bb.-Seite festmachen, dabei ist ein Stb.-Anker auszu-

bringen, um das Schiff bei Schwell aus SE vom Kai freizuhalten. Die meisten größeren Gastyachten liegen mit Buganker und Heckleinen (römisch-katholisch) am Kai.

An der Küste vom Fürstentum Monaco sind die mit Bojen bezeichneten Uferzonen unbedingt zu meiden, die monegassische Wasserschutzpolizei wacht streng über das Verkehrsverbot in diesen Bereichen.

Ansteuerung:

Tagsüber ist die Ansteuerung einfach. Von weitem – aus westlicher und südlicher Richtung – ist schon der Felsen La Tête de Chien westlich oberhalb von Monaco auszumachen, später der Felsen von Monaco und das Musée Océanographique.

Aus E fällt ebenfalls zuerst der Felsen La Tête de Chien auf, danach die Stadt mit den Wolkenkratzern und schließlich die Hafeneinfahrt mit den beiden markanten Leuchttürmen auf den Molenspitzen.

Nachts lassen sich die Navigationshelfer GPS oder Loran C bei der Ansteuerung aus südwestlicher bis südlicher Richtung durch das weittragende Feuer von Cap Ferrat (Fl. 3s 69m 25M), das Molenfeuer von Port de Fontvieille (Oc(2).R. 6s 10m 10M) und das gelegentlich und bei schlechter Sicht brennende Morsefeuer des Héli-Port Monaco (Mo(MC) 30s 10M) kontrollieren. Beim Einlaufen in die weit sichtbar befeuerte Hafeneinfahrt (Oc.G. 4s 16m 11M und Oc.R. 4s 16m 11M) sind die unbeleuchteten Fahrwassertonnen zu berücksichtigen.

Das Einlaufen ist bei jedem Wetter möglich, bei starken östlichen Winden schwierig. An den Steinmolen werden die Wellen reflektiert und erzeugen eine unangenehme Kreuzsee.

Marken: Der Bergfelsen La Tête de Chien, eine Seemeile westlich von Monaco, der Felsen von Monaco mit dem Musée Océanographique.

Port de Monaco – La Condamine

Hafengebote: Große Schiffe, die den Hafen verlassen, haben Wegerecht. Im Hafen ist die Geschwindigkeit auf 3 kn beschränkt. Besucher sollten die rot-weiß-quergestreifte Gastlandflagge nicht vergessen, wenn sie sich bei der Capitainerie anmelden, um einen Liegeplatz zugewiesen zu bekommen, die gelbe Flagge „Q" ist nicht erforderlich. Für Schiffe länger als 30 m muß ein Lotse (Pilot) mit Sichtzeichen nach dem internationalen Signalcode (in Richtung auf den Leuchtturm auf der N-Mole), über einen der VHF-Kanäle 6,12 oder 16 oder über ein Funktelefon 00377 93 15 85 77 angefordert werden. Der Lotse kommt 0,3 sm östlich der Einfahrt an Bord. Im Hafen festgemachte Yachten dürfen nicht unbewacht bleiben. Die öffentliche Ordnung im Hafen verbietet lärmende Motoren, offenes Feuer, Badehose und Bikini! Vor dem Auslaufen ist die Capitainerie zu verständigen.

Hafenmeister: J.-P. Balducchi, Tel. 00377 93 15 86 78, Fax 00377 93 15 37 15, VHF Kanal 12, Dienstzeiten von 8 – 23 h, in der Vorsaison von 8 – 20 h.

Wetterinformationen: Täglich neuer Météo an der Capitainerie VHF Kanal 23 Monaco Radio.

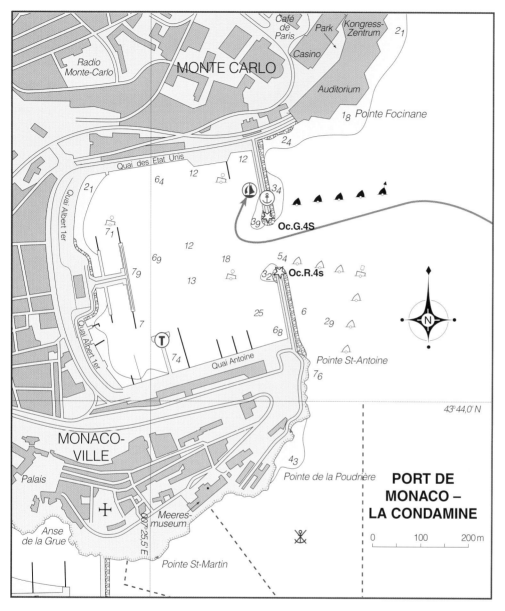

telefone. Eine nicht sehr große technische Zone für die meisten Reparaturen mit Werft, Werkstätten, großen Slips, festen und mobilen Kränen ist unauffällig im Hafenbild in SW integriert. Dort gibt es auch einen eigenen Pier für die BP-Tankstelle. Nicht weit vom Hafen ist eine Münzwäscherei zu finden.

Versorgung:

In Monaco gibt es alle Einkaufsmöglichkeiten, allerdings nicht in unmittelbarer Hafennähe. Im Hafenviertel sind nur wenige Restaurants zu finden, die große Auswahl ist nur in der Stadt vorhanden.
Information: Office du Tourisme, 0 03 77 92 16 61 16.

Landgang:

Wer im Port de Monaco – La Condamine den kostenlosen Aufenthalt von zwei Stunden in Anspruch nehmen möchte, kann die Zeit für einen Ausflug zum Spielcasino nutzen. Der Weg dorthin führt über den Boulevard Louis II, an dessen Bordsteinen die Verschlüsse der Montagelöcher für die Leitplanken auf das berühmte, jeweils im Mai stattfindende Autorennen *„Grand Prix de Monaco"* hinweisen. Von hier geht es zum unterirdischen Gang am Anfang des Straßentunnels, wo Aufzüge zum Park hinter dem Spielcasino hochfahren. Dieser Park mit seinen herrlichen Blumenbeeten, exotischen Pflanzen und Bäumen, zahlreichen Skulpturen und dem berühmten Mo-

Hafenservice:

Alle Liegeplätze sind mit Wasser- und Stromanschlüssen (220/380 V, Leistung nach Schiffsgröße) ausgestattet, an den Stegen auch mit Mooringleinen. Anschlüsse für Kabelfernsehen und Telefon sind auf Wunsch verfügbar. Sanitäreinrichtungen mit Duschen und WCs sind über den Hafen verteilt, ebenso Karten-

Port de Monaco – La Condamine

Architekt der Opéra de Paris, 1878 im gleichen Stil erbauen ließ. In die prachtvoll ausgestatteten Spielsäle dringt nur vor, wer „ordentlich" angezogen ist, Touristen in Shorts werden von den Portiers höflich, aber bestimmt abgewiesen. Die im gleichen Gebäude untergebrachte Opéra de Monte Carlo ist für ihre hervorragenden Ballettaufführungen bekannt.

Die Zeit reicht vielleicht noch für einen Kaffee im berühmten Café de Paris gegenüber dem Spielcasino und ein paar Erinnerungsfotos, bevor es an blitzenden Luxuskarossen vorbei über die Avenue de Monte Carlo wieder zurück zum Hafen geht.

saik von Vasarely, „Le ciel, la mer, la terre", bietet einen schönen Ausblick auf das Meer. An der architektonisch reizvollen Rückseite des Casinos führt rechts eine Passage vorbei zum Haupteingang dieses berühmtesten Gebäudes von Monte Carlo, das Charles Garnier, der

Für das ganztags geöffnete *Musée Océanographique et l'Aquarium*, dessen Fassade auf dem Felsen schon von See her besticht, benötigt der naturwissenschaftlich interessierte Besucher schon etwas mehr Zeit. Vom Hafen La Condamine gelangt er über den Boulevard Albert und über die Avenue de la Porte Neuve zur Avenue Saint-Martin, an der das Museum liegt. Fürst Albert I. hat 1910 das der Meereskunde gewidmete Museum mit dem ihm angegliederten wissenschaftlichen Forschungsinstitut gegründet.

Casino von Monaco – Rückfront

- Im Untergeschoß lassen sich über 3000 Meeresbewohner in fast 100 Aquarien in ihrer natürlichen Umgebung bewundern. Außergewöhnlich ist das lebende Korallenriff aus dem Roten Meer.
- Das Erdgeschoß ist mit seiner zoologischen Abteilung großen Meerestieren gewidmet, wie Walen, Delphinen und Meeresschildkröten.

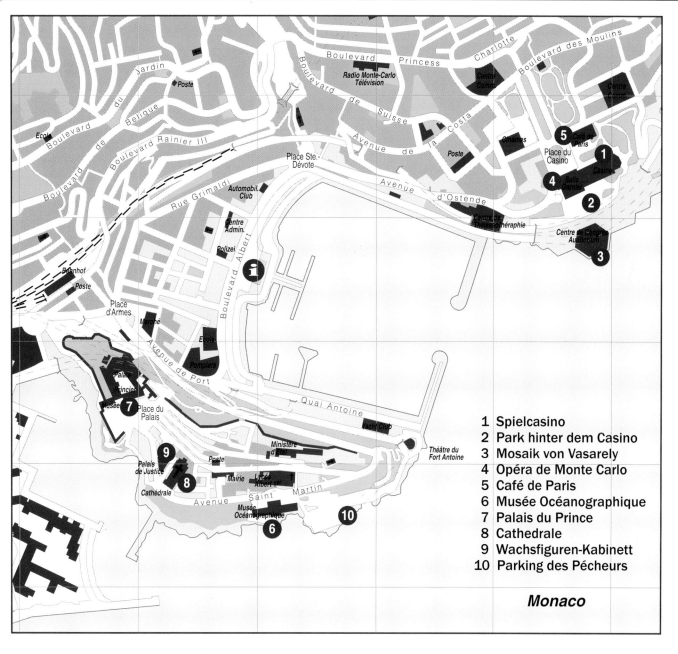

1 Spielcasino
2 Park hinter dem Casino
3 Mosaik von Vasarely
4 Opéra de Monte Carlo
5 Café de Paris
6 Musée Océanographique
7 Palais du Prince
8 Cathedrale
9 Wachsfiguren-Kabinett
10 Parking des Pécheurs

Monaco

- In der ersten Etage sind Schiffsmodelle zu bewundern, von denen einige im Zusammenhang mit den Seereisen von Fürst Albert I. stehen. Der Besucher erfährt auf dieser Etage alles über die Phänomene der Weltmeere, wie Seegang und Gezeiten. Außerdem kann er über 10.000 verschiedene Muscheln und präparierte Meerestiere bewundern.
- Schließlich ist von der Dachterrasse eine phantastische Aussicht vom Massif d'Estérel bis zur italienischen Grenze zu genießen.

Das Musée Océanographique

Die Hauptattraktion bleibt aber für die meisten Besucher von Monaco das *Palais du Prince* auf dem Felsen von Monaco. Auf die Minute genau wird täglich um 11.55 h das Zeremoniell der Wachablösung durchgeführt. Man gelangt vom Boulevard Albert über viele Treppen und einen steilen Fußweg auf den Schloßvorplatz. Eine Fahne über dem Schloß zeigt an, ob die königliche Familie anwesend ist. Dem Besucher sind wenige, nicht benutzte Schloßteile zugänglich, sie dürfen einige Salons, die Hauskapelle, den Thronsaal und mehrere unbenutzte Schlafgemächer besichtigen. Im angeschlossenen Napoleonischen Museum sind Sammlungen aus den Palastarchiven und napoleonische Erinnerungsstücke ausgestellt. Im neuen S-Flügel des Palastes sind die Privatgemächer der fürstlichen Familie untergebracht, sie stehen nicht der Öffentlichkeit zur Verfügung.

Von der Sainte-Barbe-Promenade auf dem Schloßberg sieht man hinunter auf den Port de Monaco – Fontvieille, hinter dem das Industrieviertel Fontvieille in den 60er Jahren auf einem mit Sand aufgeschütteten, dem Meer abgerungenen 22 ha großen Areal entstand. Fürst Rainier's Initiative hat hier einen Bereich geschaffen, in dem umweltfreundliche Produktionsanlagen angesiedelt wurden.

Nicht weit vom Palais steht die Kathedrale mit dem Grab der 1982 tödlich verunglückten Fürstin Gracia Patricia. Im Wachsfigurenkabinett nebenan sind u. a. die Prinzessinnen Caroline und Stephanie in Wachs nachgebildet ausgestellt. Schließlich kann sich der Besucher im großen Parking des Pêcheurs unter dem Stadtfelsen stündlich 35 Minuten lang eine Einführung in die Geschichte der Dynastie geben lassen.

Monaco zählt zu den bestbewachten Städten der Welt. Fast an jeder Kreuzung und an allen wichtigen Punkten der Stadt wacht das Auge des Gesetzes mit Videokameras über die „guten Sitten". „Hier kann man schon ab Mittag seine schönsten Abendkleider und den kostbarsten Schmuck tragen", soll eine der in Monaco lebenden, reichen Witwen aus den USA geäußert haben.

Wir erreichen nach etwa 2 sm nordwestlich von Monaco die Ankerbucht

Baie de Roquebrune

Die Baie de Roquebrune liegt östlich von Monaco unmittelbar vor dem weit ins Meer vorspringenden, massigen Cap Martin. An den Berghängen liegt die malerische Ortschaft Roquebrune. Die Bucht ist gegen nördliche und östliche Winde geschützt, der Ankergrund ist grasbewachsen und 6 –15 m tief, an manchen Stellen auch felsig. Im Scheitel der Bucht liegt ein Riff. Im westlichen Teil der Bucht am Pointe de la Vieille existiert ein durch eine gelbe Boje gekennzeichnetes Ankerverbot.

Das Anlandgehen in dieser felsigen Bucht gelingt nur an wenigen Stellen und kann schon bei wenig Seegang unmöglich werden.

Landmarke: Cap Martin mit einem Semaphore der Küstenwache auf der Spitze.

Cap Martin

Achtung: Ein vorgelagertes Riff im Scheitel der Bucht muß beachtet werden.
Gebote: Ein Ankerverbot im W-Teil der Bucht.

Die Baie de Roquebrune wird im E abgeschlossen durch das

Cap Martin   43° 45,5' N | 007° 29,3' E

Zwischen Monaco und Menton wird die von hohen Bergen gesäumte Küste durch das massige Cap Martin unterbrochen, das sich eine Seemeile weit ins Meer hinausschiebt.

Dieses Cap mit seinen bewaldeten Höhen und dem weißen Semaphore der Küstenwache auf der höchsten Stelle ist eine auffällige Landmarke. Auf seiner S-Spitze erhebt sich auf halber Höhe ein riesiges Hotel aus einem Pinienwald. Das Cap ist ringsum mit prächtigen Villen aus dem vorigen Jahrhundert bebaut, die überall zwischen den dicht stehenden Bäumen hervorschauen. Je nach Windrichtung ankern Yachten zu beiden Seiten des Caps.

Landmarken: Der weiße Semaphore auf dem höchsten Punkt und das große Hotel auf seiner S-Spitze.

Im Schutz des Cap Martin liegt im N die

Rade de Carnolès

Die Rade de Carnolès liegt 1,5 sm westlich von Menton auf der E-Seite des mächtigen Cap Martin. Der Ankerplatz im NE des alten Semaphore ist gegen westliche und nordwestliche Winde geschützt, aber dem See-gang aus allen übrigen Richtungen voll ausgesetzt. Daher ankern Yachten nur bei gutem Wetter vor dem herrlichen Sandstrand auf 4 – 12 m grasbewachsenem, gut haltendem Schlick.

Landmarken: Der Semaphore auf dem höchsten Punkt von Cap Martin und das große Hotel auf seiner S-Spitze.

Gebote: Der markierte Badebereich ist zu beachten.

Vom Cap Martin erreichen wir auf NE-Kurs nach 2 sm den

Vieux Port de Menton 43° 46,6' N | 007° 30,7' E

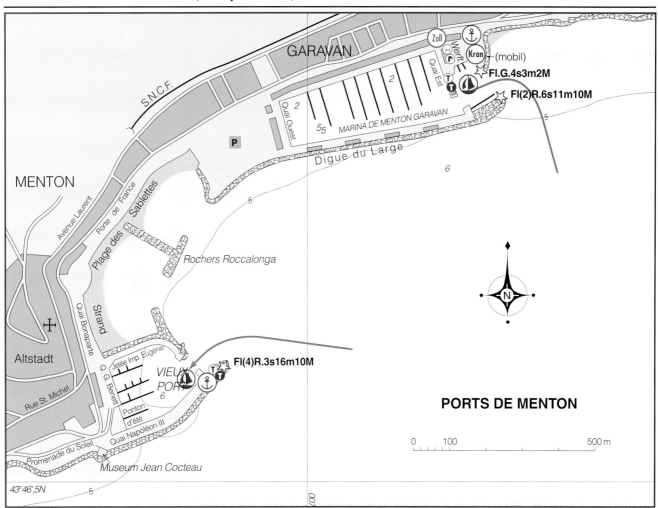

Der Vieux Port de Menton liegt 2 sm nordöstlich vom Cap Martin. Der Hafen wird von zwei Molen gebildet, von denen die 300 m lange, in nordöstlicher Richtung verlaufende Außenmole an einem alten Fort beginnt. Der Hafen ist windgeschützt, bei starken E-Winden läuft Schwell durch die Einfahrt. An den Kais und an den drei Stegen sind Liegeplätze für 530 Yachten bis zu einer Länge von 25 m eingerichtet, von denen 80 für Besucher vorgesehen sind. Die Wassertiefe nimmt von 7 m in der Einfahrt auf 2 m am Fuß der Kais und Stege ab. Es gibt nur wenige Einrichtungen für Yachten, dafür beginnt das lebhafte Treiben in der Altstadt direkt hinter dem Hafen. Abends sind die Uferpromenade und die Kirche angestrahlt.

Ansteuerung:

Die Ansteuerung ist bei Tag und Nacht einfach. Die Ortschaft Menton mit ihrer markanten Kirche auf der Anhöhe ist schon von weitem zu erkennen, die sich nach NE öffnende, 30 m breite, 7 m tiefe Hafeneinfahrt erst aus der Nähe. Nachts brennt ein Feuer auf der Außenmole (Fl(4).R. 3s 16m 10M), auf der gegenüberliegenden Mole steht eine Statue des heiligen Michael von Volti. Bei starken östlichen Winden ist das Einlaufen schwierig und ein Ausweichen in den nahen Port de Menton-Garavan zu empfehlen.

Marke: Die Ortschaft Menton mit ihrer markanten Kirche auf der Anhöhe.

Achtung: Starker Seegang aus E kann Probleme bereiten.

Hafengebote: Im Hafen ist die Geschwindigkeit auf 3 kn beschränkt. Baden und Angeln sind nicht erlaubt. Besucher melden sich in der Capitainerie am Kopf der Mole, um sich einen Liegeplatz zuweisen zu lassen.

Hafenmeister: M. Salleron, Tel. 04 93 35 80 56, VHF Kanal 9. Dienstzeiten von 8 – 12 h und 15 – 19 h, in der Vorsaison von 8 – 12 und von 14 – 17.30 h.

Wetterinformationen: Täglich neuer Météo an der Capitainerie, VHF Kanal 23 Monaco Radio, Videotext in der Capitainerie.

Hafenservice:

An den Liegeplätzen sind Mooringleinen, Wasser- und Stromanschlüsse (220 V, 3,5/8 kW) vorhanden, in der Mitte des Kais gibt es eine Sanitäranlage mit Duschen und WCs. Sie ist von 8 – 12 h und von 14 –20 h geöffnet und wird von einem Wärter saubergehalten. Dafür kosten Morgentoilette, WC-Benutzung oder auch nur Händewaschen jeweils 10 Ffr.

Der Vieux Port de Menton verfügt weder über eine technische Zone mit entsprechenden Einrichtungen noch über eine Tankstelle, aber der Port de Menton-Garavan ist ganz in der Nähe.

Versorgung:

Im Ort sind alle Einkaufsmöglichkeiten vorhanden. Vormittags lohnt es sich, den Wochenmarkt in der alten Markthalle aufzusuchen, der an der Promenade de Soleil in 5 min zu erreichen ist. Restaurants verteilen sich über die ganze Altstadt.

Information: Office du Tourisme, Tel. 04 93 57 57 00.

Landgang:

Menton gilt als das wärmste Seebad an der Côte d'Azur. Auch im Winter herrscht wegen der vielen Sonnentage Ferienstimmung. Die Stadt liegt geschützt auf Bergterrassen, von Palmen, Zypressen und Olivenbäumen bewachsen, denn nicht nur in seinen botanischen Gärten gedeiht eine tropische Vegetation mit Orangen- und Zitronenbäumen.

Vom Besucherkai aus führt der Weg in die Stadt am Jean-Cocteau-Museum am Fuße der Hafenmole vorbei, das in einem alten Fort aus dem 17. Jh. untergebracht ist. Vom Quai Bonaparte mit seinen Restaurants unter den Arkaden steigt man eine Prunktreppe zu der sehenswerten Barockkirche Saint-Michel hinauf, auf deren Vorplatz jedes Jahr an Augustabenden die Kammermusikfestspiele stattfinden. Vom Kirchplatz führt eine schmale Gasse bergauf zum alten Friedhof. Ein herrlicher Ausblick auf die Altstadt, das Meer und die Küste bis zum Cap Martin belohnt den etwas mühsamen Aufstieg. Von der Rue Saint-Michel, die in die Avenue Félix Faure übergeht, gelangt man zum Jardin Biovès gegenüber dem Casino mit seiner üppigen tropischen Vegetation. Zwischendurch bietet sich ein Abstecher zum Hôtel de Ville mit dem von Jean Cocteau gestalteten Salle des Mariages (Hochzeitssaal) an. Auf dem Rückweg ist auf jeden Fall ein Besuch der Markthalle an der Promenade du Soleil zu empfehlen, die nicht nur eine architektonische Besonderheit dar-

Vieux Port de Menton

stellt, sondern vormittags auch eine reiche Fülle an mediterranen Früchten, Gemüsen, Fisch-, Fleisch- und Käsespezialitäten anbietet. Für alle, die nicht an Bord kochen möchten, befinden sich in der Nähe zahlreiche gute Restaurants. An lauen Sommerabenden läßt es sich hier unter freiem Himmel bis spät in die Nacht ausgezeichnet speisen. Die Küche des Restaurants l'Occitan und seine gemütliche Veranda sind zu empfehlen.

Nachts sind aus der Plicht noch die angestrahlte Stadt mit der hell beleuchteten Kirche und den sich im Was-ser widerspiegelnden Lichtern des Quai Bonaparte zu bewundern.

Zu beiden Seiten des Hafens laden ausgedehnte Sandstrände ein, der Strand Plage des Sablettes vor dem Quai Bonaparte ist durch Molen besonders ge-schützt.

Kultur:

Außer dem milden Klima bietet Menton seinen Besu-chern ein vielfältiges kulturelles Angebot, u. a.:

• Kunstausstellungen im Palais de l'Europe,

Hafen und Altstadt von Menton

Markthalle an der Promenade du Soleil

- Kammermusikfestspiele an Sommerabenden auf dem Platz vor der Kirche Saint-Michel.

Ankern:

Der nächste vor östlichen Winden geschützte Ankerplatz liegt westlich vom Cap Martin in der Baie de Roquebrune.

Der Ankergrund ist grasbewachsen und 6–15 m tief, an manchen Stellen auch felsig. Der nächste vor westlichen und nordwestlichen Winden geschützte Ankerplatz liegt im NW des alten Semaphore am Cap Martin in der Rade de Carnolès.

Bei gutem Wetter ankern Yachten auch sicher auf dem 6–15 m tiefen, sandigen, grasbewachsenen Grund zwischen dem Vieux Port und dem Port Menton-Garavan.

Wer im Vieux Port de Menton keinen Liegeplatz findet, läuft eine halbe Seemeile weiter zur

Marina de Menton-Garavan
43° 47,0' N | 007° 31,0' E

Marina de Menton-Garavan ist der letzte französische Yachthafen vor der italienischen Grenze, die kaum 1000 m entfernt ist.

Der künstlich angelegte Hafen wird durch eine über 650 m lange, in östlicher Richtung verlaufende Steinmole mit einem Kai auf der Innenseite gebildet, ist gegen alle Winde gut geschützt und kann bei jedem Wetter angelaufen werden.

Er bietet 800 Liegeplätze für Yachten bis 40 m Länge, davon stehen 144 für Besucher zur Verfügung. Am Kai der Außenmole beträgt die Wassertiefe 5,5 m, sie nimmt an den Stegen zum Land hin auf 2 m ab.

Der Hafen verfügt über alle notwendigen Einrichtungen für Yachten, ist abends sehr ruhig, weil sich das Nachtleben weiter entfernt in der Altstadt von Menton abspielt.

Marina de Menton-Garavan

MARINA DE MENTON-GARAVAN

Ansteuerung:

Der Hafen liegt etwa 800 m östlich vom Vieux Port de Menton. Eine Autobahnbrücke in den Bergen des Hinterlandes erleichtert die Ansteuerung von weitem, denn die sich nach NE öffnende, 5 m tiefe und 50 m breite Einfahrt ist erst aus der Nähe zu erkennen. Nachts brennen Feuer auf den Molenköpfen (Fl(2).R. 6s 11m 10M und Fl.G. 4s 3m 2M).

Marken: Eine Autobahnbrücke in den Bergen, die Molenfeuer.

Grenze

Frontière Italienne

Hafengebote: Die Geschwindigkeit im Hafen ist auf 3 kn beschränkt, Besucher melden sich in der Capitainerie, um sich einen Liegeplatz zuweisen zu lassen.

Hafenmeister: M. Gregorio, Tel. 04 93 28 78 00, Fax 04 93 35 48 01, VHF Kanal 9, Dienstzeiten von 0 – 24 h durchgehend. Wetterinformationen: Täglich neuer Météo an der Capitainerie, VHF Kanal 23 Monaco Radio.

Hafenservice:
Alle Liegeplätze haben Mooringleinen, Wasser- und Stromanschlüsse (220 V, 3,5/8 kW). Im Hafen sind drei Sanitäreinrichtungen mit Duschen und WCs sowie 4 Kartentelefone verteilt. Es ist auch eine Münzwäscherei vorhanden.
In der technischen Zone am Hafeneingang gibt es eine Werft, verschiedene Werkstätten, einen Slip, einen 5-t-

Kran, einen 30-t- und einen 100-t-Travellift, ein Winterlager und eine Tankstelle (Tel. 0493 35 60 51), die von 9 – 20 h geöffnet hat, auf Anforderung auch in der Vorsaison. Es können fast alle Reparaturen ausgeführt werden.

Versorgung:
Es gibt in der Nähe keine nennenswerten Einkaufsmöglichkeiten. Für einen Restaurantbesuch muß man sich auf den Weg in die Altstadt von Menton aufmachen.
Information: Office du Tourisme, Tel. 04 93 57 57 00.

Landgang:
Auf Grund des milden Klimas gibt es in der Villengegend von Menton-Garavan mehrere sehenswerte botanische Gärten mit ungewöhnlich vielen tropischen Pflanzen.

275

Feuerbezeichnungen und Kürzel FR – I – D

FR	France	I	International	D	Deutschland
F.f.	Feu fixe	F	Fixed	F.	Festfeuer
F.é.	Feu à éclats	Fl	Flash(single)	Blz.	Blitzfeuer mit Einzelblitzen
F.4é	Feu à éclats groupes	Fl(4)	Flash(group)	Blz.(4)	Blitzfeuer mit Gruppen
F.él	Feu à éclats longs	LFl	Long-Flash	Blk.	Blinkfeuer
F.i	Feu isophase	Iso	Isophase	Glt.	Gleichtaktfeuer
F.o	Feu à occultations	Oc	Occalting(single)	Ubr.	Unterbrochenes Feuer
F.2o	Feu à occultations groupées	Oc(2)	Occalting(group)	Ubr.(2)	Unterbrochenes Feuer m. Gruppen
F.sc	Feu scintillant	Q	Quick	Fkl.	Funkelfeuer mit dauerndem Funkeln
F.sr	Feu scintillant rapide	VQ	Very Quick	SFkl.	Schnelles Funkelfeuer mit dauerndem schnellen Funkeln
F.sd ou F.sc.disc	Feu scintillant discontinu	IVQ	Interrupted Very Quick	SFkl.unt.	Unterbrochenes schnelles Funkelfeuer
F.b.é	Feu fixe avec éclat	FFl	Fixed and Flashing	Mi.	Mischfeuer: Festfeuer u. Blitze
F.Mo(X)	Feu morse (lettre X)	Mo(X)	Morse code	Mo.(X)	Morsefeuer
F.alt BR	Feu alternatif (blanc/rouge)	Al.WR	Alternating White Red	Wchs.w.r.	Wechselfeuer Weiß Rot
V.	Feux verticaux	(vert)			

Farbbezeichnungen

FR	France	I	International	D	Deutschland
b.	blanc	W	White	w.	Weiß
r.	rouge	R	Red	r.	Rot
v.	vert	G	Green	gn.	Grün
vio.	violet	Vi	Violet	viol.	Violett
bl.	bleu	Bu	Blue	bl.	Blau
org.	orange	Or	Orange	or.	Orange
j.	jaune	Y	Yellow	g.	Gelb

Wettervokabeln französisch – deutsch

adonner	zurückdrehen, krimpen	gradient de pression	Druckgefälle, Luftdruckdiff.
agitée	bewegt	grand frais	steifer Wind
anticyclone, haut	Hochdruckgebiet	grêle	Hagel
antihoraire	linksdrehend	gros temps	schweres Wetter
après-midi	Nachmittag	haute	hoch
arrête par le vent	eingeweht	houle	Dünung
averse	Schauer, Regenschauer	humide	naß
avertissement	Warnung	jolie brise	mäßige Brise
avertissement de coup de vent	Sturmwarnung	légère brise	leichte Brise
avis d'accalmie	Aufhbg. einer Sturmwng.	lentement	langsam
avis de	Warnung vor	littoral	an der Küste
baisser	fallen	matin	Vormittag
basse	tief	mauvais temps	Schwerwetter, Sturmwetter
beau temps	heiter	mauvaise visibilité	schlechte Sicht
bonne brise	frische Brise	mer	See
bonne visibilité	gute Sicht	méteo	Wetter
brise	Seewind	montrer	steigend
brouillard	Nebel	neige	Schnee
bruiner	nieseln	nuage	Wolke
brumassant	neblig, dunstig	nuage de vent	Windwolke
brumasse	Nebel, Dunst, Nieselregen	nuage inférieur	niedrige Wolken
brume	Dunst, dichter Nebel	nuage moyen	mittelhohe Wolken
brume légère	diesig	nuage supérieur	hohe Wolken
brume sèche	dunstig	nuageux	bewölkt
brumeux	nebelig, trübe	occlusion	Okklusion
bureau météorologique	Wetterdienst	orage	Gewitter
calme	ruhig, windstill	ouragan	Orkan
calme plat	Flaute, völlige Windstille	petite brise	schwachwindig
carte météorologique	Wetterkarte	plafond	Wolkenhöhe, untere W-Grenze
changement du temps	Wetteränderung	plui	Regen
chaud	warm	pression	Druck
ciel couvert	trüber, bedeckter Himmel	prévision	Vorhersage
cirrocumulus	Schäfchenw., Cirrocumulus	prévision météorologique	Wettervorhersage
cirrostratus	Schleierwolke, Cirrostratus	rafale	Bö
cirrus	Federwolke, Cirrus	rapidement	schnell
clair	klar	reculer, haler	krimpen, rückdrehen
clapotage	Seegang, bewegte See	region	Zone
coin	Keil	saute de vent	Winddrehung
conditions météorologique	Wetterbedingungen	se creuser	sich vertiefen
côte	Küste	sec	trocken
coup de vent	Starkwind	souffler	blasen, stark wehen
couvert	bedeckt	stable	gleichbleibend, stabil
creux	Trog	stationaire	stationär
cyclone	Tiefdruckgebiet	température	Temperatur
décroisant	abnehmend	tempête	schwerer Sturm (Bft. 10)
dégagé	wolkenlos	temps	Wetter, Witterung
depression, bas	Tief	temps etabli	beständig
dorsale (anticyclonique)	Hochkeil	terre	Land
éclair	Blitz	tonnere	Donner
en baisse	fallend	tornade	Tornado, Wirbelsturm
en hausse	steigend	tourbillon (d'air)	Wirbelwind, Windhose
en rafale, turbulent	böig	trombe	Wasserhose, Wolkenbruch
faible, vent force 3	schwache Brise (Bft. 3)	vague	Welle
fort coup de vent	Sturm	variable	wechselhaft
foudre	Blitz	vent	Wind
fraichant	zunehmend	vent frais	starker Wind
froid	kalt	violent tempête	orkanartiger Sturm
front	Front	vitesse	Geschwindigkeit
front chaud	Warmfront	zone	Gebiet
front froid	Kaltfront		

Register

Wichtige Leuchtfeuer

I. Cap Couronne bis Cap Croisette

Cap Couronne	43° 19,6' N I 005° 03,3' E Fl.R.3s34m20M RC
Îlot de l'Elevine	43° 19,8' N I 005° 14,2' E Q(6) + LFl15s28m10M
Point Esquilladou	43° 21,0' N I 005° 16,7' E Fl(4).WR.15s44m10/7M 233°-R-263°-W-041°
Digue de Saumaty	43° 21,0' N I 005° 18,8' E UQ(2)1s20m14M
Digue Saint Marie	43° 17,8' N I 005° 21,2' E UQ(2).R.1s20m11M
Chateau d'If	43° 16,8' N I 005° 19,7' E Fl(2)6s27m11M unsichtbar 054°-152°
Îlot de Planier	43° 12,0' N I 005° 13,9' E Fl.5s68m23M verdeckt d. Île Riou
Îlot Tiboulen-de-Maire	43° 12,8' N I 005° 19,6' E Fl.WG.4s58m11/8M 142°-G-327°-W-142°

II. Cap Croisette bis Cap Sicié

La Ciotat Digue	43° 10,3' N I 005° 37,0' E Oc(2).R.6s21m12M
Mole Bérouard	43° 10,4' N I 005° 36,7' E Iso.G.4s15m11M 134,5°-schwach-228,5°
Bandol Jetée Sud	43° 08,0' N I 005° 45,4' E Oc(4).WR.12s9m13/10M 003°-R-351°-W-003°
Sanary-sur-Mer	43° 06,9' N I 005° 48,1' E Fl.R.4s9m10M abgedeckt größer 69°
Île du Grand Rouveau	43° 04,9' N I 005° 46,1' E Oc(2)6s45m15M 255°-abgedeckt-317°

III. Cap Sicié - Pointe Escampobariou

Cap Sicié   43° 02,9' N I 005° 51,6' E
Fl(2)6s47m10M
unsichtbar 094° und 252°

Cap Cépet   43° 04,2' N I 005° 56,8' E
Fl(3)15s76m21M

Grande Jetée Sud   43° 05,4' N I 005° 55,5' E
Fl.G.2,5s13m11M
186° - 165°

Petite Passe   43° 06,1' N I 005° 55,6' E
Iso.RG.4s21m10M
266°-G-275°-R-294°-G-145°

Les Salettes   43° 05,2' N I 006° 04,8' E
Oc.WR.12s13m10M
005°-R-356°-W-005°

IV. Pointe Escampobariou bis Cap Camarat

Pointe Escampobariou - Cap de l'Estérel

Île du Grand Ribaud   43° 01,0' N I 006° 08,7' E
Fl(4)15s35m15M

Tourelle
de la Jeaune Garde   43° 00,4' N I 006° 09,7' E
Q.WR.16m6/4M
R-011°-W-253°-R-282°-W-
316°-R-011°

Îles d'Hyères – Île de Porquerolles

Jeaune Garde   43° 00,4, N I 006° 09,7, E
Q.WR.16m6/4M
011°-W-253°-R-282°-W-316°-
R-011°
Schwarz-gelber, gemauerter
N-Kardinalturm, 16 m hoch

Jetée Porquerolles   43° 00,3, N I 006° 12,0, E
Oc(2).WR.6s8m13/10M
150°-W-230°-R-150°
Weiße, oben rote Säule, 8 m
hoch

Phare de Porquerolles   42° 59,0, N I 006° 12,4, E
Fl(2)10s80m29M
vis . 142°-204°, 243°-252°,
266°-119°
Viereckiger, weißer, oben
schwarzer Turm

Île du Levant

Pointe de Petit Avis   43° 01,8, N I 006° 27,5, E
Q(3).WRG.5s14m8/7M
112°-G-123°-W-131°-R-142°

Phare du Titan   43° 02,8, N I 006° 30,6, E
Fl5s70m28M
vis. 154°-044°
weißes Haus mit weißem, oben
schwarzem Turm

Cap de l'Estérel - Cap Bénat

Cap Blanc   43° 05,3' N I 006° 21,8' E
Fl.R.5s60m21M
abgedeckt in folgenden Rich-
tungen durch
- Land207° - 96°
- Île de Porquerolles
  042° - 060°
- Îles de Port-Cros et de Ba-
gaud, 330° - 001°
- Île du Levant, 288° - 327°

Cap d'Armes   42° 59,0' N I 006° 12,4' E
Fl(2)10s80m29M
nur sichtbar in folgenden Richtungen wegen Landabdeckun-
gen
- 142° - 204°
- 243° - 252°
- 266° - 119°

Port Pothuau, E-Mole   43° 07,0' N I 006° 12,2' E
Oc(3).WG.12s9m13/10M
-G   012° - 060°
-W   060° - 260°
-G   260° - 285°
Dieses Feuer signalisiert beim Übergang vom grünen in den weißen Sektor, daß das Cap de l'Estérel sicher umrundet ist. Durch den zweiten grünen Sektor werden die Untiefen im Ostteil der Rade d'Hyères markiert.

Cap Bénat – Cap Camarat

Cap Blanc   43° 05,3' N I 006° 21,8' E
Fl.R.5s60m21M
abgedeckt durch
-   Land207° - 96°
- Île de Porquerolles
  042° - 060°
- Îles de Port-Cros et de
  Bagaud, 330° - 001°
- Île du Levant, 288° - 327°

La Fourmigue   43° 06,4' N I 006° 24,3' E
Fl(2)6s8m8M

Phare du Titan   43° 02,8' N I 006° 30,6' E
Fl5s70m30M
abgedeckt durch
- Île du Levant   044° - 154°

Cap Camarat   43° 12,1' N I 006°40,8' E
Fl(4)15s130m26M
sichtbar von049° - 190°

V. Cap Camarat bis Cap Dramont

Cap Camarat   43° 12,1' N I 006° 40,8' E
Fl(4)15s130m26M
vis. 190°-049°

La Moutte   43° 16,4' N I 006° 42,7' E
Q(3).WR.10s11m9/6M
121°-W-009°-R-121°

Port de Saint-Tropez   43° 16,3' N I 006° 38,0' E
Oc(2).WR.6s8m13/9M
228°-W-245°-R-228°

Pointe de Bertraud   43° 15,8' N I 006° 35,6' E
Iso.WRG.4s15m9/6M
219°-G-227°-W-243°-R-253°-invis-219°

Port-Grimaud   43° 16,3' N I 006° 35,3' E
Fl.G.4s7m10M

Port de Sainte-Maxime   43° 18,3' N I 006° 38,3' E
Fl(3).G.4s8m14M

La Sèche à l'Huile   43° 18,6' N I 006° 41,1' E
Q(6).WR + LFl(3).WR.15s 11m9/6M
216° - W - 075° - R - 216°

Port San-Peire-les-Issambres   43° 20,4' N I 006° 41,2' E
Oc(2).WG.6s8m11M
289°-W-356°-G-289°

Le Lion de Mer   43° 24,4' N I 006° 46,5' E
Iso.WR.4s16m13/10M
275°-W-249°-R-275°

VI. Cap Dramont bis Cap d'Antibes

Phare d'Agay	43° 25,5' N I 006° 52,3' E
	Oc.WR.4s28m15/12M
	260°-R-294°-W-032°-
	invis-260°
Miramar-La Figueirette	43° 29,0' N I 006° 56,0' E
	Fl(3).WG.12s12m13/10M
	275°-W-348°-G-275°
Théoule sur Mer	43° 30,6' N I 006° 56,4' E
	Oc(2).WR.6s8m9/6M
	335°-W-265°-R-335°
Port de la Rague	43° 31,0' N I 006° 56,4' E
	Iso.G.4s9m10M
Mandelieu-La Napoule	43° 31,3' N I 006° 56,7' E
	Fl(3).G.12s9m10M
Port Pierre Canto	43° 32,5' N I 007° 01,8' E
	Oc.WG.4s11m13/8M
	010°-W-100°-G-010°
Mourré Rouge	43° 32,6' N I 007° 02,6' E
	Fl(4).WG.15s7m9/6M
	312°-G-282°-W-312°
Phare de Vallauris	43° 34,1' N I 007° 03,7' E
	Oc(2).WRG.6s
	167m16/12/11M
	265°-G-305°-W-309°-R-342°-
	G-009°-invis-256°
La Fourmigue	43° 32,4' N I 007° 05,0' E
	Fl.G.4s16m8M
Golfe-Juan	43° 33,8' N I 007° 04,7' E
	Fl(2).G.6s10m10M
Phare de l'Ilette	43° 32,6' N I 007° 07,3' E
	Oc(3).WRG.12s18m13/9/9M
	235°-W-045°-R-056°-G-070°-
	R-090°-W-185°-
	invis-185-W-235°
Phare de la Garoupe	43° 33,9' N I 007° 08,0' E
	Fl(2)10s104m31M

VII. Cap d'Antibes bis Menton

Phare de l'Ilette	43° 32,6' N I 007° 07,3' E
	Oc(2+1).WRG.12s
	18m13/9/9M
	235°-W-045°-R-056°-G-070°-
	R-090°-W-135°-invis-185°-
	W-235°
La Garoupe	43° 33,9' N I 007° 08,0' E
	Fl(2)10s104m31M
Antibes Port Vauban	43° 35,4' N I 007° 08,0' E
	Fl(4).WR.12s15m15/11M
	160°-W-328°-R-160°
Saint-Laurent du Var	43° 39,3' N I 007° 10,8' E
	Fl(3).WG.12s 10m10/8M
	310°-W-055°-G-310°
Nice	43° 41,4' N I 007° 17,3' E
	Fl.R. 5s 22m20M
Villefranche Darse Sud	43° 42,0' N I 007° 18,7' E
	Q.WR.8m12/8M
	009°-R-286°-W-311°-R-335°-
	W-009°
Cap Ferrat	43° 40,5' N I 007° 19,7' E
	Fl. 3s 69m25M
	226°-vis-167°

285

Orte nach Gebieten

III. Cap Sicié bis Pointe Escampobariou

VI. Cap Dramont bis Cap d'Antibes

VII. Cap d'Antibes bis Menton

Amtliche Seekarten

Für die Côte d'Azur gibt es amtliche französische (SHOM), britische (Admirality) und deutsche (BSH) Seekarten.

Amtliche französische Seekarten werden in zwei unterschiedlichen Ausführungen geliefert:
Als Sportbootkarten – eine Carte spéciale „P" (Beispiel: **F 6615 P**) ist durch ein P hinter der Kartennummer gekennzeichnet – werden sie auf besonderes, wasserabweisendes Papier gedruckt und gefaltet (einige sind auf der Rückseite mit Hafenplänen und Luftfotos versehen) und als Standardkarten werden sie auf normalem Kartenpapier gedruckt und nicht gefaltet. Wie alle amtlichen Karten werden die Standardkarten vor dem Verkauf üblicherweise durch Korrekturen auf dem neuesten Stand gehalten, was bei den Sportbootkarten nicht der Fall ist.

Amtliche französische See- und Sportbootkarten

Service Hydrographique et Océanographique de la Marine (SHOM)

5325	De La Ciotat à la Presqu'île de Giens	1:50 200
6610	De Bandol au Cap Sicié, Rade du Brusc	1:20 000
6612	De Cassis à Bandol	1:20 000
6615	Îles de Port-Cros et du Levant (Îles d'Hyères)	1:25 000
6616	Du Cap Bénat au Cap Lardier	1:25 000
6739	Golfe de Marseille	1:17 000
6767	De Fos-sur-Mer à Marseille	1:49 900
6838	Abords de Saint-Raphaël	1:20 000
6863	Du Cap Ferrat au Cap Martin	1:20 000
6882	De Île de Planier à La Ciotat	1:50 000
6951	De Fos-sur-Mer à Capo Mele	1:250 000
7017	Du Cap Ferrat à Capo Mele	1:100 000
7091	Abords de Toulon	1:25 000
7200	Du Cap d'Antibes au Cap Ferrat	1:25 000
7205	Golfe de La Napoule	1:15 000
7267	Abords de Saint-Tropez	1:20 000
7282	Rade d'Hyères	1:25 000
7407	Du Cap Sicié au Phare du Titan – Îles d'Hyères	1:50 000
7408	Du Phare du Titan à la Pointe du Cap Roux	1:50 000
7409	De la Pointe du Cap Roux au Cap d'Ail	1:50 000

Deutsche Plankarten

Bundesamt für Seeschiffahrt und Hydrographie (BSH)

437	Golfe de Marseille	1:17 000
483	Häfen und Ankerplätze an der franz. Südküste, Blatt 1	
484	Häfen und Ankerplätze an der franz. Südküste, Blatt 2	
595	Port-Camargue bis Marseille	1:100 000
596	Marseille bis Ile du Levant	1:100 000
597	Ile du Levant bis Cap Ferrat	1:100 000
598	Cap Ferrat bis Capo Mele	1:100 000

Französische Sportbootkarten CG

(Edition Grafocarte)

CG 500	San Remo – Nice	1:50 000
CG 501	Nice – Saint-Raphaël	1:50 000
CG 502	Saint-Raphaël – Cavalaire	1:50 000
CG 503	Cavalaire – Toulon	1:50 000
CG 504	Toulon – Marseille	1:50 000
CG 505	Marseille – Paul St-Louis-de-Rhône	1:50 000

Für Sportbootführer eignen sich sehr gut die gefalteten französischen CG-karten, deren Vorteil im einheitlichen Maßstab und den als Relief gezeichneten Höhenzügen liegt. Zusätzlich enthalten diese Karten Ausschnitte von Hafenplänen etc.